新工科·普通高等教育汽车类系列教材

汽车电器与电子控制技术

主　编　吴焕芹　程金铭
副主编　张　宏　蒋汪萍
参　编　宰文洁　齐　芳　冯　理

机 械 工 业 出 版 社

本书为教育部一流本科课程"双万计划"配套系列教材。全书共 9 章，内容包括汽车电器与电子控制技术概述、汽车电源系统、汽车电器技术、发动机综合控制技术、汽车电控自动变速技术、汽车行驶安全性电子控制装置、汽车电控悬架系统、汽车电子转向系统及汽车智能操控系统。主要结合汽车电子及智能化，介绍了汽车上的电器设备和电子控制装置的功用、组成结构、工作原理及控制过程；结合人才培养要求，通过每章开头的引入案例、每章正文的专业知识、每章结尾的拓展资料，以及融入的思政元素，达到教书育人的目的。本书每章还设有知识构架、教学目标、教学要求、复习思考题等，并附有教学视频和习题参考答案，其内容新颖、资源丰富、使用方便。

本书可作为高等院校车辆工程、汽车服务工程、新能源汽车工程、智能车辆工程等汽车类相关专业的教材，也可作为从事汽车检测维修、汽车设计制造、汽车经营管理等相关修理人员、工程技术人员、管理人员的学习参考书。

本书配有部分知识点的讲授视频，读者可扫书中二维码进行观看。本书配有课件 PPT 和部分习题参考答案，采用本书作为教材的教师可登录 www.cmpedu.com 注册下载。

图书在版编目（CIP）数据

汽车电器与电子控制技术/吴焕芹，程金铭主编. —北京：机械工业出版社，2022.8（2025.1 重印）

新工科·普通高等教育汽车类系列教材

ISBN 978-7-111-71733-1

Ⅰ.①汽…　Ⅱ.①吴…　②程…　Ⅲ.①汽车-电气设备-高等学校-教材 ②汽车-电子控制-高等学校-教材　Ⅳ.①U463.6

中国版本图书馆 CIP 数据核字（2022）第 182741 号

机械工业出版社（北京市百万庄大街 22 号　邮政编码 100037）
策划编辑：付建蓉　　　　　责任编辑：付建蓉
责任校对：郑　婕　李　婷　封面设计：张　静
责任印制：常天培
北京中科印刷有限公司印刷
2025 年 1 月第 1 版第 3 次印刷
184mm×260mm·24.25 印张·599 千字
标准书号：ISBN 978-7-111-71733-1
定价：75.00 元

电话服务　　　　　　　　网络服务
客服电话：010-88361066　机 工 官 网：www.cmpbook.com
　　　　　010-88379833　机 工 官 博：weibo.com/cmp1952
　　　　　010-68326294　金 　书 　网：www.golden-book.com
封底无防伪标均为盗版　机工教育服务网：www.cmpedu.com

前　言

根据汽车技术发展和社会对人才知识能力的要求，在机械工业出版社的大力支持和指导下，编者结合"线上+线下"一流课程的建设要求，研究教学目标、精选教学内容、录制教学视频，完成了本书的编写工作。

本书在编写内容上有三大特点：一是融入了课程思政，通过每章的引入案例和拓展阅读，引入汽车技术发展中的名人轶事，培养学生刻苦学习的精神和坚持不懈的毅力；引入汽车新知识和新技术，培养学生学习兴趣、创新意识和探索精神；引入相关案例，培养学生分析问题、解决问题能力。二是融入新技术，在讲解汽车成熟电子技术的基础上，编入汽车自适应巡航、汽车自动泊车技术、城市安全系统等新电子技术，满足社会企业知识要求。三是丰富课后习题，每章设置复习思考题，题型多种多样，包括单选题、多选题、判断题、简答题、论述题等，既巩固了学生所学知识，又锻炼了学生分析和总结能力。本书在组织架构上也有三大特点：一是通过每章知识构架、教学要求、教学目标、故事案例引入正文。二是通过文字介绍、图表说明、视频讲解构成章节正文。三是通过本章小结、拓展阅读、复习思考题收官，使得本书可读性好，可视性强，方便教师讲解和学生学习。

本书从普通高等教育的教学实际出发，结合当下汽车电子技术应用情况及电动化、智能化、网联化发展趋势，介绍了汽车电源系统、汽车电器技术、发动机综合控制技术、汽车电控自动变速技术、汽车行驶安全性电子控制装置、汽车电控悬架系统、汽车电子转向系统及汽车智能操控系统，重点分析了汽车上的电器设备和电子控制装置的功用、组成结构、工作原理及控制过程，其内容新颖、资源丰富、使用方便。

本书汇集了高校和企业专家教授组织编写，由武汉华夏理工学院教授吴焕芹、湖北文理学院副教授程金铭担任主编，内蒙古大学副教授张宏、武汉华夏理工学院副教授蒋汪萍担任副主编，武汉华夏理工学院宰文洁、齐芳和冯理老师担任参编。同时，本书编

写过程中还得到了奇瑞汽车股份有限公司高级工程师周捷的指导。本书中，吴焕芹编写了第1~3章和第4章的第10、11节，并对全书进行了修改和统稿；蒋汪萍编写了第4章第1~7节，齐芳编写了第4章第8、9节，冯理编写了第5章和第7章，张宏编写了第6章，宰文洁编写了第8章，程金铭编写了第9章。视频主要由吴焕芹、蒋汪萍、齐芳和宰文洁老师录制。

本书在编写过程中，得到了武汉华夏理工学院、湖北文理学院、内蒙古大学、奇瑞汽车股份有限公司、北京世纪超星信息技术发展有限责任公司的大力支持，在此深表感谢。由于编者水平有限，书中不妥之处在所难免，敬请兄弟院校的师生和广大读者批评指正，以便修订时予以纠正。在此也对书后所列参考文献的各位作者表示感谢！

编　者

目 录

第1章　汽车电器与电子控制技术概述

【本章知识构架】

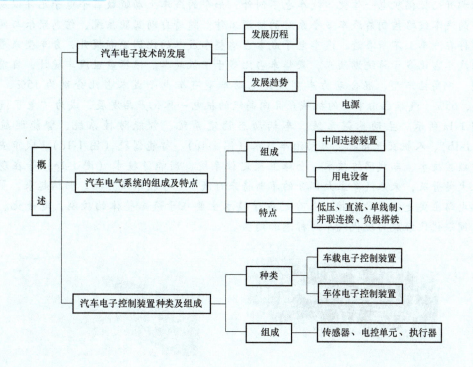

【教学目标】

1. 了解汽车电子技术发展的动因，树立正确的科学观。
2. 能叙述电子技术在汽车上的应用简况及发展趋势。
3. 掌握汽车电气系统组成及特点。
4. 掌握汽车电子控制装置的组成及种类。

【教学要求】

知识要点	能力要求	相关知识
汽车电子技术的发展	了解汽车电子技术发展史；了解汽车电子技术发展趋势	发展历程、集成化、模块化、微型化、智能化、网络化、自动化
汽车电气系统的组成及特点	熟悉汽车电气系统的组成结构；掌握汽车电气系统的特点	电源、中间连接装置、用电设备、低压、直流、单线制、负极搭铁
汽车电子控制装置的种类及组成	了解车体汽车电子控制装置和车载汽车电子控制装置；掌握汽车电子控制装置的组成	车体汽车电子控制装置、车载汽车电子控制装置、传感器、电子控制单元（ECU）、执行器

【导入案例】

最初的汽车是偏向于机械配合的一种产品。近几十年随着电子技术的迅猛发展，各行各业都开始提倡机电一体化，汽车也不例外，如今的汽车上动辄数百个电子元件以及数量众多的汽车线路控制着汽车多个系统的协调工作。随着自动驾驶系统、信息娱乐与网联系统部件在汽车上不断渗透，汽车电子成本占总整车成本的比例逐渐提升，分车型来看，新能源汽车占比多于传统燃油车，豪华车占比多于中低端车。根据盖世汽车统计，目前紧凑车型、中高档车型、混合动力车型及纯电动车型汽车电子成本占比分别为15%、28%、47%、65%。汽车已由单纯的机械产品向高级的机电一体化产品发展，成为"电子汽车"，如图1-1a所示。主动悬架系统、车辆动态稳定系统、智能防撞系统、智能巡航技术（图1-1b）、人机交互系统、自动泊车技术（图1-1c）、智能驾驶（图1-1d）、城市安全系统、线控技术、车载网络技术、全球卫星定位系统、新能源技术（图1-1e）等在现代汽车上大量普及，未来汽车上大部分的革新将来自汽车电子技术及产品。归纳起来，早期的汽车电路主要是能量的转换，如今的电子技术主要在于汽车整体的控制，电子化、智能化、网联化已经成为现代汽车的标志和趋势。

a)

b)

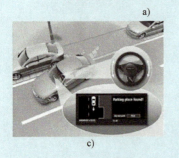

c)

d)

e)

图1-1 汽车上的电子技术

a) 汽车电子透视图 b) 智能巡航技术 c) 自动泊车技术 d) 智能驾驶 e) 新能源技术

　　汽车作为一种非常便捷的交通工具，已经存在并发展了一百多年，汽车技术已经非常先进且成熟。自新中国成立以来，在党的领导和人民的努力下，汽车技术取得了长足的发展，特别是改革开放以来发展更快速，我国汽车技术的自主研发及科技创新能力已有明显提升。随着经济的发展，现代社会的人们对于汽车的需求已经不仅仅局限于代步工具，而是提出了更多新的要求，如对驾车体验、乘车舒适性以及行车安全性的要求，而这些性能的提升都离不开电子技术的发展。

汽车电器与
电子控制
技术初探

1.1　汽车电子技术的发展

　　计算机技术、电子技术、控制技术等的发展为汽车电子技术乃至汽车行业的进步开启了崭新的篇章，世界上汽车电子技术的发展过程在不同的资料介绍中略有不同。

1.1.1　汽车电子技术发展历程

　　归纳起来，汽车电子技术的发展历程可以分为以下六个阶段。

　　1）第一阶段。19世纪80年代中期至20世纪60年代中期，这个阶段主要是汽车点火装置和汽车电器元件的产生，在这个漫长的发展过程中，汽车电器装置的应用得到了高度重视。

　　2）第二阶段。20世纪60年代中期至20世纪70年代中期，是汽车电子技术萌芽和初级发展阶段，出现了一些分立元件和集成电路（IC）。主要包括生产技术起点较低的交流发电机、电压调节器、汽车收音机、电子闪光器、电子喇叭、间歇刮水装置及电子点火装置等。

　　3）第三阶段。20世纪70年代中期至20世纪80年代中期，是汽车电子控制技术的迅速发展阶段，形成了一些汽车专用的独立电子控制系统，以集成电路和16位以下的微处理器在汽车上的应用为标志。该时期的电子产品主要包括电子汽油喷射、自动门锁、自动灯光系统、自动除霜控制、防抱制动系统、撞车预警装置、电子变速器、闭环排气控制、自动巡航控制、防盗系统及实车故障诊断等。这期间最具代表性的是电子汽油喷射技术和防抱制动技术，这两种技术使汽车的主要机械功能可以通过电子技术来控制。但在此阶段机械与电器的联接并不理想。

　　4）第四阶段。20世纪80年代中期至2005年前后，是汽车电子控制技术的大发展阶段，整个汽车电器与电子技术发生了翻天覆地的变化，主要包括发动机电子控制系统、自动变速器、电控悬架、电控转向、电子仪表、影音娱乐设备及电子冷却控制和寄生功率控制等。

　　5）第五阶段。从2005年开始至2015年，在这个阶段汽车电子控制技术走向集中综合控制，如将发动机管理系统和自动变速器控制系统集成为动力传动系统的综合控制（PCM）；将防抱制动系统（ABS）、牵引力控制系统（TCS）和驱动防滑控制系统（ASR）综合在一起进行制动控制；通过中央底盘控制器，将制动、悬架、转向、动力传动等控制系统通过总线进行连接。控制器通过复杂的控制运算，对各子系统进行协调，将车辆行驶性能控制在最佳水平，形成一体化底盘控制系统（UCC）。

　　6）第六阶段。近几年，随着微波系统、多路传输系统、ASKS 32位微处理器、数字信号处理方式的应用，通信与导向协调系统、自动防撞系统、动力最优化系统、自动驾驶与电

子地图技术也得到发展，汽车智能化水平越来越高。并且，由于汽车上的电子电器装置数量急剧增多，为了减少连接导线的数量和重量，网络、总线技术在此期间也有了很大的发展。总线技术是将各种汽车电子装置连接成为一个网络，通过数据总线发送和接收信息。电子装置除了独立完成各自的控制功能外，还可以为其他控制装置提供数据服务。由于使用了网络化的设计，简化了布线，减少了电气节点的数量和导线的用量，使装配工作更为简化，同时也增加了信息传送的可靠性。通过数据总线可以访问任何一个电子控制装置，读取故障码对其进行故障诊断，使整车维修工作变得更为简单。

1.1.2　汽车电子技术发展趋势

就目前汽车电子技术的发展情况来看，未来有以下四种主要的发展趋势。

1. 汽车电子器件趋于集成化、模块化和微型化

如今汽车微处理器数量日益增多，部分车型的微处理器已超过了 60 个。在采用 LIN/CAN 总线网络控制的情况下，汽车电子产品的成本就占了汽车总成本的近一半，为了减小体积、减小质量、提高可靠性，要求将产品分散的部件集合成一个整体，趋于模块化。比如发动机点火系统、喷油系统、净化系统等，现在已经集成为一个发动机管理系统，集成化和模块化后，当前单个智能控制单元已经能够相当于过去的多个 IC 的功能，它们可以共用传感器、控制元件和线路，使零件数量减少，连接点减少，从而提高可靠性。如西门子公司为奔驰公司 A 级车开发的电控自动变速器，就将控制元件及传感器都安装在齿轮箱内，节省了空间，电线也由 20 根减为 4 根。

现在汽车的防抱制动系统（ABS）及牵引力控制系统（TCS）其质量与体积仅为最初开始安装系统的 1/4。博世公司的燃油控制系统，质量仅为 0.25kg，这是由于博世公司研究出的一种复合技术，将半导体芯片、传感器和其他部件，采用特殊的装配及连接技术，紧凑地装在陶瓷基体上，使之成为一种能承受对汽车电子元件要求苛刻的坚固电控元件。新生产工艺的产生，使电子元件日趋微型化。

2. 汽车传感器趋于智能化

目前智能交通控制系统已经兴起，未来汽车工业也将会进一步向自动化、智能化的方向发展。车用传感器是促进汽车电子化、自动化发展的关键技术之一。目前，一般汽车装有几十到近百个传感器，而高级豪华汽车大约使用二百个传感器。目前，市场上的汽车电子控制设备呈现出多样化的状态，关于汽车传感器技术的类型与数量也在不断增加。为了满足市场上对汽车不断更新的需求，各汽车厂商都在不断研发创新型的传感器。在未来汽车市场上，电子集成传感器的主流将向着智能化、多功能化方向进步，传感器不再只是像以往一样用来模拟和处理一些信号，而是能对信号做放大和处理，并能对错误的数据信息进行校正。安装的传感器不仅可以让汽车性能变得更加优越，还能更加有效地提升汽车的自动化与高端化程度。

3. 汽车电子系统趋于网联化

越来越多的电子系统在汽车上不断应用，促使汽车电子技术功能日益强大的同时，也导致了汽车电子系统日益复杂化，车载电子设备之间的数据通信共享和各个系统间的功能协调变得愈发重要。利用总线技术将汽车中各种 ECU、智能传感器、智能仪表等连接起来构成

汽车内部局域网，各子处理器独立运行，控制改善汽车某一方面的性能，同时也为其他电子装置提供数据服务，实现各系统之间的信息资源共享。汽车网络总线技术的快速发展有望实现数据间的快速交换与高可靠性，进一步降低成本，网联化在车载信息娱乐及网联系统中应用较为广泛，如 HUD 依托车载信息系统共享的导航信息在前车窗中成像等。

4. 汽车控制趋于自动化和智能化

传感技术、计算机技术、网络技术的日益成熟以及在汽车上的广泛使用，促使现代汽车技术更加智能化，人、车、环境之间的智能协调与互动愈发频繁。汽车控制系统智能化体现在能够主动协助驾驶人实时感知、判断决策、操控执行上，其中"感知能力"的获取依赖于传感器和互联网提供的驾驶环境信息，ECU 通过算法软件处理传感器信号，分析判断驾驶人的动作意图，结合车辆自身状态和驾驶环境，最终发出控制指令，执行层根据控制器的指令协助驾驶人操控汽车。汽车电子智能化这一趋势在自动驾驶系统中体现得尤为突出。

自动驾驶汽车，通过电子技术与卫星定位技术结合，确定驾驶目的地，再通过计算机端对交通信息与数据进行分析，向驾驶人提供多条路线选择，之后再利用智能交通系统来辨别道路情况进行自动驾驶。这种自动驾驶控制系统可以根据天气、交通状况以及人流高峰段等因素来进行路线规划，不仅可确保自动驾驶的便捷性，还能让行车更加具有纪律性。现在也已经有多家汽车厂商在研究自动无人驾驶汽车，相信在不久的将来，人们都会应用上由计算机控制的自动驾驶汽车。

1.2　汽车电气系统组成及特点

汽车电气系统在整车系统中占有越来越高的比重，与其他电气系统不同，其具有自身的特点。

1.2.1　汽车电气系统的组成

汽车电气系统主要由供电系统（电源）、用电设备和中间连接装置组成。

1. 供电系统

供电系统主要是蓄电池、交流发电机及电压调节器和其他能源提供设备。发电机是其主要电源，蓄电池是辅助电源，发电机与蓄电池并联工作。发电机配有调节器，其主要作用是在发电机转速和负荷变化时，自动调节发电机电压，使之保持稳定。随着现代科技的发展和世界石油资源有限，危机不断加深，在汽车上使用的能源也多种多样，如电能、太阳能、氢能等，这些能源的使用使得汽车供电系统的体系结构在发生变化，系统设备在不断增加，系统也变得复杂起来。

2. 用电设备

汽车上用电设备种类多，大致可分为以下几种。

（1）起动机　起动系统的核心组成部分，其作用是起动发动机。

（2）点火装置　点火系统的组成部分，其作用是产生高压电火花，点燃汽油机气缸内的可燃混合气。

（3）照明装置　包括车内、外各种照明以及保证夜间及大雾天气安全行车所必需的各

种灯光。

（4）信号系统 既包括电喇叭、闪光器、蜂鸣器及各种信号灯，也包括为驾驶人提供汽车行驶时汽车操作信息的仪表装置（发动机转速表、车速里程表等），主要用来保证车辆运行时的人、车安全。

（5）附属电器设备 包括电动刮水器电动机、风窗洗涤器电动喷水器、玻璃升降电动机、座椅调节电动机、音响设备及点烟器等，为适应舒适、娱乐、安全保障的需要，附属电器设备的数量和类型还在增加。

（6）电子控制装置 用电设备除包括许多车身电器设备外，也包含汽车电控装置，如发动机电控系统、防抱制动系统、车身稳定性控制系统、电控助力转向、电控悬架、安全气囊及车载导航等的电子元器件。

3. 中间连接装置

任何用电装置要获得电源供电，中间装置的连接必不可少。汽车上用的中间连接装置包括供配电盘、导线、开关、插接器、接线端子等。

汽车供配电是指把汽车电源的电分配到各个控制系统及用电设备上。现在，不同的汽车最大的区别就是其所用电器配置和汽车供配电不同。由于汽车电器的配置不同，所以汽车供配电和电器的控制电路也不相同。

汽车供配电盘一般多在发动机舱内或驾驶舱前部，主要由熔断器、继电器、接线端子等组成，图 1-2 是桑塔纳 2000GSI 的供配电盘。

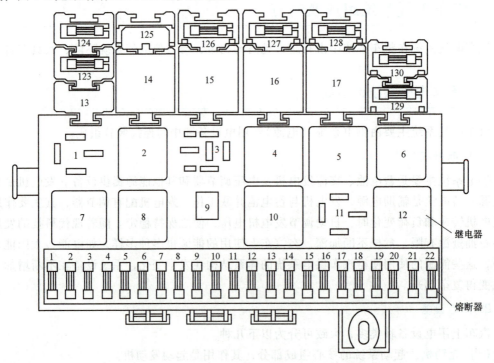

a)

图 1-2　桑塔纳 2000GSI 供配电盘

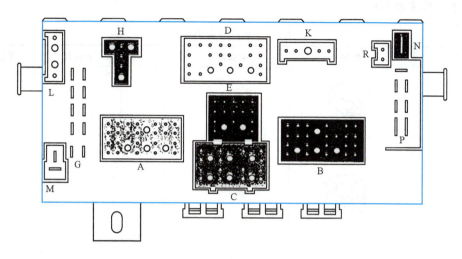

b)

图 1-2　桑塔纳 2000GSI 供配电盘（续）

a）正面　b）反面

　　各部分继电器名称：1、3、9、11—空位　2—汽油泵继电器　4—冷却液液位控制器　5—空调继电器　6—喇叭继电器　7—雾灯继电器　8—X 接触继电器　10—刮水器继电器　12—转向灯继电器　13—诊断线插座　14—车窗自动下降继电器　15—摇窗机延时继电器　16—内顶灯延时继电器　17—压缩机切断继电器

　　各部分熔断器名称：1—散热风扇（不开空调时，30A）　2—制动灯（10A）　3—点烟器、集控门锁、数字钟、内顶灯、后阅读灯、行李舱灯、遮阳板灯（15A）　4—警告灯（15A）　5—汽油泵（10A）　6—前雾灯（15A）　7—左尾灯、左前停车灯（10A）　8—右尾灯、右前停车灯、发动机舱照明灯（10A）　9—右前照灯（远光，10A）　10—左前照灯（近光，10A）　11—前风窗刮水器、清洗泵（15A）　12—电动摇窗机、ABS 控制单元（15A）　13—后窗除霜器（20A）
　　14—空调继电器（20A）　15—倒车灯、车速传感器（10A）　16—喇叭（15A）　17—发动机控制单元（10A）　18—喇叭继电器、灯光开关、ABS 警告灯（10A）　19—收放机、转向灯、防盗器控制单元（10A）　20—牌照灯、杂物箱照明灯（10A）　21—左前照灯（远光，10A）　22—右前照灯（近光，10A）　123—喷油器、空气流量计、炭罐电磁阀、氧传感器加热器（10A）　124—后雾灯（10A）　125—电动车窗热保护器（30A）　126—空调鼓风电机（30A）　127—自动天线（10A）　128—电动后视镜（3A）　129—ABS 液压泵（30A）　130—ABS 电磁阀（30A）

　　背面线束：A—仪表板线束（蓝色）　B—仪表板线束（红色）　C—前照灯线束（黄色）　D—发动机线束（白色）　E—尾部线束（黑色）　G、P—连接单个插头（颜色不定）　H—空调操纵线束（棕色）　K、M、R—空位　L—连接喇叭继电器（在仪表板线束内，灰色）　N—单个插头（黑色）

　　1）熔断器。为了不因电器线路故障而烧坏电器元件和保护电源，在电器的供电线路中都接有至少一个熔断器，即车上供配电盘内部的每一个熔断器都和一条相应的电气线路相连。熔断器是以最大允许通过的额定电流来规定的，汽车上常用熔断器的规格有 30A、20A、15A、10A、3A 等，它们分别用绿、黄、蓝、紫、红等不同的颜色来加以区别。

　　2）继电器。继电器是一种电控制器件，如图 1-3 所示，可以实现自动接通或切断一对或多对触点，可达到用小电流控制大电流、减小控制开关的电流负荷、减少烧蚀等现象产生的效果，起到保护电路中控制开关的作用，一些常

图 1-3　继电器

用的标准继电器见表1-1。

表 1-1 标准继电器

类型	外观	电路符号	插接件符号及接线	颜色
IT（单切换）	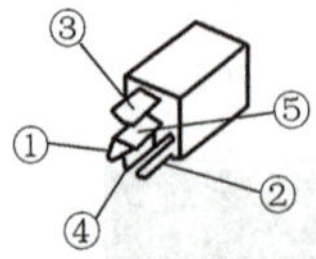	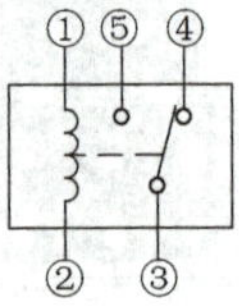	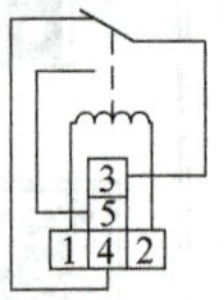	黑
	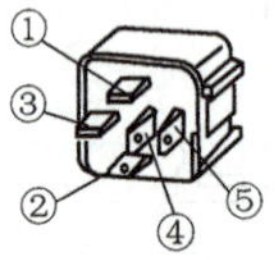		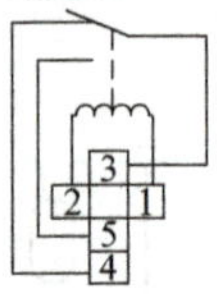	蓝或绿
1M（单通）	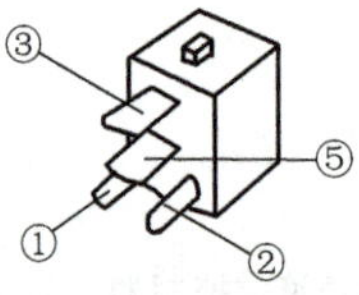	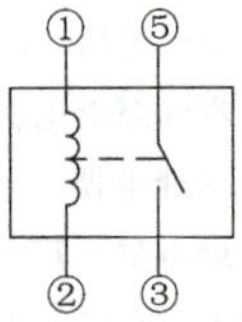	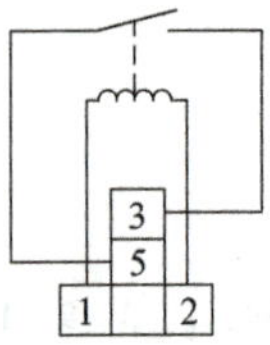	黑
			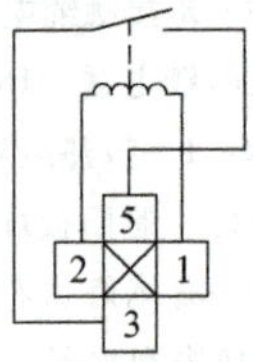	蓝
2M（双通）	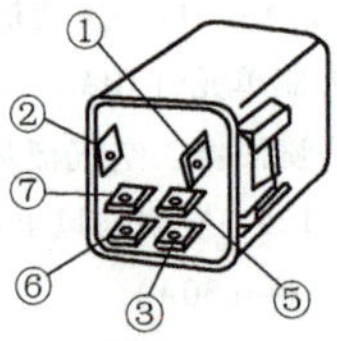	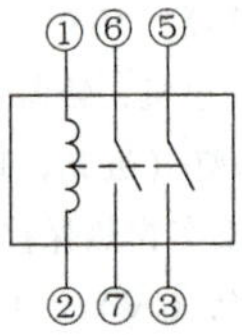	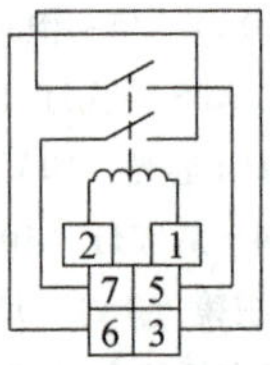	棕

继电器上一般都印有该继电器的电路符号并指明了各插脚，与供配电盘正面板的继电器插座的插孔标号相对应。若所印符号和插脚不清楚，可用试灯或万用表的电阻档根据继电器的规格和性能判定。

有些将继电器与电子电路组合在一起，构成功能模块，如闪光放大器（也称为闪光继电器）和刮水放大器（也称为刮水器继电器）等。

3）插接器。插接器是使导体（线）与适当的配对元件连接，实现电路接通和断开的元件，也叫连接器（插头与插座），如图1-4所示。插接器也是电路的重要组成部分，现代一辆典型轻型汽车大约有1500个插接器。

4. 导线与线束

汽车用导线分为低压导线和高压导线两种。高压导线又有铜芯导线与阻尼导线之分。

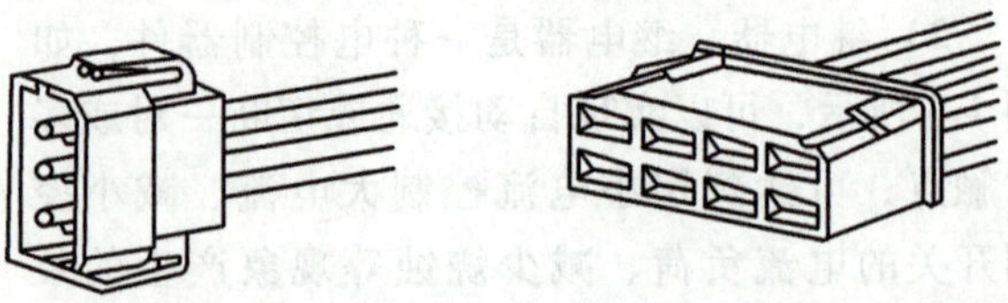

图 1-4 插接器实物示意图

（1）低压导线　低压导线又有普通导线、起动电缆和蓄电池搭铁电缆之分。

1）普通导线。普通低压导线为铜质多丝软线，根据外皮绝缘包层的材料不同又分为QVR型（聚氯乙烯绝缘包层）和QFR型（聚氯乙烯-丁腈复合绝缘包层）两种。

普通导线的横截面积主要根据用电设备的工作电流进行选择。随着汽车电器增多，导线数量也不断增多。为了便于维修，低压导线常以不同颜色来区分。其中，横截面积在4mm²以上的采用单色，而4mm²以下的采用双色线，双色线的主色所占的比例大些，辅助色所占的比例小些。辅助色条纹与主色条纹沿圆周表面的比例为1∶3～1∶5，双色线的标注第一色为主色，第二色为辅助色。汽车用低压导线的颜色、代号及主要用途见表1-2。

表1-2　汽车用低压导线的颜色、代号及主要用途

导线颜色	黑	白	红	绿	黄	棕	蓝
代号	B	W	R	G	Y	Br	Cr
用途	搭铁线	控制灯线	电源线	数据传输线	控制灯线	搭铁线	信号线

在全车线路中，为了生产、安装和维修的方便，导线上一般都标注数字和字母符号，用来表示导线的横截面积和颜色。如2.5RY、1.0RW等，其中数字2.5、1.0表示导线横截面积，单位为mm²；第一个字母R表示导线主色，第二个字母Y或W表示导线的辅助色，即轴向条纹状或螺旋状的颜色。

2）起动电缆。起动电缆是指连接蓄电池正极与起动机电源端子之间的电缆，其横截面积有25mm²、35mm²、50mm²、70mm²等多种规格，允许电流高达500A乃至1000A以上。

3）蓄电池搭铁电缆。蓄电池搭铁电缆俗称搭铁线，线芯是由铜丝编织成的扁形软铜线。

（2）高压导线　高压导线用来传送高压电流，由于工作电压很高（一般都在10kV以上）、电流较小，因此高压导线的绝缘包层很厚、线芯截面积很小，但耐电压性能很好。国产汽车用高压导线有铜芯线与阻尼线两种。

（3）线束　汽车上的全车线路（除高压线以外），为了不凌乱、方便安装和检修并保护导线的绝缘性，一般都将同路的不同规格的导线用棉纱编织或用薄聚氯乙烯带半叠缠绕包扎成束，称为线束。一辆汽车可以有很多线束。

5. 开关装置

开关是汽车电气系统重要的组成部分，汽车电器开关类型较多。按功能来分，汽车上的开关装置有以下几种。

（1）驾驶操作功能开关　有点火起动开关、恒速开关、超速开关、后视镜控制开关等。控制的负载有电机、继电器、灯等。

（2）报警信号功能开关　有转向灯开关、喇叭开关、警告灯开关、制动灯开关等。控制的负载有灯、继电器、电磁阀等。

（3）灯光信号控制功能开关　有前照灯开关、雾灯开关、倒车灯开关、仪表灯开关、踏步灯开关等。控制的负载主要是灯。

（4）刮水器系统功能开关　如刮水器开关、洗涤器开关、风窗加热开关等。控制的负载有电机、继电器、电阻、泵等。

（5）**空调系统控制功能开关**　有风扇开关、空调开关、温控开关等。控制的负载有电机、电磁阀等。

（6）**门、窗、锁控制功能开关**　有门锁开关、电动车窗开关、油箱盖开关、行李舱开关、天窗开关等。控制的负载有电机、电磁阀等。

各种品牌汽车的开关符号不尽相同，可查阅相关手册，常见的开关符号表示见表1-3。

表1-3　各种开关在电路中的符号

序号	图形符号	名称	序号	图形符号	名称
1		旋转、旋钮开关	14		推拉多档开关位置
2		液位控制开关	15		钥匙开关（全部定位）
3	OP	机油滤清器报警开关	16		多档开关，点火、起动开关，瞬时位置为2，能自动返回至1（即2档不能定位）
4		热敏开关动合触点	17		节流阀开关
5		热敏开关动断触点	18	BP	制动压力控制
6		热敏自动开关动断触点	19		液位控制
7		热继电器触点	20		凸轮控制
8		旋转多档开关位置	21		联动开关
9		钥匙操作	22		手动开关的一般符号
10		热执行器操作	23		定位（非自动复位）开关
11		温度控制	24		按钮
12	P	压力控制	25		能定位的按钮
13		拉拔开关			

1.2.2 汽车电气系统的特点

汽车电气系统具有自身的特点，具体如下。

1. 低压

传统汽车电气系统的标称电压，汽油机一般为14V，柴油机一般为28V。对于供电装置，14V系统的蓄电池电压为12V，28V系统的蓄电池电压为24V。随着汽车车载电器和电子设备用电功率的持续增加，以及混合动力汽车、电动汽车技术的发展需求，汽车电气系统的供电电压已提高到42V、42V/14V和42V/28V混合使用，但仍属于低压，在安全电压范围内。汽车电气系统采用低压的是因为其安全性好，蓄电池单格数少，对减小蓄电池的质量和尺寸有利。

2. 直流

汽车电气系统均采用直流供电，其原因是发动机要靠直流电动机起动，电动机由蓄电池供电，而蓄电池电能消耗后又必须用直流电充电，所以汽车电气系统采用直流供电系统。

3. 单线制、双线制和四线制

单线制是指从电源到用电设备只用一根导线连接，而用汽车底盘、发动机等金属机体作为另一公共导线。由于单线制节省导线、线路简化清晰、安装和检修方便，且电器机件也不需要与车体绝缘。目前，仅指传统电气设备使用单线制，如起动系统、点火系统、照明系统等大电流系统。

随着汽车电子控制系统的发展，为了使电控系统工作可靠，基本采用双线制，还有车载网络也采用双线制甚至四线制。

4. 并联连接

并联连接是指汽车上的双电源并联连接，可以起到互补的作用；汽车上的各种用电设备并联连接后，每个用电设备都由各自串联在其支路中的专用开关控制，不会产生相互干扰。

5. 负极搭铁

搭铁，就是采用单线制时，将蓄电池的一个电极用导线连接到发动机或底盘等金属车体上。若蓄电池的负极与车体连接，就是负极搭铁；反之，若蓄电池的正极连接到金属车体上，则称为正极搭铁。

采用负极搭铁时，汽车电器对无线电设备（如汽车音响、通信系统等）的干扰小，故目前世界各国生产的汽车大多采用负极搭铁。

汽车上采用单线制的电路时，其上的搭铁与其他非单线制电控设备的接地有着本质的不同。汽车上的搭铁点和汽车车体都是汽车电器工作回路的重要组成部分。有些汽车故障就是由于导线的搭铁不良，没有构成回路，而造成电器的功能不能实现。搭铁点的分布一般是按电器位置、导线线束的走向和控制电流的流向等设计布置的。相隔不远的电器或电器导线走向一致的，常采用同一个搭铁点。

1.3 汽车电子控制装置种类及组成

汽车电子控制装置是汽车的核心组成部分，其最重要的作用是提高汽车的安全性、舒适

性、经济性及娱乐性等，一般由传感器、微处理器、执行器等数十甚至上百个电子元器件组成。

1.3.1　汽车电子控制装置种类

汽车电子控制装置包含车体汽车电子控制装置和车载汽车电子控制装置。

车体汽车电子控制装置需要与车上机械系统进行配合使用，即所谓"机电结合"的汽车电子装置。它包括发动机综合控制系统、底盘电子控制系统和车身电子控制系统，如电控燃油喷射系统、防抱制动控制系统、防滑控制系统、牵引力控制系统、电控悬架系统、电子控制自动变速系统、电子助力转向系统等。

车载汽车电子装置和汽车本身的性能无直接关系，是在汽车环境下能够独立使用的电子装置。如汽车信息系统（行车计算机）、汽车胎压监测系统、导航系统、汽车音响及电视娱乐系统、车载通信系统、车载网络系统、倒车影像系统等。

1.3.2　汽车电子控制装置组成

汽车电子控制装置在硬件结构上一般由 3 部分组成：传感器、电子控制单元（ECU）和执行器。汽车在运行时，各传感器不断检测汽车运行的工况信息，并将这些信息实时地通过输入接口传送给 ECU。ECU 接收到这些信息时，根据内部预先编写好的控制程序，进行相应的决策和处理，并通过其输出接口输出控制信号给相应的执行器，执行器接收到控制信号后，执行相应的动作，实现某种预定的功能，如图 1-5 所示。

图 1-5　汽车电子控制装置组成示意图

1. 传感器

各种传感器布置在汽车的不同位置，主要作用是向汽车 ECU 提供汽车运行的各种工况信息，如发动机转速、节气门开度、冷却液温度等。为完成不同的功能，汽车上设置有不同功能的传感器，即使相同功能的传感器在不同车上也可能有不同的结构形式。

汽车上有很多传感器，每个传感器一般分属于某个控制系统，如分属于发动机控制系统或自动变速器控制系统，也有的传感器可能被两个或多个系统共用。

2. ECU

ECU 是控制系统的核心，内有集成电路及其他精密的电子元件。主要有如下功能：

1）接受传感器或其他装置的输入信号，并将输入信号处理成 ECU 能够处理的信号，如将模拟信号转换成数字信号。

2）给传感器提供参考电压，如 2V、5V、9V 或 12V。

3）存储、计算、分析处理信息：存储运行信息和故障信息，分析输入信息并进行相应的计算处理。

4）输出执行命令：把弱信号变为强信号的执行命令并输出。

5）输出故障信息。

6）完成多种控制功能，如在发动机控制中，ECU 可完成点火控制、燃油喷射控制、怠

速控制、排放控制、进气控制、增压控制等多种功能。

EUC 一般由输入接口电路、微处理器和输出接口电路组成。输入接口电路主要是完成外部传感器与微处理器之间的信息传递。汽车上用的微处理器主要是 8 位单片机或 16 位单片机，现在一些轿车上开始使用 32 位单片机。

3. 执行器

执行器是根据 ECU 输出的电信号执行相应动作的装置。如燃油喷射控制中的喷油器和电动油泵、点火控制中的点火线圈、怠速控制中的步进电机、自动变速器控制中控制换档的电磁阀等都是执行机构。

执行机构在结构上或机构上与机械系统的零件融为一体并协调发挥机能，它必须能适应汽车工作过程中遇到的各种恶劣的工作条件，且要长期发挥机能。

 拓展阅读 •

我国古代的车辆

最初的车辆，都是由人力来推动的，称为人力车。后来人们开始用牛、马拉车，称为畜力车。在历代车辆发展过程中，有重要技术价值的还要数指南车和记里鼓车。

在三国时期，有一位技术高明的大技师叫马钧，他发明了指南车。指南车是一种双轮独车，车上立着一个木人伸臂指南。只要一开始行车，不论向东或向西转弯，木人的手臂始终指向南方。

由于清朝时期闭关锁国，我国汽车技术一直落后，但自新中国成立以来，在党和人民的努力下，我国汽车技术发展突飞猛进。

1. 20 世纪 50 年代中国轿车呱呱坠地

新中国刚一成立就决定发展自己的汽车工业，1953 年第一汽车制造厂破土动工，这是中国有史以来第一次建设自己的汽车厂，毛泽东主席为奠基仪式亲自题写了"第一汽车制造厂奠基纪念"。1956 年我国生产的第一辆汽车下线，毛主席又亲自为其命名——解放。对于当时工业整体水平非常落后的中国人来说，这确实是一次经济上的解放。5 月，第一汽车制造厂东风牌轿车试制成功。

由于技术的不成熟，第一批轿车并没有真正成为国家领导人的座乘，热情高涨的汽车工人们很快就又投入到产品的改进中。在造出东风车后的 4 个月，就造出了造型精美、具有民族特色、实用性能较好的高级轿车——红旗，这是中国第一部定型轿车，而且这一响亮的轿车品牌让一代中国人为之欢呼。

2. 20 世纪 60～70 年代光荣与遗憾

1962 年 6 月周恩来总理视察，试坐了一辆红旗轿车。年底，他通知将这辆车速送往北京，专门用来接待锡兰总理班达拉奈克夫人，这是红旗轿车第一次承担接待外国高级贵宾的任务。1964 年，红旗轿车正式被国家定为礼宾用车。

红旗曾采用 V8 发动机，这在当时的世界轿车中是非常罕见的，体现出了中国轿车的特色，红旗的特殊地位、独特的工艺及其精美、典雅的造型是中国人的骄傲。

新中国自力更生制造出的轿车填补了中国工业的空白，让中国自立于世界汽车工业之林。当时我国的汽车工业以载货车为主导，对轿车应用不太重视，这使得我国的轿车工业发展较慢。

3. 20 世纪 80~90 年代轿车圆梦

改革开放后，我国经济迅速发展，对轿车的需求越来越强，我国的轿车工业却无法满足这种需求。一时间，外国轿车如洪水般涌入我国。为了迅速提高中国轿车生产能力和技术水平，我国汽车工业开始走上与国外汽车企业合作、引进消化外国先进技术的发展道路。随着发展，我国的轿车工业初具规模，整体实力显著增强。同时，国家也把轿车生产作为汽车工业发展的重点，并鼓励私人购车，轿车开始迅速进入百姓家。1998 年以来，以中外合作和技术引进为基础的我国轿车工业又迈上了一个新台阶，广州本田、上海通用和一汽大众分别引进了最新的高档车型雅阁、别克和奥迪 A6，这是我国轿车生产技术实力大大增强的必然结果，这几个车型的投产也标志着中国轿车产品和生产技术赶上了世界汽车产业的发展步伐。

本章小结

本章概括介绍了汽车电子技术的发展历程，分析了其发展趋势；简要介绍了汽车电气系统的组成及特点，分析了汽车电子控制装置的种类及组成。

复习思考题

一、填空题

1. 汽车上有两个电源：一个是_____，一个是_____。
2. 汽车电气系统主要由供电系统、_____和用电设备组成。
3. 汽车供配电盘一般安装在发动机舱内或_____。
4. 汽车电气系统的特点是_____、直流、_____、并联连接和_____。
5. 汽车电子控制装置由_____、ECU 和_____组成。

二、选择题

1. 以下哪个安装在供配电盘内？（   ）

A. 继电器　　　　B. 开关　　　　C. 导线　　　　D. 传感器

2. 以下哪个电路采用高压导线？（   ）

A. 照明电路　　　B. 搭铁电路　　C. 起动电路　　D. 点火电路

3. 数据传输线一般采用什么颜色的导线？（   ）

A. 红色　　　　　B. 绿色　　　　C. 黄色　　　　D. 白色

三、判断题

1. 车体汽车电子控制装置和车上机械系统进行配合使用，是与汽车结合为一体的汽车电子装置。（   ）

2. 车载汽车电子控制装置要和汽车配合使用。（   ）

3. 汽车上采用单线制时，必须是负极搭铁。（　　）

4. 汽车电子控制系统基本采用单线制。（　　）

5. 起动发动机的电源是发电机。（　　）

四、问答题

1. 汽车电子技术发展经历了哪几个过程？

2. 你对汽车电子技术的发展趋势有何看法？

3. 简述汽车 ECU 的功用。

第2章 汽车电源系统

 【本章知识构架】

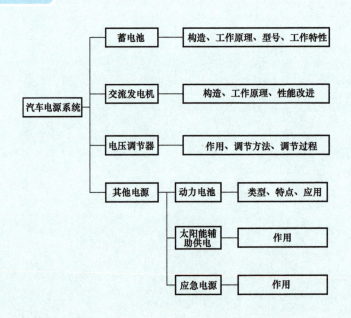

 【教学目标】

1. 掌握铅酸蓄电池的结构组成。
2. 能为汽车选择合适的蓄电池进行更换。
3. 能分析铅酸蓄电池的工作原理及工作特性。
4. 能辨识交流发电机的组成结构。
5. 会分析电压调节器的调节原理。
6. 能说出新能源汽车动力电源的种类。

【教学要求】

知识要点	能力要求	相关知识
蓄电池	了解蓄电池的结构组成；掌握蓄电池的工作原理；掌握蓄电池的工作特性	结构、充放电过程、工作特性、充足电特征、容量
交流发电机	熟悉交流发电机的结构；掌握交流发电机的工作原理	电动势的产生、整流原理
电压调节器	了解电压调节器的调节方法；掌握电子式电压调节器的调节原理及过程	电压调节器
其他电源	动力电池、太阳能辅助供电、应急电源	其他电源的作用、应用

【导入案例】

中国"电池大王"王传福

　　王传福出生在安徽无为县一户再寻常不过的农民家庭，然而读初中时家里发生的变故，让他经受了心灵的创伤并从此沉默寡言。为了忘掉痛苦，年纪尚小的王传福便两耳不闻窗外事，一心苦读，形成了坚强忍耐的性格。

　　21岁的王传福从中南工业大学冶金物理化学系毕业，进入北京有色金属研究院攻读研究生，他把全部的精力都投入到了电池研究中。1993年，研究院在深圳成立比格电池有限公司，因为和王传福的研究领域密切相关，所以他成为了公司总经理。当时，国内电池产业随着移动电话的"井喷"方兴未艾，一部普通"大哥大"动辄数万，一块电池卖到数百元。南下"主政"的王传福很兴奋，准备大干一场。试水两年但成效甚微的王传福在1995年决定辞职单干，在向表哥吕向阳借了250万元后，他领着20个人在深圳莲塘的旧车间敲敲打打，成立了比亚迪公司。比亚迪公司很快打开了低端市场，凭借战略眼光和冒险精神，成立当年就成功卖出了3000万块镍镉电池。比亚迪公司靠着自主研发的设备和工艺，形成了自己独特的竞争优势，一举打破了国外企业的垄断格局。仅仅用了三年时间就占据了全球近40%镍镉电池市场，到2008年已经成为全球最大的充电电池制造商。

　　事实上，直到2018年成为全球最大的充电电池制造商之前，在最初的13年中，王传福的创业之路走得相当辛苦。从昔日的电池大王到今日的汽车大亨，王传福的创业经历吸引了很多人的关注。

　　汽车电源的功用是向车载各用电设备提供电能，由蓄电池与发电机并联组成。在发动机工作时，由发动机带动发电机向汽车用电设备提供电能，并向蓄电池充电。蓄电池的主要功用包括：

　　1）储存电能，以便于迅速及时地将储存的电能提供给发动机起动。

　　2）在发电机电压低或不发电（发动机怠速、停转）时，向汽车用电设备供电。

　　3）在汽车同时启用的用电设备功率超过了发电机的额定功率时，协助发电机供电。

　　4）可作为一个大电容器，可以吸收电路中的瞬变过电压，对汽车的电气设备及电子元件起到保护作用。

　　5）可以保持长时间不使用的汽车动力记忆功能及报警系统有效。

　　上述功能中前两项是最重要的。对汽车电子控制系统来说，蓄电池也是电子控制装置的不间断电源。当起动发动机时，蓄电池在3~5s内必须向起动机连续供给强大的电流（汽油

发动机汽车一般为 200~600A；柴油发动机汽车一般为 800A 以上）。对汽车用蓄电池的要求是：容量大、内阻小，以保证蓄电池具有足够的起动能力。能满足发动机起动需要的蓄电池称为起动型蓄电池，汽车上使用的就是起动型蓄电池。

除电动汽车外，蓄电池在汽车运行中只能充当发电机起动、停止或怠速等工况下的备用电源。在发电机正常工况下，汽车的用电设备主要靠发电机供电。同时，当蓄电池存电不足时，发电机又是蓄电池的充电电源。

由于发动机工作时的转速变化范围很大，要求发电机在发动机转速变化范围内都能正常发电且电压稳定，以满足用电设备的用电需求；此外，要求发电机的体积小、重量轻、故障率低、发电效率高、充电性能良好、维护方便或少维护、使用寿命长等，以确保汽车使用性能。

2.1 蓄电池

根据 T/ZZB 1081—2019《起动用铅酸蓄电池》，蓄电池有排气式蓄电池、阀控式蓄电池（有气体复合功能）、免维护蓄电池等。

（1）排气式蓄电池（Vented Battery） 电池盖上有能析出气体产物的一个或多个排气装置的蓄电池。

（2）阀控式蓄电池（Valve Regulated Battery） 正常条件下是密封的，但当内压超过预定值时有让气体析出装置的蓄电池。这种电池正常不能添加水或电解液。在这种电池中，电解液是不流动的。

（3）免维护蓄电池（Maintenance Free Battery） 在满足规定条件下，使用寿命期间不需要维护的蓄电池。

2.1.1 蓄电池的构造

以排气式蓄电池为例进行说明，其基本构造如图 2-1 所示。

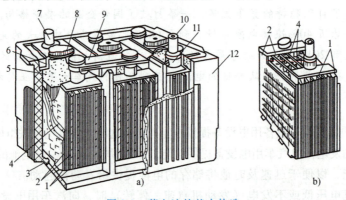

图 2-1　蓄电池的基本构造
a）6V 蓄电池　b）单体电池
1—正极板　2—负极板　3—肋条　4—隔板　5—护板　6—封料　7—负极柱
8—加液孔盖　9—连条　10—正极柱　11—极柱衬套　12—壳体

1. 极板与极板组

正极板上的活性物质是二氧化铅（PbO_2），负极板上的活性物质是纯铅（Pb），它们均

有铅膏（铅粉、稀硫酸及少量添加剂的混合物）填充在用铅锑合金铸成的栅架上。在充足电的状态下，正极板呈深棕色，负极板呈深灰色。

将一片正极板和一片负极板浸入电解液中，便可得到2V左右的电压。为了增大蓄电池的容量，将多片正极板和负极板各自用横板焊接并联起来，组成正极板组和负极板组。将正负极板相互嵌合（中间用隔板隔开）的极板组（图2-2）置于存有电解液的容器中，就构成了单体电池，单体电池的标称电压为2V。因此，一个12V的蓄电池由6个单体电池串联而成，如图2-3所示。12V电系汽车选用一个12V的蓄电池，24V电系汽车选用两个12V的蓄电池串联。

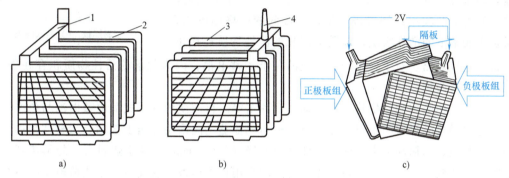

图 2-2　蓄电池极板组的结构

a）负极板组　b）正极板组　c）极板组嵌合

1—连条　2—负极板　3—正极板　4—极柱

每个单体电池的正极板总比负极板少一片，这是为了使每片正极板都置于两片负极板之间，使之两面的放电均匀。由于正极板上的活性物质比较疏松，若单面放电，容易造成极板拱曲而使活性物质脱落。薄型极板对提高蓄电池的比能（单位质量所提供的电能容量）和起动性能都十分有利。

2. 隔板

正、负极板应尽可能靠近，以减少蓄电池内阻和尺寸。隔板的功用是将正、负极板隔开，以防止相邻正、负极板接触而短路。隔板应该具有多孔性，以便电解液渗透，还应具有良好的耐酸性和抗氧化性。微孔橡胶和微孔塑料隔板耐酸、耐高温性能好，寿命长，且成本低，因此目前广泛使用。微孔塑料和微孔橡胶隔板的结

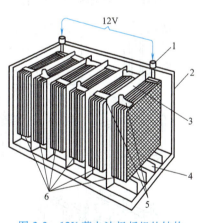

图 2-3　12V蓄电池极板组的结构

1—极柱　2—电池槽　3—间壁
4—凸棱　5—连条　6—极板组

构如图2-4a所示。安装隔板时，带槽一面应面向正极板，且沟槽必须与壳体底部垂直。因为正极板在充电、放电过程中的化学反应剧烈，沟槽能使电解液上下直通，也能使气泡沿槽上升，还能使脱落的活性物质沿槽下沉。

免维护蓄电池普遍采用了聚氯乙烯袋式隔板，结构如图2-4b所示。使用时，正极板被隔板袋包住，脱落的活性物质保留在袋内，不仅可以防止极板短路，还可以取消壳体底部凸起的肋条而使壳体内容积增大，从而增加电解液的储存量。

3. 电解液

电解液的作用是使极板上的活性物质发生溶解和电离，产生电化学反应。电解液由纯净的硫酸与蒸馏水按一定的比例配制而成，其相对密度一般为 $1.24 \sim 1.30 \mathrm{g/cm^3}$。电解液纯度是影响蓄电池电气性能和使用寿命的重要因素。

4. 壳体

壳体用于盛放电解液和极板组，蓄电池壳体由电池槽和电池盖两部分组成，壳内用间壁分成 3 个或 6 个互不相通的单体，底部的凸棱用以搁置极板组，凸棱间的凹槽则可积存从极板上脱落下来的活性物质，以避免沉积的活性物质连接正、

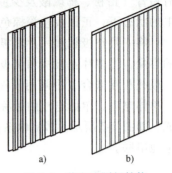

图 2-4　蓄电池隔板结构
a）塑料隔板　b）袋式隔板

负极板而造成短路。对于采用袋式隔板的免维护蓄电池，因为脱落的活性物质积存在袋内，所以没有设置凸棱。

蓄电池壳体应耐酸、耐热、耐振动、耐冲击等。目前使用的干式荷电蓄电池与免维护蓄电池普遍采用聚丙烯透明塑料壳体，电池槽与电池盖之间采用热压工艺粘合为整体结构，不仅耐酸、耐热、耐振动冲击，而且壳体壁薄而轻（厚约 2mm），易于热封合、外形美观、成本低廉、生产效率高。蓄电池各单体电池之间采用铅质连条串联连接。干式荷电蓄电池与免维护蓄电池普遍采用穿壁式点焊连接，所用连条尺寸很小，并设置在壳体内部。单体电池的加液孔盖都设有一通气小孔。在蓄电池充电时，应将通气孔打开，保持蓄电池内空气流通。蓄电池的装配过程如图 2-5 所示。

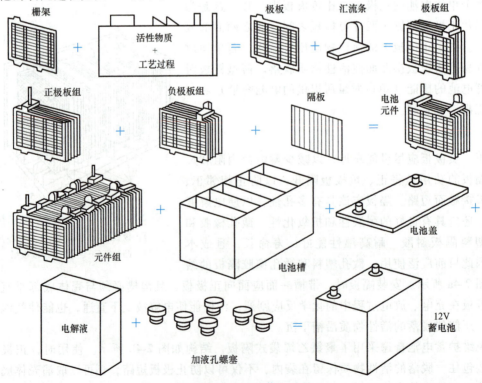

图 2-5　蓄电池的装配过程

5. 蓄电池技术状态指示器

目前，装备全密封型免维护蓄电池的轿车越来越多，由于这种蓄电池盖上没有设置加液孔，因此不能用普通密度计测量电解液的相对密度。为此，在这种免维护蓄电池盖上设有一个结构如图2-6a所示的蓄电池技术状态指示器来说明蓄电池的技术状况。蓄电池技术状态指示器又称为内装式密度计，由透明塑料管、底座和颜色不同的两只小球（一只为蓝色，一只为红色）组成，通过螺纹安装在蓄电池上。两只小球安放在塑料管与底座之间的中心孔中，红色球在上、蓝色球在下。两只小球是由密度不同的材料制成的，因此，可随电解液相对密度变化而上下浮动。

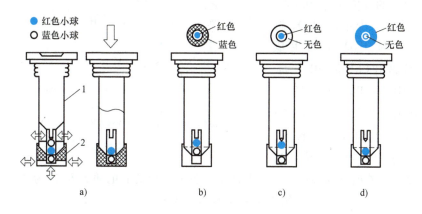

图2-6　蓄电池技术状态指示器结构原理

a）指示器结构　b）存电充足　c）充电不足　d）电解液不足

1—透明塑料管　2—底座

蓄电池技术状态指示器是根据光学折射原理来反映蓄电池技术状态的。当蓄电池电量充足时，中心呈红色圆点，周围呈蓝色圆环，表示蓄电池技术状态良好，如图2-6b所示。当蓄电池电量不足时，中心呈红色圆点、周围呈无色透明圆环，其观察结果如图2-6c所示，此时蓄电池必须立即充电。当电解液液面过低时，两只小球都将下移到极限位置，中心呈无色透明圆点、周围呈红色圆环，其观察结果如图2-6d所示，表示电解液不足，说明蓄电池不能继续使用，必须更换。

2.1.2　蓄电池的工作原理

蓄电池的工作过程就是化学能与电能的转换过程。放电时，蓄电池将化学能转换为电能供用电设备使用；充电时，蓄电池将电能转换为化学能储存起来备用。根据双极硫酸盐化学理论，蓄电池中参与化学反应的物质，正极板上是二氧化铅（PbO_2），负极板上是海绵状铅（Pb），电解液是硫酸溶液（H_2SO_4）。当蓄电池与负载接通放电时，正极板上的二氧化铅和负极板上的铅都将转变成硫酸铅（$PbSO_4$），电解液中的硫酸成分减少，相对密度下降。当蓄电池接通直流电源充电时，正、负极板上的硫酸铅又将分别恢复成原来的二氧化铅和纯铅，电解液中的硫酸成分增加，相对密度增大。若不考虑蓄电池化学反应的中间过程，其充、放电时总的化学反应方程式为

蓄电池的充放电过程

$$PbO_2 + 2H_2SO_4 + Pb \xrightleftharpoons[\text{充电}]{\text{放电}} PbSO_4 + 2H_2O + PbSO_4 \qquad (2\text{-}1)$$

正极　　电解液　负极　　　　　　正极　电解液　负极

1. 蓄电池电动势的建立

蓄电池的电动势是由正、负极板浸入电解液后产生的。

在负极板处，铅原子融入电解液生成两价的铅离子（Pb^{2+}），并在极板上留下两个电子，使极板带负电，如图 2-7 所示。此时，负极板相对于电解液的电位约为 -0.1V。

在正极板处，少量的 PbO_2 融入电解液，并与 H_2O 反应生成 $Pb(OH)_4$，分离出 Pb^{4+} 和 OH^-，即

$$PbO_2 + 2H_2O \rightarrow Pb(OH)_4 \quad (2\text{-}2)$$

$$Pb(OH)_4 \rightarrow Pb^{4+} + 4OH^- \quad (2\text{-}3)$$

一部分 Pb^{4+} 沉附在正极板上，使正极板相对于电解液的电位约为

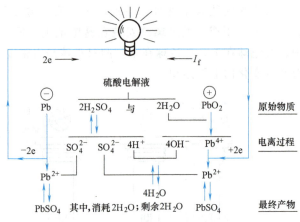

图 2-7　蓄电池放电过程

+2.0V。因此，当外电路未接通时，蓄电池正、负两极板的静电动势 E_j 约为 2.1V，即

$$E_j = [2.0 - (-0.1)]V = 2.1V \qquad (2\text{-}4)$$

2. 蓄电池的放电过程

将蓄电池的化学能转换成电能的过程称为放电过程。当蓄电池接上负载（各种电子控制系统、灯光、仪表、起动机等）时，电流 I_f 从正极板经过负载流向负极（电子从负极转移到正极），使正极电位降低，负极电位升高，正、负极板间的电位差逐渐降低。

正极板的 Pb^{4+} 得到来自负极板的两个电子后，变成 Pb^{2+}，其反应式为式（2-5），再与电解液中的 SO_4^{2-} 反应，在极板上生成难溶的 $PbSO_4$，其反应式为式（2-6）。正极板水解出的 O^{2-} 与电解液中的氢离子（H^+）反应，生成稳定物质水。

$$Pb^{4+} + 2e \rightarrow Pb^{2+} \qquad (2\text{-}5)$$

$$Pb^{2+} + SO_4^{2-} \rightarrow PbSO_4 \qquad (2\text{-}6)$$

负极板上每个铅原子放出两个电子后，生成的 Pb^{2+} 与电解液中的 SO_4^{2-} 反应，在极板上生成难溶解的 $PbSO_4$。

理论上，放电过程可以一直进行到正、负极板上的活性物质全部转变为硫酸铅为止。但由于放电生成的硫酸铅沉附于极板表面，使电解液不能渗入到极板内层，造成极板内层活性物质不能利用。因此所谓完全放电，事实上只有 20%~30% 的活性物质转变为硫酸铅。要提高活性物质的利用率，就必须增大活性物质与电解液之间的反应面积。目前，常用的措施是采用薄型极板和增大活性物质的孔率。

放电时 H_2SO_4 浓度不断下降，正极板上的 $PbSO_4$ 增加，电池内阻增大（硫酸铅不导电），电解液浓度下降，电池电动势降低。

3. 蓄电池的充电过程

将电能转化成蓄电池的化学能的过程称为充电过程。此时，正、负极板上发生的化学反

应与放电过程正好相反，反应过程如图 2-8 所示，正、负极板上的硫酸铅将分别还原为二氧化铅和纯铅，电解液中硫酸的成分逐渐增多而水的成分逐渐减少，电解液相对密度逐渐增大。

负极板上，在外界电流的作用下，$PbSO_4$ 被离解成 Pb^{2+} 和 SO_4^{2-}，其反应式为式（2-7），由于负极不断从外电源获得电子，则负极板附近游离的 Pb^{2+} 被中和为 Pb，并以海绵状铅附在负极板上。当接通充电电源后，在电场力作用下，Pb^{2+} 获得两个电子变为金属 Pb 沉附在负极板上，而 SO_4^{2-} 则与电解液中的 H^+ 结合生成硫酸，负极板上的总反应式为式（2-8）。

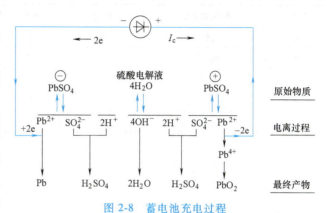

图 2-8　蓄电池充电过程

$$PbSO_4 \rightarrow Pb^{2+} + SO_4^{2-} \tag{2-7}$$

$$PbSO_4 + 2e + 2H^+ \rightarrow Pb + H_2SO_4 \tag{2-8}$$

在正极板处，也有少量的 $PbSO_4$ 融入电解液中，呈离子状态，离解为 Pb^{2+} 和 SO_4^{2-}，即

$$PbSO_4 \rightarrow Pb^{2+} + SO_4^{2-} \tag{2-9}$$

在电源电场力的作用下，Pb^{2+} 失去两个电子变为 Pb^{4+}，Pb^{4+} 与电解液中水解出来的 OH^- 结合生成 $Pb(OH)_4$，$Pb(OH)_4$ 再分解为 PbO_2 和 H_2O，硫酸根离子则与电解液中的 H^+ 结合生成 H_2SO_4，正极板上的总反应式为

$$PbSO_4 - 2e + 2H_2O + SO_4^{2-} \rightarrow PbO_2 + 2H_2SO_4 \tag{2-10}$$

可见，充电过程中正、负极板上的 $PbSO_4$ 将逐渐转变为 PbO_2 和 Pb，电解液中硫酸成分逐渐增多，水逐渐减少，电解液相对密度逐渐增大。当充电接近终了时，电解液相对密度将增大到最大值，充电电流会使水分解，变成 H_2 和 O_2，产生大量的气泡从电解液中逸出。因此，这也可以成为充电终了时的判断条件之一。水的分解反应式为

$$2H_2O \rightarrow 2H_2\uparrow + O_2\uparrow \tag{2-11}$$

电解液中，正极不断产生游离的 H^+ 和 SO_4^{2-}，负极不断产生 SO_4^{2-}，在电场力的作用下，氢离子向负极移动，硫酸根离子向正极移动，形成电流。

从上面可以看出，铅酸蓄电池放电时，电解液中硫酸不断减少，水逐渐增多，溶液相对密度下降；铅酸蓄电池充电时，电解液中的硫酸不断增多，水逐渐减少，溶液相对密度上升。实际工作中，可以根据电解液相对密度的变化来判断铅酸蓄电池的充电程度。

2.1.3　蓄电池的型号

蓄电池型号是由一个或几个字母与数字组合成的符号，分别表示用途、结构特征，并将这些符号按一定的规律排列组合成一种标记。根据团体标准 T/ZZB 1081—2019《起动用铅酸蓄电池》的规定，蓄电池型号由四部分组成：第一部分为串联的单体蓄电池数；第二部分为蓄电池用途、结构特征代号（表 2-1）；第三部分为标准规定的额定容量；第四部分为其他需要说明的，如图 2-9 所示。

表 2-1 蓄电池结构特征代号

序号	蓄电池类型	型号	序号	蓄电池类型	型号
1	密封式	M	6	排气式	P
2	免维护	W	7	胶体式	J
3	干式荷电	A	8	卷绕式	JR
4	湿式荷电	H	9	阀控式	F
5	微型阀控式	WF			

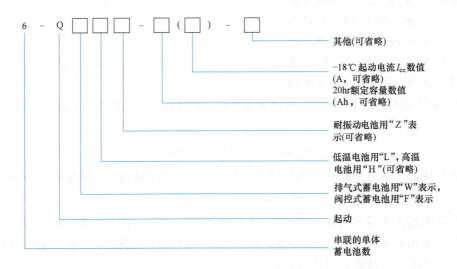

图 2-9 蓄电池型号

例如：6 个单体串联的额定容量为 $100A \cdot h$ 的排气式、低温、耐振动用，$-18℃$ 起动电流为 650A 的蓄电池，型号命名为 6-QWLZ-100（650）。6 个单体串联的储备容量为 179min 的排气式低温耐振动用，$-18℃$ 起动电流为 650A 的蓄电池，型号命名为 6-QWLZ-179min（650）。

2.1.4 蓄电池的工作特性

蓄电池的工作特性主要包括静止电动势、内阻、充放电特性和容量。

1. 静止电动势

静止电动势 E_j 是指蓄电池在静止状态下（不充电也不放电）正、负极板之间的电位差（开路电压）。静止电动势的大小取决于极板上活性物质溶解电离达到平衡时，在极板单位面积上沉附的 Pb^{2+} 和电子的数量，而这受电解液密度和温度的直接影响。在电解液密度为 1.050 ~ 1.300g/cm³ 的范围内，静止电动势 E_j 与电解液密度及温度的关系可由经验公式表示为

$$\begin{cases} E_j = 0.84 + \rho_{25℃} \\ \rho_{25℃} = \rho_\gamma + 0.00075(T - 25) \end{cases} \tag{2-12}$$

式中 $\rho_{25℃}$ ——温度为 25℃ 时的电解液密度，单位为 g/cm³；

ρ_γ ——实际测得的电解液密度，单位为 g/cm³；

T——实际测得的电解液温度，单位为℃。

2. 蓄电池内阻

蓄电池内阻大小反映了蓄电池带负载的能力。在相同条件下，内阻越小，输出电流越大，带负载的能力越强。蓄电池内阻包括极板电阻、隔板电阻、电解液内阻和串联单体电池的连条内阻等。

3. 蓄电池的充电特性

蓄电池的充电特性是指以恒流 I_c 充电时，蓄电池充电电压 U_c、电动势 E 及电解液密度 ρ 等随充电时间 t 变化而变化的规律。图 2-10 是以 20h 充电率（$I_c = 0.05C_n$，C_n 指蓄电池 20 小时率额定容量）恒流充电的特性曲线。

因为充电电压 U_c 必须克服蓄电池电动势 E 以及内阻电压降 I_cR_0，才能在电路中形成电流，所以充电电压始终高于电动势，即

$$U_c = E + I_c R_0 \tag{2-13}$$

蓄电池充足电的特征是：

1）蓄电池的端电压上升至最大值（单体电池电压为 2.7V），且 2h 内不再变化。

2）电解液大量冒气泡，呈现"沸腾"。

4. 蓄电池的放电特性

蓄电池的放电特性是指以恒流 I_f 放电时，蓄电池端电压 U_f、电动势 E 和电解液密度 ρ 随放电时间 t 的变化而变化的规律。图 2-11 是以 20h 放电率（$I_f = 0.05C_n$）恒流放电的特性曲线。

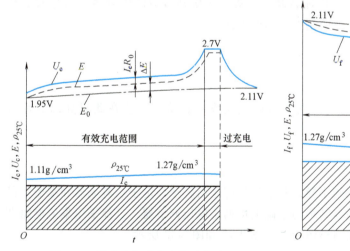

图 2-10 蓄电池恒流充电特性曲线

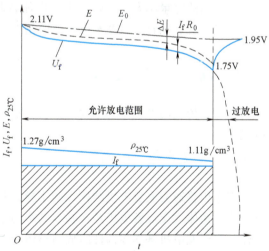

图 2-11 蓄电池的恒流放电特性曲线

终止电压与放电电流的大小密切相关，放电电流越大，放电时间越短，允许放电的终止电压也越低（其关系见表 2-2）。

表 2-2 放电电流与终止电压的关系

放电电流/A	$0.05C_n$	$0.1C_n$	$0.25C_n$	$1C_n$	$3C_n$
连续放电时间	20h	10h	3h	30min	5.5min
单体电池终止电压/V	1.75	1.70	1.65	1.55	1.5

5. 蓄电池的容量

蓄电池的容量是反映蓄电池对外供电能力及选用蓄电池的重要指标，是蓄电池的主要性能参数。蓄电池的容量是指在规定的放电条件下，蓄电池能够输出的电量。当恒流放电时，蓄电池的容量等于放电电流与放电时间之积，即

$$C = I_f t_f \tag{2-14}$$

式中　C——蓄电池的容量，单位为 A·h；

　　　I_f——放电电流，单位为 A；

　　　t_f——放电时间，单位为 h。

蓄电池的容量与放电电流、温度及电解液的密度等因素有关，因此标称蓄电池容量是在一定的标准规范下测得的。

1）20 小时率额定容量 C_n。根据 GB/T 5008.1—2013《起动用铅酸蓄电池　第 1 部分：技术条件和试验方法》的规定，C_n 是指完全充足电的蓄电池，在电解液温度为 25℃时，在 20 小时率放电电流（$I_f = 0.05C_n$）连续放电到单体电池电压降至 1.75V（12V 蓄电池端电压下降至 10.50V±0.05V，6V 蓄电池下降至 5.25V±0.02V）时，蓄电池所输出的电量。额定容量是检验新蓄电池质量和衡量蓄电池能否继续使用的重要指标。

2）额定储备容量 $C_{r,n}$。根据 GB/T 5008.1—2013《起动用铅酸蓄电池　第 1 部分：技术条件和试验方法》规定，$C_{r,n}$ 是指完全充足电的蓄电池，在电解液温度为 25℃时，以 25A 电流连续放电到单体电池电压降至 1.75V 所持续的时间，其单位为 min。蓄电池的储备容量说明当汽车充电系统失效时，蓄电池尚能持续提供 25A 电流的能力。

蓄电池的容量越大，可以提供的电能就越多。影响蓄电池容量的因素主要有极板的构造、放电电流、电解液温度及电解液的密度等四个方面。

2.2　汽车交流发电机

目前，传统的换向器直流发电机已完全被硅整流发电机取代，故在此只介绍交流发电机。

2.2.1　交流发电机的构造

汽车用普通交流发电机结构大同小异，基本结构都是由转子、定子、整流器和端盖四部分组成。整体式交流发电机是在基本结构的基础上增加了电压调节器，且都采用集成电路调节器。交流发电机基本零部件组成与整体结构如图 2-12 和图 2-13 所示。

1. 转子

汽车交流发电机的转子是发电机的磁极部分，其功用是产生磁极（在磁场绕组中通入励磁电流）。转子由爪极、磁场绕组、铁心和集电环组成，如图 2-14 所示。两块爪极 3 压装在转子轴上，爪极间的空隙内装有铁心 4，铁心 4 也压装在转子轴 2 上，磁场绕组 5 绕在铁心 4 上。

集电环由彼此绝缘的两个铜环组成，压装在转子轴的一端并与转子轴绝缘。磁场绕组的两端分别焊接在两个集电环上，两个集电环分别与发电机后端盖上两个电刷相接触。当两个

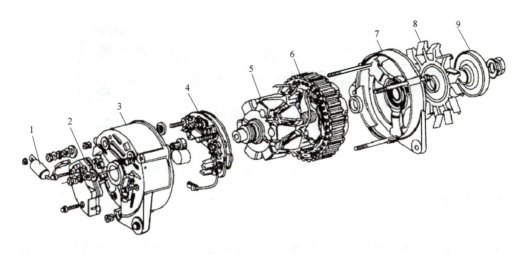

图 2-12　整体式交流发电机零部件组成

1—抗干扰电容器　2—集成电路调节器与电刷组件总成　3—电刷端盖　4—整流器总成
5—转子总成　6—定子总成　7—驱动端盖　8—风扇　9—驱动带轮

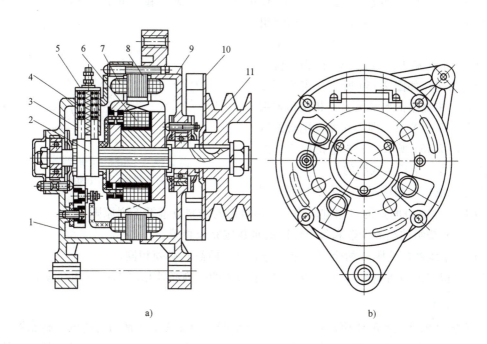

a)　　　　　　　　　　　　　　　　　　b)

图 2-13　JFZ1913Z 型 14V90A 交流发电机的整体结构

a) 主视图　b) 侧视图

1—后端盖　2—集电环　3—电刷　4—电刷弹簧　5—电刷架　6—磁场绕组　7—电枢绕组
8—电枢铁心　9—前端盖　10—风扇　11—带轮

电刷与直流电源接通时，磁场绕组中便有电流流过并产生轴向磁场，被磁化的爪极中一块为
N 极，另一块为 S 极，于是就形成了 4~8 对相互交错的磁极。国产交流发电机大多是 6 对
磁极。将转子爪极设计成鸟嘴形状是为了使磁场呈正弦分布，有利于电枢绕组产生的感应电

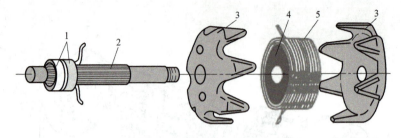

图 2-14　转子结构

1—集电环　2—转子轴　3—爪极　4—铁心　5—磁场绕组

动势有较好的正弦波形。

2. 定子

交流发电机的定子是发电机的电枢部分，其功用是产生交流电（导线切割磁力线）。由定子铁心与对称的三相电枢定子绕组组成。定子铁心由相互绝缘的硅钢片叠成环状，环的内圆表面开有线槽，电枢三相绕组按一定规则对称嵌放在槽内。

三相绕组的联结方法有两种，即星形联结（丫联结）和三角形联结（△联结），如图 2-15 所示。当采用丫联结时，三相绕组的 3 个末端 U_2、V_2、W_2 联结在一起，称为中性点，3 个始端 U_1、V_1、W_1 作为交流发电机的输出端，如图 2-15a 所示。当采用△联结时，一相绕组的始端与另一相绕组末端联结，共有 3 个节点，即为交流发电机的输出端，如图 2-15b 所示。三相电枢绕组一般为丫联结，也有采用△联结的。

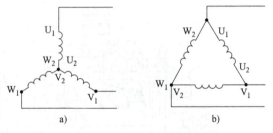

图 2-15　三相绕组的联结方法

a）丫联结　b）△联结

为保证电枢三相绕组产生大小相等、相位差为 120°（电角度）的对称电动势，三相绕组的绕制应遵循下列原则：

1）每相绕组的线圈个数和每个线圈的匝数应完全相等。

2）每个线圈的节距（两个有效边所跨的定子槽数）必须相同。

3）三相绕组的始端 U_1、V_1、W_1 在定子槽内的排列必须相隔 120°（电角度）。

3. 整流器

交流发电机整流器的作用是将三相定子绕组产生的交流电转换为直流电。整流器一般由 6 个带有散热板的整流二极管组成，其总成的结构如图 2-16 所示。整流二极管外形及符号如图 2-17 所示。整流二极管有正极管和负极管之分。一个普通交流发电机具有 3 只正极管和 3 只负极管。引出电极为二极管正极的称为正极管，其上标有红色标记；引出电极为二极管负极的称为负极管，其上标有绿色或黑色标记。安装整流二极管的铝质散热板称为整流板。整流器多数有两块整流板。

安装 3 只正极管的整流板称为正整流板；安装 3 只负极管的整流板称为负整流板，如图 2-18 所示。有的交流发电机只有正整流板而没有负整流板，3 只负极管直接压装在发电机的后端盖上，即后端盖相当于负整流板，由于不便维修，这种结构已被淘汰。

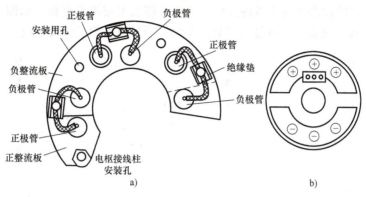

图 2-16　整流器总成的结构

a）半圆形　b）圆形

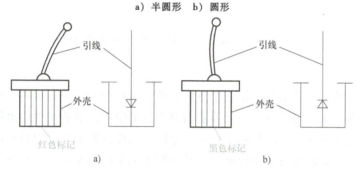

图 2-17　硅整流二极管的外形及符号结构

a）正极管　b）负极管

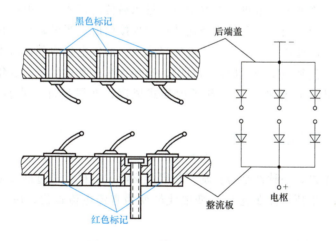

图 2-18　二极管安装接线示意图

交流发电机有内搭铁型和外搭铁型之分，如图 2-19 所示。磁场绕组的一端经集电环、电刷与发电机端盖绝缘的磁场绕组接线柱（标记"F"或"磁场"）相连接，另一端通过引线与发电机外壳相连，这种搭铁方式的发电机称为内搭铁型交流发电机，如图 2-19a 所示。东风 1090 型载货汽车用 JF132 型交流发电机即为内搭铁型交流发电机。磁场绕组的两端经集电环和电刷，通过引线均与绝缘接线柱（标记"F"、"F⁻"或"F₁"、"F₂"）相连，

"F_1"或"F_2"接线柱再经调节器搭铁的，称为外搭铁型交流发电机，如图 2-19b 所示。桑塔纳、捷达、红旗、奥迪、解放等大多数汽车均采用外搭铁型交流发电机。

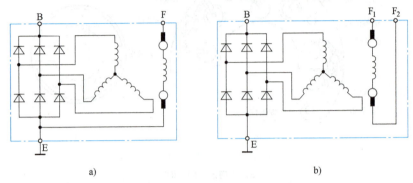

图 2-19　交流发电机的搭铁形式

a）内搭铁型交流发电机　b）外搭铁型交流发电机

4. 端盖与带轮、风扇组件

交流发电机的前、后端盖均用铝合金压铸而成，铝合金为非导磁材料，可减少漏磁，并具有质量小、散热性能好等优点。在后端盖内装有电刷组件，电刷组件由电刷、电刷架和电刷弹簧组成。电刷用铜粉和石墨粉模压而成，电刷架用酚醛玻璃纤维塑料模压而成。电刷安装在电刷架的孔内，借助弹簧张力使电刷与转子轴上的集电环保持良好接触。每台交流发电机有 2 只或 3 只电刷，每只电刷都有一根引线直接引到发电机后端盖的接线端子上或后端盖上。

交流发电机端盖之前装有带轮，由发动机通过风扇传动带驱动发电机轴旋转。一般在带轮后还装有叶片式风扇，用铝合金板或钢板冲压或焊接而成。当风扇与带轮一起转动时，通过前、后端盖上制有的通风口，空气便从进风口流入，经发电机内部再从出风口流出，由此便将内部热量带出，达到强制通风散热的目的，这种称为外装式风扇。近年来，为提高发电机的效率、减小发电机的体积，又出现了内装式风扇，即风扇叶片直接设置在发电机转子上。

2.2.2　交流发电机的工作原理

汽车用交流发电机是一种他励转自励三相同步交流发电机，通过硅二极管组成的三相桥式整流电路将定子绕组所产生的感应交变电流转变为直流电流输出，所以也称为硅整流发电机。

1. 三相交变电动势的产生

交流发电机是根据电磁感应原理而产生三相交变电动势的。三相同步交流发电机的工作原理如图 2-20 所示。发电机的转子为磁极，磁极绕组通过电刷和集电环引入直流电而产生磁场；发电机的定子为电枢，三相电枢绕组按一定的规律分布在定子的槽中，彼此相差 120°（电角度）。当转子旋转时，产生一个旋转磁场；铁心制作成鸟嘴形特殊结构，可使定子绕组感应产生的交流电动势近似于正弦曲线波形，因此三相电枢绕组产生的感应电动势按正弦规律变化。

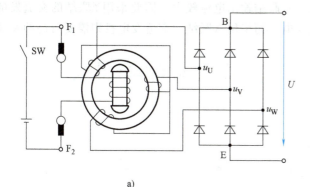

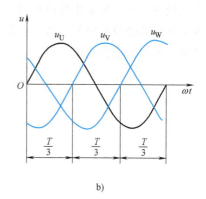

a)   b)

图 2-20　交流发电机的工作原理

a）汽车交流发电机电路　b）感应电动势输出波形

三相绕组中交流电动势瞬时值的表达式为

$$e_U = \sqrt{2}\,E_\Phi \sin(\omega t)$$

$$e_V = \sqrt{2}\,E_\Phi \sin(\omega t - 120°)$$

$$e_W = \sqrt{2}\,E_\Phi \sin(\omega t - 240°) \qquad (2\text{-}15)$$

式中　E_Φ——每相电动势的有效值，单位为 V；

　　　ω——电角速度，$\omega = 2\pi f$，单位为 rad/s。

交流发电机每相绕组中感应产生的电动势有效值 E_Φ 为

$$E_\Phi = 4.44 K f N \Phi = C_e \Phi n \qquad (2\text{-}16)$$

式中　K——绕组系数，采用整距集中绕组时，$K = 1$；

　　　f——感应电动势的频率，$f = pn/60$，单位为 Hz，其中，p 为磁极对数；

　　　n——发电机转速，单位为 r/min；

　　　N——每相绕组的匝数，单位为匝；

　　　Φ——每极磁通，单位为 Wb；

　　　C_e——与发电机结构有关的参数。

从式（2-16）可以看出，定子绕组内感应电动势的大小与每相绕组串联线圈的匝数以及感应电动势的频率成正比，即定子绕组的匝数越多，转子的转速越高，绕组内感应产生的电动势也就越高。

当定子绕组采用丫联结时，任意两个输出端之间的输出电压称为线电压，输出电流称为线电流，分别用 U_L、I_L 表示，每相绕组的相电压和相电流分别用 U_Φ、I_Φ 表示，如图 2-21a 所示。它们之间的相互关系为

$$U_L = \sqrt{3}\,U_\Phi \qquad (2\text{-}17)$$

$$I_L = I_\Phi \qquad (2\text{-}18)$$

当定子绕组采用△联结时，电压与电流的关系如图 2-21b 所示，即

$$U_L = U_\Phi \qquad (2\text{-}19)$$

$$I_L = \sqrt{3}\,I_\Phi \qquad (2\text{-}20)$$

从上述公式可以看出，在交流发电机转速相同的条件下，相电压，丫联结比△联结具有

较高的输出电压；当输出线电压相同时，△联结输出电流较大。因此采用丫联结的交流发电机在发动机转速较低时便可以向蓄电池充电，而采用△联结的交流发电机则需要较高的发动机转速才能向蓄电池充电。

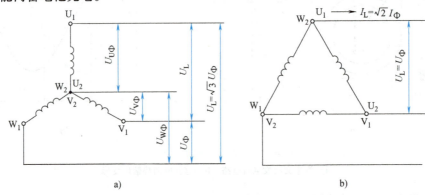

图 2-21　三相绕组接法不同时电压与电流的关系

a）丫联结　b）△联结

2. 整流原理

　　汽车用的蓄电池为直流电源。考虑到发电机停转时，车用的各种电器必须能正常工作，用电设备均选用直流供电方式，这就要求交流发电机最终能提供直流电，所以交流发电机内必须配置硅整流器。二极管具有单向导电特性，即当给二极管加上正向电压时，二极管导通，呈现低阻抗状态；当给二极管加上反向电压时，二极管截止，呈现高阻状态。利用二极管的单向导电特性，便可把交流电变为直流电。三相桥式整流电路由 6 只硅二极管组成，其电路原理和电压波形如图 2-22 所示。其中，VD_1、VD_3、VD_5 的负极（壳体）压装在元件板或正整流板上，它们的正极分别接在三相定子绕组始端 U、V、W 上，故称为正极管；另外 3 只二极管 VD_2、VD_4、VD_6 的正极（壳体）压装在后端盖或负整流板上，负极则分别接在

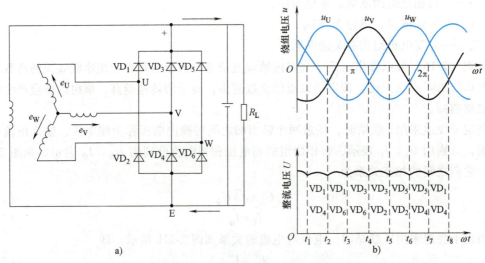

图 2-22　三相桥式整流电路及电压波形

a）整流电路　b）电压波形

三相绕组始端 U、V、W 上，故称为负极管。

(1) 二极管的导通原则 正二极管和负二极管导通原则如下。

1）负极管的导通原则。因为 3 只负极管（VD$_2$、VD$_4$、VD$_6$）的负极分别接在发电机三相绕组的始端上，它们的正极又连接在一起，所以 3 只负极管的导通原则是：在某一瞬间，负极电位最低者导通，因为该二极管导通后，就使另外 2 只二极管的正极电位低于负极而不能导通。

2）正极管导通原则。因为 3 只正极管（VD$_1$、VD$_3$、VD$_5$）的正极分别接在发电机三相绕组的始端（U、V、W）上，它们的负极又连接在一起，所以 3 只正极管的导通原则是：在某一瞬间，正极电位高者导通，因为正极电位最高的二极管导通后，就使另两只二极管的负极电位高于正极而不能导通。

(2) 整流过程 根据上述正、负极二极管的导通原则，交流发电机整流器的整流过程如下：

1）在 $t_1 \sim t_2$ 时间内，U 相位电位最高，V 相电位最低，所以二极管 VD$_1$、VD$_4$ 获得正向电压而导通，电流从 U 相出发，经二极管 VD$_1$、负载电阻 R_L、二极管 VD$_4$ 回到 V 相构成回路。因为二极管的内阻很小，所以 U、V 两相之间的线电压都加在负载电阻 R_L 上。

2）在 $t_2 \sim t_3$ 时间间隔内，U 相电位最高，而 W 向电位变为最低，所以二极管 VD$_1$、VD$_6$ 获得正向电压而导通。U、W 两相之间的线电压加在负载 R_L 上。

依此类推，6 只二极管在 1 个周期内，以 6 种不同的组合两两导通依此循环，周而复始，使负载电阻两端得到一个比较平稳的直流脉冲电压 U，负载电压波形及各时间间隔内二极管的导通情况示于图 2-22b 中。可以计算得到发电机输出直流脉动电压的平均值为

$$U = 1.35U_L = 2.34U_\Phi \quad （丫联结） \tag{2-21}$$

$$U = 1.35U_\Phi \quad （△联结） \tag{2-22}$$

式中 U——输出直流电压平均值；

U_L——定子绕组输出的线电压的有效值，$U_L = \sqrt{3}U_\Phi$；

U_Φ——每相绕组的相电压的有效值。

实际上，车用二极管正向导通时，管压降 U_d 为 0.2~0.6V，所以负载电压的实际值应在式（2-21）或式（2-22）所示的计算值中减去两个二极管的管压降。由上述分析可知，三相桥式整流电路中，每只二极管在交流电的 1 个周期内，只有 1/3 时间处于导通状态，所以每只二极管的平均电流 I_d 只为负载电流的 1/3，即

$$I_d = \frac{1}{3}I \tag{2-23}$$

设每只二极管所承受的最高反向电压为 U_{DRM}，其值应为线电压 U_L 的最大值。即

$$U_{DRM} = \sqrt{2}U_L = \sqrt{2} \times \sqrt{3}U_\Phi = 2.54U_\Phi \tag{2-24}$$

2.2.3 交流发电机的性能改进

1. 发电机励磁

随着汽车技术的发展，国内外汽车企业不断改进发电机结构，提升其工作性能。不同的汽车先后采用了 8 管、9 管、11 管交流发电机、无刷交流发电机、水冷式交流发电机、发电

交流发电机
的性能改进

与起动功能合为一体的电机等。

交流发电机整流器是将定子绕组产生的三相交流电整流为直流电。基础的交流发电机整流器是由 3 只正的二极管和 3 只负的二极管组成的桥式整流电路来进行整流的，但在实际的汽车中交流发电机的整流器都进行了性能改善。

汽车用交流发电机的励磁方法与一般工业用交流发电机不同。在无外接直流电源的情况下，也可利用磁极的剩磁自励发电，但由于交流发电机转子的剩磁较弱，发电机只有在较高速时才能自励发电，因而不能满足汽车用电的要求。为了使交流发电机在低速运转时的输出电压满足汽车上的用电要求，在发电机开始发电时采用他励方式，即由蓄电池提供励磁电流，增强磁场，使电压随发电机转速很快上升。这就是交流发电机低速充电性能好的主要原因。当发电机输出电压高于蓄电池电压，一般是发电机的转速达到 1000r/min 左右时，励磁电流便由发电机自身提供，这种励磁方式称为自励。由此可见，汽车交流发电机在输出电压建立前后分别采用他励和自励两种不同的励磁方式。

2. 8 管交流发电机

图 2-23a 是 8 管交流发电机电路原理图。在 $VD_1 \sim VD_6$ 6 只二极管组成的桥式电路基础上，增加了两只二极管 VD_7 和 VD_8，这两只二极管称为中性点二极管。它是从 U、V、W 三相定子绕组的中性点 N 连接出来的，引出一个正二极管 VD_7 和一个负二极管 VD_8，通过 VD_7 和 VD_8 对中性点电压进行整流之后加在负载上，如图所示。

当中性点的瞬时电压 U_N 高于输出电压平均值 U 时（假设为 +15V），二极管 VD_7 导通，从中性点输出的电流为定子绕组→中性点二极管 VD_7 →输出端子 B→负载→负极管→定子绕组，如图 2-23b 箭头方向所示。

当中性点的瞬时电压 U_N 低于 0V 时（假设为 -1V），如图 2-23c 所示，二极管 VD_8 导通，从中性点输出的电流为定子绕组→正极管→输出端子 B→负载→中性点二极管 VD_8 →定子绕组，如图箭头方向所示。

只要在中性点处连接两只整流二极管，就可利用中性点输出的交流电压来增加交流发电机的输出电流，试验表明，在不改动交流发电机结构的情况下，加装两只整流二极管后，当发电机中高速时，其输出功率与额定功率相比就可增大 11% ~ 15%。

除此之外，中性点电压还可以用来控制各种继电器，如起动保护继电器。这就是 8 管交流发电机性能的改善。

3. 9 管交流发电机

9 管交流发电机是在普通交流发电机的基础上增设 3 只小功率二极管 VD_7、VD_8 和 VD_9，如图 2-24 所示。

当发电机工作时，定子绕组产生的三相交流电动势经 6 只整流二极管 $VD_1 \sim VD_6$ 组成的三相桥式全波整流电路整流后，输出直流电压 U_B 向负载供电并向蓄电池充电。VD_7、VD_8、VD_9 与 3 只负极管 VD_2、VD_4、VD_6 组成三相桥式整流电路，专门供给磁场电流，故增设的 3 只小功率二极管称为磁场二极管，9 管交流发电机不仅可以控制充电指示灯来指示蓄电池充电情况，而且能够指示充电系统是否发生故障。

当接通点火开关 SW 时，蓄电池电流便经点火开关 SW→充电指示灯→发电机磁场电流输出端子 D+→磁场绕组 R_F →调节器内部大功率晶体管→搭铁→蓄电池负极，构成回路，此

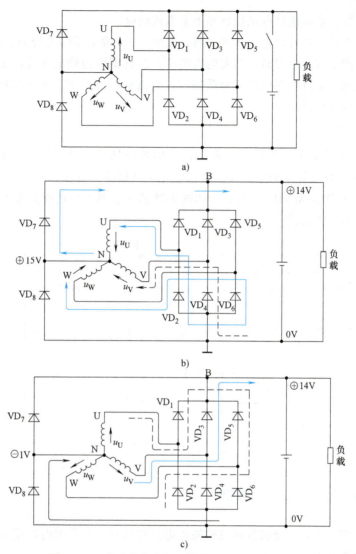

图 2-23　8 管交流发电机不同情况下的电路原理图

a）8 管交流发电机电路原理图　b）中性点瞬时电压 U_N 高于输出电压 U 时的电流路径

c）中性点瞬时电压 U_N 低于 0V 时的电流路径

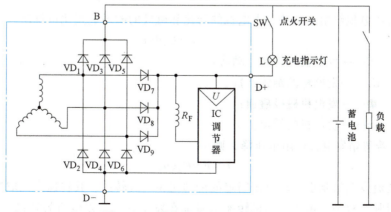

图 2-24　9 管交流发电机电路原理图

时充电指示灯发亮，指示磁场电流接通并由蓄电池供电。

当发动机起动后，随着发电机转速升高，发电机 D+ 端电压随之升高，充电指示灯两端的电位差降低，指示灯亮度变暗。当发电机电压升高到蓄电池端电压时，发电机 B 端与 D+ 端电位相等，充电指示灯两端电位差降低到零，充电指示灯熄灭，表征发电机已正常发电，磁场电流由发电机自己供给。

4. 11 管交流发电机

11 管交流发电机综合了 8 管和 9 管交流发电机的优点，整流器由 3 只正极管（VD_1、VD_3 和 VD_5）、3 只负极管（VD_2、VD_4 和 VD_6）、3 只磁场二极管（VD_7、VD_8 和 VD_9）和 2 只中性点二极管（VD_{10} 和 VD_{11}）组成，如图 2-25 所示，其不仅能提高发电机输出功率，还能反映充电系统的工作情况。

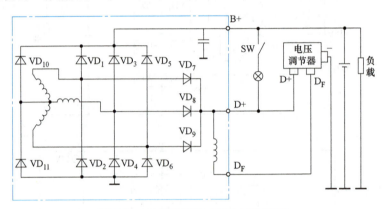

图 2-25   11 管交流发电机电路原理图

2.3   交流发电机电压调节器

交流发电机调节器是把交流发电机的输出电压控制在规定范围内的控制装置，又称为电压调节器，简称调节器。

2.3.1   调节器的作用

从发电机各电枢绕组电动势与发电机的转速和磁极的磁通成正比可推出

$$E = C_e \Phi n \qquad (2-25)$$

式中　　E——发电机的等效电动势；

　　　　C_e——发电机的结构常数；

　　　　Φ——发电机磁极磁通；

　　　　n——发电机的转速。

若忽略发电机内阻电压降，则

$$U = E = C_e \Phi n \qquad (2-26)$$

交流发电机
电压调节器

汽车用交流发电机是由发动机按固定的传动比驱动旋转的，其转速高低取决于发动机转速。在汽车行驶过程中，由于发动机转速随时都在发生变化，发电机转速随之改变。因此，

发电机输出电压必然随转速的变化而变化。汽车用交流发电机工作时的转速很不稳定且变化范围很大，若对发电机不加以调节，其输出电压将随发动机转速的变化而变化，这与汽车用电设备要求电压恒定相矛盾。因此，发电机必须有一个自动的电压调节装置。交流发电机调节器的作用就是当发动机转速变化时，自动对发电机的输出电压进行调节，使发出的电压稳定，以满足汽车用电设备的要求。

2.3.2　调节器的调节方法

由于发电机的电动势及端电压与磁通成正比关系，当发电机转速变化时，如果要保持发电机输出电压恒定，就必须相应改变磁极磁通。磁极磁通的多少取决于磁场电流的大小，在发电机转速变化时，只要自动调节磁场电流，就能使发电机输出电压保持恒定。调节器的调节原理就是：通过调节磁场电流使磁极磁通改变来使发电机输出电压保持恒定。

汽车用发电机输出电压调节器的基本原理如图 2-26a 所示。调节器动作的控制参量为发电机输出电压，即当发电机的输出电压上升到设定的上限值 U_2 时，调节器动作，使磁场绕组的励磁电流 I_f 下降或断流，从而减弱磁极磁通，致使发电机输出电压下降；当发电机输出电压下降到设定的下限值 U_1 时，调节器又动作，使 I_f 增大，磁极磁通加强，发电机输出电压又上升；当发电机的输出电压上升到 U_2 时又重复上述过程，使发电机的输出电压在设定的范围内脉动，得到一个稳定的平均电压 U_c。发电机在某一转速下，调节器起作用后发电机输出电压波形如图 2-26b 所示。

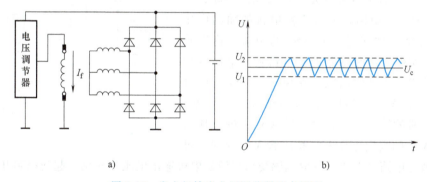

图 2-26　发电机输出电压调节器基本原理

a）发电机输出电压调节器原理　b）发电机输出电压调节器工作时的电压波形

各种调节器都是通过调节磁场电流使磁极磁通改变来控制发电机输出电压的。电子调节器调节磁场电流的方法是：利用晶体管的开关特性，使磁场电流接通与切断来调节发电机磁场电流。

2.3.3　电子调节器工作过程

电子调节器也称为晶体管式电压调节器，是利用晶体管的开关特性，来控制发电机的磁场电流，使发电机的输出电压保持恒定。目前，国内外生产的晶体管调节器一般都是由 2~4 个三极管，1~2 个稳压管和一些电阻、电容、二极管等组成，再由印制电路板连接成电路，然后用轻而薄的铝合金外壳将其封闭。调节器对外伸出"+"（或"S""点火"）、"F"（或"磁场"）、"E"（或"搭铁""-"）等字样的接线柱或引出线，分别与交流发电机等连接构

成整个汽车电气装置的充电系统。

1. JFT106 型晶体管电压调节器

JFT106 型晶体管电压调节器属于负极外搭铁式电压调节器，它可与 14V、750W 的 9 管交流发电机配套使用，也可与 14V、功率小于 1000W 的负极外搭铁式 6 管交流发电机配套使用。CA1091 型汽车用 JFT106 型晶体管电压调节器电路原理如图 2-27 所示，该调节器共有 "+" "F" 和 "−" 3 个接线柱，其中 "+" 接线柱与发电机的 "F_2" 接线柱连接后经熔断器接至点火开关，"F" 接线柱与发电机的 "F_1" 接线柱连接，"−" 接线柱搭铁，不能接错，具体连接如图 2-28 所示。

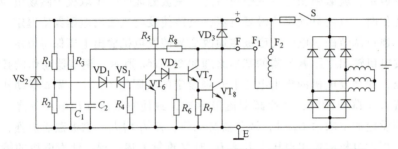

图 2-27　CA1091 型汽车 JFT106 型晶体管电压调节器电路原理图

该调节器由电压敏感电路和二级开关电路组成。

R_1、R_2 和稳压管 VS_1 构成了电压敏感电路，其中 R_1、R_2 为分压电阻，将交流发电机的输出电压进行分压后反向加在稳压管 VS_1 的两端；稳压管 VS_1 为稳压元件，随时感受着发电机输出电压的变化。当交流发电机的输出电压在稳压管 VS_1 上的分压低于稳压管 VS_1 的稳压值时，VS_1 稳压管截止；当交流发电机的输出电压在稳压管 VS_1 上的分压高于稳压管 VS_1 的稳定电压时，稳压管 VS_1 导通。可见，电压敏感电路可以非常灵敏地感受出交流发电机输出电压的变化，起到控制开关电路的作用。

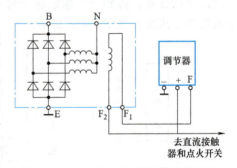

图 2-28　CA1091 型汽车晶体管接线图

晶体管 VT_6、VT_7、VT_8 组成复合大功率二级开关电路，利用其开关特性控制磁场电路的接通或断开。

1）起动发动机并闭合点火开关时，蓄电池通过分压器将电压加在稳压管 VS_1 两端，由于此电压低于稳压管 VS_1 的稳定电压值，VS_1 截止，使 VT_6 截止，VT_7、VT_8 导通，这时蓄电池经大功率晶管 VT_8 供给励磁电流，使发电机处于他励状态，建立电动势。

2）发动机带动发电机，转速逐渐升高。当发电机输出电压高于蓄电池端电压时，发电机便由他励转为自励的正常发电工作。由于此时转速尚低，输出电压未达到调节电压值，VT_6 仍然截止，VT_7、VT_8 仍然导通，因此发电机的输出电压可以随转速和自励电流的增大而升高，逐渐提高输出电压。

3）当转速升至一定值使输出电压达到调压值时，经分压器加至稳压管 VS_1 两端的反向电压达到稳定电压值，VS_1 反向击穿导通，使 VT_6 导通，VT_7、VT_8 截止，断开了励磁电路，

发电机端电压便下降。当发电机端电压下降到调压值以下时，经分压器加至稳压管 VS_1 两端的反向电压又低于稳定电压值，使 VT_6 又截止，VT_7、VT_8 又导通，再一次接通了励磁电路，发电机输出电压又上升。如此循环下去，就能自动调控发电机的输出电压，使其恒定在调压值上。

如图 2-27 所示的晶体管电压调节器的其他一些电子元件作用如下：

电阻 R_4、R_5、R_6、R_7 为晶体管的偏置电阻。

稳压管 VS_2：利用稳压管的稳压特性，可对发电机负载突然减小或蓄电池接线突然断开时，发电机所产生的正向瞬变过电压起保护作用，并可以利用其正向导通特性，对开关断开时电路中可能产生的反向瞬变过电压起保护作用。

二极管 VD_1：接在电压敏感电路中的稳压管 VS_1 之前，以保证稳压管安全可靠工作。当发电机输出电压很高时，它能限制稳压管 VS_1 电流不致过大而烧坏；当发电机输出电压降低时，它又能迅速截止，保证稳压管 VS_1 可靠截止。

二极管 VD_2：接在 VT_6 集电极与 VT_7 基极之间，提供 0.7V 左右的电压，使 VT_7 导通时迅速导通，截止时可靠截止。

二极管 VD_3：反向并联于发电机励磁绕组两端，起续流作用，防止 VT_8 截止时磁场绕组中的瞬时自感电动势击穿 VT_8，保护晶体管 VT_8。

反馈电阻 R_3、R_8：具有提高灵敏度、改善调压质量的作用。

电容 C_1、C_2：能适当降低晶体管的开关频率。

2. JFT201 型晶体管调节器

该晶体管调节器线路如图 2-29 所示。

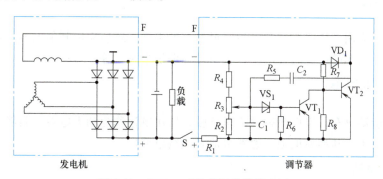

图 2-29　JFT201 型晶管调节器线路图

由电阻 R_2、R_3、R_4 组成分压器，当接通点火开关时，蓄电池端电压较低，经分压器分压后不能击穿稳压管 VS_1，晶体管 VT_1 截止，VT_2 导通，蓄电池向发电机励磁绕组提供励磁电流。

当发电机输出电压高于蓄电池端电压时，发电机由他励转为自励而正常发电。在发电机输出电压略高于电压调节值时，稳压管 VS_1 击穿导通，晶体管 VT_1 导通，VT_2 截止，切断了发电机励磁电路，使发电机输出电压下降。当发电机输出电压下降到低于调整值时，分压器分得的电压低于 VS_1 稳定电压值，稳压管 VS_1 和晶体管 VT_1 又截止，VT_2 又导通，再一次接通发电机励磁电路，使发电机输出电压又升高。如此循环下去，发电机输出电压便被稳定在调整范围之内。

图 2-29 所示晶体管调节器的其他一些电子元件作用如下：

二极管 VD_1：与发电机励磁绕组并联，起续流作用。当晶体管 VT_2 突然由导通转换为截止时，VD_1 与励磁绕组构成回路，保护 VT_2 集电极不被励磁绕组产生的自感电动势反向击穿。

电位器 R_3：可以改变加在稳压管 VS_1 上的分压比，实现所需要的电压值。

电阻 R_1：起稳压作用，可以减小负载变化对发电机输出电压的影响。因为当发电机负荷增大时，由于定子绕组压降增大及电枢反应增大，发电机的输出电压也有所下降。增设 R_1 后，随着发电机输出电压的下降，分压器两端的电压也降低，使 VS_1 两端的反向电压也降低，这就相对延长了 VT_1 管截止时间与 VT_2 管导通时间，使励磁电流有所增加，从而有效地补偿了发电机因内阻压降和电枢反压的增加而造成的电压降，改善了发电机的负载特性，故 R_1 又称为稳压电阻。

电容 C_1：并联在电位器 R_3 滑动触点下部与 R_2 的两端，可以降低晶体管 VT_1 的开关频率并减少晶体管的功率损耗。

电阻 R_5 和电容 C_2 组成正反馈电路，以提高晶体管调节器的灵敏度，改善电压波形。当 VT_2 趋向截止时，集电极电压下降，通过电阻 R_5 和电容 C_2 正反馈给稳压管 VS_1，使其左端电位降低，VT_1 基极电流增大而迅速导通，VT_2 可靠截止，发电机励磁电流迅速减小，所以电阻 R_5 和电容 C_2 正反馈电路加速了 VT_2 的截止速度，使调节电压更加稳定，同时也减少了 VT_2 的过度损耗。

2.4 其他电源

汽车上除了应用广泛的铅酸蓄电池，根据车型不同，还会应用其他电池。如新能源汽车的动力蓄电池、汽车的应急起动电源、太阳能辅助供电系统等。

2.4.1 动力蓄电池

现在的新能源汽车，以电池驱动汽车行驶，所用电池称为动力电源。新能源汽车动力蓄电池主要分为三类，新型蓄电池、燃料电池和超级电容器。

1. 新型蓄电池

新型蓄电池一般配置在纯电动汽车的驱动系统中，驱动系统依靠该电池产生的动力行驶。该蓄电池根据内部组成物质的不同，分为锂离子电池、镍氢电池、镍镉电池等。

(1) 锂离子电池 锂离子电池内部含有金属锂或者是含有锂的化合物，同时这部分材质在电池的负极工作，其物理性能和化学性能优势较为明显，尤其是在电量保持、工作温度、单体电压以及比能量方面，而且能源干净，同时也能有效降低其成本，是目前新能源汽车主流方向，拥有广阔的发展前景。

锂离子电池的主要组成包括电解液、正负极、隔膜、黏结剂等物质，如图 2-30 所示。最重要的构成部分为电极材料、隔膜、电解液，其他组成是保证锂离子电池化学反应所产生充足能量的组件。

锂离子电池在新能源汽车中得到广泛应用的原因主要有 4 个方面：①能量存储密度高，

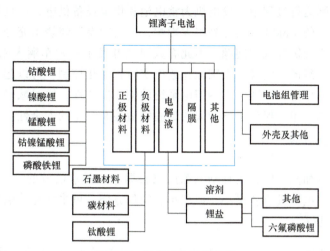

图 2-30 锂离子电池的结构

磷酸铁锂离子电池的体积能量密度为 $400\sim560W\cdot h/L$，质量能量密度为 $110\sim180W\cdot h/kg$，钴酸锂离子电池的体积能量密度在 $320W\cdot h/L$，质量能量密度为 $75\sim110W\cdot h/kg$，而镍氢电池以及镍镉电池的体积能量密度都不到 $200W\cdot h/L$，质量能量密度则是都低于 $70W\cdot h/kg$，最低为 $30W\cdot h/kg$；②锂离子电池在工作过程中消耗的水资源极少，因而在节水方面远超其他普通电池；③锂离子电池在工作过程中不会产生任何的污染物质，对环境有很好的保护作用，这是锂离子电池相对市面上的很多其他动力电池都无法媲美的优势；④自放电低，使用寿命长。拿磷酸铁锂离子电池来说，其自放电率一个月在 $2\%\sim3\%$，使用的寿命在 $1000\sim2000$ 次间，是普通电池的 $6\sim7$ 倍。

锂离子电池相对其他普通电池而言，具有极好的稳定性，随着社会的发展，科技的进步，锂离子电池将会得到更广泛的应用。

（2）镍氢电池 镍氢电池是在镉镍电池发展下产生的，由电解液（KOH）、碱式氧化镍形成的正极与吸氢合金（MH）形成的负极组成。镍氢电池具有充电时间短、容量大等特点，但是金属镍价格相对比较高。镍氢电池和锂离子电池比较，其能量密度小，但是稳定性强，相信在不久的将来，镍氢电池将会在混合动力电动车中广泛应用。

2. 燃料电池

燃料电池一般由正极、负极和电解质隔膜组合而成。现阶段，我国研发的燃料电池主要是氢燃料电池，是汽车生产制造企业广泛应用的燃料电池，只需要燃料与空气即可，无须充电。氢燃料电池不但供电效率高、功率密度大、使用寿命长，同时也不会给生态环境带来影响。但是其生产成本高、启动时间长、生产和储存代价高，给氢燃料电池加氢站建设增添了难度。结合当前情况来看，燃料电池电动车正处于开发阶段，仍然面临诸多问题。

3. 超级电容器

超级电容器储电能力较低，只能在汽车短距离行驶中使用。

2.4.2 太阳能辅助供电

将太阳能应用于汽车可以减少环境污染，缓解能源危机。传统车辆的供电设备包括蓄电

池和发电机，在实际运行过程中，发电机为蓄电池和供电设备供电，一旦运行过程中发电机发生故障，车辆运行的实际效果会受到很大影响，如引起燃油燃烧不充分，从而导致排放污染物增加和续驶里程变短等现实问题。因此有人研究开发了一种车辆太阳能辅助供电系统，通过软硬件的选择及编译，实现了太阳能充放电实时智能化控制，可以起到对传统车辆供电系统实时监测预警的作用，保证了车辆用电系统的使用安全性，同时减轻了驾驶人行驶过程中人为监测并判断的负担，保证了驾驶人的驾驶舒适性和行车的安全性。

2.4.3 汽车应急电源

汽车应急电源犹如充电宝，是移动电源商家根据车主需求研发的，多为锂聚合物电池。相对而言，汽车应急电源具有质量小、体积小、操作方便、可多次充放电等特点，其外观和组成结构如图 2-31 所示。

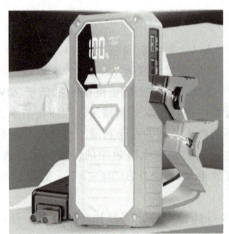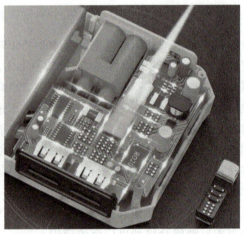

图 2-31　汽车应急电源外观和组成结构

汽车应急起动电源不仅支持汽车应急起动，还支持多种输出，有 5V 输出（支持各类手机等移动产品）、12V 输出（支持路由器等产品）、19V 输出［支持绝大部分便携式计算机（俗称笔记本电脑）产品］，增加了在生活中的广泛应用性；这类产品一般具有过充过放关断保护功能，使用很安全；照明功能强大，这类产品的照明灯一般都具有爆闪或者 SOS 远程 LED 救援信号灯功能，比较实用。

 拓展阅读 ●●●●●●●●●●●●●●●●●●●●●●●●●●●●●●●

蓄电池没电打不着火怎么办？

汽车长时间停放，或者是下车忘记关闭车灯，就可能造成蓄电池亏电，导致汽车打不着火（图 2-32）。这时候应该怎么办呢？

1. 使用多功能汽车应急起动电源起动汽车

1）打开汽车的发动机舱盖，将连接线的夹子正确地夹在汽车蓄电池的正负极（红色

"＋"为正极，黑色"－"为负极），如图2-33所示。

图2-32　汽车打不着火

图2-33　打开发动机舱盖连接蓄电池的正负极

2）打开汽车应急起动电源的启动端口（图2-34）。将蓄电池夹的蓝色插头插进汽车应急起动电源的启动端口里。

图2-34　连接应急起动电源的启动端口

3）检查蓄电池夹是否夹紧、正负极是否连接正确。

4）进入驾驶室，拧钥匙进行起动或按汽车起动键，即可起动汽车。

2. 借车接线搭桥法

如果车上配备有搭线，或者可以借到搭线，那就可以借用其他车的蓄电池为自己的汽车点火（图2-35）。采用这种方法，连接时要正极接正极，负极接负极。千万不可弄错方向！起动完成后，先拔负极再拔正极，先拔有电的车，再拔原本没电的车。

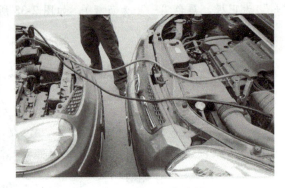

图 2-35　借车接线搭桥

3. 外力牵引法

通过牵引绳将两辆车前后捆绑结实，牵引车起动时要缓慢起动，确保两车同速，同时也要注意行车安全。当后边车辆起动后及时通知前车，然后缓慢靠近路边停车。

4. 推车助燃

该方法仅适用于手动档汽车，不到万不得已最好不使用。该方法就是通过人力推车达到一定车速后将档杆挂入档位，然后迅速松开离合器踏板并加油。汽车一旦起动，应迅速踩下离合踏板，同时控制加速踏板不让发动机熄火。

本章小结

本章围绕汽车电源，讲述了铅酸蓄电池的构造、工作原理和工作特性，包括蓄电池静止电动势的建立、充放电过程、容量等工作特性；介绍了汽车交流发电机的组成构造、电动势的产生和电压调节原理，重点分析了电子调节器的调节过程，并简单介绍了交流发电机的性能改善。

复习思考题

一、判断题

1. 正常情况下，起动型蓄电池由车载发电机进行充电。（　　）

2. 在一个单体蓄电池中，负极板的片数总比正极板多一片。（　　）

3. 将蓄电池的正负极板各插入一片到电解液中，即可获得12V的电动势。（　　）

4. 在放电过程中，正负极板上的活性物质都转变为硫酸铅。（　　）

5. 在放电过程中，蓄电池的放电电流越大，其容量就越大。（　　）

6. 免维护蓄电池在使用过程中不需补加蒸馏水。（　　）

7. 蓄电池可以缓和电气系统中的冲击电压。（　　）

8. 蓄电池正极板上的活性物质是二氧化铅，负极板上的活性物质是海绵状纯铅。（　　）

9. 为了防止冬天结冰，蓄电池电解液的密度大高越好。（　　）

10. 仪表板上的充电指示灯亮即为蓄电池处于充电状态。（　　）

11. 电压调节器可以调节发电机的励磁电流，使发电电压基本保持不变。（　　）

12. 三相同步交流发电机的作用是将交流电变为稳恒电流。（　　）

13. 交流发电机由发动机带轮带着转动。（　　）

14. 定子绕组每相线圈的个数和线圈匝数应该完全相等，其目的是为了产生波形相同的三相交流电。（　　）

15. 交流发电机在调节电压升高过程中，励磁线圈中没有电流流过。（　　）

二、选择题

1. 现在汽车上的蓄电池一般不采用（　　）

A. 干荷电蓄电池　　B. 湿荷电蓄电池　　C. 免维护蓄电池　　D. 铅酸蓄电池

2. 汽车选择蓄电池，一般是根据蓄电池的（　　）

A. 常温起动容量　　B. 低温起动容量　　C. 储备容量　　D. 额定容量

3. 蓄电池在放电过程中，其电解液的密度（　　）

A. 不断上升的　　B. 不断下降的　　C. 保持不变的　　D. 不能预测的

4. 蓄电池电解液的相对密度一般为（　　）

A. 1.24～1.28　　B. 1.15～1.20　　C. 1.35～1.40　　D. 0.8～1.0

5. 蓄电池电解液的温度下降，会使其容量（　　）

A. 增加　　B. 下降　　C. 不变　　D. 不一定

6. 蓄电池在使用过程中，若发现电解液的液面下降，应及时补充（　　）

A. 电解液　　B. 稀硫酸　　C. 蒸馏水　　D. 纯硫酸

7. 蓄电池极板上的活性物质在放电过程中都转变为（　　）

A. 硫酸铅　　B. 二氧化铅　　C. 铅　　D. 水

8. 随着蓄电池放电电流的增大，其容量将（　　）

A. 增大　　B. 减小　　C. 不变　　D. 不一定

9. 铅蓄电池放电时，端电压逐渐（　　）

A. 上升　　B. 平衡状态　　C. 下降　　D. 不变

10. 硅整流发电机的中性点电压等于发电机直流输出电压的（　　）

A. 1/2 倍　　B. 1 倍　　C. 1/3 倍　　D. 2 倍

11. 如果发电机采用每相绕组的首端分别与整流器的二极管相接，每相绕组的尾端接在一起，形成中性点 N，这种连接方式为（　　）

A. 星形联结　　B. 串联连接　　C. 三角形联结　　D. 并联连接

12. 整流器的作用是把三相同步交流发电机产生的交流电转换成（　　）

A. 交流电　　B. 直流电　　C. 低压　　D. 高压

13. 整流器中每个二极管在 1 个周期的连续导通的时间为（　　）

A. 1/2 周期　　B. 1/3 周期　　C. 1/4 周期　　D. 全周期

14. 整流器中每个二极管流过的正向电流为负载电流的（　　）

A. 全部　　B. 1/2　　C. 1/3　　D.1/6

15. 交流发电机转子的功用是（　　）

A. 产生旋转磁场　　　　　　　　B. 电能转化为机械能

C. 产生交变电动势　　　　　　　D. 将交流电转换为直流电

三、简答题

1. 汽车蓄电池的功用有哪些？

2. 简述二极管的导通原则。

3. 简述交流发电机电压调节器的电压调节方法。

四、分析题

请从蓄电池的工作原理和工作特性方面分析如何提高蓄电池的使用寿命。

五、综合设计题

结合电压调节器的组成结构和工作原理，设计具有短路保护和过电流保护的电压调节器电路。

第3章　汽车电器技术

【本章知识构架】

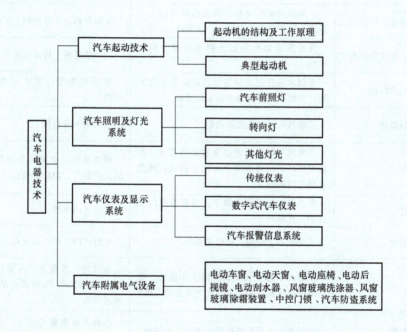

【教学目标】

1. 了解起动机的结构。
2. 掌握起动机的工作原理及直流串励式起动机工作特性。
3. 能根据发动机的参数选择起动机。
4. 了解起动机的发展趋势及新型起动机的特点。
5. 了解汽车灯光系统的组成及作用。
6. 掌握前照灯的结构组成及防眩目措施。

7. 掌握汽车转向闪光器的工作原理。

8. 了解汽车新型照明系统。

9. 了解汽车传统仪表系统的工作原理。

10. 熟悉电子显示器件的类型及在汽车上的应用。

11. 掌握汽车常用报警指示装置的工作原理。

12. 掌握汽车常见的附属电器设备的基本组成及工作原理，如电动车窗、电动座椅、电动后视镜、车窗玻璃清洁装置等。

13. 了解汽车附属电器设备的作用及工作过程。

 【教学要求】

知识要点	能力要求	相关知识
起动机结构及工作原理	了解起动机的结构；掌握起动机的工作原理及直流串励式起动机工作特性	组成结构，工作原理，工作特性
起动机基本参数的选择	能根据发动机特点选择不同型号的起动机	功率的选择、传动比的选择
典型起动机的结构	掌握电磁控制强制啮合式起动机工作原理，理解各种新型起动机工作原理	起动机类型、工作过程、新型起动机
起动机发展趋势	了解汽车起动机发展趋势	起动机—发电机
汽车前照灯	了解汽车灯光系统必须满足的要求；掌握前照灯的结构组成及防眩目措施；熟悉前照灯控制电路	照明装置，卤钨再生循环反应，封闭式前照灯，防眩目措施
汽车转向灯	熟悉转向闪光器的类型，掌握转向闪光灯的工作原理	电子式闪光器
其他灯光系统	了解汽车上用的其他灯光系统	雾灯、LED 灯、氙气灯
仪表系统	了解汽车传统仪表系统的工作原理，熟悉电子显示器件的类型及在汽车上的应用	电流表、水温表、电源稳压器、燃油表、电磁式、动磁式、电子显示器、显示方法
报警指示装置	掌握汽车常用报警指示装置的工作原理	燃油不足报警指示灯、机油压力报警指示灯、声音报警指示装置
电动车窗	了解汽车电动车窗的组成，掌握其工作原理，熟悉智能型电动车窗的特点	车窗玻璃升降器、车窗玻璃调节原理、智能型电动车窗
电动座椅	掌握汽车电动座椅的组成及工作原理，会分析其控制电路，了解具有记忆功能的电动座椅	调节机构、控制电路、记忆功能
电动后视镜	掌握电动后视镜调节原理	组成、工作原理
风窗玻璃清洁装置	掌握电动刮水器的结构组成及工作原理，了解风窗玻璃清洗装置及除霜装置的作用及使用方法	变速原理、间歇刮水、除霜装置、喷水原理

【导入案例】

汽车发展新活力——电能的开发利用

电能的开发利用，电讯事业的开创，为汽车的发展注入了新的活力，为世界的进步带来了新的动力。

公元前6世纪，古希腊的泰勒斯就发现了琥珀摩擦后能吸引细小的东西。但是在以后很长的一段时间里，人们对电的研究只是局限于静电的范畴，并不知道如何去利用它。在一般人眼里，静电的奇异现象就如同魔术师手中的魔法。

1831年，英国的物理学家、化学家迈克尔·法拉第在试验中发现，当磁铁在线圈中移动时，线圈会产生电流，这就是今天大家所熟知的电磁感应现象。他还发现利用电磁作用能够得到旋转力。根据自己的研究成果，法拉第试制出了世界上第一台发电机，为人类利用电能做出了重大贡献。

1866年，德国的电工学家、实业家恩斯特·韦尔纳·冯·西门子研制出直流发电机。1870年，比利时的Z·T·克拉姆又研制出了自励式直流发电机。在经过了不断的改进之后，发电机技术已经走向成熟。1877年，真正实用的发电机开始进入商业化生成阶段。

1879年10月21日，美国发明家托马斯·阿尔瓦·爱迪生经过长期的反复试验，终于点亮了世界上第一盏有实用价值的白炽灯。当时，由于人们对电的传输认识还处于开始阶段，认为一个电源只能同时点亮一盏电灯，这束缚了电灯的使用。爱迪生经过探索，提出并实现了一个电源可以同时点亮若干盏电灯的理论。他架设了世界上第一条供电线路，并发明了火力发电机和使用熔丝的安全方法。1881年，爱迪生开始筹建中央发电厂，并于次年在纽约珍珠街建立了世界上第一座发电厂。这座发电厂利用蒸汽机驱动直流发电机，内装6台发电机组，使电力第一次真正在人类生活中实用，也改变了人们的生活面貌。电力作为一种新型能源被广泛地使用，使工业的发展出现了飞跃。很自然，对电能的利用也极大地影响了汽车技术的发展。

3.1　汽车起动技术

汽车发动机必须靠外力带动曲轴来帮助起动，即依靠外力拖动，使发动机依靠自身运转的惯性而进入连续不断的吸气、压缩、燃烧、排气运行循环时，发动机才能视为完全起动。发动机的起动系统一般由蓄电池、起动机、点火开关、继电器等组成。起动机的作用是将蓄电池的电能转变为机械能，驱动发动机使其起动。在各种各样的起动装置中，目前汽车上普遍使用的是电力起动机，它是采用装有电磁开关的电动机作为起动动力的。

为使内燃机正常起动并持续运转，必须要有最低起动转速，这便要借助起动机。影响起动机最低起动转速的主要因素如下：

1）起动系统的额定电压。

2）能够起动发动机的最低温度，即极限起动温度。

3）发动机的曲轴阻力，即发动机在极限起动温度下曲轴所需的转矩。

4）蓄电池的特性。

5）在蓄电池和起动机之间的电压降。

6）起动机与飞轮齿圈之间的传动比。

7）起动机特性。

8）发动机在极限起动温度时的最低曲轴转速。

在汽车电气系统中，起动机不是一个孤立的系统，这是因为起动系统还与其他很多系统有关系，特别是蓄电池。

另一个对发动机起动要求最为重要的因素是极限起动温度。随着温度上升，起动机转矩不断下降，而发动机在最低转速下所需的转矩是不断升高的，不同汽车最低极限温度各不相同，轿车为-25℃，而起动机制造商建议在-20~20℃之间。

3.1.1 起动机的结构及工作原理

起动机一般由三部分组成：

1）直流串励式电动机。其作用是产生转矩，是将蓄电池的电能转变为机械能的装置。

2）传动机构。其作用是在发动机起动时使起动机驱动齿轮与飞轮齿圈啮合，将起动机转矩传给发动机曲轴；而在发动机起动后，使驱动齿轮自动打滑，避免起动机发生电枢飞散的"飞车"事故。

3）控制装置（即电磁开关）。用来接通和切断电动机与蓄电池之间的电路，控制起动机驱动齿轮与发动机飞轮的啮合与分离。在有些汽油机上，还具有接入和隔除点火线圈附加电阻的作用。

图3-1所示为一典型起动机的结构。

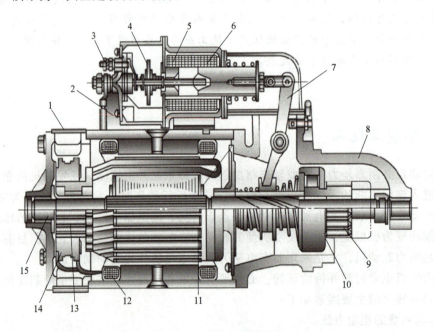

图 3-1 典型起动机的结构

1—前端盖 2—外壳 3—接线柱 4—接触盘 5—吸引线圈 6—保持线圈 7—拨叉 8—后端盖
9—驱动齿轮 10—单向离合器 11—电枢 12—磁场绕组 13—换向器 14—电刷 15—电枢轴

1. 直流串励式电动机

(1) 结构组成 直流串励式电动机主要由机壳、磁极、电枢、换向器及电刷等部分组成。

1) 机壳。用钢管制成，一端开有窗口，作为观察电刷与换向器工作之用，平时用防尘箍盖住。机壳上只有一个电流输入接线柱并在内部与磁场绕组的一端相接。壳内装有磁极。

2) 磁极。磁极是由固定在机壳上的铁心和磁场绕组组成的。磁极的作用是建立电动机的电磁场。一般装有4个（2对）磁极，在大功率起动机中，为增大起动机的电磁转矩，有的装有6个（3对）磁极。磁场绕组采用较粗的矩形截面裸铜线绕制，匝间用绝缘纸绝缘，4个磁场绕组的连接方法主要有两种，一种是4个绕组相互串联，另一种是两串两并（图3-2），无论采用哪种连接方式，其产生的磁场都相互交错。

3) 电枢。电枢是产生转矩的核心部件，由外圆带槽的硅钢片叠成的铁心和嵌装在铁心槽内的电枢绕组组成。转子铁心与电枢轴为过盈配合。电枢绕组采用矩形截面裸铜线绕制，可满足几百安培起动电流的要求；汽车起动机采用串励方式励磁。

4) 换向器。换向器的作用是连接磁场绕组、电枢绕组和电源，并保证电枢产生的电磁转矩方向不变，使电枢轴能输出固定方向的转矩。它由许多截面呈燕尾形的铜片围合而

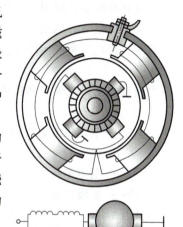

图3-2 两串两并磁场绕组的接法

成，铜片嵌在换向器轴套和压环组成的槽中，铜片之间以及铜片与轴套、压环之间均用云母片绝缘。铜片一端有焊接电枢绕组线头的凸缘。

5) 电刷。电刷的作用是将电流引入电动机。一般有4个电刷架，固定在前端盖上。其中，2个电刷架与端盖绝缘，称为绝缘电刷架；另外2个电刷架与端盖直接铆合而搭铁，称为搭铁电刷架。电刷由铜与石墨粉压制而成，加入铜是为了减少电阻并增加耐磨性，石墨粉主要起润滑作用。电刷装在电刷架中，借助弹簧压力将其紧压在换向器上。

6) 端盖。起动机有前后两个端盖，前端盖一般用钢板压制而成，其上装有4个电刷架，后端盖由灰铸铁浇铸而成。它们分别装在机座的两端，靠两个长螺栓与电动机机座固定在一起。两端盖内均装有青铜石墨轴承套或铁基含油轴承套，以支撑电枢轴。

(2) 工作原理 直流电动机是将直流电的电能转变为机械能的设备，其结构和工作原理示意图如图3-3所示。

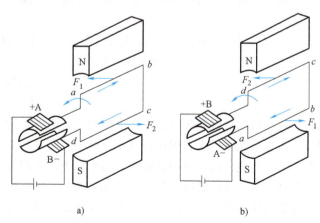

图3-3 直流电动机的结构和工作原理示意图
a) 线匝中电流方向为 $a{\to}d$ b) 线匝中电流方向为 $d{\to}a$

电动机的电枢与直流电源相接，电流由正电刷和换向器片 A 输入，经电枢绕组后从换向器片 B 和负电刷流出，如图 3-3a 所示。此时绕组中的电流方向为由 $a{\rightarrow}d$，由左手定则可以确定导体 ab 受向左的作用力 F_1，cd 受向右的作用力 F_2，F_1 与 F_2 相等，整个绕组受到逆时针方向的转矩作用而转动。当电枢转过半周，如图 3-3b 所示，换向器片 B 与正电刷接触，换向器片 A 则与负电刷接触，绕组中的电流方向变为由 $d{\rightarrow}a$，因而在 N 极和 S 极之间导体中的电流方向总是保持不变，电磁转矩的方向也就不变，使电枢受转矩作用仍按逆时针方向转动。这样在电源连续对电动机供电时，电枢就不停地按同一方向转动。

电动机供电时，电枢就不停地按同一方向转动。由于一个线圈所产生的转矩太小，转速又不稳定，因此实际电动机的电枢采用多匝线圈，换向器片的数量随绕组匝数的增多而增加。

由电磁理论，直流电动机转矩的大小，与电枢电流及磁极磁通的乘积成正比，即

$$M = C_{m}\varPhi I_{s} \tag{3-1}$$

式中　C_{m}——电动机常数，与电动机的磁极对数 p、电枢绕组总根数 z 及电枢绕组电路的支路对数 a 有关，$C_{m}=pz/(2\pi a)$；

　　　I_{s}——电枢电流，单位为 A；

　　　$\varPhi$——磁极磁通，单位为 Wb。

由式（3-1）可知，欲增大电动机的转矩，应增大其电枢电流或增强其磁通。

在直流电动机通电时，产生电磁转矩使电枢旋转，当电枢旋转时，其绕组又会切割磁力线，按电磁感应理论，在电枢绕组中又会产生感应电动势，其方向用右手定则判定。该电动势恰好与外加电枢电流方向相反，因此称为反电动势 E_f，其大小为

$$E_{f} = C_{e}\varPhi n \tag{3-2}$$

式中　C_{e}——与电动机结构有关的常数，$C_{e}=pz/(60a)$；

　　　n——电动机转速，单位为 r/min。

由于反电动势的存在，直流电源加在电枢上的电压，一部分用来平衡反电动势，另一部分则降落在电枢绕组的电阻上，即

$$U = E_{f}+I_{s}R_{s} \tag{3-3}$$

式中　R_{s}——电枢回路的电阻，包括电枢绕组的电阻以及电刷与换向器的接触电阻，单位为 Ω。

式（3-3）是电动机运行时必须满足的一个基本条件，称为电压平衡方程式。

由式（3-3）可求出电枢电流 I_{s} 为

$$I_{s} = \frac{U-E_{f}}{R_{s}} = \frac{U-C_{e}\varPhi n}{R_{s}} \tag{3-4}$$

当电动机的负载增加时，由于电枢轴上的阻转矩增大、电枢转速降低而使反电动势随之减小，电枢电流则增大，因此，电动机转矩将随之增大，并且直到电动机的转矩增大到与阻转矩相等时为止，这时电动机将在新的负载下以新的较低的转速平稳运转。反之，当电动机的负载减小时，电枢转速上升，反电动势增大，则电枢电流减小，电动机转矩相应减小，直至电动机的转矩减小到与阻转矩相等时为止，电动机则在较高转速下稳定运转。可见，当负载发生变化时，电动机的转速、电流和转矩将会自动地做相应的变化，以满足负载的要求。这就是直流串励式电动机的转矩自动调节原理。

2. 传动机构

传动机构包括单向离合器和拨叉等。单向离合器起着单向传递转矩使发动机起动，同时又能在发动机起动后自动打滑，以防止发动机起动后飞轮带动起动机电枢高速飞转而造成事故。拨叉的作用是与移动衬套一起使单向离合器做轴向移动，将驱动齿轮与发动机飞轮啮合或脱离啮合。现代汽车上常用的单向离合器有滚柱式、摩擦片式和弹簧式三种。

（1）滚柱式单向离合器　滚柱式单向离合器是目前国内外汽车起动机中使用最多的一种。滚柱式单向离合器的结构如图3-4a所示。驱动齿轮1采用40号中碳钢加工后淬火而成，与外壳连成一体，外壳内装有十字块3和四套滚柱4及弹簧，十字块3与花键套筒8固联，护盖7与外壳相互扣合密封。花键套筒8外面套有缓冲弹簧10及移动衬套11，末端固装着拨叉与卡簧。整个单向离合器总成利用花键套筒套装在起动机轴的花键部位上，可以做轴向移动和随轴转动。

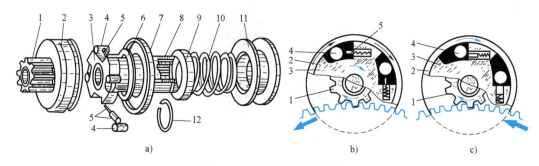

图3-4　滚柱式单向离合器

a）结构　b）啮合起动　c）分离空转

1—驱动齿轮　2—外壳　3—十字块　4—滚柱　5—压帽与弹簧　6—垫圈　7—护盖　8—花键套筒
9—弹簧座　10—缓冲弹簧　11—移动衬套　12—卡簧

单向离合器的外壳2与十字块3之间的间隙为宽窄不同的楔形槽。这种离合器就是通过改变滚柱4在楔形槽中的位置来实现离合的。

起动发动机时，操纵控制装置使拨叉下端后移，将驱动齿轮推出使之与飞轮齿圈啮合。为防止两齿轮卡住，将齿轮齿端做成斜角，两齿轮万一卡住时，拨叉下端通过集电环压缩集电环后侧的缓冲弹簧10（或称啮合弹簧），拨叉仍能继续转动，拨叉上端前移使电动机开关线接通，待电动机通电稍转动，齿与齿槽对正后，缓冲弹簧10伸张推动驱动齿轮1使二者啮合。驱动齿轮1与飞轮齿圈刚啮合而尚未转动时，电动机电路接通，电枢轴经传动导管带动外座圈旋转，在驱动齿轮尾部摩擦力和弹簧压力作用下，滚珠移向楔形腔室较窄的一端将外座圈和驱动齿轮1尾部卡紧成一体，于是驱动齿轮1随电枢轴一起转动并带动飞轮旋转，使发动机起动（图3-4b）。

发动机起动后，此时由于飞轮齿圈带动驱动齿轮1高速旋转且比电枢轴的转速高得多，驱动齿轮1尾部的摩擦力带动滚柱4克服弹簧张力，使滚柱4移向楔形腔室较宽的一端，滚珠在驱动齿轮1尾部与外座圈间发生滑动，发动机的动力不能传给电枢轴，起到分离作用，电枢轴只能按自己的转速空转，避免了电枢超速飞散的危险（图3-4c）。当松开起动开关后，在回位弹簧张力作用下，驱动齿轮1前移与飞轮齿圈分离，电动机停止转动，恢复原状。滚柱式单向离合器具有结构简单、坚固耐用、工作可靠等特点，但在传递较大转矩时容

易卡住，故不能用于大功率起动机，而在中、小功率的起动机中得到最为广泛的应用。

（2）**摩擦片式单向离合器** 大功率的起动机上多采用摩擦片式单向离合器，它是通过摩擦片的压紧和放松来实现结合和分离的。其结构如图3-5a所示。

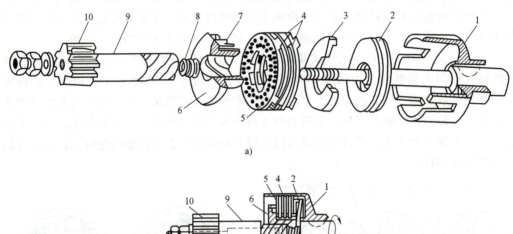

图3-5 摩擦片式单向离合器

a）结构 b）摩擦片分开

1—外接合鼓 2—弹性圈 3—压环 4—主动片 5—从动片 6—内接合鼓
7—小弹簧 8—减振弹簧 9—齿轮柄 10—驱动齿轮 11—飞轮

摩擦片式单向离合器的外接合鼓1用半圆键固定在起动机轴上，两个弹性圈2和压环3依次沿起动机轴装进外接合鼓1中，主动片4的外凸齿装入外接合鼓1的切槽中，钢制的从动片5以其内齿插入内接合鼓6的切槽中。内接合鼓6有螺纹孔并旋在起动机驱动齿轮柄9的三线螺纹上，齿轮柄9则自由地套在起动机轴上，内垫有减振弹簧8，并用螺母锁紧以免从轴上脱落。内接合鼓6上有两个小弹簧7，轻压各片，以保证他们彼此接触。其动作原理如下：

当起动机带动曲轴旋转时，内接合鼓6沿螺旋线向右移动，将摩擦片压紧，利用摩擦片将电枢的转矩传给飞轮11，如图3-5b所示。发动机起动后，起动机驱动齿轮10被飞轮11带动旋转，当其转速超过电枢转速时，内接合鼓6则沿着螺旋线向左退出，摩擦片松开，这时驱动齿轮10虽高速旋转，但不驱动电枢，从而避免了电枢超速飞散的危险。摩擦片式单向离合器所传递的最大转矩是由内接合鼓6顶住弹性圈2被限制的，因此，在压环3与摩擦片之间加减薄片即可调整最大转矩。

（3）**弹簧式单向离合器** 弹簧式单向离合器的结构如图3-6所示。

起动机驱动齿轮1套在起动机电枢轴的光滑部分，连接套筒6套在电枢轴的螺旋花键上，两者之间由两个月牙形圈3连接。月牙形圈3的作用是使驱动齿轮1与连接套筒6之间不能做轴向移动，但可相对转动。在驱动齿轮柄和连接套筒6上包有扭力弹簧4，扭力弹簧

的两端各有 1/4 圈内径较小并分别箍紧在齿轮柄和连接套筒 6 上。当起动机带动曲轴旋转时，扭力弹簧 4 扭紧，包紧齿轮柄与连接套筒 6，于是电枢的转矩通过扭力弹簧 4、驱动齿轮 1 传至飞轮齿圈，使发动机起动。发动机起动后，驱动齿轮 1 的转速高于起动机电枢，则扭力弹簧 4 放松，这样飞轮齿圈的转矩便不能传给电枢，即驱动齿轮 1 只能在电枢轴的光滑部分上空转，以避免电枢超速飞散的危险。这种单向离合器具有结构简单、工艺简化、寿命长、成本低等优点。但因扭力弹簧圈数多，

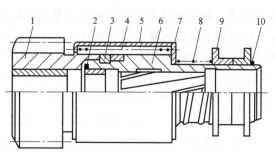

图 3-6　弹簧式单向离合器

1—驱动齿轮　2—挡圈　3—月牙形圈　4—扭力弹簧
5—护圈　6—套筒　7—垫圈
8—缓冲弹簧　9—移动衬套　10—卡簧

轴向尺寸较长，故只适用于大功率柴油机的起动，而不适宜在小型起动机上装用。

3. 电磁式控制装置

电磁式控制装置一般称为起动机的电磁开关，其作用是控制驱动齿轮与飞轮齿圈的啮合与分离；控制电动机电路的接通与切断。用按钮或钥匙控制电磁开关，再由电磁开关控制主电路开关，以接通或切断主电路。由于装有电磁开关，可进行远距离控制，操作省力，因此现代汽车大都采用这种方式。电磁开关主要由活动铁心、保持线圈、吸引线圈、接触盘、拨叉等组成。下面以黄河 JN150 型起动机为例（图 3-7）说明电磁开关的工作原理。

电磁开关用来在接通电动机供电电路的同时推出驱动齿轮 1，使其与飞轮齿圈啮合。当接通起动按钮 8 时，如图 3-8 所示，吸引线圈 6 中的电流经起动机的励磁绕组 F 和电枢绕组后搭铁，保持线圈 5 则直接搭铁。这时，这两个线圈产生同方向的磁通，并产生很强的吸引力，吸引活动铁心 4 运动，同时通过电枢中的电流使电枢轴缓慢运转。如图 3-7 所示，电磁开关的活动铁心 4 运动使与其连接的传动拨叉 3 推出，向飞轮移动直至啮合，当驱动齿轮 1 与飞轮齿圈完全啮合的同时，活动铁心 4 运动正好使由动、静触头组成的主触点闭合。主触点闭合后，吸引线圈 6 的两端被主触点短路，如图 3-9 所示，蓄电池

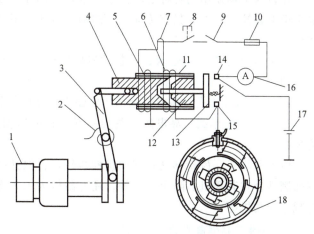

图 3-7　黄河 JN150 型起动机电磁开关的结构

1—驱动齿轮　2—回位弹簧　3—拨叉　4—活动铁心　5—保持线圈
6—吸引线圈　7、14、15—接线柱　8—起动按钮
9—起动总开关　10—熔断器　11—黄铜套　12—挡铁　13—接触盘
16—电流表　17—蓄电池　18—电动机

输出大电流直接进入电动机而产生较大的转矩，经飞轮放大后克服发动机的阻转矩将其拖动。吸引线圈 6 被短路后，由于此时动、静铁心完全接触，磁阻很小，因此只靠保持线圈 5

中的电流就能维持铁心的吸合状态。发动机起动后，断开起动总开关9，从起动总开关9供给保持线圈5的电流被切断，如图3-9所示。但此瞬间主触点仍闭合，电流从主触点流向吸引线圈6，再经保持线圈5搭铁，而这时吸引线圈电流改变了方向，两个线圈产生的磁通方向相反而抵消。在回位弹簧2的作用下，静铁心、动铁心（带动拨叉和驱动齿轮）返回原位，主触点断开，起动机因断电而停转。

这种电磁开关是利用挡铁与电磁铁心之间一定的气隙，保证驱动齿轮先部分啮入飞轮齿圈后才接通起动主电路。它具有操作轻便、工作可靠的优点。

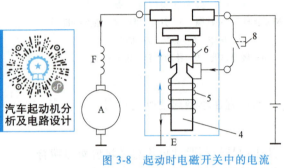

图3-8 起动时电磁开关中的电流

图注同图3-7

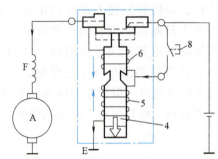

图3-9 起动后电磁开关中的电流

图注同图3-7

3.1.2 典型起动机

在目前车辆使用的各种起动机中，电动机部分一般没有本质的差别，控制方法目前也基本采用电磁控制装置，只有传动机构的啮入方式有很多差别，因此起动机按传动机构啮入方式分为：

（1）**电磁控制强制啮合式** 起动机旋转时，驱动齿轮借电磁力拉动杠杆，自动啮入飞轮齿圈。

（2）**电枢移动式** 靠磁极磁通的电磁力，使电枢轴向移动，将驱动齿轮啮入飞轮齿圈。

（3）**齿轮移动式** 靠电磁开关推动安装在电枢轴孔内的啮合杆，而使驱动齿轮啮入飞轮齿圈。

电枢移动式、齿轮移动式起动机性能较好，但其结构较复杂。目前应用较多的是电磁控制强制啮合式起动机。除上述以外，还有磁极为永久磁铁的永磁起动机，以及内装减速齿轮的减速起动机等。

1. 电磁控制强制啮合式起动机

（1）**丰田汽车常规型起动机** 丰田汽车常规型起动机属于电磁控制强制啮合式起动机，其单向离合器为滚柱式。结构如图3-10所示，工作原理如下：

1）点火开关位于起动位置时，端子9将蓄电池电流传至保持线圈6和吸引线圈7。流经吸引线圈7的电流通过端子11，流至电动机励磁绕组12和电枢线圈。这时线圈6和7两端的电压降使通过电动机励磁绕组12和电枢的电流较小，因此电动机运转速度较低。与此同时，吸引线圈7与保持线圈6所产生的磁场，将活动铁心4向右拉动，压住回位弹簧5使小齿轮1通过传动杆3向左移动，与发动机齿圈17啮合。在此阶段，起动电动机低速运转，使齿轮间可以平顺啮合。

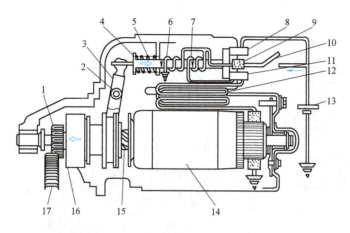

图 3-10　丰田汽车常规型起动机组成示意图

1—小齿轮　2—转轴　3—传动杆　4—活动铁心　5—回位弹簧　6—保持线圈　7—吸引线圈　8、9、11—端子
10—点火开关　12—励磁绕组　13—蓄电池　14—电枢　15—螺旋花键　16—起动机离合器　17—齿圈

螺旋花键 15 的作用是帮助小齿轮 1 与齿圈 17 平顺啮合。当电磁开关和螺旋花键 15 将小齿轮 1 推至与齿圈 17 完全啮合的位置时，固定在活动铁心 4 尾端的接触片便使端子 8、端子 11 短路而接通主开关。这一短路连接使较大的电流通过电动机，从而使电动机以较大的转矩转动。螺旋花键 15 也就使小齿轮 1 更牢固地与齿圈 17 啮合。与此同时，吸引线圈 7 两端的电压相等，没有电流流过吸引线圈。因此，这时活动铁心 4 只是由保持线圈 6 所施加的电磁力保持在原位。

2）发动机起动后，点火开关从起动（STA）位置扭回至点火（ON）位置，切断了作用在端子 9 上的电流。但此时主开关仍保持闭合状态，部分电流便从端子 11 经吸引线圈 7 流至保持线圈 6。由于流至保持线圈 6 的电流与吸引线圈 7 中的电流方向相反，因此两个线圈所产生的磁场相互抵消，使回位弹簧将活动铁心 4 拉回。这便切断了曾经作用在电动机上的大电流，同时活动铁心 4 将驱动小齿轮 1 与发动机齿圈 17 分离。

（2）EQ1090 型货车起动机　EQ1090 型货车采用的是国产 QD124 型起动机，该起动机是一种有起动继电器的电磁控制强制啮合式起动机，单向离合器为滚柱式。

起动继电器的作用是用来接通电磁开关线圈的电路，借以保护点火开关起动触点，避免烧蚀触点，延长使用寿命。因为直接用点火开关起动触点控制电磁开关线圈的电路，起动时通过触点的电流很大（一般为 35~40A），会使触点很快损坏。这种电磁开关在现代汽车上使用最为普遍。起动继电器为一常开型电磁继电器，其铁心上的线圈一端搭铁，一端接起动机开关主接线柱，由点火开关控制，如图 3-11 所示。

1）发动机起动时。发动机起动时，将点火开关 18 旋至起动档，起动继电器线圈 1 有电流通过，吸下可动触点臂，使继电器触点闭合，从而接通了电磁开关线圈的电路，电流由蓄电池正极→电动机接线柱 16→电流表 17→点火开关起动触点 18→起动继电器"点火开关"接线柱→线圈→搭铁→蓄电池负极，起动继电器触点闭合，接通电磁开关电路。其电路为：蓄电池正极→电动机接线柱 16→起动继电器的电池接线柱 20→触点→起动继电器的起动机接线柱 19→起动机接线柱处分流，一条电路为：保持线圈→搭铁→蓄电池负极；同时，另

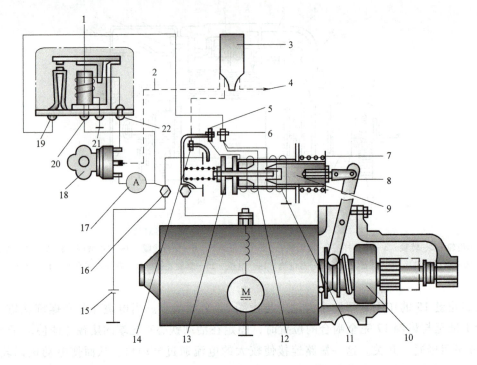

图 3-11　QD124 型起动机的电路

1—起动继电器线圈　2—附加电阻线　3—点火线圈　4—至分电器　5—吸引线圈接线柱　6—起动机接线柱
7—回位弹簧　8—拨叉　9—活动铁心　10—单向离合器　11—保持线圈　12—吸引线圈　13—接触盘
14—附加电阻线短路接线柱　15—蓄电池　16—电动机接线柱　17—电流表　18—点火开关起动触点
19—起动继电器起动机接线柱　20—电池接线柱　21—搭铁　22—起动继电器点火开关接线柱

一条电路为：吸引线圈→吸引线圈接线柱→电动机→搭铁→蓄电池负极。

两个线圈的电流同方向产生，合成电磁力将活动铁心 9 吸入，在起动机缓慢转动之下，拨叉 8 推出滚柱式单向离合器 10，使驱动齿轮柔和地啮入飞轮齿圈。当驱动齿轮与飞轮齿圈接近完全啮合时，活动铁心 9 推动接触盘 13 将起动机的主电路接通，起动机便以正常转速起动发动机。

主电路接通时，吸引线圈 5 被短接，齿轮的啮合靠保持线圈 11 产生的电磁力维持在吸合位置，此时保持线圈 11 的工作电路为：蓄电池正极→电动机接线柱 16→起动继电器电池接线柱 20→触点→起动继电器的起动机接线柱 19→起动机接线柱 6→保持线圈 11→搭铁→蓄电池负极。

2）发动机起动后。当发动机起动后，离合器开始打滑，松开点火开关钥匙后即自动转回到点火档位，起动继电器线圈断电，触点跳开，使电磁开关两个线圈串联，吸引线圈 12 流过反向电流，加速电磁力的消失，其电路为：蓄电池正极→电动机接线柱 16→接触盘 13→吸引线圈接线柱 5→吸引线圈 12→电动机接线柱 16→保持线圈 11→搭铁→蓄电池负极。由于电磁开关电磁力迅速消失，活动铁心 9 和推杆在回位弹簧 7 作用下返回。接触盘 13 先离开主接线柱，触点切断了起动机与蓄电池之间的电路，点火线圈附加电阻也随即接入点火系统。最后拨叉 8 将打滑的离合器拨回，驱动齿轮便脱离了飞轮齿圈，起动机完成起动工作。

2. 电枢移动式起动机

电枢移动式起动机电路如图 3-12 所示。起动机是借磁极磁力，移动整个电枢而使驱动齿轮啮入飞轮齿圈的。起动机的电枢 11 在回位弹簧 9 的作用下与磁极 12 错开一定距离，换向器比较长。起动机的壳体上装有电磁开关，其励磁绕组由启动开关控制，动触头为一接触桥 4，接触桥上端较长，下端较短，使起动机电路的接通分两个阶段进行。起动机有 3 个励磁绕组，其中，匝数少的用扁钢条绕制的为主磁场绕组 1，另外两个用细导线绕制的分别为串联辅助励磁绕组 2 和并联辅助励磁绕组 3（又称保持线圈）。起动机单向离合器一般采用摩擦片式离合器。

电枢移动式起动机的工作过程分为两个阶段，串联辅助励磁绕组 2 主要在第一阶段工作，不但可以增大吸引电枢 11 的磁力，而且可以起限制空载转速的作用。

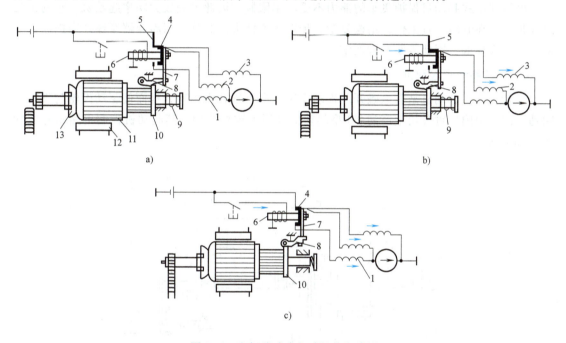

图 3-12 电枢移动式起动机的电路图

a）起动机电路 b）进入啮合——接入起动机的第一阶段 c）完全啮合——接入起动机的第二阶段

1—主磁场绕组 2—串联辅助励磁绕组 3—并联辅助励磁绕组 4—接触桥 5—静触头 6—电磁铁
7—挡片 8—扣爪 9—回位弹簧 10—圆盘 11—电枢 12—磁极 13—摩擦式离合器

1）进入啮合。如图 3-12b 所示，当接通起动开关时，电磁铁 6 产生吸力，吸引接触桥 4，但由于扣爪 8 顶住了挡片 7，接触桥 4 只能上端闭合，接通了串、并联辅助励磁绕组电路，其通路为：蓄电池正极→静触头 5→接触桥 4 上端并在此处分流，一条回路为：并联辅助励磁绕组 3→搭铁→蓄电池负极；另一条回路为：串联辅助励磁绕组 2→电枢→搭铁→蓄电池负极。

并联辅助励磁绕组 3 和串联辅助励磁绕组 2 产生的电磁力克服回位弹簧 9 的反力，吸引电枢 11 向左移动，起动机驱动齿轮啮入飞轮齿圈。

此时由于串联辅助励磁绕组 2 的电阻大，流过电枢绕组的电流很小，起动机仅以较小的

转速旋转，电枢 11 低速旋转并向左移动，齿轮啮入柔和，这是接入起动机的第一阶段。

2）完全啮合。如图 3-12c 所示，电枢 11 移动使小齿轮完全啮入飞轮齿圈后，固定在换向器端面的圆盘 10 顶起扣爪 8，使挡片 7 脱扣，由于接触桥 4 的下端闭合，接通了起动机的主磁场绕组 1，起动机便以正常的工作转矩和转速驱动曲轴旋转，这是接入起动机的第二阶段。

在起动过程中，摩擦式离合器 13 接合并传递转矩。发动机起动后，离合器打滑，曲轴转矩便不能传到起动机轴上。这时起动机处于空载状态，转速增高，电枢中反电动势增大，因而串联辅助励磁绕组 2 中的电流减小。当电流小到磁极磁力不能克服回位弹簧 9 的反力时，电枢 11 在回位弹簧 9 的作用下被移回原位，于是驱动齿轮脱开，扣爪 8 回到锁止位置，为下次起动做准备。直到断开起动开关后，起动机才停止旋转。

电枢移动式起动机保护飞车的能力不受功率限制，因此可做成大功率起动机。它的不足之处是不宜在倾斜位置工作，结构复杂，传动比不能大。此外，当离合器摩擦片磨损后，摩擦力会大大降低，因此需要经常调整。

3. 齿轮移动式起动机

齿轮移动式起动机是靠电磁开关推动安装在电枢轴孔内的啮合杆而使驱动齿轮与飞轮齿圈啮合的。德国博世公司生产的 TB 型起动机采用了这种结构，其起动机控制电路示意图如图 3-13 所示。

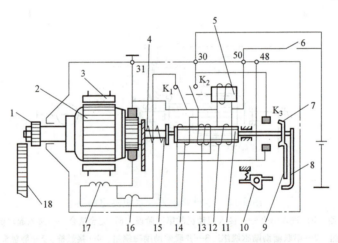

图 3-13　齿轮移动式起动机控制电路示意图

1—驱动齿轮　2—电枢　3—磁极　4—回位弹簧　5—控制继电器　6—起动开关　7—接触盘　8—释放杆
9—挡片　10—扣爪　11—活动铁心　12—保持线圈　13—阻尼线圈　14—吸引线圈　15—啮合杆
16—制动绕组　17—励磁绕组　18—飞轮　K_1—常闭触点　K_2—常开触点　K_3—电磁开关主触点

1）发动机不工作时，控制继电器 5 常开触点 K_2、常闭触点 K_1 处于初始状态，电磁开关主触点 K_3 处于断开位置。

2）发动机起动时，接通起动开关 6，蓄电池电流经接线柱 50 流经控制继电器 5 的线圈和电磁开关的保持线圈 12，于是常闭触点 K_1 断开，切断了制动绕组 16 的电路；常开触点 K_2 闭合，接通了电磁开关中吸引线圈 14 和阻尼线圈 13 的电路。在三个线圈磁力的共同作用下，电磁开关中的活动铁心 11 向左移动，推动啮合杆 15 使驱动齿轮向飞轮齿圈移动。由

于此时吸引线圈 14 和阻尼线圈 13 与电枢 2 串联，相当于串入一个电阻，使电枢 2 电流很小，电枢 2 缓慢转动齿轮啮入柔和。

当驱动齿轮与飞轮齿圈完全啮合时，释放杆 8 立即将扣爪 10 顶开，使挡片 9 脱扣，电磁开关主触点 K_3 闭合，起动机主电路接通，通过摩擦片式单向离合器起动发动机。

3）发动机起动后，离合器打滑，起动机处于空载状态。断开起动开关 6，驱动齿轮退出啮合，起动机停止转动。此时与电枢绕组并联的制动绕组 16 起能耗制动作用，使起动机迅速停止转动。

4. 减速式起动机

减速式起动机与普通的带电磁开关的强制啮合式起动机没有本质的区别，只是在起动电枢和驱动齿轮之间增加了一套减速机构，因此可将起动机电枢的工作转速设计得较高，然后通过减速机构使驱动齿轮的转速降低并使转矩增加。装用减速齿轮机构后，可采用小型、高速、低转矩的电动机，从而使起动机的质量与体积减小，提高了起动性能，减轻了蓄电池的负担。

减速式起动机的减速装置有内啮合式、外啮合式和行星齿轮式三种类型。

(1) 内啮合减速式起动机　图 3-14 所示为 QD254 型减速式起动机的结构简图。该起动机的结构特点是：电动机为小型高速串励式直流电动机，在电枢轴端有主动齿轮 13，它与内啮合减速齿轮 12 相啮合。内啮合减速齿轮 12 与螺旋花键轴 11 固连，螺旋花键上套有滚柱式单向离合器 10，其工作原理如下：

起动时，接通起动开关 1，蓄电池电流便流过起动继电器磁化线圈 2，于是起动继电器触点 3 闭合，接通了电磁开关中吸引线圈 6 和保持线圈 7 的电路。在两线圈电磁吸力的共同作用下，活动铁心 8 被吸入。带动拨叉 9 将单向离合器 10 推出，使驱动齿轮与飞轮齿圈啮合。当驱动齿轮与飞轮齿圈接近完全啮合时，活动铁心 8 推动接触盘 5 的杆使接触盘 5 将主触点 4 接通，于是起动机主电路接通，电枢开始高速旋转。电枢的旋转经主动齿轮 13、内啮合减速齿轮 12 减速，再经螺旋花键轴 11 传给单向离合器 10，最后通过单向离合器 10 传递给驱动齿轮使发动机起动，以后的工作则与 QD124 型起动机相同。

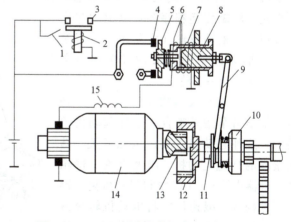

图 3-14　QD254 型减速式起动机的结构简图

1—起动开关　2—起动继电器磁化线圈　3—起动继电器触点
4—主触点　5—接触盘　6—吸引线圈　7—保持线圈
8—活动铁心　9—拨叉　10—单向离合器　11—螺旋花键轴
12—内啮合减速齿轮　13—主动齿轮　14—电枢绕组　15—励磁绕组

(2) 行星齿轮减速式起动机　图 3-15 所示为 BJ2021 吉普车上装用的 12VDW1.4 型永磁减速式起动机的结构简图。

该起动机中有 6 块永久磁极，用弹性保持片固定于机壳内。传动机构为滚柱式单向离合器 9。减速机构为行星齿轮减速装置 8，它以电枢轴齿轮为太阳轮，另有 3 个行星齿轮及一

个固定齿圈，太阳轮压装在电枢轴上
与 3 个行星齿轮同时啮合；3 个行星齿
轮的轴压装在一个圆盘上（行星齿轮
在轴上可以灵活转动），该圆盘与驱动
齿轮轴制成一体，驱动齿轮轴一端制
有螺旋花键，与单向离合器的传动套
筒内的螺旋花键配合；内齿圈由塑料
注塑而成，3 个行星齿轮在其上滚动，
内齿圈的外缘制有定位用的槽，以便
嵌在后端盖上。

　　起动继电器 1 有两对触点，一对
触点控制吸引线圈 3 和保持线圈 4 的电
路，另一对触点（图中未画出）用于
起动时短路点火系统一次电路中的附
加电阻，以增大一次电流，改善起动
性能。起动机不工作时，起动继电器 1
的两对触点均处于打开状态。

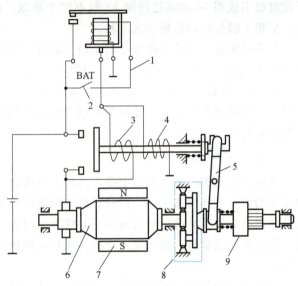

图 3-15　12VDW1.4 型永磁减速式起动机结构简图

1—起动继电器　2—点火开关　3—吸引线圈　4—保持线圈
5—拨叉　6—电枢　7—永久磁极　8—行星齿轮减速装置
9—滚柱式单向离合器

　　该起动机的工作过程与 QD124 型
起动机基本相同，不同之处在于电枢轴的转矩需经行星齿轮减速装置 8 才能传给起动机的驱
动齿轮，转矩传递程序为：电枢轴产生
的转矩经电枢轴齿轮（太阳轮）→行星
齿轮→驱动齿轮轴→滚柱式单向离合
器→驱动齿轮→飞轮。

　　（3）外啮合减速式起动机　图 3-16
所示是丰田车用外啮合减速式起动机的
结构。这种起动机主要由电磁开关、结
构紧凑的高速电动机、减速齿轮（惰轮
和离合器齿轮）、小齿轮和起动机离合器
等部件构成。减速齿轮将电动机转速减
至原来的 1/3 或 1/4，然后再传至小齿轮
11。电磁开关 9 的活动铁心 8 直接推动
小齿轮 11（位于同一轴上），使其与齿
圈啮合。与同样尺寸和重量的常规起动
机相比，这种起动机可以产生更大的转
矩。图 3-17 是其工作原理示意图。具体
工作过程如下：

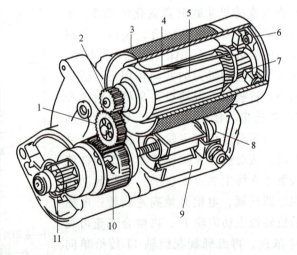

图 3-16　丰田车用外啮合减速式起动机的结构

1—惰轮　2—驱动齿轮　3—轭铁　4—励磁绕组
5—电枢　6—电刷弹簧　7—电刷　8—活动铁心
9—电磁开关　10—起动机离合器　11—小齿轮

　　1）点火开关位于起动（STA）位置时，端子 13 将来自蓄电池 11 的电流传至保持线圈
（H.C）和吸引线圈（P.C）。电流随后从吸引线圈，通过端子 7 流至励磁绕组 5 和电枢 4 的
线圈。由于已励磁的吸引线圈所造成的电压降，限制了电动机励磁绕组 5 和电枢 4 的电流供

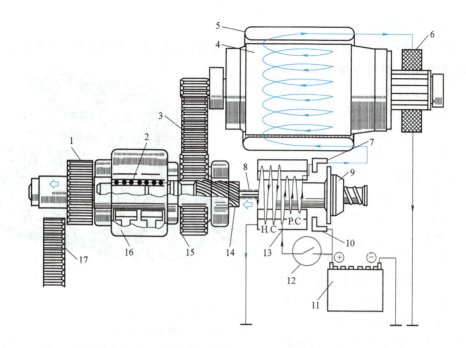

图 3-17　丰田车用外啮合减速式起动机的工作原理示意图

1—小齿轮　2—小齿轮回位弹簧　3—惰轮　4—电枢　5—励磁绕组　6—电刷　7、10、13—端子
8—活动铁心回位弹簧　9—活动铁心　11—蓄电池　12—点火开关　14—螺旋花键
15—离合器齿轮　16—起动离合器　17—齿圈　H.C—保持线圈　P.C—吸引线圈

应，这时电动机以低速运转。与此同时，吸引线圈和保持线圈产生一个相同方向的磁场，将活动铁心 9 朝左推，压住活动铁心回位弹簧 8，小齿轮 1 因此向左移动，直至与齿圈 17 啮合。在此阶段，电动机低速运转，使齿轮之间可以平顺啮合，螺旋花键 14 也同时帮助小齿轮 1 与齿圈 17 更加平顺地啮合在一起。

2）当电磁开关和螺旋花键 14 将小齿轮 1 推至与齿圈 17 完全啮合的位置时，固定在活动铁心 9 上的接触片使端子 10 和端子 7 短路而接通主开关。这一短路连接，使较强的电流得以通过起动电动机从而使电动机以较大的转矩转动。螺旋花键 14 使小齿轮 1 与齿圈 17 啮合得更牢固。与此同时，吸引线圈两端的电压变得相等，电流不再流经吸引线圈。因此，这时活动铁心 9 只是由保持线圈所施加的磁力保持在原位。

3）起动完毕，将点火开关从"STA"位置扭回至"ON"位置，便切断了正施加在端子 13 上的电压。但主开关仍保持闭合状态，部分电流便从端子 7 通过吸引线圈流至保持线圈。由于流经保持线圈的电流与点火开关 12 位于"STA"位置时的电流方向相同，保持线圈便产生了拉动活动铁心 9 的磁力。另一方面，电流在吸引线圈中的反向流动，便产生了将活动铁心 9 回复原位的磁力。

这两个线圈所产生的磁力相互抵消，使活动铁心回位弹簧 8 将活动铁心 9 拉回。这便切断了施加在电动机上的强电流，活动铁心 9 也几乎同时将小齿轮 1 与齿圈 17 分离。减速式起动电动机中所使用的电枢惯性小于常规起动电动机中所用的电枢惯性，摩擦力可以使其很快停止转动，因此，这种起动机不需要常规式起动机中所使用的制动装置。

5. 预啮合式起动机

预啮合式起动机驱动小齿轮8与飞轮齿圈常啮合，它们通过线圈的作用将小齿轮8固定在啮合状态并防止剧烈的撞击。在这种起动机中，小齿轮与一个单向离合器相连，从而防止发动机反过来驱动起动机。图3-18所示为Bosch FF型起动机，它属于预啮合式起动机。

图3-19所示为与该类型起动机相关联的电路图。起动机的基本工作过程如下：当起动开关闭合时，在线圈端子50处就会有电压，这使得两个线圈绕组（保持线圈和吸引线圈）被磁化。由于吸引线圈的电阻很小，通过它的电流很大。这个线圈是与电动机电路串联的，在电流的作用下，电动机会缓慢旋转，以方便啮合。与此同时，在线圈中产生的磁场使电路触点吸合。当小齿轮与柱塞全啮合，即在行程的终端时，大负荷的铜触片闭合。这些触片闭合时，吸引线圈由于两端

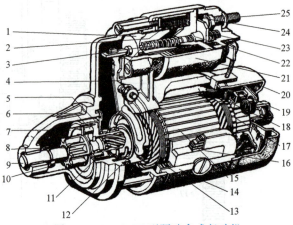

图3-18 Bosch FF型预啮合式起动机

1—保持线圈 2—吸引线圈 3—回位弹簧 4—结合准线
5—啮合弹簧 6—驱动器 7—滚柱式超越离合器 8—小齿轮
9—电枢轴 10—挡圈 11—螺旋弹簧 12—导环 13—励磁
绕组 14—励磁盖 15—电枢 16—马蹄铁 17—整流器
18—电刷 19—刷架 20—整流器端盖 21—电磁开关
22—移动触片 23—短路弹簧 24—触片 25—接线端

相同的电压供给而被短路。保持线圈持续地将柱塞吸附在指定位置，直到线圈在开关处的电源被切断为止。当发动机起动后松开钥匙时，起动机主电路就被切断，柱塞及小齿轮在弹簧力的作用下回到它们的起始位置。装在柱塞上的回位弹簧确保了主接触片在小齿轮从啮合状态撤回之前打开。在啮合时，若小齿轮的齿与飞轮的齿相接触，由于压缩弹簧受压，主接触片就会闭合。此时，电动机在电源的支持下旋转，小齿轮也将滑到啮合态。

图3-20所示为单向离合器的截面图。由起动机产生的扭转力通过离合器传送到飞轮齿圈上。使用这个单向离合器的目的是防止起动机在发动机起动后，当小齿轮处于啮合状态时以过大的速度转动。离合器的驱动与被驱动部分之间有许多滚柱，滚柱是用弹簧作为负荷的，

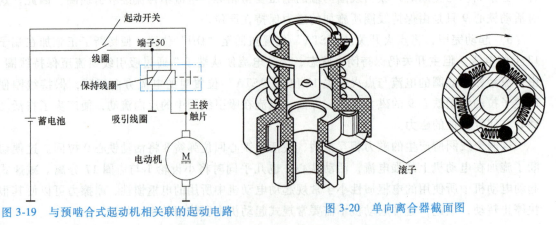

图3-19 与预啮合式起动机相关联的起动电路   图3-20 单向离合器截面图

并通过压缩弹簧将两者楔形锁住，或在相反的方向上单向离合。虽然预啮合式起动机有许多变型，但它们的工作过程与上述基本相似。电动机绕组磁场的类型已经在很大程度上被永磁铁型取代。

6. 永磁铁型起动机

当前可利用的标准永磁铁型起动机适合于使用在点燃式、排量达2L的发动机上，其功率为1kW左右。图3-21所示为典型的Lucas M78R/M80R型起动机。这种起动机的工作原理在很大程度上与传统的预啮合式起动机相似。它们的主要区别在于永磁铁型起动机用高质量永磁马蹄铁替代了励磁绕组。这样可使起动机的重量下降15%左右，扼流线圈的直径也可以根据需要降低。永磁铁采用了恒定的励磁方式，该方式也可以使速度及转矩特性保持恒定。但在相同功率下，这种电动机提供的起动转矩没有串励式电动机大，因而，为适应起动机起动转矩的要求，国外电动机行业提出了一种利用辅助极的办法来提高电动机电枢磁势，从而产生较大的起动转矩，使起动机具有复励直流电动机特性。

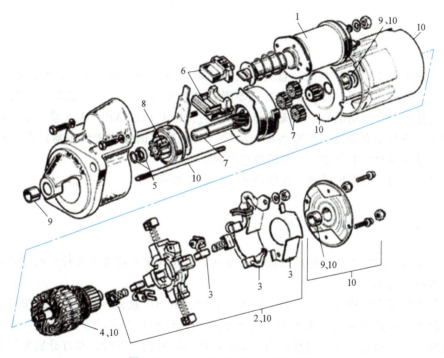

图 3-21　Lucas M78R/M80R 型起动机

1—线圈　2—电刷盒组件　3—电刷配套元件　4—电枢　5—紧固件　6—枢轴及绝缘元件
7—驱动轴及轴承托架组合配套元件　8—驱动组件　9—轴套　10—电动机总成、驱动轴杂件

目前，制造商们在电刷的构造上也有所改进。铜和石墨的混合体得到了应用，电刷通常由两部分组成：一部分为功率区域，铜含量较高；另一部分为整流区域，石墨含量较高。这样做能提高电动机的寿命，同时也可以减小电压降。

7. 微机控制的起动系统

发动机综合控制程度越来越高，一些高级车型起动系统也受电子控制单元（ECU）控制，图3-22所示是一典型ECU控制的起动系统电路。

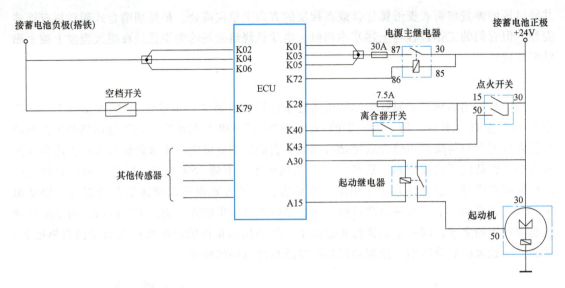

图 3-22　典型 ECU 控制的起动系统电路

当点火开关处于"ST"档时,点火开关的"30"与"50"端子导通,ECU 通过 K43 端子感知驾驶人的操作意图;此外,ECU 还要通过离合器开关、空档开关等确定汽车所处的状态,判断是否符合起动条件。当满足起动条件时,ECU 通过 A30、A15 端子给起动继电器的线圈供电,来起动发动机。当发动机起动后,ECU 通过曲轴位置传感器判断发动机是否起动成功,以便及时切断起动继电器的供电电路。

若在电路中增设防盗传感器,此电路还可具有防盗功能。

3.2　汽车照明及灯光系统

为了保证汽车行车安全,提高车辆行驶速度,现代汽车上都装有多种照明设备和灯光信号装置,俗称"灯系"。

汽车灯系的组成结构与安装位置一般因车而异,不同厂家和不同型号的汽车有不同的结构。汽车灯系主要是起照明、报警和状态标识作用。汽车灯系中的车灯均由多路集成控制器、车灯组合开关和专用开关控制,当汽车在各种不同的状态下时,车灯分别发挥各自不同的作用。汽车灯具按其作用和安装位置的不同可分为外部照明装置、内部照明装置和灯光信号装置三类。

1. 外部照明装置

汽车外部照明装置包括前照灯、尾灯、雾灯以及牌照灯等。外部照明装置光色一般采用白色、橙黄色和红色;执行特殊任务的车辆,如消防车、警车、救护车、抢修车,则采用具有优先通过权的红色、黄色或蓝色闪光警告灯。机动车应按时参加安全检测和综合检测,确保外部灯具齐全有效。

2. 内部照明装置

常见内部照明装置包括顶灯、门灯、踏步灯、仪表照明灯、工作灯等。主要为驾驶人或者乘员提供方便。灯光光色一般为白色，灯泡功率在 2～20W。

3. 灯光信号装置

灯光信号装置包括转向信号灯（前、中、后）、危险报警信号灯、示宽灯、尾灯（后灯）、制动灯等。

3.2.1 汽车前照灯

汽车前照灯，俗称"大灯"，装在汽车头部两侧，用来照明车前道路，有两灯制、四灯制之分。四灯制前照灯并排安装时，装于外侧的一对应为近、远光双光束灯；装于内侧的一对应为远光单光束灯。远光灯功率一般为 40～60W，近光灯功率一般为 35～55W。前照灯应保证驾驶人能辨明车前 150m（或更远）内道路上的任何障碍物，并保证车前明亮均匀的照明。随着车辆行驶速度的提高，现代高速汽车的照明距离应在 200～250m 以上，有的甚至可达 400m。为避免夜间两车迎面相遇时驾驶人因眩目而发生事故，前照灯均应具有防眩目装置。

1. 前照灯的结构

前照灯由光源（现主要为灯泡、氙气灯和 LED 灯等）、反射镜、配光镜和灯壳等部分组成。

（1）光源 光源可以是普通卤钨灯泡、氙气前照灯、氖灯等。

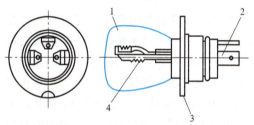

图 3-23　前照灯的灯泡结构
1—玻璃泡　2—插片　3—插头凸缘　4—灯丝

1）灯泡。前照灯用的灯泡有单灯丝和双灯丝两种。为了拆装方便及保证灯丝在反射镜中的正确位置，灯泡的插头通常制成插片式，如图 3-23 所示。安装时，三个插片插入灯座上距离不等的三个插孔中。

前照灯的灯泡为充气灯泡，传统灯丝用钨丝制成。在制造时先将玻璃泡内的空气抽出，然后充以约 96% 的氩气和约 4% 的氮气的混合惰性气体。充入灯泡的惰性气体在灯丝受热时膨胀，使压力增大，从而可减少灯丝钨的蒸发，可提高灯丝的温度和发光效率，节省电能，延长灯泡的使用寿命。

虽然灯泡内已被抽成真空并充满惰性气体，但灯丝的钨仍然会蒸发并沉积在灯泡上，使灯泡发黑。随着汽车电器技术的发展，前照灯用一种新型的卤钨灯泡取代了传统钨丝灯泡，以减少钨的挥发，其结构如图 3-24 所示。

卤钨灯泡是在灯泡内所充的惰性气体中掺入某种卤族元素（碘、溴、氯、氟等），目前灯泡使用的卤族元素一般为碘或溴，使用这两种元素的灯泡分别称为碘钨灯泡和溴钨灯泡。我国目前生产的是溴钨灯泡。

卤钨灯泡是利用卤钨再生循环反应的原理制成的。其再生过程是：从灯丝上蒸发出来的气态钨与卤族元素反应生成一种挥发性的卤化钨，它扩散到灯丝附近的高温区又

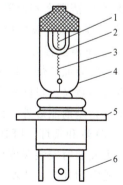

图 3-24　前照灯的卤钨灯泡
1—近光灯丝　2—定焦盘　3—远光灯丝
4—配光屏　5—凸缘　6—插片

受热分解，使钨重新回到灯丝上，被释放出来的卤族元素继续扩散参与下一次循环反应，如此周而复始地循环下去，从而防止了钨的蒸发和灯泡发黑。

卤钨灯泡的尺寸较小，玻璃泡用耐高温、机械强度很高的石英玻璃或硬玻璃制成，因此可提高充入惰性气体的压力。这种灯泡的工作温度高，灯内的工作气压比其他灯泡高得多，从而使钨的蒸发受到更大的抑制。

普通灯泡和卤钨灯泡的灯丝均采用熔点高、发光强的钨制成。

有的前照灯内有远光和近光两根灯丝，以满足防眩要求，有的还在灯丝下端设置配光屏或者采用非对称形配光防眩目。

2）氙气灯。氙气灯，一种含有氙气的新型前照灯，又称高强度放电灯或气体放电灯，英文缩写 HID（High Intensity Discharge Lamp），由小型石英灯泡、变压器和电子单元组成。氙灯灯泡的玻璃用坚硬的耐温耐压石英玻璃（二氧化硅）做成，灯内充入高压氙气缩短灯被点亮的时间，灯光的发光颜色则由充入灯泡内的氙气、水银蒸气和少量金属卤化物所决定。

在氙气灯中光线是通过两个电极在一个豌豆大小的充气壳之间产生弧光，如图 3-25 所示，气体全部充在灯泡壳里，光线以高亮度的绿和蓝发出。在一个高压脉冲下使两电极之间产生光弧。充气灯需要一个超过千伏的高压脉冲来点燃光弧，电压在预制装置中产生。在点火时充气灯在 3s 内以高电流工作，同时灯泡以最小的延迟（0.3s）达到最大的亮度。在很短的过电流阶段，光弧稳定并且灯泡达到其应有的亮度，灯泡功率通过电子预置装置限制在 35W 内。

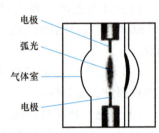

图 3-25　氙气灯

氙气灯亮度大，照明区域大，发出的亮光色调与太阳光比较接近，消耗功率低，可靠性高，不受车上电压波动影响。氙气灯相对于传统的灯光技术有非常大的优点：

① 灯泡的使用寿命大约超过 2500 工作小时。

② 一个 35W 充气灯的发光效率是一个 55W 的卤素灯的两倍。

③ 较高的清晰度和射程。

④ 在近程内有较宽的散射区。

⑤ 可以不需要雾灯。

因此，安装氙气灯不仅可以减少电能消耗，还相应提高了车辆的性能，这对于轿车而言具有很重要的意义。目前除奔驰 E 级车、宝马 7 系列、丰田雷克萨斯、本田阿库拉等高档车使用了这种新型前照灯外，许多普通轿车也装有此类灯具。

3）LED 灯和氖灯。LED 灯具有节能、电路简洁、亮度高、反应时间短、寿命长等优点，在车上安装时安装深度比普通车少 5～7cm，如果在车尾安装时不需要冲压，能节约车尾行李舱空间并节约成本，故 LED 灯一般被用作停车、转弯的信号尾灯，以代替白炽灯，发光颜色有白色、红色和琥珀色三种。若采用高亮度的 LED 灯作前照灯的光源，不仅不会像氙气灯那样眩目，还能使车辆拥有全方位的照明。

氖灯和 LED 灯一样，氖灯技术也是一个被看好的后信号灯技术，同时它也被应用于汽

车前照灯。氙灯的发光原理与 HID 相似，没有灯丝，不受温度、摇晃、振动的影响。氙灯在管道中输送，管路设计布局允许弯曲，因而其系统的设计更具弹性。另外，与传统白炽灯相比，其响应速度要快 200ms。目前，氙灯的成本问题还没有解决，大规模使用还不能被接受。

（2）**反射镜** 反射镜又称反光镜或反光罩，它是前照灯的主要光学器件，通常由冷轧钢板冲压而成，其形状为旋转抛物面，其内表面镀银、镀铝或者镀铬，经抛光加工而成，反射系数能达 94% 以上。反光镜可使灯泡的光线聚合并导向前方。有反射镜的灯泡，其光照强度增强几百倍甚至上千倍，可照清楚 150m 以外的路面，以保证车辆前方有足够的照明。经反射镜反射后，尚有少量的散射光线，其中朝上的完全无用，散射向侧方和下方的光线有助于照明 5~10m 范围内的路面和路缘，如图 3-26 所示。

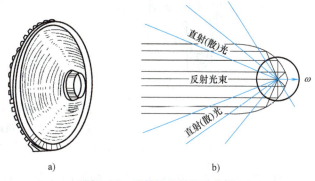

图 3-26　反射镜的结构与作用
a）反光镜　b）反光镜的反射作用

（3）**配光镜** 配光镜又叫散光玻璃，是许多透镜和棱镜的组合体。配光镜的外表面平滑，内侧精心设计成由很多块特殊的凸透镜和棱镜组成的组合体，其几何形状非常复杂。加散光玻璃的作用是将反射镜反射出的光束进行折射和散射，以扩大光线照射的范围，并把反射镜聚集的光束在水平方向扩散，在竖直方向使光束向下折射，使前照灯在 100m 内的路面和路缘均有较好的照明效果，如图 3-27 所示。

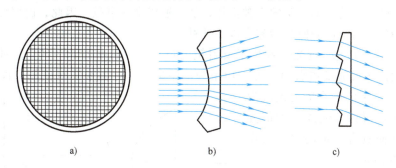

图 3-27　配光镜的结构和作用
a）配光镜的结构　b）配光镜的散射　c）配光镜的折射

2. 前照灯的类型

前照灯按结构不同可分为：可拆式、半封闭式和封闭式 3 种。

可拆式前照灯因气密性不好，反射镜易受潮气和尘埃污染而降低反射能力，故目前已不使用。

半封闭式前照灯结构如图 3-28a 所示。配光镜靠卷曲反射镜边缘上的边齿而紧固在反射镜上，二者之间垫有橡胶密封圈，灯泡只能从反射镜后端装入。

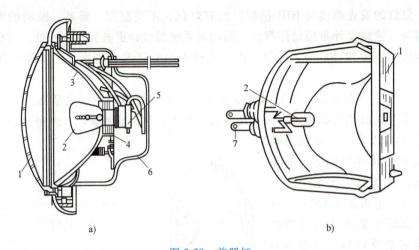

图 3-28　前照灯

a）半封闭式　b）封闭式

1—配光镜　2—灯泡　3—反射镜　4—灯泡挡板　5—插座　6—灯壳　7—插头

　　封闭式前照灯又称真空灯，其结构如图 3-28b 所示，其反射镜和配光镜用玻璃制成一体，形成灯泡，里面充有惰性气体，灯丝焊在反射镜底座上，反射镜的反射面经真空镀铝。这种结构的优点是可以完全避免被污染以及遭受大气的影响，因此，反射效率高，照明效果好，使用寿命长；缺点是该灯灯丝烧坏时，需要更换整个总成。

3. 前照灯防眩目措施

　　眩目是指人的眼睛突然受到强光照射时，由于视觉神经受刺激而失去对眼睛的控制，本能地闭上眼睛或看不清暗处物体的生理现象。如果夜间两车迎面相会，对方驾驶人因前照灯的光束而产生眩目，将影响正常的驾驶操作，从而造成交通事故。因此，前照灯必须采取有效的防眩目措施。常见的防眩目措施有以下几种。

　　（1）采用双丝灯泡　远光灯丝位于反射镜的焦点上，功率为 45~60W，对面无车时使用；近光灯丝位于反射镜焦点的上方，功率为 20~50W，对面来车时使用。夜间迎面会车时，驾驶人通过变光开关将远光改为近光，经反射镜反射的光线绝大部分投向路面，从而具有一定的防眩目作用，如图 3-29 所示。

　　（2）设置配光屏　在近光灯丝的下方装有配光屏，当使用近光灯时，配光屏能将近光灯丝射向反射镜下部的光线遮挡住，从而消除了近光灯光束斜上方照射的部分，提高了防眩目效果。该措施目前使用广泛，如图 3-30 所示。

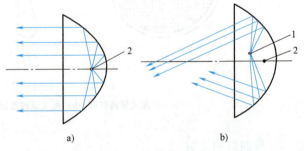

图 3-29　双丝灯泡的远、近光束

a）远光　b）近光

1—近光灯丝　2—远光灯丝

　　（3）采用非对称近光光形　这是一种新型的防眩目前照灯，安装时将遮光罩偏转一定的角度，使其近光的光形分布不对称，将近光灯右侧光线倾斜升高 15°，如图 3-31 所示，明

暗截止线呈 Z 形和 E 形的两种。使用该方法，不仅可以避免迎面来车驾驶人的眩目，还可以防止迎面而来的行人和非机动车使用者的眩目，更加保证了汽车夜间行驶的安全。

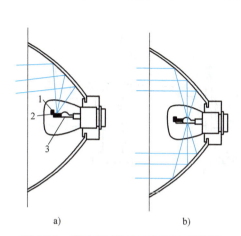

图 3-30　带配光屏的双丝灯泡照射情况

a）近光照射　b）远光照射

1—近光灯丝　2—配光屏　3—远光灯丝

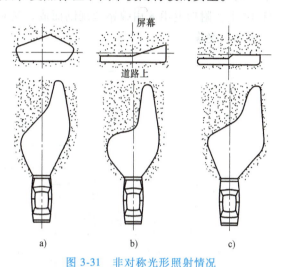

图 3-31　非对称光形照射情况

a）标准光形　b）E 形非对称光形　c）Z 形非对称光形

3.2.2　转向灯

转向灯是表示汽车动态信息的最主要装置，安装在车身前后。有些车身较长的车，在左右侧也安装转向灯。在汽车转弯时，左侧或右侧的转向灯会发出明暗交替的闪光信号，以示汽车转向。汽车的转向灯大都采用橙色（或琥珀色），在等轴线右偏 5° 的视角范围内，无论白天黑夜，要求其能见度不小于 35m；而在左偏或右偏 30° 视角范围内，要求能见距离不小于 10m。转向灯的闪光频率应控制在 50～110 次/min 范围内，一般为 60～95 次/min。主转向灯泡功率一般为 20～25W。

1. 转向灯类型

转向灯按安装位置不同可分为前转向灯、后转向灯和侧转向灯。

1）前转向灯。安装在汽车前照灯旁边，用于在转弯时，警示前方车辆。

2）后转向灯。安装在汽车尾部，用于在转弯时，警示后方车辆。

3）侧转向灯。安装在第 1 驾驶室的车门旁或安装在后视镜上，用于在转弯时，警示旁边车辆。

2. 转向灯构成及工作原理

转向灯一般由 4 个转向信号灯、2 个转向指示灯、转向开关、闪光器等组成。当汽车转向时，通过闪光器使左边或右边的前、后转向信号灯闪烁发光。

闪光器主要有电热式、电容式和电子式三种类型。前期广泛使用的是电热式闪光器，它结构简单，制造成本低，但闪光频率不够稳定，使用寿命短，今后将趋于淘汰。电容式闪光器闪光频率稳定。电子式闪光器具有性能稳定、工作可靠等优点，故已广泛应用。

（1）电热式闪光器　常用的电热式闪光器结构如图 3-32 所示，在胶木底板上固定着工字形的铁心 1，上面绕着线圈 2，线圈 2 的一端与固定触点 3 相连，另一端固定在开关接线柱 10 上。附加电阻 8 由镍铬丝绕制而成，又和镍铬丝 5 串联。镍铬丝 5 与调节片 6 之间用玻璃球 7 绝缘。

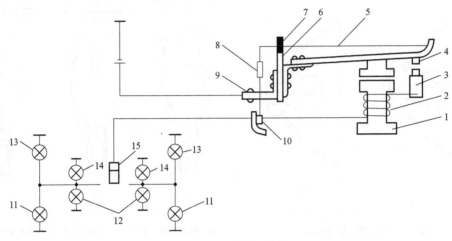

图 3-32　电热式闪光器

1—铁心　2—线圈　3—固定触点　4—动触点　5—镍铬丝　6—调节片　7—玻璃球　8—附加电阻
9—电池接线柱　10—开关接线柱　11—左转向信号灯　12—左转向指示灯
13—右转向信号灯　14—右转向指示灯　15—转向信号灯开关

闪光器不工作时，动触点 4 在镍铬丝 5 的拉力下与固定触点 3 分开。当车辆转弯时，假设右转弯，则将转向信号灯开关 15 扳向右侧，接通右转向电路，电流从蓄电池正极→电池接线柱 9→活动触点臂→镍铬丝 5→附加电阻 8→开关接线柱 10→转向信号灯开关 15→右转向信号灯 13 及右转向指示灯 14→搭铁→蓄电池负极，构成闭合回路。由于附加电阻接入转向信号灯电路，故电流小，灯光暗。通电一定时间后，镍铬丝受热膨胀而伸长，使固定触点 3 和动触点 4 闭合。触点闭合后，电流从蓄电池正极→电池接线柱 9→活动触点臂及动触点 4→固定触点 3→线圈 2→开关接线柱 10→转向信号灯开关 15→右转向信号灯 13 及右转向指示灯 14→搭铁→蓄电池负极，构成闭合回路。此时附加电阻及镍铬丝 5 被短接，线路中电阻小，电流大，灯光较亮。由于线圈 2 中有电流通过，产生电磁力，从而使触点闭合得更牢靠。又经一段时间后，镍铬丝 5 冷却复原，使触点重新打开，电流又流经附加电阻，灯光变暗。如此循环，触点反复开闭，附加电阻不断被接入和短接，使通过转向信号灯的电流忽大忽小，转向信号灯及指示灯就发出一明一暗的闪烁光。

（2）电容式闪光器　电容式闪光器如图 3-33 所示。当汽车向左转弯而接通转向信号灯开关 11 时，电流从蓄电池正极→电源开关 8→接线柱 B→线圈 3→弹簧片触点臂 1→常闭触点 2→接线柱 L→转向信号灯开关 11→左转向信号灯及指示灯 10→搭铁→蓄电池负极构成回路。此时线圈 4、电容器 6 及电阻 7 被常闭触点 2 短路，而电流通过线圈 3 产生的电磁吸力大于弹簧片触点臂 1 的作用力，常闭触点 2 迅速被打开，转向信号灯处于暗的状态（转向信号灯尚未来得及亮）。常闭触点 2 打开后，蓄电池向电容器 6 充电，其充电电流由蓄电池正极→电源开关 8→接线柱 B→线圈 3→线圈 4→电容器 6→接线柱 L→转向信号灯开关 11→左

转向信号灯及指示灯 10→搭铁→蓄电池负极构成回路。由于线圈 4 电阻较大，充电电流很小，不足以使转向信号灯亮，故转向灯仍处于暗的状态。同时充电电流通过线圈 3、4 产生的电磁吸力方向相同，使常闭触点 2 继续打开，随着电容器两端电压的逐渐升高，其充电电流逐渐减小，线圈 3、4 的电磁吸力减小，当吸力小于弹簧片触点臂 1 的作用力时，使常闭触点 2 重新闭合。

常闭触点 2 闭合后，电流由蓄电池正极→电源开关 8→接线柱 B→线圈 3→常闭触点 2→接线柱 L→转向信号灯开关 11→左转向信号灯及指示灯 10→搭铁→蓄电池负极，构成回路，转向信号灯处于亮的状态。与此同时电容器 6 通过线圈 4 和常闭触点 2 放电，其放电电流通过线圈 4 产生的磁场方向与线圈 3 的相反，电磁吸力减小，故常闭触点 2 仍保持闭合，转向信号灯继续发亮。随着电容器的放电，电容器两端电压逐渐下降，其放电电流减小，则线圈 3 的电磁吸力增强，常闭触点 2 又重新打开，转向信号灯变暗。如此反复，触点不断开闭，使转向信号灯发出闪光。灭弧电阻 7 与常闭触点 2 并联，用来减小触点火花。

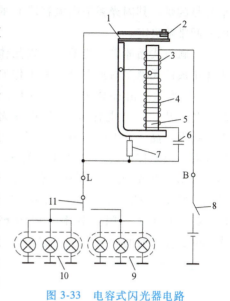

图 3-33　电容式闪光器电路

1—弹簧片触点臂　2—常闭触点　3、4—线圈
5—电磁铁　6—电容器　7—电阻
8—电源开关　9—右转向信号灯及指示灯
10—左转向信号灯及指示灯　11—转向信
号灯开关　B、L—接线柱

（3）电子式闪光器　电子式闪光器按其电子器件的类型可分为：晶体管（三极管）式、集成电路式和晶闸管式；按有无触点来分，又分为有触点（带继电器）式和无触点（全电子）式。图 3-34 所示为有触点晶体管式闪光器的电路图。当汽车向左转弯时，转向信号灯开关 S 接通左转向信号灯，电流便从蓄电池正极→保险丝→电阻 R→触点 P→转向信号灯开关 S→左转向信号灯→搭铁→蓄电池负极，构成回路，左转向信号灯和指示灯点亮。同时，R_0 上的电压降使晶体管 VT 导通产生集电极电流。集电极电流经继电器 K 搭铁，继电器 K 的线圈产生电磁吸力使触点 P 打开。于是蓄电池向电容器 C 充电，使左转向信号灯的灯光变暗。随着充电时间的延长，充电电流减小，晶体管 VT 的基极电位提高，偏流减小。当基极电位接近发射极电位时，晶体管 VT 截止，集电极电流消失，触点 P 又闭合，转向信号灯又被点亮，同时，电容 C 经 R_2、触点 P、R_1 放电。

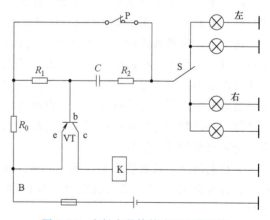

图 3-34　有触点晶体管式闪光器电路

电容器 C 放完电后，晶体管 VT 基极上又恢复低电位，晶体管 VT 重新导通，集电极电流又流经继电器 K 的线圈，于是线圈产生电磁吸力使触点 P 打开，重复上述过程，使转向

信号灯闪烁。其闪光频率由电容器 C 的充放电时间常数决定。

无触点式晶体管闪光器，是以晶体管为主体组成的无稳多谐振荡器。其工作原理如图 3-35 所示。由晶体管 VT_1、VT_2，电阻 R_1、R_2、R_3、R_4，电容 C_1、C_2 组成无稳多谐振荡器，晶体管 VT_3 起开关作用。当汽车转变时，只要接通转向信号灯开关 S，闪光器就会以一定的频率控制转向信号灯闪光。其闪光频率由 C_1、R_2、C_2、R_3 决定，通常 $C_1 = C_2$，$R_2 = R_3$，闪光频率一般为 60～70

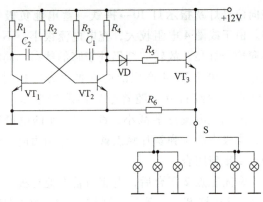

图 3-35　无触点晶体管式闪光器电路

次/min，亮灭时间比为 1∶1。这种闪光器体积小，容易集成，工作稳定，使用寿命长。

3.2.3　其他灯光

1. 倒车灯

倒车灯装于汽车尾部，是车辆倒车时为观察后方障碍物和显示倒车信号而设计的灯具，一般倒车灯开关置于变速器上。当变速器置于倒档时，此开关接通。功率一般为 20～25W，光色为白色，照射光线的主轴应向下，可以照清车后 15m 以内的道路。倒车灯电路示意图如图 3-36 所示。为了提醒后面车辆及行人注意，有些车上安装倒车蜂鸣器。

熔断器　　倒车灯开关　　　　　　倒车灯

图 3-36　倒车灯电路示意图

2. 制动灯

制动灯安装在汽车尾部，一般在汽车尾部的保险杠上方，是车辆重要的外在安全标识，其光色为红色。正常情况下踩制动踏板时，制动灯亮，且能使车后相距 100m 处的其他车辆看清楚，以警示后车减速或停车。

由于道路交通条件的发展及汽车自身性能的提高，高速公路上车辆行驶中的"追尾"事故，以及大型车辆在近距离时驾驶人因难以观察到设置较低的小车常规制动灯而造成相撞事故日渐增多，为确保行车安全，必须使驾驶人对前面车辆的制动及减速能够更快地做出反应，这就要求汽车本身的制动信号要更加醒目。于是，有些国家先后要求汽车必须安装高位制动灯。高位制动灯的作用是对常规制动信号的加强，使后面汽车的驾驶人能够更清楚地看到前面汽车的制动信号。

高位制动灯一般安装汽车顶部的中央，或在后行李舱顶部的中央，所以又称中央高位制动灯，有人也把它称为第三制动灯。高位制动灯的光源一般为白炽灯、发光二极管或氖虹灯。

在雾、雨、雪的天气里，要注意制动灯的运用。驾驶人在注意前方车辆灯光的同时，可以靠后视镜留意自己后车的位置，若发现后车离自己太近，可轻踩制动，使制动灯亮，以提醒后车适当拉开车距，防止因紧急制动时后车措手不及而发生追尾事故。

3. 雾灯

雾灯在大雾的天气能有效照亮汽车前方的道路，其外形和结构与单丝的前照灯相似。现在汽车一般采用黄色配光或黄色灯泡。因为黄色光波较长，有较好的透雾性能，在雾天能照亮较远的距离。通常在有雨、雪或灰尘过大时也使用雾灯，射出的光线倾斜度大，可照亮车前30m内的距离。

4. 示廓灯和尾灯

为了表示夜间或视线不良时停止或行驶的汽车轮廓，一般在汽车前后各装两只示廓灯，前示廓灯的光色为白色或橙色，后示廓灯则为红色。示廓灯的灯光在夜间距离100m以外应能看清。尾灯的光色为红色，其亮度标准为在夜间距车300m以外应能看清。

夜间行车中和发动机熄火后，不论前照灯点亮或熄灭，尾灯与示廓灯都应同时点亮，以警示其他车辆。使用时应注意：在夜间行车或在阴暗、遇风、雨雪、雾天时，须开启示廓灯和尾灯，这样有利于后方车辆识别车辆宽度，防止超车和会车时因轮廓不清而发生事故；当车辆夜间发生故障或事故，不能离开行车道或在路肩上停车时，驾驶人应立即开启示廓灯和尾灯以显示车辆的存在。

5. 阅读灯和门控灯

阅读灯为车内乘员提供照明，该灯通过人工按钮进行控制。

门控灯的开关由车门控制，当开启车门时，门控开关闭合，门控灯自动点亮车子内部。在有些车上，门控灯和阅读灯共用一个灯泡。

另外，汽车上还有一些灯光，如专用车、特种车的标志灯以及一些临时灯光，如装载超过宽度的拖挂车辆夜间须悬挂红灯、夜间拖故障车时应在前车尾部安装后照灯。特种车标志灯是指经批准的特种车辆可装置相应的标志灯具，执行任务时用以警告行人和其他车辆避让，如救护车标志灯具为蓝色回转式，消防车、警备车、交通事故勘察车标志灯具为红色回转式，工程救险车灯具为黄色回转式；专用车标志灯，如出租车在车身顶部必须安装有"出租"字样的标志灯具。

3.3 汽车仪表及显示系统

为了正确使用发动机并了解其主要部分的工作情况，及时发现、排除和避免可能出现的故障，汽车上装有多种仪表，其中较常用的有电流表、机油压力表、水温表、燃油表和车速里程表。

汽车仪表按其结构形式可分为独立式仪表和组合式仪表两种。独立式仪表是将各独立的仪表固定在同一块金属板上，每个仪表相互独立；而组合式仪表则是将各仪表封装在一个壳体内，其结构紧凑、美观大方，故现代汽车广泛采用。

汽车仪表按其工作原理可分为传统仪表和数字仪表。传统仪表是机电驱动仪表，只能为驾驶人提供汽车运行中必要而又少量的数据信息，已远远不能满足现代汽车新技术、高速度的要求。随着汽车电子技术的不断发展，汽车仪表板上显示的信息不断增加，原有的汽车显示系统越来越无法满足使用的需要，因而数字化汽车仪表已逐渐在汽车中应用，并有取代传统仪表的趋势。本节将在介绍传统仪表的同时详细介绍数字仪表。

3.3.1 传统仪表

机电模拟式的电流表、机油压力表、水温表、燃油表、发动机转速表和车速里程表都属传统仪表。

1. 电流表

电流表又称安培表，在仪表盘安装空间相对较大的载货汽车上选装，多以双向工作方式串接在发电机充电电路中，不仅能够指示电路中电流的大小，而且还能指示充电系统的充放电状态，检测电源系统工作是否正常。电流表刻度盘上正中间的示值为"0"，两侧分别标有"+"和"–"，其最大读数为20A或30A，只允许通过较小电流，如点火系统、仪表等长时间连续工作的小电流，而起动机、电喇叭等短时间断续用电的大电流，均不流经电流表。当指针指向"+"侧时，表示蓄电池充电；否则，表示蓄电池放电。

现代汽车常用电流表有电磁式和动磁式两种类型。

2. 机油压力表

机油压力表即发动机润滑油压力表，简称油压表，其功用是指示发动机润滑油压力的高低，以便了解发动机润滑系统工作是否正常。机油压力表按工作原理不同可分为电磁式、动磁式和电热式（双金属片式）三种类型，通常双金属片式机油压力表与双金属片电热脉冲式传感器配套使用；电磁式和动磁式机油压力表与可变电阻式传感器配套使用。

图3-37所示为双金属片式机油压力表与双金属片电热脉冲式传感器的结构。

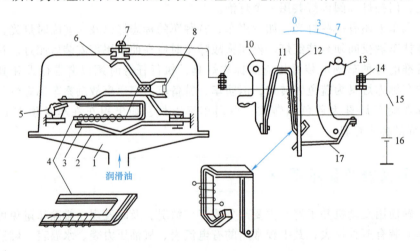

图 3-37　双金属片式机油压力表与双金属片电热脉冲式传感器结构

1—油腔　2—膜片　3、17—弹簧片　4、11—双金属片　5、10、13—调整齿扇　6—接触片
7、9、14—接线柱　8—校正电阻　12—指针　15—点火开关　16—蓄电池

机油压力表传感器内部装有弹性膜片2，膜片下的油腔1与发动机主油道相通，机油压力可直接作用在膜片2上，膜片2的上面顶着弓形弹簧片3，弹簧片3的一端与外壳固定搭铁，另一端的触点与双金属片4端部触点接触，双金属片上绕有电热线圈，校正电阻8与双金属片4上的电热线圈并联。机油压力指示表内装有特殊形状的双金属片11，它的直臂末端固定在调整齿扇10上，另一钩形悬臂端部与指针12相连，其上也绕有电热线圈，线圈的两头构成指示表的两个接线柱9和14。

当点火开关接通时，加热线圈流过电流的电路为：电源正极→点火开关15→指示表接线柱14→指示表双金属片11上的电热线圈→指示表接线柱9→油压传感器接线柱7→接触片

6→分两路（一路流经传感器双金属片 4 上的电热线圈；另一路流经校正电阻 8→双金属片 4）→传感器触点→弹簧片 3→搭铁→电源负极，构成回路。由于电流流经双金属片 4 和绕在双金属片 4 上的电热线圈，使双金属片受热变形。双金属片由两种膨胀系数不同的金属制成，受热时向膨胀系数小的金属一面弯曲。当电路中有电流通过时，绕在双金属片上的线圈产生热量，造成传感器双金属片受热弯曲，使触点断开，切断电路。

当机油压力很低时，膜片 2 几乎没有变形，这时作用在触点上的固定压力很小，当电流流过而温度略有上升时，双金属片 4 就受热弯曲，使触点分开，切断电路并停止产生热量；一段时间后，双金属片冷却伸直，触点又闭合，电路又被接通。因此，触点闭合时间短而打开时间长，如图 3-38a 所示，通过指示表电热线圈的平均电流值小，使指示表双金属片 11 因温度较低而弯曲程度小，指针 12 偏转角度很小，即指示出较低的油压。

当机油压力升高时，膜片 2 向上拱曲增大，加在触点上的压力增大，双金属片 4 需要在较高温度下，即其上电热线圈通过较大电流、较长时间后，才能弯曲到使触点分开，而触点分开后稍微冷却就会很快闭合。因此，触点打开时间短而闭合时间长，如图 3-38b 所示，通过指示表电热线圈的平均电流值大，指针 12 偏转角度大，指示出较高的油压。

因此，这种油压表主要靠脉冲电流大小的变化，达到相应指示油压值的目的，所以又可称为电热脉冲式油压表。

一般油压在 0.491MPa 时，传感器触点的振动频率可达 100～130 次/min；油压为 0.196MPa 时，振动频率只有 40～70 次/min。发动机低速运转时，油压最低不应小于 0.147MPa，正常压力应为 0.196～0.392MPa，最高压力不应超过 0.491MPa。

图 3-38　油压表中脉冲电流的波形

a）高压油时　b）低压油时

3. 水温表

水温表的标准名称是冷却液温度表，其功用是指示发动机冷却液的工作温度。水温表由安装在仪表板上的温度表和安装在发动机气缸盖水套内的冷却液温度传感器组成。水温表可分为电热式和电磁式两种类型，冷却液温度传感器有双金属片式和热敏电阻式两种，现在主要应用的是热敏电阻式冷却液温度传感器。

（1）电热式水温表　图 3-39 所示为电热式水温表和热敏电阻式冷却液温度传感器的结构原理图，在该水温表之前增加了一个电源稳压器。

热敏电阻是一种半导体材料，一般具有负温度系数，对热和温度有高度的灵敏性，即温度升高时电阻值减小，温度降低时电阻值增大。由铜、钴、镍、锰烧结而成，安装在冷却系的水道中。

电源稳压器的作用是当电源电压波动时，向指示仪表和传感器电路提供一个稳定的电压，保证指示仪表指示的读数准确。稳压器采用双金属片，当稳压器触点 1 闭合时，其输出电压与输入电压相等，即等于电源电压，此时，加热线圈 3 有电流通过，双金属片 2 受热变形，使触点张开；当触点 1 张开后，电路被切断，稳压器的输出电压为"0"，双金属片因

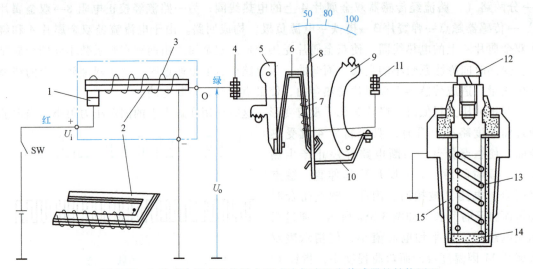

图 3-39　电热式水温表和热敏电阻式冷却液温度传感器的结构原理

1—稳压器触点　2、6—双金属片　3、7—加热线圈　4、11、12—接线端子

5、9—调整齿扇　8—指针　10—弹簧片　13—弹簧　14—热敏电阻　15—金属壳体

不再受热而逐渐冷却复原，于是稳压器触点 1 又闭合，故稳压器输出电压实质上是脉冲电压，如图 3-40 所示。当电源电压升高时，闭合阶段流过加热线圈 3 的电流相应增大，加速了双金属片的受热变形，使触点的相对闭合时间变短；反之，当电源电压变低时，触点的相对闭合时间则变长。如此利用脉宽调制方式可使得稳压器输出电压的有效值保持不变。

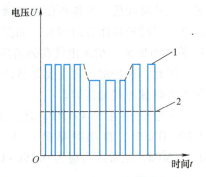

图 3-40　电源稳压器的电压波形

1—输入电压 $U_入$　2—输出电压 $U_出$

（2）**电磁式水温表**　图 3-41 所示为电磁式水温表的结构原理图。它由电磁式温度指示表和热敏电阻式传感器组成，电磁式水温表壳内固装有互成一定角度的两个铁心，铁心上分别绕有电磁线圈，其中一个与传感器串联，另一个与传感器并联，两个铁心的下端设置带指针的偏转衔铁。

电磁式水温表的等效电路如图 3-41b 所示，当冷却液温度较低时，热敏电阻传感器阻值增大，流经 W_1 和 W_2 两个线圈的电流相差不多，但 W_1 匝数多，产生磁场强，吸引衔铁使指针向低温指示方向偏转，指示低温；当冷却液温度增高时，热敏电阻阻值减小，分流作用增强，流经 W_1 的电流减小，磁力减弱，衔铁被吸引，指针向右偏转，指示较高温度。

4．燃油表

燃油表用来指示燃油箱内储存的燃油量，由装在油箱中的油量传感器和仪表盘上的燃油指示表两部分组成。燃油指示表通常有电磁式、动磁式和电热式三种，传感器均使用可变电阻式。

（1）**电磁式燃油表**　电磁式燃油表结构与工作原理如图 3-42 所示。

燃油表中安装有左线圈 1 和右线圈 2，两线圈之间有一个铁质的转子 3，转子与指针 4 固定在一起。传感器由可调电阻 5、滑动臂 6 和浮子 7 组成。浮子漂浮在油面上，当浮子随

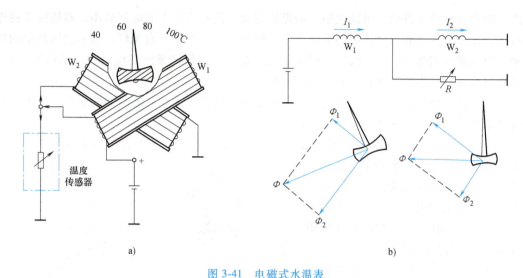

图 3-41 电磁式水温表

a) 电磁式水温表结构图　b) 电磁式水温表等效电路图

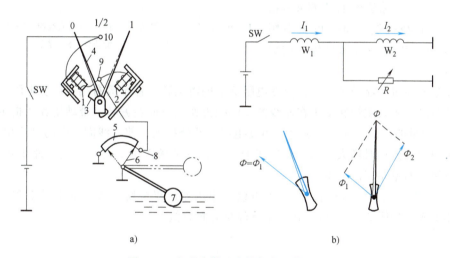

图 3-42 电磁式燃油表结构与工作原理

a) 电磁式燃油表结构图　b) 电磁式燃油表等效电路图

1—左线圈　2—右线圈　3—转子　4—指针　5—可调电阻　6—滑动臂　7—浮子　8—传感器接线端子　9、10—接线端子

油面的高低而改变位置时，可以带动滑动臂 6 做相应的滑动。

当电路接通后，电流流过燃油表的路径为：蓄电池正极→点火开关 SW→燃油表"+"接线端子 10→左线圈 W_1→燃油表"−"接线端子 9，然后分成右线圈和可变电阻两条支路。右线圈支路经过右线圈 W_2 后直接搭铁回到蓄电池负极；可变电阻支路为：接线端子 9→燃油传感器接线端子 8→可调电阻 5→滑动臂 6→搭铁→蓄电池负极。此时，左线圈 1 和右线圈 2 均产生电磁吸力，并形成一个合成磁场，吸动转子 3 偏转一定角度，带动指针指示一定的数值。当油箱中无油时，浮子 7 下沉，可调电阻 5 被滑动臂 6 短路；右线圈 2 同时被短路搭铁，无电流通过。此时，电源电压直接加在左线圈 1 的两端，电流达到最大值使其产生的电磁吸力最强，吸动转子 3，使指针 4 指示在"0"的位置；当油箱中的燃油增加时，浮子 7

上浮，带动滑动臂 6 滑动，可调电阻 5 的阻值变大，使左线圈 1 的电流减小，右线圈 2 的电流增加，在左、右线圈的合成磁场的作用下，转子 3 带动指针 4 右偏转，指示出油箱中的燃油量；当油箱装满燃油时，右线圈 2 的电磁吸力最大，指针的偏转角度最大，示值为 "1"。当油箱为半满时，指针 4 指在 "1/2" 的位置。

需要注意的是，滑动臂 6 与可调电阻 5 接触不良会产生火花，容易酿成火灾，因此，传感器可调电阻 5 的末端搭铁。

（2）动磁式燃油表　图 3-43 所示为动磁式燃油表，动磁式燃油表的两个线圈 2 和 4 互相垂直地绕在一个矩形塑料架上，塑料套筒轴承和金属轴穿过交叉线圈，金属轴上装有永久磁铁转子 1，转子上连有指针 3，可变电阻式传感器由可变电阻 5、滑动臂 7 和浮子 8 组成。

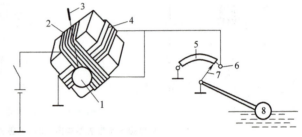

图 3-43　动磁式燃油表结构原理

1—磁铁转子　2—左线圈　3—指针　4—右线圈　5—可变电阻
6—接线柱　7—滑动臂　8—浮子

当接通电源开关后，燃油表中的电流回路是：电源正极→电源开关→左线圈 2→分两路：一路流经右线圈 4→搭铁；另一路流经接线柱 6→可变电阻 5→滑动臂 7→搭铁→电源负极，构成闭合回路。

当油箱无油时，浮子 8 下沉，可变电阻 5 上的滑动臂 7 移至最右端，可变电阻 5 和右线圈 4 均被短路，永久磁铁转子 1 在左线圈 2 的磁力作用下向左偏转，带动指针 3 指示油位为 "0"；随着油量的增加，浮子 8 上升，可变电阻 5 部分接入，使左线圈 2 中的电流相对减小，右线圈 4 中的电流相对增大，永久磁铁转子 1 在合成磁场作用下转动，使指针 3 向右偏转，指示出与油箱油量相应的标度。

（3）电热式燃油表　电热式燃油表由仪表稳压器、双金属片式燃油指示表和可变电阻式传感器组成，如图 3-44 所示。其工作原理与前面类似。

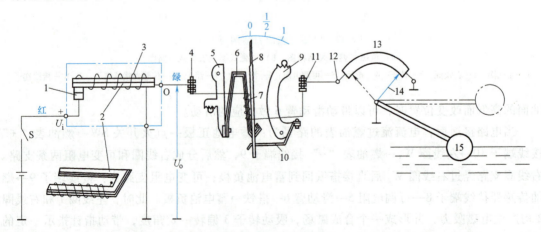

图 3-44　电热式燃油表

1—触点　2、6—双金属片　3、7—加热线圈　4、11、12—接线柱　5、9—调整齿扇
8—指针　10—弹簧片　13—滑线式可变电阻　14—滑动臂　15—浮子

5. 车速里程表

车速里程表是用来指示汽车行驶速度和累计行驶里程数的仪表，由车速表和里程表两部分组成，一般分为磁感应式和电子式两种，磁感应式车速里程表是机电驱动模式，属于传统仪表。

图 3-45 所示为磁感应式车速里程表，主要由永久磁铁 1、铝罩 2、磁屏（铁护罩）3、游丝 4、刻度盘 5、数字轮 7、蜗轮蜗杆和主动轴等组成。主动轴由变速器（或分动器）传动蜗杆经钢缆软轴驱动。

汽车不行驶时，游丝 4 使指针 6 位于刻度盘的"0"位；当汽车行驶时，主动轴带动永久磁铁 1 旋转，永久磁铁 1 的磁力线在铝罩 2 上产生涡流，涡流产生的磁场与旋转的永久磁铁磁场相互作用产生转矩，使铝罩 2 克服游丝 4 的弹力向永久磁铁 1 转动的方向旋转，直至与游丝弹力相平衡。铝罩 2 转动角度的大小与主动轴转速成一定的比例。车速越高，永久磁铁 1 旋转越快，铝罩 2 上产生的涡流越大，转矩越大，铝罩 2 带动指针 6 偏转的角度就越大，即指示的车速的示值越高。

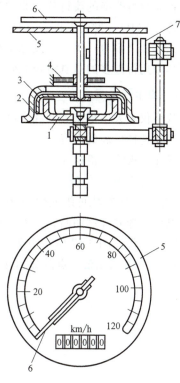

图 3-45 磁感应式车速里程表
1—永久磁铁 2—铝罩 3—磁屏（铁护罩）
4—游丝 5—刻度盘 6—指针 7—数字轮

里程表由蜗轮蜗杆机构和十进制数字轮组成。数字轮上制作有传动齿轮和进位齿轮。蜗轮蜗杆具有一定的传动比，汽车行驶时，钢缆软轴带动主动轴转动，并经三对蜗轮蜗杆驱动里程表右边的第一数字轮转动。第一数字轮上所刻的数字为 1/10km。在两个相邻的数字轮之间，既通过自身的内齿进行齿轮传动，又通过进位数字轮进行进位传动，从而形成1∶10 的传动比。即当右侧数字轮转动一周，数字由"9"翻转到"0"的同时，其进位数字轮便使左侧相邻的数字轮转动 1/10 周，形成十进位递增关系。当汽车行驶时，就可累计出行驶里程数，从标度盘上的小窗口显示出来。汽车停驶时，由于蜗轮蜗杆也停止转动，且不会倒转，所以能间歇不断地累计总里程数，当计满 999999.9km 后，又重新由 0 开始，这样就能累计汽车自投入使用后的总行驶里程数。

3.3.2 数字式汽车仪表

数字式汽车仪表是指采用荧光屏、液晶显示屏、数码管或发光二极管等显示器件，显示温度、电压、油压、燃油、发动机转速、车速和里程等状态信息的仪表，又称为电子式汽车仪表，简称数字仪表。大多数数字仪表都有自诊断功能，可以进行自检和存储故障码，便于维修人员迅速诊断故障。由于数字仪表性能完善，更能适应现代汽车的需要，所以现代汽车已经普及。

数字仪表主要由传感器、控制单元和显示装置构成，传感器的作用是检测信号，电子电路（控制单元 ECU）的作用是采集传感器的信号，将模拟量转换为数字量，经分析处理后控制显示装置；显示装置的作用是接收控制单元的指令，显示各种信息。

1. 电子显示器件

汽车数字仪表的电子显示器件可分为发光型和非发光型两大类。发光型显示器自身发光，容易获得鲜艳的流行色；非发光型显示器靠反射环境光显示。发光型显示器主要有真空荧光管（VFD）、发光二极管（LED）、阴极射线管（CRT）、等离子显示器件（PDP）和电致发光器件（ELD）等，非发光型显示器有液晶显示器（LCD）和电致变色显示器（ECD）等。其中用得最多的是真空荧光管（VFD）和液晶显示器（LCD）。

2. 显示器显示方法

数字仪表大多提供英制和米制两种显示，以供驾驶人选择使用，并且可以一表多用，可根据需要选择仪表的内容。

发光二极管、液晶显示器和真空荧光显示器等均可采用以下几种显示方法：

（1）**字符段显示法** 字符段显示法就是一种利用 7 段或 14 段小线段组成数字或字符显示的方法。7 字符段可组成数字 0~9，14 字符段可组成数字 0~9 和字母 A~Z。每段都是由电子电路选择并控制明暗，从而组成数字或字符。图 3-46 所示为 7 字符段和 14 字符段显示的数字和字母。图 3-47 所示为 7 只发光二极管组成的数字显示板。

（2）**点阵显示法** 点阵显示法就是一种利用成行排列的点阵元素组成数字或字符来显

图 3-46　字符段显示法

a）7 字符段　b）14 字符段　c）7 字符段显示的数字　d）14 字符段显示的数字和字母

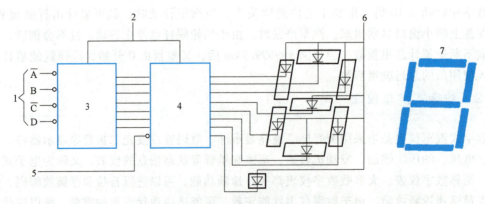

图 3-47　7 只发光二极管显示板

1—输入端　2—逻辑电路　3—译码器　4—恒流源　5—小数点　6—发光二极管电源　7—"8"字形

示的方法。各点阵元素都是由电子电路选择并控制明暗，从而组成数字或字符。图 3-48 所示为发光二极管组成的 5×7 点阵显示板和 5×7 点阵显示的一些数字和字母。

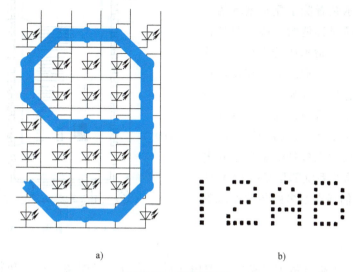

a)　　　　　　　　　　　　　　　　b)

图 3-48　点阵显示法

a）5×7 点阵显示板　b）5×7 点阵显示的数字和字母

（3）特殊符号显示法　特殊符号显示法就是利用一些形象直观的国际标准 ISO 符号来显示的方法。图 3-49 所示为数字仪表常用的 ISO 符号。

远光	近光	转向	危急	刮水器	清洗
刮水器与清洗	风扇	停车灯	发动机舱盖	行李舱盖	阻风
喇叭	油量	水温	蓄电池充电	机油	安全带
点烟器	后窗刮水器	后窗清洗	手制动	制动故障	除霜、除雾

图 3-49　国际标准 ISO 符号

（4）图形显示法　图形显示法就是利用图形来显示的方法。图 3-50 所示为利用杆图显示燃油量的方法，用 32 条亮杆代表燃油量，当满油时，32 条亮杆都亮；当燃油量减少时，发亮亮杆数量减少；当燃油量减至 3 条发亮亮杆时，燃油量不足符号闪烁，提醒应该加油了。

3.3.3 汽车报警信息系统

　　汽车信息显示装置除了显示基本的车辆行驶工况外，还对其他的一些工况进行监控并向驾驶人发出指示或警告信息，这些信息通常以指示灯的形式显示在仪表板上或者以文字信息的形式显示在液晶显示器上，有的还伴随蜂鸣声，以引起驾驶人的注意或重视。对于运用多路传输系统的汽车，它的仪表当然也包括信息指示和警告灯系统，不过这些系统都是经由 PCM 或 BCM 控制的，它们通常是多路传输系统的一部分。

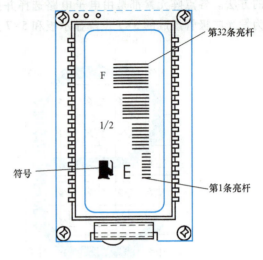

图 3-50　用杆图显示燃油量

1. 报警指示灯

　　汽车仪表板上的报警指示灯系统一般由光源、刻有符号图案的透光塑料板和外电路组成。指示灯的光源以前大多采用小的白炽灯泡，其损坏后可以更换；目前电子仪表上越来越多地采用体积小、亮度高、易于集成的彩色 LED 作为光源，但其损坏不易更换。仪表指示灯一般都使用国际标准化组织（ISO）规定的通用符号，易于为全世界的人认识和理解，其常见符号如图 3-49 所示。外电路一般由报警开关和警告灯组成，如图 3-51 所示。

图 3-51　报警电路的组成

1—点火开关　2—熔断器
3—警告灯　4—报警开关

　　目前汽车仪表板上的指示灯比较多，一般来说，指示灯可分为 3 种类型：第一种是状态指示灯，如转向指示灯、远近光指示灯、雾灯指示灯等，指示车辆处于什么工作状态，一般灯光颜色为蓝色或绿色；第二种是故障指示灯，如制动片磨损、燃油不足、清洗液不足等，这类灯光一般为黄色，告诉驾驶人车辆某个系统的功能失常，要尽快处理，一般不影响行驶；第三种为警告灯，如机油压力、水温、充电指示灯等，一般采用红色，主要在车辆出现故障或异常情况时进行警示，此类灯亮时应引起驾驶人高度重视，警告灯如果点亮而对它置之不理，要么会对行车安全造成巨大影响，要么对车辆本身造成很大伤害，如果还继续行驶，则有可能造成严重事故，所以是必须进行处理的。

2. 常见灯光报警指示装置

　　（1）机油压力报警装置　有些汽车上除装有机油压力表外，还装有机油压力报警装置。当润滑系统机油压力低于允许值时，警告灯点亮，以引起驾驶人的注意。图 3-52 所示为弹簧管式机油压力报警装置原理图，它由装在发动机主油道的弹簧管式传感器和装在仪表板上的红色警告灯组成。其传感器内管形弹簧管 3 的一端经传感器接头 6 与发动机主油道相连，另一端与动触点 5 相连，静触点 4 经接触片与接线柱 2 相连。当点火开关闭合后，机油压力低于安全值时，管形弹簧管 3 变形很小，触点闭合，电路接通，警告灯发亮，表示机油压力

过低；当油压超过该值时，管形弹簧3产生的变形较大，使触点分开，电路切断，警告灯熄灭。

(2) 冷却液温度过高报警装置　常见的冷却液温度报警装置由双金属片式温度传感器和仪表板上的冷却液温度警告灯两部分组成，其控制电路如图3-53所示。双金属片式温度传感器装在发动机冷却系水道内，当冷却液温度过高时，双金属片1受热变形较大，使得动触点3与静触点4接触，组成闭合电路，红色指示灯点亮，以引起驾驶人的注意。

(3) 燃油不足报警装置　燃油报警装置用于监视燃油箱中的燃油量，当燃油液位低于规定值时，警告灯点亮，以引起驾驶人的注意，常见的燃油油位警告灯是热敏电阻式，其电路如图3-54所示。

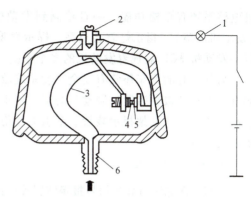

图3-52　弹簧管式机油压力报警装置原理图
1—警告灯　2—接线柱　3—弹簧管
4—静触点　5—动触点　6—传感器接头

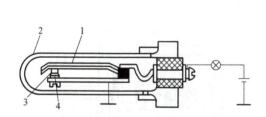

图3-53　冷却液温度报警装置控制电路
1—双金属片　2—壳体　3—动触点　4—静触点

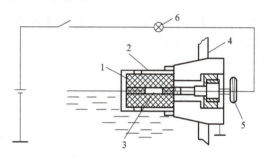

图3-54　热敏电阻式燃油油量警告灯电路
1—防爆金属丝网　2—传感器壳体　3—热敏电阻
4—油箱壳体　5—接线柱　6—警告灯

该装置是有负温度系数的热敏电阻式燃油油量报警传感器和警告灯组成的。当油箱内油量较多时，热敏电阻3浸没在燃油中，散热快，温度较低，电阻值较大，因此电路中电流很小，警告灯6不亮；当燃油减少到规定值以下时，热敏电阻3露出油面，散热慢，温度较高，电阻值较小，因此电路中电流增大，警告灯6亮。

(4) 制动液液面过低警告装置　图3-55所示为常见的制动液液面过低报警开关结构，如果储液罐中的制动液少于规定容积，浮子4下降，舌簧开关2在永久磁铁3的磁化下闭合，警告灯在发动机运转期间点亮。这种形式的报警开关可以装在储液罐盖子上，也可以装在储液罐底部，同时也可以用在冷却系膨胀水箱、液压离合器储液罐、转向助力液储液罐和玻璃清洗储液罐等需要检测液位并在不足时及时报警的容器内。

(5) 电控发动机故障报警装置　发动

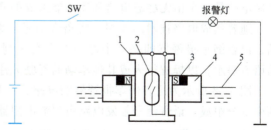

图3-55　制动液液面过低报警开关结构
1—壳体　2—舌簧开关　3—永久磁铁
4—浮子　5—制动液液面

机电控系统有自检功能，一旦检测到发动机电控系统有故障，仪表板上的"Check Engine（发动机故障）"指示灯就会点亮，提示驾驶人及时进站维修，并在发动机 ECU 中存储故障码。发动机 ECU 监视着发动机的多个系统，并在发现故障时将警告灯点亮。

另外，有的汽车还装有安全气囊系统故障报警装置、驻车制动指示和制动系统真空助力器真空度过低报警装置、制动片磨损过度报警装置、ABS 故障报警装置、变速器与底盘信息指示装置、空气悬架指示装置、牵引力及稳定性控制指示灯、四轮驱动状态指示，充电系统指示装置等。

3. 声音报警装置

汽车上面除装有灯光信号报警装置外，还有声音报警装置，也有的装置是声光同时报警。

（1）倒车报警装置　汽车倒车时，为了警告车后的行人和车辆驾驶人，在汽车的后部常装有倒车灯、倒车蜂鸣器或语音倒车报警装置，它们都由装在变速器盖上的倒车开关自动控制，其电路如图 3-56 所示。

倒车开关的结构如图 3-57 所示，当把变速杆拨到倒档时，由于倒车开关中的钢球 1 被松开，在弹簧 5 的作用下，触点 4 闭合，于是倒车灯、倒车蜂鸣器或语音倒车报警器便与电源接通，使倒车灯发出闪烁信号，蜂鸣器发出断续鸣叫声，语音倒车报警器发出"倒车，请注意"的提示音。

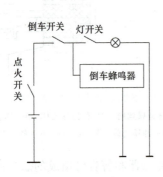

图 3-56　倒车警报器电路

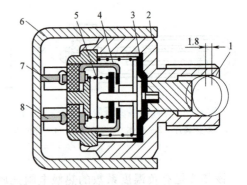

图 3-57　倒车开关

1—钢球　2—壳体　3—膜片　4—触点
5—弹簧　6—保护罩　7、8—导线

倒车蜂鸣器是一种间歇发声的音响装置，其发声部分装用的是一只功率较小的电喇叭，控制电路是一个由无稳态电路和反相器组成的开关电路。

随着集成电路技术的发展，将语音信号压缩存储于集成电路用于安全报警已被广泛采用，语音倒车报警器即是其中之一。当汽车倒车时，倒车报警器便发出"倒车，请注意"的语音提示，以提醒行人或其他车辆的驾驶人注意避让，从而确保车辆安全倒车。

图 3-58 所示为语音倒车报警器的电路，主要由语音信号触发电路和音频信号放大电路两个部分组成。语音信号触发电路由限流电阻器 R_2、稳压二极管 VS_1（2CW51 型）、常开轻触开关 S1、振荡电阻器 R_1、振荡电容器 C_1、语音集成电路 A1（HFC5209）组成。音频信号放大电路由电容器 C_2、C_3、C_4、C_5，电阻器 R_4，音频放大集成电路 A2（LM386）和扬声器 B 组成。其中 R_1~R_4 选用 RJ-1/2W 型金属膜电阻器。C_1、C_2 选用 CT4 型独立石电容器；

$C_3 \sim C_5$ 选用 CD11-16V 型铝电解电容器。S1 选用无锁常开轻触式按键开关；S2 选用普通的小型电源开关。B 选用 8Ω、0.5W 电动式扬声器。

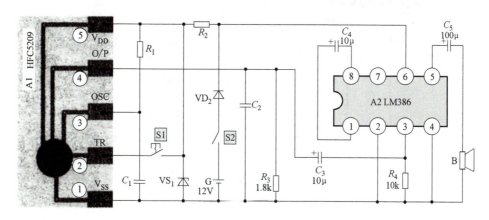

图 3-58　语音倒车报警器电路

当汽车挂入倒档时，倒车电源开关 S2 和倒车提醒器开关 S1 接通电源，电流经整流二极管 VD_2 分两路向电路供电。第一路经电阻器 R_2 限流和稳压二极管 VS_1 稳压后取得 3V 电压，然后加到 HFC5209 的 V_{DD} 端作为语音集成电路的工作电源电压；第二路直接加到音频放大集成电路的⑥脚，为其供给 12V 的电源电压。HFC5209 语音集成电路③脚有 3V 的触发电压，启动语音集成电路内部程序运行，而后从 HFC5209④脚的 O/P 端输出语音音频信号，然后由 C_3 耦合到音频信号放大集成电路 LM386 的③脚，在经 LM386 对音频信号进行放大后，最后从 LM386 的⑤脚和电容器 C_5 耦合到扬声器 B，扬声器 B 就将语音电信号转换为"嘀嘟，倒车！嘀嘟，倒车！"的提示音，以提醒周围人群，汽车正在倒车，请注意。

（2）座椅安全带报警系统　当接通点火开关而没有扣紧座椅安全带时，座椅安全带报警系统蜂鸣器发出报警声响并点亮警告灯约 8s。座椅安全带扣环开关是一端搭铁的常闭式开关，如图 3-59 所示。当座椅安全带被扣紧时，开关才张开，蓄电池电压随点火钥匙置于点火位时加至定时器，如果此时安全带未扣好，电路便通过常闭开关搭铁，接通蜂鸣器及警告灯电路。如果在安全带未扣的状态下接通点火开关，来自蓄电池的电流便通过加热器使得双金属带发热，达到一定程度后，使触点张开从而切断电路。

（3）前照灯未关及点火钥匙未拔报警系统　如果驾驶人在打开车门离开车辆时没有关闭前照灯，蜂鸣器或发音器便发出鸣叫提示。驾驶人边门控制开关为常闭式、一端搭铁，只有车门关闭时，该开关才断开。如果前照灯未关或点火钥匙未拔出，蓄电池电压经蜂鸣器和灯光开关加至驾驶人边门控制开关，此时驾驶人打开车门，蜂鸣器电路即被接通，于是发出鸣叫声，直到前照灯关闭或驾驶人边门关闭才停止，如图 3-59 所示。

（4）防撞系统报警　为了提高行车安全，保护车辆及乘员，现代汽车装备了防撞系统。按照距离识别元件的不同，有红外线防撞系统、超声波防撞系统、激光防撞系统等。它们均采用单片机控制技术，能够自动检测并跟踪被测车辆与障碍物的距离，一旦该距离达到安全设置的极限距离时，便通过单片机控制发出报警声音信号，并自动制动，使车辆减速行驶至停车。

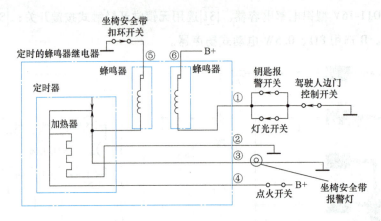

图 3-59　座椅安全带、前照灯未关和点火钥匙未拔报警系统

3.4　汽车附属电气设备

3.4.1　电动车窗

电动车窗，是指以电为动力使车窗玻璃自动升降的车窗。目前，轿车普遍装有电动车窗。电动车窗系统装有两套控制开关，一套装在驾驶人侧门扶手上，为总开关，如图 3-60 所示，驾驶人坐在驾驶座上，即可利用控制开关使全部车窗玻璃自动升降，操作简便，且有利于行车安全。另一套分别装在每个车窗中部扶手上，可由乘员分别进行操纵。

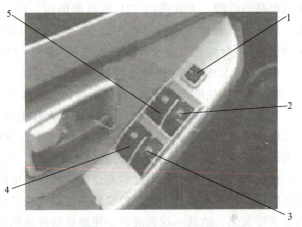

图 3-60　电动车窗总开关

1—锁定开关　2—右前门开关　3—右后门开关
4—左后门开关　5—左前门开关

1. 电动车窗的组成

电动车窗主要由电动机、车窗玻璃升降器、车窗、断路器及开关等组成。

（1）电动机　电动机是用来为车窗的升降提供动力的装置。车窗升降电动机采用双向转动的电动机。它有永磁型和双绕组型两种。永磁型的电动机是外搭铁，双绕组型的电动机则是各绕组搭铁。这两种电动机都是通过改变电流方向来实现电动机的正反转以实现车窗玻璃的升或降。

（2）车窗玻璃升降器　车窗玻璃升降器根据传动装置不同主要有两种形式：一种是齿扇式，另一种是齿条式。

齿扇式升降器如图 3-61a 所示。齿扇上连有螺旋弹簧，当车窗下降时螺旋弹簧收缩吸收能量；当车窗上升时螺旋弹簧伸展而释放能量，以减轻电动机的负荷。于是无论车窗上升或

下降，电动机的负荷基本相同。当电动机传动时，通过蜗轮蜗杆减速并改变旋转方向，使齿扇转动，并带着车窗上下运动实现升降。

齿条式的升降器如图 3-61b 所示。升降器采用柔性齿条和小齿轮实现动力传递。当电动机转动时，通过蜗轮蜗杆减速机构将动力传给小齿轮，小齿轮又使齿条移动，齿条通过拉绳带着车窗玻璃进行升降。

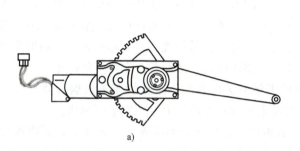
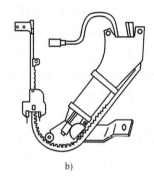

图 3-61　车窗玻璃升降器

a）齿扇式　b）齿条式

（3）车窗玻璃升降器的主要技术参数　电动车窗玻璃升降器的主要技术参数是标称电压、工作电压、额定负载、玻璃行程、玻璃上升时电动机最大消耗电流、制动力及寿命等。通常标称电压为 12V，但系统在 9~15V 电压下均可工作，电动机一般工作电流在 7A 左右。但电动机旋转时，电流高达 20 多安培，因此，对电动机的性能要求较高。对电动机及升降器的寿命要求高达 15000 次以上。此外，升降器及电动机需要经受高温、低温、盐雾、尘埃、喷水、振动及冲击等环境试验；还应使产品经受电动机制动、电动机过载保护、电磁相容性、噪声和寿命等试验，以保证产品的品质和工作可靠性。

2. 电动车窗的工作原理

如图 3-62 所示，当点火开关转至点火档时，电动车窗主继电器工作，触点闭合，给电动车窗电路提供了电源，此时，电源指示灯点亮。若将主开关上的窗锁开关闭合，那么所有

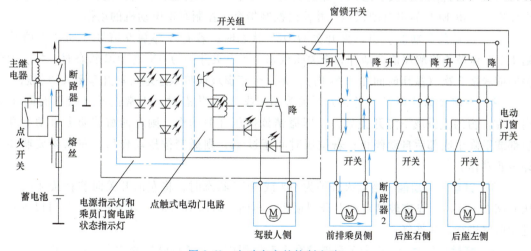

图 3-62　电动车窗的控制电路

车窗都可随时进入工作状态，乘员车窗的指示灯点亮。

(1) 驾驶人侧的车窗升降 驾驶人侧开关具有"点触工作"功能，即给开关一个简单、短暂的轻按，就能将玻璃完全地打开或关闭。驾驶人需要关闭或打开车窗时，不再需要一只手驾驶，另一只手去控制车窗，提高了舒适性和安全性。

不管主开关上的窗锁开关是断开还是闭合，驾驶人侧车窗都能操作进行升降。假设驾驶人侧的车窗需要下降，可按下主开关上"下降按钮"，其工作电路为：蓄电池的正极→断路器→驾驶人侧降触点→电动机→驾驶人侧开关的另一触点→窗锁开关→蓄电池的负极，构成闭合电路。与此同时，触点式开关的电路也同时接通，下降指示灯点亮，继电器线圈也通电而产生吸力，保持开关处于下降工作状态直至下降到极限位置。在下降过程中，如果要使车窗停在某一位置，驾驶人可再点触一下开关，则继电器线圈断开，车窗下降停止。

(2) 乘员侧车窗升降 当主开关上的窗锁开关闭合时，乘员侧车窗玻璃升降可以由驾驶人操纵，也可以由乘员自己操纵，以前排乘员侧车窗玻璃上升为例进行说明。

1）驾驶人操纵。当驾驶人按下主开关相应的前排乘员侧车窗上升开关时，其电流由蓄电池的正极→熔丝→断路器1→主继电器→主开关→前排乘员侧开关左触点→电动机→断路器→前排乘员侧开关的右触点→窗锁开关→搭铁→蓄电池的负极，构成闭合回路。该电路中的电动机通电而工作，使车窗上升。当需要车窗下降时，驾驶人按下主开关上的下降开关，因电动机是永磁双向电动机，其电动机的电流方向相反，电动机通电而反转使车窗下降。

2）乘员操纵。乘员接通前排乘员侧车窗上升开关时，其电流由蓄电池的正极→熔丝→断路器→主继电器→前排乘员侧开关左触点→电动机→断路器2→乘员开关的右触点→窗锁开关→搭铁→蓄电池的负极，构成了闭合电路。该电路中的电动机通电而工作，使车窗上升。当需要车窗下降时，乘员按下开关上的下降开关，其电动机的电流方向相反，电动机通电而反转使车窗下降。

其他后座乘员左、右车窗的升降操纵与前排乘员侧的操纵方法相同，在此不再叙述。

3. 智能型电动车窗

部分豪华型车辆装有智能型电动车窗，即车窗有微机和集成电路控制系统，具有自动关窗、点按自动升降、防夹、通风、障碍识别、收费窗口等功能，其特点是针对开关的不同动作设定，车窗ECU做出自动识别，并输出控制指令，控制车窗电动机的动作。

(1) 自动关窗功能 当点火开关为OFF状态时，若有外部触发信号（如锁车信号），则4个车窗玻璃将顺序地自动升起至关闭状态。当点火开关为ON或ACC状态时，将左前开关向前轻按3次（按压时间在1.5s内），则4个车窗玻璃将顺序地自动升起至关闭状态。

(2) 左前窗单按功能 当点火开关为ON或ACC状态时，正常按压（按压时间在1s内）左前窗的上升或下降开关后，立即撤销该按压开关动作，则左前窗玻璃会自动上升至顶部或下降至底部后自动停止；若按压时间超过1s，则撤销按压动作后，左前窗玻璃会立即停止动作。

(3) 自动通风功能 当点火开关为ON或ACC状态时，将左前开关向前轻按2次（按压时间在1s内），车窗玻璃自动上升到顶后，再向下返回100mm，以便外部空气可以少量流进驾驶室进行通风换气。

(4) 障碍识别功能 4个车窗玻璃在上升过程中，若遭遇障碍物均会自动停止上升，并自动下降 10mm。

（5）**收费窗口功能**　当点火开关为 ON 或 ACC 状态时。将左前开关向后轻按 2 次（按压时间在 1s 内），车窗玻璃自动下降到底，40s 后再自动升起至关闭状态。

3.4.2　电动天窗

汽车的电动天窗通常称之为太阳车顶或电动车顶，这是汽车移动式车顶的一种，即在车厢的顶部有可以打开或关闭的部分车顶，以改善车厢内的采光、通风和通气。

1. 电动天窗的特点

1）电动天窗前部的控制模块可使天窗玻璃停留在全闭、倾斜通风或外倾打开位置，并使天窗具有自动关闭和防夹的功能。自动关闭功能是指当关闭点火开关大约 4s 后，天窗会自动关闭。在天窗完全关闭前按动按钮（任何方向），此功能会被取消，玻璃会停留在开启位置上。如果想关闭天窗，无须打开点火开关，只需按动关闭按钮（开关前部）即可，操作方式可以是手动或是全自动。防夹功能是指天窗在全自动关闭过程中，遇到障碍物后会自动返回，直到障碍物消失为止。在点火开关关闭后，天窗的自动关闭过程中，此项功能依然有效。

2）在天窗电动机内，设定有一个热力感应装置，当天窗在移动过程中遇到过大的阻力或者是在超负荷状态下，热力感应器会在 6s 内自动断电，以便保护天窗各部件完好且不受损坏。

3）电动天窗开关为双位摇杆型电动操作天窗。该开关位于天窗前部的顶盖内饰处。

4）每当天窗在经历过安装或熔丝被移动等断电事件后，天窗都必须重新做一次编程，否则天窗的全自动操作、自动关闭和防夹功能等将暂时无法实现，而只能用手动操作的方式来控制天窗。

5）天窗上框架内侧，近玻璃板处装配有密封条，用以对玻璃板和天窗上框架之间的间隙进行密封；天窗上框架翻边的沟槽内装有密封胶条，用以对天窗上框架和车顶盖之间的间隙进行密封，以防漏水。

2. 电动天窗的组成

电动天窗主要由天窗组件、滑动机构、驱动机构及控制系统等组成，其主要部件及位置如图 3-63 所示。

（1）**天窗组件**　包括天窗框架、天窗玻璃、遮阳板、导流槽、排水槽等部分。轿车天窗上层一般采用深色玻璃，可以遮挡阳光中的红外线辐射。天窗周围有排水槽，防止漏雨。

（2）**滑动机构**　滑动机构主要由导向块、导向销、连杆、托架，以及前、后枕座等构成。

（3）**驱动机构**　主要由电动机、传动机构、滑动螺杆等组成。工作时，电动机通过

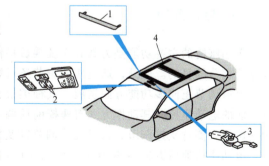

图 3-63　电动天窗主要部件及位置

1—偏转板　2—天窗开关　3—天窗电动机　4—天窗单元

驱动传动机构向天窗提供动力，使得天窗滑移开启或倾斜开启。电动机正转使车顶玻璃向前滑动，电动机反转使车顶玻璃向后滑动。

（4）**控制系统**　主要包括天窗控制开关、ECU、继电器及限位开关等。

控制开关主要包括滑动开关和斜升开关。滑动开关有滑动打开、滑动关闭和断开（中间位置）3 个档位。斜升开关也是有斜升、斜降和断开（中间位置）3 个档位。通过操作这些开关，令天窗驱动机构的电动机实现正反转，在不同状态下正常工作。限位开关主要是用来检测天窗所处的位置。出于安全考虑，电动天窗不能由无线电遥控关闭。

3. 电动天窗的换气原理及工作过程

（1）**换气原理**　汽车电动天窗换气是利用负压原理，依靠汽车在行驶过程中气流在门窗顶部的快速流动，而形成车内的负压进行通风换气，整个气流极其柔和，可使车内空气新鲜，尤其乘员舱上层的清新空气可使驾驶人头脑保持清醒，驾驶安全。

（2）**工作过程**　电动天窗的工作过程如图 3-64 所示。

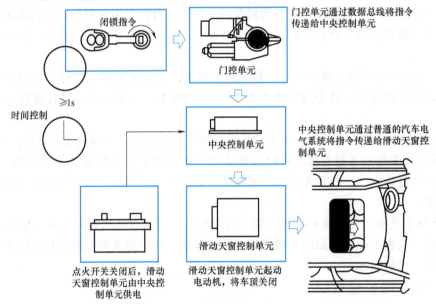

图 3-64　电动天窗的工作过程

3.4.3　电动座椅

车辆座椅的主要功能是为驾驶人及乘员提供便于操作、舒适而又安全的驾乘位置，这就是座椅调节的目的。此外，通过座椅调节还可以改变坐姿，减少长时间乘车的疲劳。

座椅调节正向多功能方向发展，其种类很多，还可以有不同的组合方式。如具有八种调节功能的电动座椅，其动作方式有座椅前后调节、上下调节、座椅前部的上下调节、靠背的倾斜调节、侧背支撑调节、腰椎支撑调节以及靠枕上下、前后调节。

电动座椅前后方向的调节量一般为 100～160mm，座位前部与后部的调节量约为 30～50mm，全程移动所需时间约为 8～10s。

1. 电动座椅的构造

电动座椅一般由双向电动机、传动装置和座椅调节器等组成，如图 3-65 所示。

（1）**电动机**　电动机的数量取决于电动座椅的类型，通常两向移动座椅装有 2 个电动机，四向移动的座椅装有 4 个电动机，最多可达 8 个电动机。大多数电动座椅使用永磁式电动机，通过开关来操纵不同旋转方向的电动机旋转。

（2）**传动机构**　电动机的旋转运动，通过传动机构实现座椅的空间位置调节。

1）高度调整机构。高度调整机构由蜗杆轴、蜗轮、心轴等组成，如图 3-66 所示。调整时蜗杆轴在电动机的驱动下带动蜗轮转动，从而保证心轴旋进或旋出，实现座椅的上升与下降。

2）纵向调整机构。纵向调整机构由蜗杆、蜗轮、齿条、导轨等组成，如图 3-67 所示。齿条装在导轨上，调整时，电动机转矩经蜗杆传至两侧的蜗轮 4 上，经导轨 2 上的齿条 3 带动座椅前后移动。

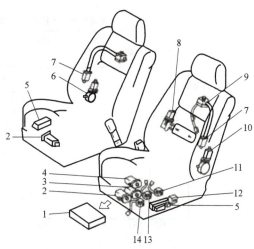

图 3-65　电动座椅的构造

1—电动座椅 ECU　2—滑动电动机　3—前垂直电动机
4—后垂直电动机　5—电动座椅开关　6—倾斜电动机
7—头枕电动机　8—腰垫电动机　9—位置传感器（头枕）
10—倾斜电动机和位置传感器　11—位置传感器
（后垂直）　12—腰垫开关　13—位置传感器
（前垂直）　14—位置传感器（滑动）

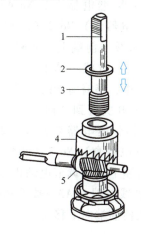

图 3-66　高度调整机构

1—铣平面　2—止推垫片　3—心轴
4—蜗轮　5—挠性驱动蜗杆轴

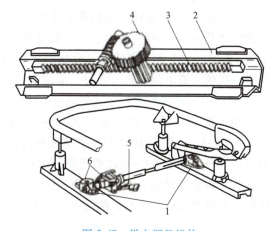

图 3-67　纵向调整机构

1—支撑及导向元件　2—导轨　3—齿条
4—蜗轮　5—反馈信号电位计　6—调整电动机

2. 电动座椅的控制电路

广州本田雅阁轿车驾驶席有 8 种可调方式：前端上、下调节，后端上、下调节，前、后调节，向前、向后倾斜调节。控制电路如图 3-68 所示。

通过电动座椅调节开关，即可完成不同的调节功能，如电动座椅前端上、下调节，其电路如下。

（1）**向上调节控制电路**　当将电动座椅前端上、下调节开关打到"向上"位置时，电

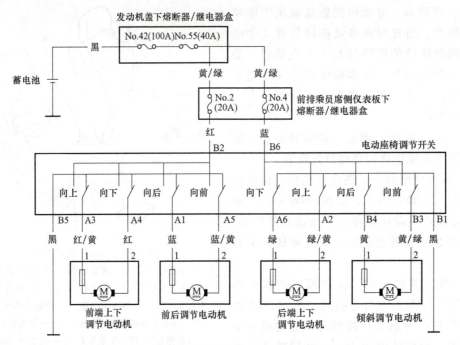

图 3-68　广州本田雅阁轿车驾驶席电动座椅电路

路中的电流为：蓄电池正极→黑线→（发动机盖下熔断器/继电器盒）No.42（100A）No.55（40A）→黄/绿线（前排乘员席侧仪表板下熔断器/继电器盒）No.2（20A）→红线→电动座椅开关端子 B2→前端上、下调节开关端子 A3→红/黄线→前端上、下调节电动机端子 1→前端上、下调节电动机→前端上、下调节电动机端子 2→红线→端子 A4→端子 B5→黑线→搭铁→蓄电池负极。此时，前端上、下调节电动机工作，座椅前端向上移动。

（2）向下调节控制电路　当将电动座椅前端上、下调节开关打到"向下"位置时，电路中的电流为：蓄电池正极→黑线→（发动机盖下熔断器/继电器盒）No.42（100A）No.55（40A）→黄/绿线（前排乘员席侧仪表板下熔断器/继电器盒）No.2（20A）→红线→电动座椅开关端子 B2→电动机座椅开关端子 A4→红线→前端上、下调节电动机端子 2→前端上、下调节电动机→前端上、下调节电动机端子 1→红/黄线→端子 A3→端子 B5→黑线→搭铁→蓄电池负极。此时，前端上、下调节电动机工作，座椅前端向下移动。

3. 带存储功能的电动座椅

带存储功能的电动座椅采用 ECU 控制，它能将选定的座椅调节位置进行存储，使用时只要按指定的按键开关，座椅就会自动地调节到预先选定的座椅位置上。带存储功能电动座椅的控制示意图如图 3-69 所示。

该系统有一个存储器，存储装置通过 4 个电位器来控制座椅的调定位置。只要座椅位置调定后，驾驶人按下存储

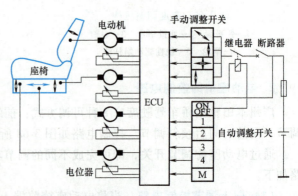

图 3-69　带存储功能的电动座椅控制示意图

器的按钮，电子控制装置就把这些电压信号存储起来，作为重新调整位置时的基准。使用时，只要一按按钮，就能按存储时的状态来调整座椅位置。

3.4.4　电动后视镜

车辆上的后视镜位置直接关系到驾驶人能否观察到车后的情况，与行车的安全性有着密切的关系。而后视镜的调整一般来说比较麻烦，特别是靠乘员车门一侧的后视镜。采用电动后视镜，可通过开关进行调整，操作起来十分方便。

1. 电动后视镜的组成

电动后视镜由调整开关、电动机、传动和执行机构等组成。电动后视镜的背后装有两套电动机和驱动器，可操纵后视镜上下及左右转动。通常上下方向的转动用一个电动机控制，左右方向的转动由另一个电动机控制。通过改变电动机的电流方向，即可完成后视镜的上下及左右调整。有的电动后视镜还具有伸缩功能，由伸缩开关控制伸缩电动机工作，使整个后视镜回转伸出或缩回。

2. 电动后视镜的工作原理

图 3-70 所示为丰田皇冠轿车可伸缩式电动后视镜控制系统电路图。电动后视镜控制开关的工作状态见表 3-1。

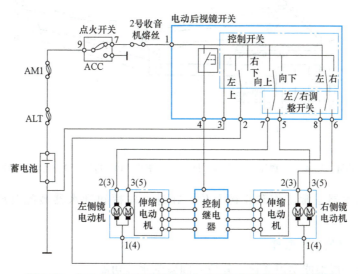

图 3-70　丰田皇冠轿车可伸缩式电动后视镜控制系统电路图

表 3-1　电动后视镜控制开关的工作状态

触点调整状态	左上	右下	向上	向下	左	右
向左调整	●				●	
向右调整		●				●
向上调整	●		●			
向下调整		●		●		

注：●表示开关与触点接通。

进行调整时，首先通过左右调整开关选择要调整的后视镜。如调整左后视镜时，开关打向左侧，此时开关分别与触点 7、8 接通，再通过控制开关即可进行该镜的上下和左右调整。

如果进行向上调整时，可将控制开关推向上侧，此时控制开关分别与向上触点、左上触点结合。电路由蓄电池正极→熔断器→点火开关→控制开关向上触点→左/右调整开关→触点7→左侧镜上下调整电动机→触点1→电动后视镜开关触点2→控制开关左上触点→电动后视镜开关触点3→蓄电池负极，形成回路，左侧镜上下调整电动机运转，完成调整过程。其他调整过程与向上调整过程类似，通过接通不同的开关即可完成。

电动后视镜的伸缩是通过电动镜开关上的伸缩开关控制的，该开关控制继电器动作，使左右两镜伸缩电动机工作，来实现后视镜的伸缩。

3.4.5 电动刮水器

1. 电动刮水器的组成

刮水器的作用是用来清除风窗玻璃上的雨水、雪或尘土，以保证驾驶人有良好的能见度。刮水器有前风窗刮水器和后风窗刮水器之分。

因驱动装置不同，刮水器有真空式、气动式和电动式三种。目前汽车上广泛使用的是电动刮水器。电动刮水器由直流电动机和传动机构组成，其基本构成如图3-71所示。电动机旋转经蜗轮-蜗杆减速和连杆机构的作用变成刮水器臂的摆动。

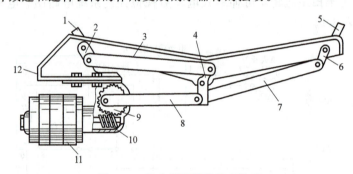

图 3-71　电动刮水器的基本构成

1、5—刷臂　2、4、6—摆杆　3、7、8—拉杆　9—蜗轮　10—蜗杆　11—电动机　12—底板

为了保证刮水器正常工作和正确复位，在进行曲柄和刮水器装配时应注意正确装配位置。

2. 电动刮水器的工作原理

电动刮水器一般都能实现变速、复位、间歇刮水等功能。

（1）**电动刮水器的变速原理**　刮水器的变速是利用直流电动机变速来实现的，由直流电动机电压平衡方程式可得电机转速公式为

$$n = (U - IR)/(KZ\Phi) \tag{3-5}$$

式中　U——电动机端电压，单位为 V；

I——通过电枢绕组中的电流，单位为 A；

R——电枢绕组的电阻，单位为 Ω；

K——由电动机结构确定的常数；

Z——正、负电刷间串联的电枢数；

Φ——磁极磁通，单位为 Wb。

在电压 U 和直流电动机定型的条件下，即 I、R、K 均为常数，当磁极磁通 Φ 增大时，转速 n 下降，反之则转速上升。当两电刷之间的电枢数 Z 增多时，转速 n 也下降，反之则转速上升。所以，刮水器变速时在直流电动机变速的理论基础上，采取改变电动机磁极磁通的强弱，或者改变两电刷之间的导体数来实现。

1）改变磁通变速。采用改变电动机磁极磁通变速的方法，只适合线绕转子直流电动机。线绕式电动刮水器的工作原理如图 3-72 所示。

当刮水器开关在 Ⅰ 档位置（低速）时，电流由蓄电池正极经电源开关 8→熔断器 7→接线柱②→接触片，然后分两路：一路通过接线柱③→串励绕组 1→电枢 2 至蓄电池负极形成回路；另一路通过接线柱④→并励绕组 3 至蓄电池负极形成回路。此时，在串励绕组 1 和并励绕组 3 的共同作用下，磁场增强，电动机以低速运转。

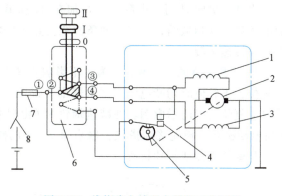

图 3-72　线绕式电动刮水器的工作原理

1—串励绕组　2—电枢　3—并励绕组　4—触点　5—凸轮
6—刮水器开关　7—熔断器　8—电源开关

当刮水器开关在 Ⅱ 档位置（高速）时，电流由蓄电池正极经电源开关 8→熔断器 7→接线柱②→接触片→接线柱③→串励绕组 1→电枢 2 至蓄电池负极形成回路。此时由于并励绕组 3 被隔除，磁场减弱，电动机以高速运转。

2）改变电刷间的导体数变速。改变电刷间导体数变速的方法只能通过永磁电动机来实现，它的磁极为铁氧体永久磁铁，具有不易退磁的优点，能够实现高、低速运转，其工作原理如图 3-73 所示。

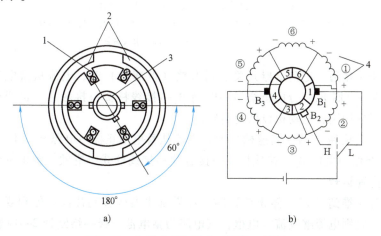

a)　　　　　　　　　　　b)

图 3-73　永磁式刮水器电动机的工作原理

a）构造　b）工作原理

1—电枢绕组　2—永久磁铁　3—换向器　4—反电动势

B_1 为低速运转电刷，B_2 为高速运转电刷，B_3 为公共电刷。B_1、B_2 安装位置相差 60°。当电动机工作时，在电枢内同时产生反电动势，其方向与电枢电流方向相反。若要使电枢旋

转，外加电压 U 必须克服反电动势的作用，当电枢转速上升时，反电动势也相应上升，只有在外加电压与反电动势相等时，电枢的转速才能趋于稳定。

当开关拨向 L 时，电源电压加在 B_1 和 B_3 之间，由于①、⑥、⑤和②、③、④组成两条并联支路，支路中串联的绕组（导体）均为有效绕组，串联绕组数相对较多，故反电动势较大，电动机以较低转速运转。

当开关拨向 H 时，电源电压 U 加在 B_2 和 B_3 之间，由于绕组①和绕组②产生方向相反的电动势，互相抵消，故组成两条并联支路中串联绕组数相对较少，反电动势较小，电动机以较高转速运转。

（2）刮水器的自动复位　为了不影响驾驶人的视线，要求刮水器刮片（简称刮片）自动复位，不管何时切断电源，刮水器刮片都能自动停止在风窗玻璃的下部。图 3-74 为刮水器自动复位装置的示意图。在减速蜗轮 8（由尼龙制成）上嵌有铜环，其中较大的一片铜环 9 与电动机外壳相连接而搭铁；触点臂 3、5 用磷铜片制成（有弹性），其一端分别铆有触点，与蜗轮端面或铜片接触。

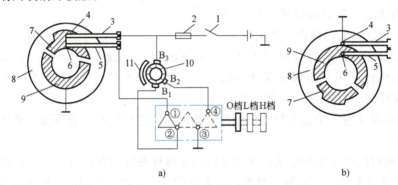

图 3-74　刮水器自动复位装置示意图

a）电枢短路制动　b）刮水器电动机继续转动

1—电源开关　2—熔断器　3、5—触点臂　4、6—触点　7、9—铜环
8—减速蜗轮　10—电枢　11—永久磁铁

当电源开关 1 接通，把刮水器开关拉到 L 档（低速档）时，电流从蓄电池正极→电源开关 1→熔断器→电刷 B_3→分电枢绕组→电刷 B_1→接线柱②→接触片→接线柱③→搭铁→蓄电池负极，形成回路，电动机以低速运转。

当刮水器开关拉到 H 档（高速档）时，电流从蓄电池正极→电源开关 1→熔断器 2→电刷 B_3→分电枢绕组→电刷 B_2→接线柱④→接触片→接线柱③→搭铁→蓄电池负极，形成回路，电动机以高速运转。

当刮水器开关推到 O 档（停止档）时，如果刮水器橡胶刮片没有停到规定位置，由于触点与铜环 9 接触则电流继续流入电枢，其电路为蓄电池正极→熔断器 2→电刷 B_3→分电枢绕组→电刷 B_1→接线柱②→接触片→接线柱①→触点臂 5→铜环 9→搭铁→蓄电池负极，形成回路（图 3-74a，电动机以低速运转直至蜗轮旋转到图 3-74b 所示的特定位置，电路中断。由于电枢的惯性，电动机不可能立即停止转动，电动机以发电机方式运行，因此此时电枢绕组通过触点臂 3、5，与铜环 7 接通而短路，电枢绕组产生很大的反电动势，产生制动力矩，电动机便迅速停止转动，使刮片复位到风窗玻璃的下部。

（3）间歇式电动风窗刮水器 汽车在毛毛细雨或雾天、小雪天气中行驶时，如按上述刮水器速度进行刮水，那么风窗玻璃上的微量水分和灰尘就会形成一个发黏的表面，不仅不能将风窗玻璃刮干净，反而会使玻璃模糊不清，留下污斑，影响驾驶人的视线。因此，现代汽车上一般都增设了间歇式电动风窗刮水系统。在碰到上述情况时，开动间歇开关，使刮水器按一定周期自动停止和刮拭，即每刮水一次停止 2~12s，这样可使驾驶人获得良好的视野。刮水系统的间歇功能主要靠间歇控制器来实现。现以奥迪 100 型轿车间歇控制器为例加以说明。图 3-75 为奥迪 100 型轿车刮水系统电路原理示意图，它由间歇控制器 1、刮水器开关 2、洗涤电动机 3、刮水电动机 4 等组成。间歇控制器由电子元件与小型继电器组合而成，其工作电压为 12V。

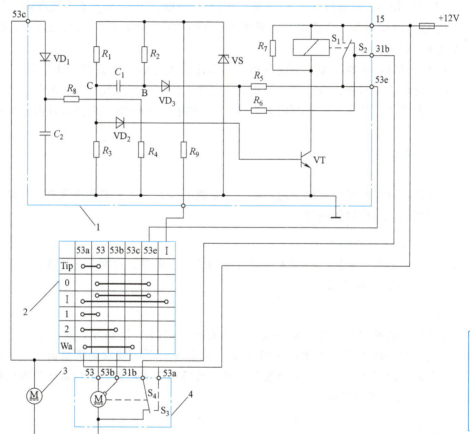

图 3-75 奥迪 100 型轿车刮水系统电路原理示意图

1—间歇控制器 2—刮水器开关 3—洗涤电动机 4—刮水电动机

Tip—点动 0—停止档 1—低速档 2—高速档 Wa—洗涤

间歇控制器的工作原理为：当刮水器开关 2 置于间歇档（Ⅰ档）时，电源便经熔断器、刮水器开关 53a 端、刮水器开关内部 Ⅰ档接入间歇控制器的 Ⅰ端，C_1 被充电。C_1 的充电电路为：蓄电池正极→熔断器→刮水器开关 53a→Ⅰ档→间歇控制器"Ⅰ"端→R_9→R_2→C_1→VD_2→晶体管 VT 的基极、发射极→搭铁→蓄电池负极，构成闭合回路。此时 C 点的电位为 1.6V，B 点的电位为 5.6V，C_1 两端有 4V 的电位差。

C_1 充电时，其充电电流为晶体管提供偏流，使晶体管导通，接通了继电器线圈的电路，继电器的常开触点 S_1 闭合，S_2 打开，电流经 S_1、53e、开关内的Ⅰ档、53 端进入刮水电动机的电枢，使刮水电动机慢速旋转，刮水器开始工作。

当刮片往返一次又回到风窗玻璃最下位置、刮水电动机也旋转至自动复位时，S_3、S_4 接通，使 31b 端搭铁，为 C_1 的放电提供了通路。

C_1 放电回路主要有两条：一条经 R_2、R_1 放电，另一条经 VD_3、R_6、31b 电动机自动复位触点 S_3、S_4、搭铁、稳压管 VS、电阻 R_1 放电。放电瞬间 B 点电压突然降到 2.8V。由于 C_1 原有 4V 的电位差，故使 C 点电位降为 -1.2V，晶体管 VT 的基极电位翻转为低电平，于是晶体管截止，切断了继电器线圈的电路，其常开触点 S_1 又断开，常闭触点 S_2 又闭合，恢复到自然状态时的 31b 与 53e 接通，将电阻 R_5、R_6 并联，加速 C_1 放电，为 C_1 的再充电做准备。

随着 C_1 放电时间增加，C 点电位逐渐升高，当 C 点电位接近 2V 时，晶体管又导通，C_2 又恢复为充电状态。

由此可见，只要刮水器开关置于间歇档，电源便接入间歇控制器的"Ⅰ"端，C_1 就会不间断地充、放电，晶体管就会导通、截止反复翻转，使继电器反复接通与断开，如此就形成了间歇刮水器的工作状态，刮水时间为 2~4s，间歇时间为 4~6s，直到断开刮水器的开关才会停止。

3.4.6 风窗玻璃洗涤器

为了更好地消除附在风窗玻璃上的污物，在车辆上设置了风窗玻璃洗涤器，与刮水器配合工作，保证驾驶人有良好的视野。

1. 风窗玻璃洗涤器的组成

风窗玻璃洗涤器由储液罐、微型永磁直流电动机、洗涤泵、软管、三通接头、喷嘴及刮水器开关组成，如图 3-76 所示。

2. 风窗玻璃洗涤器的工作原理

永磁直流电动机和离心式叶片泵构成一个小总成，如图 3-77 所示，这个小总成安装在储液罐上，喷射压力约为 70~88kPa。喷嘴安装在风窗玻璃下面或发动机舱盖上，一般有两个，其喷射方向可以调整，可使洗涤液喷射到风窗玻璃的合适位置。捷达轿车喷嘴的喷射位置可按图 3-78 中数值进行调整。

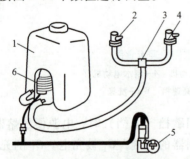

图 3-76　风窗玻璃洗涤器
1—储液罐　2、4—喷嘴　3—三通接头
5—刮水器开关　6—洗涤泵

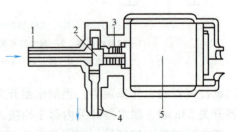

图 3-77　洗涤器电动机与洗涤液泵总成
1—进液口　2—叶轮　3—泵体　4—出水口
5—永磁直流电动机

洗涤泵连续工作的时间一般不超过1min，使用时应先起动洗涤泵，后开启刮水器。在喷射停止后，刮水器应继续刮2~5次，这样配合使用才能达到良好的洗涤效果。所以，洗涤器电路一般与刮水器开关联合工作。

3.4.7 风窗玻璃除霜装置

1. 风窗玻璃除霜装置的组成

冬季风窗玻璃上易结冰霜，用刮水器是无法清除的，除去冰霜的有效方法是加热玻璃。前风窗玻璃和侧窗玻璃可利用空调暖风进行除霜；轿车的后风窗玻璃一般利用电阻丝组成的电栅加热除霜，即电热式除霜，电热式后窗除霜电路原理如图3-79所示。

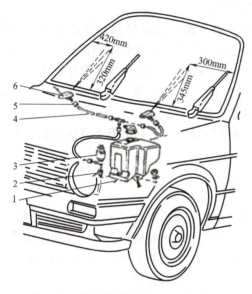

图3-78 风窗清洗装置构成及喷嘴调整
1—储液罐 2—密封圈 3—洗涤泵 4—软管
5—软管护套 6—喷嘴

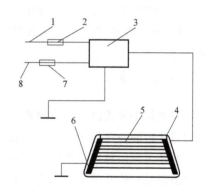

图3-79 电热式后窗除霜电路原理
1—接电源正极 2、7—熔断器 3—开关/定时继电器
4—供电接线柱 5—后窗电栅 6—搭铁
接线柱 8—接点火开关

2. 风窗玻璃除霜装置的工作原理

后风窗玻璃除霜装置一般是在玻璃成型过程中，将很细的电阻丝烧结在玻璃表面上。后风窗玻璃除霜装置由一组平行的含银陶瓷电阻丝组成，在玻璃两侧有汇流条，汇流条上各焊有一个接线柱，其中一个用来供电，另一个是搭铁接线柱。这种除霜装置的工作电流较大，因此电路中除设有开关外，有的还设有一个定时继电器。这种继电器在通电10min后即能自动断电，若霜还没有除净，驾驶人可再次接通开关，但在此之后每次只能通电5min。

除霜装置的电阻随温度的变化而变化，具有正温度系数。温度低时，阻值减小，电流增大；温度高时，阻值增大，电流减小。因此，除霜装置自身具有一定的调节功能。

对电阻丝通电控制方式可分为手动和自动两种。自动控制除霜装置由开关、自动除霜传感器、自动除霜控制器、电阻丝电栅等组成，如图3-80所示。

工作过程如下：

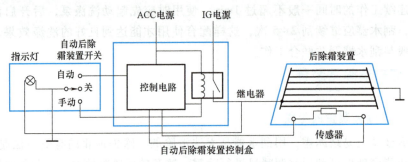

图 3-80   后窗自动控制除霜装置

1）除霜开关位于"关"位置时，除霜装置不工作。

2）将除霜开关拨至"自动"位置时，若后窗玻璃下缘传感器检测到冰霜达到一定厚度，传感器电阻值将急剧减小到某一设定值，控制电路便控制继电器使电路接通，继电器触点闭合。于是由 IG 电源向电阻丝供电，同时仪表板上的指示灯点亮，指示除霜装置正在工作。随着玻璃上冰霜减少到某一程度后，传感器电阻值增大，控制器将继电器电路切断，触点断开，指示灯熄灭，后窗电栅断电，除霜装置停止工作。

3）除霜开关拨至"手动"位置时，继电器电磁线圈可经"手动"开关直接搭铁，使除霜电路接通。

3.4.8 中控门锁

中控门锁是中央控制门锁的简称，它是指通过设在驾驶座门上的开关可以同时控制全车车门锁闭与开启的一种控制装置。配有中控门锁的汽车当锁闭驾驶座车门时，其他车门也跟着锁闭。但其他车门独自锁闭时，驾驶座车门和其他车门则不会跟着锁闭。中控门锁采用一个开关去控制另一些开关，它用电磁驱动方式执行门锁的关闭与开启。

1. 中控门锁系统的功能及组成

（1）功能   中控门锁系统的功能包括中央控制、速度控制和单独控制功能。

1）中央控制。将驾驶人车门锁扣按下时，其他几个车门及行李舱门都能自动锁定，将驾驶人车门锁扣抬一下时，其他几个车门及行李舱门锁扣都能同时打开，若用钥匙开门或锁门，也可实现以上动作。

2）速度控制。当行车速度达到一定时，各个车门能自行锁上，防止乘员误操作车门把手而导致车门打开。

3）单独控制。除在驾驶人身边车门以外，还在其他门设置单独的弹簧锁开关，可独立地控制一个车门的打开和锁止。

（2）组成   中控门锁系统一般由门锁控制开关、钥匙开关、门锁总成、行李舱门锁及门锁控制器等组成。图 3-81 所示为典型的中控门锁控制系统及其组件的安装位置。

2. 中控门锁系统工作原理

中控门锁的作用是通过电磁铁机构或电动机式机构来打开和锁止车门。目前，高档车一般采用的是自动锁门式，它是在可以手动控制门锁开闭的基础上，还可以根据汽车车速自动锁止车门。

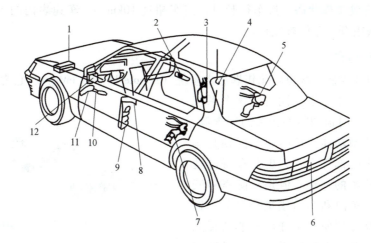

图 3-81　中控门锁控制系统及组件的安装位置

1—2 号接线盒　2—右前门锁控制开关　3—右前门锁电动机及位置开关　4—右前门锁钥匙开关
5—右后门锁电动机及位置开关　6—行李舱门锁　7—左后门锁电动机及位置开关　8—左前车门钥匙开关
9—左前门锁电动机及位置开关　10—左前门锁控制开关　11—1 号接线盒　12—门锁 ECU 及门锁继电器

中控门锁电路如图 3-82 所示，当门锁开关置于锁止（LOCK）位置时，门锁控制继电器线圈通电，触点闭合，门锁电磁铁中门锁线圈通电，电磁铁心杆缩回，操纵门锁锁止车门；当门锁开关置于开启（UNLOCK）位置时，开启继电器线圈通电，触点闭合，门锁电磁铁中开启线圈通电，电磁铁心杆伸出，操纵门锁开启。

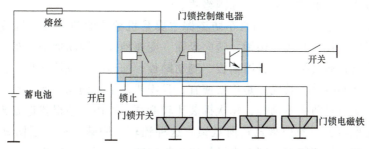

图 3-82　中控门锁电路

3. 车速感应式中控门锁

当汽车行驶速度超过规定速度时，为确保行车安全防止发生意外，有的中控门锁还受车速控制。它是在原中控门锁的基础上加设了车速控制电路，车速控制开关设在车速表内。当汽车行驶速度高时，车速传感器自动接通门锁锁止电路将门锁锁止，这种靠车速控制的门锁称为车速感应式中控门锁。

该电路具有驾驶人手动锁止或打开所有车门和仅锁止或打开驾驶人侧车门的功能。其工作过程有两个状态，即汽车停驶工作状态和汽车行驶工作状态。

（1）**汽车停驶工作状态**　点火开关打开，车速表内的 10km/h 车速开关（舌簧管式开关）处于接通位置。此时只要有一个车门未锁止时，该车门灯开关闭合，车门警告灯亮，提醒驾驶人注意。

（2）**汽车行驶工作状态**　汽车行驶时，当车超过 10km/h，车速表内的 10km/h 车速开关被移动的磁铁吸开，车门被锁止。

4. 遥控中控门锁

遥控中控门锁控制系统也叫无钥匙进入系统（remote keyless entry）。它为驾驶人提供了一个打开门锁的方便手段。同时，这个系统还可以提供除中控门锁功能外相关的行李舱、灯光和喇叭的控制功能。车门和车门锁是车身上被操作最多的部件之一，也是车身舒适性得以实现最基本的一环。但是从防盗和安全的角度来讲，车门和车门锁更要坚固，遥控中控门锁系统必须使正常开启和非法侵入的操作途径分离开，合法使用者可通过射频

图 3-83　汽车遥控钥匙

遥控进行操作，享受它的便捷和舒适，而非法侵入者只能面对坚固的机械机构束手无策。图 3-83 所示为汽车遥控钥匙。

3.4.9　汽车防盗系统

1. 汽车防盗系统的种类

汽车防盗系统的功能是防止盗窃者非法进入或非法移动车辆。随着科学技术的进步，为对付不断升级的盗车手段，人们研制出了各种方式、结构不同的防盗器。目前，常见的汽车防盗系统有机械式、机电式、电子式和网络式。

（1）**机械式防盗系统**　早期的汽车防盗器主要是机械式的防盗锁。机械式防盗装置发展至今，经过了数次技术升级，钩锁、转向盘锁、变速档锁、制动器锁及车轮锁等都属于机械式防盗器，主要是通过锁定离合器踏板、制动踏板、加速踏板或转向盘、变速档来达到防盗的目的，只防盗不报警。其优点是价格便宜，只需要几十元到几百元，且安装简便，在早期被广泛应用。缺点是防盗不彻底，每次拆装比较麻烦，不用时还得找地方放置。

目前市场上推出了一种护盘式转向盘锁。这种锁较为隐蔽，有一层防锯、防钻钢板保护，材质比传统的拐杖锁坚固，锁芯也设计得更加精密，因而可靠性更高；但是车主必须找一个空间存放拆下的转向盘。排档锁是目前车主最欣赏的防盗系统之一，这种防盗系统既简便又坚固，材质采用特殊高硬度合金钢制造，具有防撬、防钻和防锯功能，且采用同材质镍银合金锁芯和钥匙，没有原厂配备的钥匙极难打开。如果钥匙丢失，可通过原厂复制钥匙。

（2）**机电式防盗系统**　随着科学的进步，出现了机电一体式的防盗系统，此种防盗系统采用机械锁自身坚固性能的优点，由无线遥控电动执行机构控制机械锁的动作，使机械与电子编程技术相结合，达到了机电的统一。其功能概括起来有如下 4 种（有的产品具备其中的 1～2 种功能，有的产品 4 种功能全部具备）：一是服务功能，如遥控开关车门、遥控起动、寻车、吓阻及停车自动开锁等；二是警惕提示功能，即防盗系统本身对在防盗警戒状态时触动警戒区域的部位自动记录，并在必要时以灯光或语言等形式发出提示，使驾驶人提高警惕并检查车辆；三是防盗功能，即当防盗系统处于警戒状态时，切断汽车上的起动点火电路或供油管路等，一旦强行打开车门也无法开走汽车；四是防盗系统的自我保护功能，即当

车处于防盗警戒状态时，出现误操作后再次自动进入防盗警戒状态。此类防盗系统安装隐蔽、功能齐全、无线遥控、操作简便。

防盗系统使用的频率普遍被限定在 309~350MHz 的频段上，由于此频段的干扰源多，电波、雷电、工业电焊等都会对其产生干扰，易误报警，影响周围居民生活。所以该类产品的品质须严格控制。

(3) 电子式防盗系统 为了克服机械锁只防盗不报警的缺点，电子报警防盗系统应运而生。汽车电子防盗系统是在原有中央门锁的基础上加设了防盗系统的控制电路，在控制汽车移动的同时并报警。安装电子式防盗系统必须有 ECU，所以只有电喷发动机的车才具备条件使用。如果有行窃者盗窃汽车或汽车上的物品，防盗系统不仅具有切断起动电路、点火电路、供油电路、变速电路、将制动踏板锁死等功能，同时还会发出不同的声光信号进行报警，给窃贼一个精神上的打击，以阻止窃贼行窃。电子式防盗系统具有强大的安全性能，是目前较为理想的防盗系统，也是目前被广泛采用的防盗方式。

电子式防盗系统按照密码输入方式的不同可分为：

1) 按键式电子锁。按键式电子锁采用键盘（或组合按钮）输入开锁密码，操作方便，内部控制电路常采用电子锁专业集成电路 ASIC。此类产品包括按键式汽车电子门锁和按键式汽车点火锁。

2) 拨盘式电子锁。拨盘式电子锁采用机械式拨盘开关输入开锁密码。很多按键式电子锁可以改造成拨盘式电子锁。20 世纪 80 年代初，英国一些轿车曾采用过此类电子门锁。

3) 电子钥匙式电子锁。这种电子锁使用电子钥匙输入（或作为）开锁密码，电子钥匙是构成控制电路的重要组成部分。电子钥匙可以由元器件或由元器件构成的单元电路组成，做成小型手持单元形式。电子钥匙和主控电路的联系，可以是声、光、电及磁等多种形式，此类产品包括各种遥控汽车门锁、转向锁和点火锁以及电子密码点火钥匙。

4) 触摸式电子锁。这种电子锁采用触摸方法输入开锁密码，操作简便。相对于按键开关，触摸开关使用寿命长、造价低、优化了电子锁控制电路。安装了触摸式电子锁的轿车前门没有门把手，而是以电子锁和触摸传感器取代了电子钥匙。

5) 生物特征式电子锁。这种电子锁将声音、指纹等人体生物特征作为密码输入，由计算机进行模式识别控制开锁。因此，生物特征式电子锁的智能化程度相当高。

现代防盗系统采用电子应答的方法来判断使用的钥匙是否合法，并以此确定是否容许发动机 ECU 工作。水平较高的防盗器还具备遥控器报警和遥控起动等功能。

(4) 网络式防盗系统 该类系统目前大体有两种：一是利用车载台（对讲机）通过中央控制中心进行定位监控；二是利用卫星进行定位跟踪。

卫星定位汽车防盗系统将报警信息和报警车辆所在位置无声地传送到报警中心，具有车辆定位、遥控熄火、网络查询及跟踪、车内监听、路况信息查询、人工导航等多种功能，是全方位的防盗系统。它主要靠锁定点火或起动达到防盗的目的，同时还可通过卫星定位系统，将报警信息和报警车辆所在位置传送到报警中心。可以在全国范围内实时监测车辆位置，还可以通过车载移动电话监听车内声音，必要时可以通过手机关闭车辆油路、电路并锁死所有门窗。如果卫星定位防盗器被非法拆卸，它会自己发出报警信息，其缺点是价格较为昂贵。另外，它必须在没有盲区的网络（包括中国移动 GSM、中国联通 CDMa）支持下才能工作，更主要的是需要政府配合公安部门设立监控中心。随着智能交通（ITS）和通信技术

的发展及成熟，该技术必将广泛应用在汽车领域。

2. 汽车防盗报警系统的工作原理

防盗报警系统主要由电子模块、触发继电器、报警继电器、起动中断继电器、门框侧柱开关以及门锁开关等组成，其电路图如图 3-84 所示。当把自动门锁开关置于 LOCK 位置时，关闭车门，系统进入防盗报警准备状态。这时若有人打开车门或由行李舱拉出锁筒，报警电路就会启动，喇叭会发出声响，尾灯、顶灯、外灯等会发光，同时接通启动中断电路，阻止发动机起动。

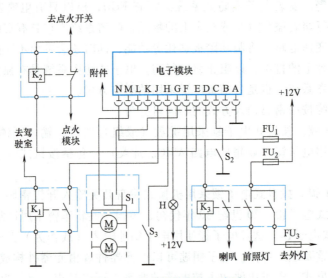

图 3-84 防盗报警系统电路图

K_1—触发继电器 K_2—起动中断继电器 K_3—报警继电器 FU_1、FU_2、FU_3—熔断器

H—指示灯 S_1—门锁电动机开关 S_2—后行李舱开关（当锁筒拉出时闭合） S_3—门锁开关

图 3-85 是防盗报警系统门锁开关及指示灯的部分电路。电子模块的 G 端子连接到自动门锁的"锁定"电路，M 端子连接到自动门锁的"开锁"电路。左、右门锁开关接于模块的 H 端子，当车门关闭时，此开关打开。报警指示灯连接在电源和模块 D 端子间，只要 D 端子（模块动作时）搭铁，灯就点亮，它的作用是用来提醒驾驶人防盗系统各部分的工作状态。

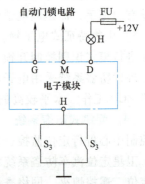

图 3-85 防盗报警系统门锁
开关及指示灯部分电路

驾驶人要想报警系统进入准备状态，其操作应按以下步骤进行：

1）关闭点火开关，使电子模块 K 端子失去电压。

2）打开车门，借以闭合门框侧柱开关，使蓄电池电压加到触发继电器线圈，使其动作，把电子模块 D 端子断续搭铁，使与其相连接的指示灯闪烁，以提醒驾驶人系统没有进入准备状态。

3）将自动门锁开关置于锁定位置，这时蓄电池电压加到电子模块的 D 端子，使 D 端子稳定搭铁，指示灯一直点亮。

4）关闭车门，借以打开门框侧柱开关，触发继电器失压释放，使灯 2s 后熄灭，此时系统进入报警准备状态。

当系统进入防盗准备状态后，若有人擅自开门，则报警继电器动作，启动声、光系统报警，并由启动中断电路阻止发动机起动。

拓展阅读

智能刮水器

随着经济的发展和科技的进步，汽车变得越来越智能，越来越高效。各个品牌的汽车工程师和设计师们也在不断研究和创新，让驾驶变得更加轻松和安全。就连最简单的刮水器机构，如今也在进行革新。

传统的刮水器其实就是一个小电动机加齿轮组，通过齿轮转动，带动刮水片扫过风窗玻璃，并充分地与风窗玻璃相接触，刮去雨水、尘土等影响驾驶人视野的遮盖物，如图 3-86 所示。因此，刮水器最重要的作用就是保持前方视野清晰。

但在工程师们看来，汽车上的任何一个零部件，都可以做得更加极致。2019 年，特斯拉申请了一个电磁式刮水器设计专利，其不同于传统的刮水器机构，而是采用了电磁原理。在发动机舱盖的后方，风窗玻璃的

图 3-86　汽车刮水器

底部，设计有两条磁性导轨。一个带有磁性的滑块连接着刮水器臂以及刮水片。当电流通过磁铁和线圈时，滑块会在导轨上滑动，就像磁悬浮列车那样，从而保证刮水片在风窗玻璃上快速移动，如图 3-87 所示。

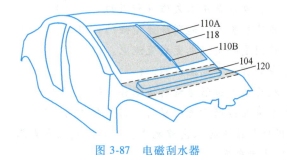

图 3-87　电磁刮水器

118—风窗玻璃　120、104—磁性导轨　110A—刮水片　110B—刮臂

当然，配合单刮水片的设计，这种电磁式刮水器在不需要使用时能够更好地隐藏在发动机舱盖的下方。这不仅更加美观，也降低了风阻和风噪。与此同时，相比于传统双刮水片的设计，电磁单刮水片刮水器可覆盖的面积更大，也更加贴紧风窗玻璃。

该电磁式刮水器最大的优势在于高效。传统的刮水器整个机械结构会产生比较大的摩擦，因此就需要更多的能量来驱动刮水器。而电磁刮水器由于电磁铁本质上是没有摩擦的，

所以刮水器机构唯一的摩擦来自于刮臂刮动时所产生的阻力，因此整体消耗的电能很小。电磁式刮水器所节省的能量或许对于燃油车来讲微不足道，但是对于电动车来说，任何一个零部件效率的提升都会让续驶里程增加。

另一方面，传统的刮水器相比于全新的电磁式刮水器，会随着时间的增加，恶劣天气及使用环境的影响，更容易产生疲劳磨损，导致清洁效果降低。如果不及时更换刮水片，会对驾驶人的视野产生影响，在能见度不足时，甚至有可能会妨碍自动驾驶的摄像头或其他传感器正常工作，这对于自动驾驶系统来说也是一种安全隐患。

总的来说，虽然全新电磁式刮水器目前尚处于研发初期，不知道何时会投入量产，但至少，特斯拉在进行全新的尝试，并有可能带来刮水器的一次革命性升级。

本章小结

本章首先讲述了起动机的组成结构和工作原理，重点分析了几种典型起动机的工作过程；之后介绍了车身灯光系统，包括前照灯的组成结构及防眩目措施，汽车各种转向信号灯的工作原理，各种仪表的工作原理，并简单介绍了汽车常用电子仪表及显示方法，分析了汽车上报警指示装置类型及工作原理，介绍了汽车电动车窗、电动座椅、电动后视镜、电动刮水器、风窗玻璃洗涤器和除霜装置的结构组成、工作原理，以及可能出现的问题及解决办法。

复习思考题

一、判断题

1. 常规起动机中，吸引线圈、励磁绕组及电枢绕组是串联连接。（   ）

2. 起动机中的传动装置只能单向传递力矩。（   ）

3. 在起动机起动的过程中，吸引线圈和保持线圈中一直有电流通过。（   ）

4. 在永磁式起动机中，电枢是用永久磁铁制成的（   ）

5. 减速起动机中的减速装置可以起到降速增矩的作用。（   ）

6. 起动机换向器的作用是将交流电变成直流电。（   ）

7. 起动机电磁开关中只有一个电磁线圈。（   ）

8. 起动机的啮合过程应该是边低速旋转边啮合。（   ）

9. 汽车前照灯的配光屏在接通远光灯丝时，仍然起作用。（   ）

10. 卤钨灯泡是在惰性气体中掺入卤族元素，使其发光效率更高。（   ）

11. 雾灯的光色规定为黄色和红色。（   ）

12. 小灯装于汽车前后两侧边缘，用于标识汽车夜间行驶或停车时的宽度轮廓。（   ）

13. 电容式转向信号灯是利用电容器充、放电延时特性形成转向信号灯闪烁信号的。（   ）

14. 永磁式刮水电动机是通过改变正、负电刷之间串联绕组的个数实现变速的。（   ）

15. 汽车的前、后风窗玻璃装设了除霜装置，一般前风窗玻璃采用的是电栅加热除霜。（   ）

二、单项选择题

1. 直流串励式起动机中的"串励"是指（　　　）。

A. 吸引线圈和保持线圈串联连接　　　B. 励磁绕组和电枢绕组串联连接

C. 吸引线圈和电枢绕组串联连接　　　D. 保持线圈和电枢绕组串联连接

2. 永磁式起动机中用永久磁铁代替常规起动机的（　　　）。

A. 电枢绕组　　　　B. 励磁绕组　　　　C. 保持线圈　　　　D. 吸引线圈

3. 减速起动机和常规起动机的主要区别在于（　　　）不同。

A. 直流电动机　　　B. 控制装置　　　　C. 传动机构　　　　D. 电磁线圈

4. 起动机中串励直流电动机是（　　　）

A. 将电能转变为机械能　　　　　　　B. 将机械能变为电能

C. 将电能变为化学能　　　　　　　　D. 将化学能转变成电能

5. 起动机产生正常转矩是在（　　　）

A. 按下起动按钮后　　　　　　　　　B. 驱动齿轮运动前

C. 驱动齿轮与飞轮环齿啮合后　　　　D. 松开起动钥匙后

6. 制动灯灯光的颜色应为（　　　）

A. 红色　　　　　　B. 黄色　　　　　　C. 白色　　　　　　D. 橙色

7. 能将反射光束扩展分配，使光形分布更适宜汽车照明的器件是（　　　）

A. 反射镜　　　　　B. 配光镜　　　　　C. 配光屏　　　　　D. 澳钨灯

8. 冷却液温度传感器装在发动机的（　　　）。

A. 节温器上　　　　B. 主油道上　　　　C. 水套中　　　　　D. 散热器上

9. 热敏电阻式冷却液温度传感器大多是（　　　）。

A. 正温度系数热敏电阻　　　　　　　B. 负温度系数热敏电阻

C. 临界温度热敏电阻　　　　　　　　D. 普通电阻

10. 下列哪种显示器件是被动显示型。（　　　）

A. 发光二极管　　　B. 阴极射线管　　　C. 等离子显示器　　D. 液晶显示器件

11. 四向移动的座椅，一般有（　　　）个电动机。

A. 2个　　　　　　 B. 4个　　　　　　 C. 6个　　　　　　 D. 8个

12. 目前轿车上安装的刮水器大多是（　　　）。

A. 气动式　　　　　B. 电动式　　　　　C. 液动式　　　　　D. 真空式

13. 洗涤泵连续工作时间一般不要超过（　　　）。

A. 10s　　　　　　 B. 30s　　　　　　 C. 1min　　　　　　D. 5min

14. 后风窗玻璃除霜继电器在初次通电后，（　　　）后自动断开。

A. 5min　　　　　　B. 10min　　　　　 C. 5s　　　　　　　D. 10s

三、多项选择题

1. 前照灯的光学组件包括（　　　）

A. 折射镜　　　　　B. 配光镜　　　　　C. 灯泡　　　　　　D. 反射镜

2. 下列属于信号灯的有（　　　）。

A. 转向灯　　　　　B. 尾灯　　　　　　C. 制动灯　　　　　D. 牌照灯

3. 常用的机电模拟式冷却液温度传感器有（　　　）。

A. 电热式　　　　　B. 光电式　　　　　C. 双金属片式　　D. 电磁式

4. 常用的机电模式的燃油表主要有（　　　）。

A. 电磁式　　　　　B. 动磁式　　　　　C. 热敏电阻式　　D. 电热式

5. 电子显示式汽车仪表包括的元件有（　　　）。

A. 传感器　　　　　B. 调压器　　　　　C. 显示器　　　　D. 控制装置

6. 电动车窗系统主要由（　　　）等组成。

A. 电动机　　　　　B. 玻璃升降器　　C. 车窗传感器　　D. 开关装置

7. 风窗玻璃洗涤器主要由储液罐、三通接头、（　　　）等组成。

A. 洗涤泵　　　　　B. 喷嘴　　　　　C. 雨量传感器　　D. 刮水器

8. 中控门锁系统的功用有（　　　）。

A. 集成控制　　　　B. 速度控制　　　　C. 单独控制　　　D. 中央控制

四、简答题

1. 起动机一般由哪几部分组成？各部分的作用是什么？

2. 什么是灯系？外部照明装置和内部照明装置各有哪些？

3. 对汽车前照灯的基本要求是什么？

4. 前照灯防眩目的措施有哪些？

5. 前照灯状态自动调整电路起什么作用？

6. 简述电子闪光器的工作原理。

7. LED 灯具有什么优点？

8. 什么是数字式汽车仪表？其常用的电子显示器件有哪些？

9. 电子仪表显示器显示方法有哪几种？

10. 具有智能型的电动玻璃升降器的电子控制装置能实现哪些功能？

11. 汽车常用的报警显示灯有哪些？

12. 汽车防盗系统有哪些种类？各有何优缺点？

五、分析题

1. 直流串励式电动机负荷变化时是如何自动调节转矩的？

2. 汽车起动机为什么要采用直流串励式电动机？

3. 试分析滚柱式单向离合器的结构与工作原理。

4. 简述电动刮水器的自动复位原理。

5. 简述后风窗玻璃除霜装置的工作过程。

第4章 发动机综合控制技术

 【本章知识构架】

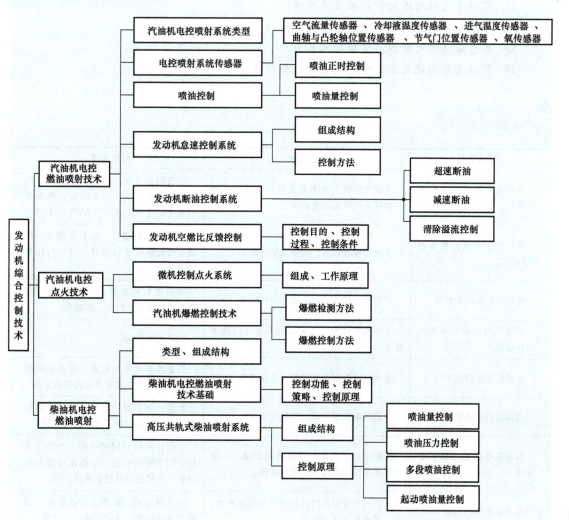

【教学目标】

1. 了解汽油机电控喷射系统的分类。
2. 熟悉电控汽油喷射技术的组成及工作原理。
3. 掌握电控喷射系统传感器的结构原理。
4. 掌握电控喷射系统的控制方法。
5. 掌握发动机怠速控制系统组成及控制方法。
6. 掌握发动机断油控制系统的功用。
7. 掌握发动机空燃比反馈控制系统的控制过程。
8. 了解汽车发动机点火系统的要求、功用及类型。
9. 了解电子点火系统的主要组成和主要元器件的工作原理。
10. 掌握现代发动机微机点火系统的基本组成和原理。
11. 掌握汽油机爆燃控制技术及其原理。
12. 了解柴油机电控燃油喷射技术概述。
13. 熟悉柴油机电控燃油喷射技术基础。
14. 掌握高压共轨式柴油喷射系统的控制原理。

【教学要求】

知识要点	能力要求	相关知识
汽油机电控喷射系统的组成与分类	掌握汽油机电控喷射系统的组成，了解汽油机电控喷射系统的类型	空气供给系统、燃油供给系统、电控燃油喷射系统、机电结合式燃油喷射系统和电子控制式汽油喷射系统等
电控喷射系统传感器的结构原理	了解传感器特点，掌握其结构原理	空气流量传感器、压力传感器、曲轴与凸轮轴位置传感器、节气门位置传感器等
电控喷射系统的控制	掌握电控燃油喷射系统的控制过程	燃油喷射控制原理、喷油器控制、喷油正时控制、喷油量控制等
可变气门正时与可变气门升程技术	了解汽车可变气门正时和可变气门升程技术	VVT-i；i-VTEC
发动机怠速控制系统	掌握怠速控制系统的组成及控制方法	怠速控制系统的组成、怠速控制阀的功用与类型、怠速转速的控制方法
发动机断油控制系统	掌握断油控制系统的控制过程	断油控制系统的组成、超速断油控制、减速断油控制、清除溢流控制
发动机空燃比反馈控制系统	了解空燃比反馈控制系统的组成，掌握空燃比反馈控制过程、控制条件	空燃比反馈控制的目的、空燃比反馈控制系统的组成、空燃比反馈控制过程、空燃比反馈控制条件
点火系统基础知识	了解汽车发电机对点火系统的基本要求，点火系统的功用和类型	点火提前角、影响发动机点火可靠性的主要因素、点火系统的类型等

知识要点	能力要求	相关知识
微机控制点火系统	掌握现代微机点火系统的基本构成和原理	掌握最佳点火提前角的控制方法和控制内容
柴油机电控燃油喷射技术概述	了解柴油机电控燃油喷射系统的分类、组成	按控制方式不同、按控制对象不同等的分类及组成
柴油机电控燃油喷射技术基础	熟悉柴油机电控燃油喷射系统的控制功能及控制原理	喷油量控制、喷油定时控制、喷油压力控制、多段喷油控制
高压共轨式柴油喷射系统	掌握高压共轨式柴油喷射系统的关键技术及控制方法	高压泵、压力控制阀、共轨、限压阀、流量限制阀、电控喷油器

【导入案例】

中国发动机先驱——支秉渊

支秉渊（图4-1），1897—1971，浙江省嵊县人，近代中国机械工业奠基人之一，也是中国内燃机研制的先驱。

1925年"五卅"惨案后，上海掀起罢工浪潮，提倡国货之呼声日强。江浙一带连年干旱，支秉渊等人创办的新中工程公司，开始仿制离心式抽水机、双筒双行式抽水机、滤水缸等多种排灌设备，以减轻灾民燃眉之急。1926年，在上海南洋大学举办了一届工业展览会。该会第三会场为德商天利洋行及丹商罗森德洋行陈列的柴油机、抽水机、电动机等。支秉渊敢于与此一决高低，在天利洋行陈列品之前，设下自制8in

图4-1　中国发动机先驱——支秉渊

（1in=0.0254m）口径离心抽水机，同时开车抽水，以资比较。结果，新中的产品轻巧坚实，价格低廉，较之舶来品有过之而无不及。令国人非常振奋，觉得国货能与洋货分庭抗礼很是扬眉吐气。这一时期，民族工业在洋商和官僚资本的双重倾轧排挤下处境艰难，支秉渊克服种种困难，以坚韧的毅力和不怕失败的精神，领导设计仿制多个内燃机品种，为安亭以及萧山的多个电灯公司提供的发动机装机容量达200kW以上，约占上海民族机器工业售出用于电厂的发动机总装机容量的30%左右。

这时，支秉渊又敏锐地看到：实用的狄塞尔（Diesel）柴油机是1897年制成的，这种柴油机的热效率高于其他内燃机。但最初它的体积大，用于固定作业。20世纪初狄塞尔柴油机的应用日益广泛，20世纪20年代中国市场上的狄塞尔柴油机都是外国产品。支秉渊不甘心受人摆布，有志于填补国内空白，于1929年，研制成功36马力（1马力=735W）双缸狄塞尔柴油机，开中国制造这种柴油机之先河。

发动机电子控制系统的主要功能是控制燃料喷射，因此又将其称为发动机电控燃料喷射系统。目前，按发动机所用燃料不同可分为电控汽油喷射系统、电控柴油喷射系统和气体燃

料发动机控制系统。电控汽油喷射系统的主要功用是对燃油喷射和点火进行控制。除此之外，还控制发动机的起动、怠速转速、空燃比、爆燃、减速断油、燃油蒸发、排气再循环、发动机输出电压、电动燃油泵等，具有系统自诊断等辅助功能。

汽油机电控喷油技术简称汽油电喷技术，全称是汽油机电子控制燃油喷射技术。它借鉴飞机汽油机喷油技术而诞生，并伴随着汽车油耗法规、排放法规和电子技术的进步而逐步发展到当今水平。因此电子控制燃油喷射式发动机（即电控发动机或电喷发动机）具有降低油耗和减少有害物质排放等卓越性能。

点火控制技术水平的高低直接影响到汽油机的动力性、经济性和排放性。汽油机点火控制（ECI）系统由微机控制点火系统和爆燃控制系统两个子系统组成，这两个子系统相互配合，能将点火提前角控制在最佳值，使可燃混合气燃烧后产生的温度和压力达到最大值，在显著提高汽油机动力性的同时，还能提高燃油经济性和减少有害气体的排放量。

柴油机电控喷油技术简称柴油电喷技术，全称是柴油机电子控制燃油喷射技术。柴油机为压燃式发动机，喷油压力很高。因此研究柴油电喷技术主要是研究柴油机电子控制喷油压力和燃油喷射技术。柴油机电子控制技术在汽车上的应用，有力地推动了柴油机技术的进一步发展。到目前为止，已经研制并生产出不同种类、功能各异的柴油机电子控制燃油系统。控制功能更全、工作更可靠的新产品层出不穷，大大改善和提高了柴油机汽车的动力性、经济性和排放性，取得了显著的经济效益和社会效益。

4.1　汽油机电控燃油喷射技术

4.1.1　汽油机电控燃油喷射的特点

与传统化油器式发动机相比，装有电控汽油喷射系统的发动机具有下列优点：

1）提高了发动机的充气效率，从而增加了发动机的输出功率和转矩。

2）因进气温度较低而使爆燃得到有效控制，因而可采用较高的压缩比。

探秘汽油机电控燃油喷射技术

3）由于采用高能点火装置，因此发动机可燃用稀薄混合气。

4）提高了发动机的冷起动性和加速性。

5）可对混合气成分和点火提前角进行精确地控制，使发动机在任何工况下都处于最佳的工作状态，尤其是对过渡工况的动态控制，更是传统化油器式发动机所无法做到的。

6）采用多点汽油喷射系统可使发动机各缸混合气分配更加均匀。

7）可节省燃油并减少废气中的有害成分，因为在市区行驶的一些工况中（如汽车制动、向前滑行、下坡等）可完全切断燃油供应。

电控汽油喷射系统是以 ECU 为控制核心，以空气流量和发动机转速为控制基础，以喷油器等为控制对象，保证发动机在各种工况下都能获得与所处工况相匹配的最佳空燃比。

4.1.2　汽油机电控燃油喷射系统的组成

汽油机电控燃油喷射系统主要包括空气供给系统、燃油供给系统和电子控制系统三个部分。

1. 空气供给系统

空气供给系统为发动机可燃混合气的形成提供必要的空气，并测量和控制空气量。

（1）旁通式供气系统　设置有旁通空气道，发动机怠速进气量由怠速控制阀控制的空气供给系统，称为旁通式供气系统，结构如图 4-2a 所示。它主要由空气滤清器、空气流量传感器、进气软管、旁通空气道、怠速控制阀、进气歧管、动力腔、节气门位置传感器、进气温度传感器等组成。

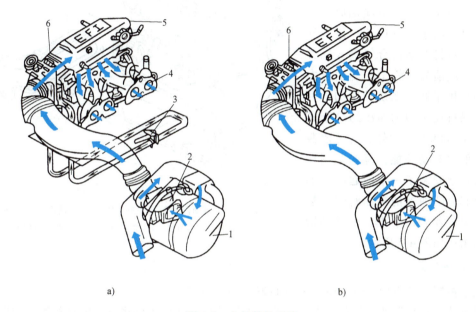

a)

b)

图 4-2　空气供给系统

a）旁通式供气系统　b）直供式供气系统

1—空气滤清器　2—空气流量传感器　3—怠速控制阀　4—进气歧管　5—动力腔　6—节气门体

发动机正常工作时，空气流通路线为：进气口→空气滤清器 1→空气流量传感器 2→进气软管→节气门体 6→动力腔 5→进气歧管 4→进气门→气缸。

发动机怠速运转时，空气流通路线为：进气口→空气滤清器 1→空气流量传感器 2→进气软管→节气门前端的旁通空气道入口→怠速控制阀 3→节气门后端的旁通空气道出口→动力腔 5→进气歧管 4→进气门→气缸。

（2）直供式供气系统　没有设置旁通空气道，发动机怠速进气量由节气门直接控制的空气供给系统，称为直供式供气系统，结构如图 4-2b 所示。它主要由空气滤清器、空气流量传感器、进气软管、进气歧管、动力腔、节气门位置传感器、进气温度传感器等组成。

发动机正常工作和怠速运转时的空气流通路线完全相同：进气口→空气滤清器 1→空气流量传感器 2→进气软管→节气门体 6→动力腔 5→进气歧管 4→进气门→气缸。

空气经空气滤清器过滤后，由空气流量计计量，通过节气门体 6 进入动力腔 5，再分配到各缸进气歧管 4 中。在进气歧管内，从喷油器喷出的燃油与空气混合后被吸入气缸内燃烧。

2. 燃油供给系统

燃油供给系统的功能是向发动机精确提供各种工况下所需要的燃油量。燃油供给系统一般由油箱、电动汽油泵、燃油滤清器、燃油脉动阻尼器、燃油压力调节器、喷油器、燃油分配管等组成。燃油由汽油泵从油箱中泵出，经过燃油滤清器，除去杂质及水分后，再送至燃油脉动阻尼器，以减少其脉动。这样具有一定压力的燃油流至燃油分配管，再经各缸喷油器喷入进气歧管或气缸。喷油器根据ECU的喷油指令，开启喷油阀，将适量的燃油喷于进气门前，待进气行程时，再将燃油混合气吸入气缸中。装在燃油分配管上的燃油压力调节器是用来调节系统油压的，目的在于保持油路内的油压约高于进气管负压300kPa。此外，为了改善发动机低温起动性能，有些车辆在进气歧管上安装了一个冷起动喷油器，冷起动喷油器的喷油时间由热限时开关或者ECU控制。燃油供给系统的组成如图4-3所示。

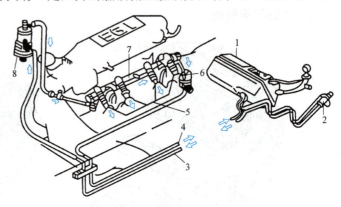

图 4-3 燃油供给系统

1—油箱 2—电动汽油泵 3—输油管 4—回油管 5—喷油器
6—燃油压力调节器 7—燃油分配管 8—燃油滤清器

3. 电子控制系统

电子控制系统由传感器、ECU和执行器三部分组成。

传感器安装在发动机的各个部位，其功用是检测发动机运行状态的电量参数、物理参数和化学参数等，并将这些参数转换成计算机能够识别的电信号输入ECU。检测发动机工况的传感器有：冷却液温度传感器、进气温度传感器、曲轴位置传感器、节气门位置传感器、车速传感器、氧传感器、爆燃传感器、空调离合器开关等。

ECU是发动机控制系统的核心部件。ECU的存储器中存放了发动机各种工况的最佳喷油持续时间，在接收了各种传感器传来的信号后，经过计算确定满足发动机运转状态的燃油喷射量和喷油时间。ECU还可对多种信息进行处理，实现电控喷油系统以外其他诸多方面的控制，如点火控制、怠速控制、排气再循环控制等。

执行器是控制系统的执行机构，其功用是接受ECU输出的各种控制指令完成具体的控制动作，从而使发动机处于最佳工作状态，如喷油脉宽控制、点火提前角控制、怠速控制、炭罐清污、自诊断、故障备用程序启动、仪表显示等。发动机电子控制系统的组成如图4-4所示。

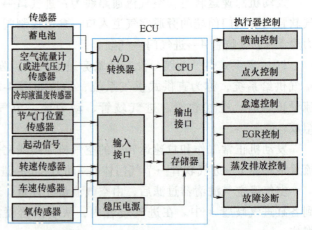

图 4-4 发动机电子控制系统组成框图

4.1.3　汽油机燃油喷射控制的类型

电控汽油喷射系统可按喷射位置、控制方式、喷射方式、空气流量测量方式和有无反馈信号等进行分类。

1. 按喷射位置分类

根据汽油的喷射位置，汽油喷射系统可分为两大类：缸内喷射和进气管喷射。

（1）**缸内喷射**　缸内喷射是将喷油器安装在气缸盖上直接向缸内喷油，如图4-5所示。因此，要求喷油器阀体能承受燃气产生的高温高压，另外气缸盖在结构设计上需保留喷油器的安装位置。缸内喷射是近几年燃油喷射技术的发展趋势之一。

（2）**进气管喷射**　进气管喷射是将喷油器安装在进气总管或者进气歧管上，汽油由喷油器喷入进气总管或进气歧管的进气门前。进气管喷射按喷油器的安装部位又可分为单点喷射和多点喷射。

1）单点喷射。在节气门体上只装1~2只喷油器，向进气总管内喷油，形成可燃混合气。这种喷射系统因喷油器位于节气门体上集中喷射，故又称为节气门体喷射或集中喷射。

2）多点喷射。在每一缸的进气门前均安装一个喷油器，汽油直接喷射到各缸的进气门附近并与空气混合形成混合气。多点喷射由于每一缸都有一个喷油器，如图4-6所示。因此各缸混合气的均匀性得到很大的改善。多点喷射系统是目前使用较为普遍的喷射系统。

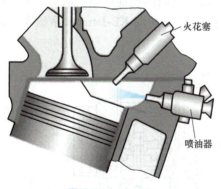

图4-5　缸内喷射

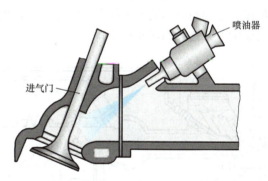

图4-6　多点喷射

2. 按控制方式分类

汽油喷射系统按其控制方式分为机械控制式、机电混合控制式和电子控制式三种。

（1）**机械控制式汽油喷射系统**　机械控制式汽油喷射系统将空气流量计与燃油计量分配器组合在一起，空气流量计检测空气流量的大小后，靠杠杆传动操纵燃油计量分配器的柱塞动作，以燃油计量槽孔开度的大小控制喷油量，以达到控制混合气空燃比的目的，如BOSCH公司的K-Jetronic系统即为这类汽油喷射系统，如图4-7所示。利用杠杆机构操纵燃油计量分配器的柱塞移动，从而改变燃油计量槽孔开度的大小来控制喷油器的喷油量。

（2）**机电混合控制式汽油喷射系统**　机电混合控制式汽油喷射系统是在机械控制式汽

汽车电器与电子控制技术

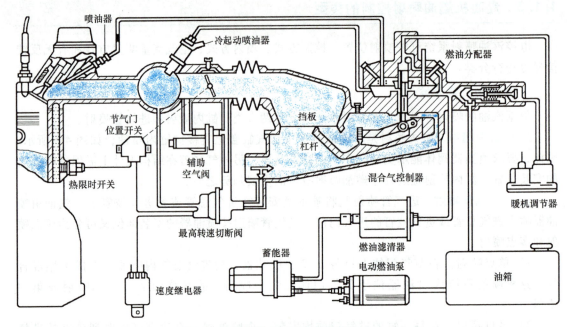

图 4-7　机械控制式汽油喷射系统 K-Jetronic

油喷射系统的基础上加以改进得到的，它与机械控制式汽油喷射系统的主要区别在于：在燃油计量分配器上安装了一个由 ECU 控制的电液式压差调节器，ECU 根据传感器信号控制油液压差调节器，改变燃油分配器中燃油计量槽进口与出口之间的燃油压差，从而调节燃油供给量，达到调节不同工况混合气空燃比的目的。如 BOSCH 公司的 KE-Jetronic 系统即为这类汽油喷射系统，如图 4-8 所示。

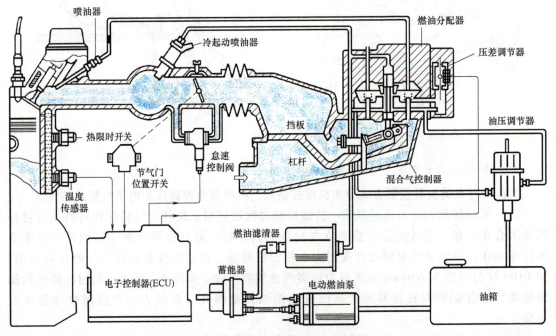

图 4-8　机电混合控制式汽油喷射系统

（3）电子控制式汽油喷射系统　电子控制式汽油喷射系统 ECU 根据传感器信号确定喷油时间长短，从而控制喷油量。每次喷油持续时间为 2~12ms。如 BOSCH 公司的 Motronic 系统（也称为 L 型系统）即为这类汽油喷射系统，如图 4-9 所示。

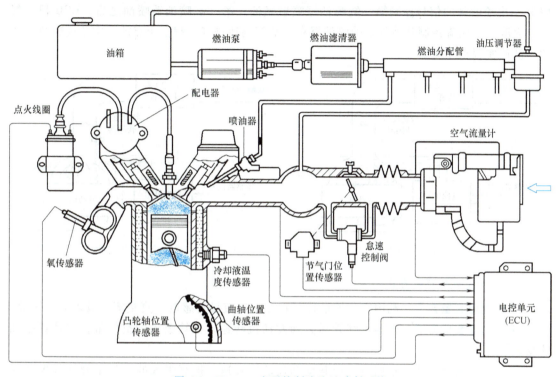

图 4-9　Motronic 电子控制式汽油喷射系统

3. 按喷射方式分类

按喷射方式，汽油喷射系统可分为间歇喷射和连续喷射两种。

间歇喷射又称为脉冲喷射，汽油的喷射以脉冲方式在某一时间段内喷入进气管。因此，ECU 可以根据各种传感器所获得的发动机运行参数精确计量和控制喷油量。由于这种方式的控制精度高，因而被现代发动机集中控制系统广泛采用。间歇喷射方式按各缸喷油器工作顺序又分为同时喷射、分组喷射和顺序喷射三种类型。

（1）同时喷射　同时喷射是指在发动机运转期间，由 ECU 的同一个指令控制所有喷油器同时开启或同时关闭的喷油控制，如图 4-10 所示。此外，当采用分组喷射或顺序喷射的燃油喷射系统发生故障、控制系统处于应急状态运行时，ECU 将自动转换为同时喷射，其目的是供给充足的燃油维持发动机运转。

（2）分组喷射　分组喷射是指将喷油器分组，由 ECU 分别发出喷油指令控制各组喷油器喷油，如图 4-11 所示。

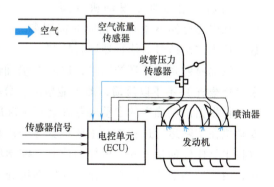

图 4-10　同时喷射

(3) 顺序喷射 顺序喷射又称为次序喷射，是指在发动机运转期间，由 ECU 控制喷油器按进气行程的顺序轮流喷油的控制，如图 4-12 所示。喷油正时由 ECU 根据凸轮轴位置传感器提供的信号判定出第一缸活塞位置，在第一缸活塞到达进气行程上止点前一定角度时，ECU 发出喷油脉冲信号控制第一缸喷油器喷射燃油。第一缸喷油器喷油之后，ECU 根据气缸点火顺序，轮流控制其他气缸的喷油器在其活塞到达进气行程上止点前一定角度时喷射燃油，从而实现顺序喷射。

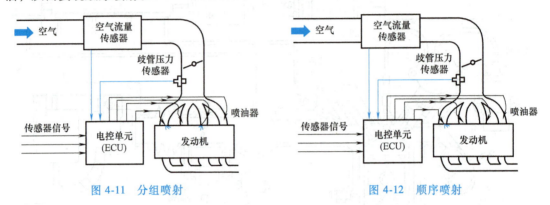

图 4-11　分组喷射　　　　　　　　图 4-12　顺序喷射

4. 按空气流量测量方式分类

(1) 质量流量方式 利用空气流量计（也称空气流量传感器）直接测出吸入的空气量。

(2) 速度密度方式 根据进气管压力和发动机转速，推算吸入的空气量，并计算燃油流量。

(3) 节流速度方式 根据节气门开度和发动机转速，推算吸入的空气量并计算燃油流量。这种形式比较少用，在赛车中有使用。

5. 按控制系统有无反馈信号分类

按空燃比的控制有无反馈信号，电控汽油喷射系统可分为开环控制和闭环控制两类，如图 4-13 所示。

(1) 开环控制 把根据试验确定的发动机各种工况最佳参数，事先存入 ECU；当发动机运行时，ECU 根据各传感器的输入信号判断发动机的运行工况，从内部存储器中查出相应的控制参数，输出控制信号对执行器进行控制。

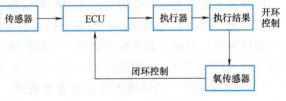

图 4-13　开环和闭环控制过程

汽油喷射系统开环控制时，ECU 给喷油器发出事先设定的指令（喷油脉冲），对控制结果（空燃比）不予以反馈，即不能检测、分析和调节控制结果。

将根据试验确定的发动机各种运行工况所对应的最佳供油量的数据事先存入计算机中，发动机在实际运行过程中，主要根据各个传感器的输入信号，判断发动机所处的运行工况，再找出最佳供油量，并发出控制信号。控制信号经功率放大器放大后，再驱动电磁喷油器动作，由此控制混合气的空燃比，使发动机处于最佳运行状态。开环控制系统不带氧传感器等反馈传感器，只受发动机运行工况参数变化的控制，且按事先设定在计算机 ROM 中的试验

数据流工作。

其优点是简单易行，缺点是其精度直接依赖于所设定的基准数据的精度和电磁喷油器调整标定的精度。但当喷油器及传感器系统电子产品性能变化时，混合气就不能正确地保持在预定的空燃比值上。因此，它对发动机及控制系统的各个组成部分的精度要求高，系统本身抗干扰能力较差，而且当使用工况超出预定范围时，就不能实现最佳控制。

（2）闭环控制 闭环控制时，ECU 以事先设定的控制参数控制发动机工作，同时还不断地检测发动机相关工作参数，根据检测到的信号对控制参数进行修正。

闭环控制系统又称为反馈控制系统，其特点是加入了反馈传感器，输出反馈信号，反馈给控制器，以随时修正控制信号。闭环控制系统在排气管上加装了氧传感器，可根据排气管中氧含量的变化，测出发动机燃烧室内混合气的空燃比值，并把它输入 ECU 中再与设定的目标空燃比值进行比较，将偏差信号经功率放大器放大后再驱动电磁喷油器喷油，使空燃比保持在设定的目标值附近。因此，闭环控制可达到较高的空燃比控制精度，并可消除因产品差异和磨损等引起的性能变化对空燃比的影响，工作稳定性好，抗干扰能力强。

采用闭环控制的燃油喷射系统，可保证发动机在理论空燃比（14.7∶1）附近很窄的范围内运行，使三元催化转换装置对排气的净化处理达到最佳效果。但是，由于发动机某些特殊运行工况（如起动、暖机、加速、怠速、满负荷等）需要控制系统提供较浓的混合气来保证发动机的各种性能，所以在现代汽车发动机电子控制系统中，通常采用开环与闭环相结合的控制方式，如图 4-14 所示的博世 D 型汽油喷射系统。

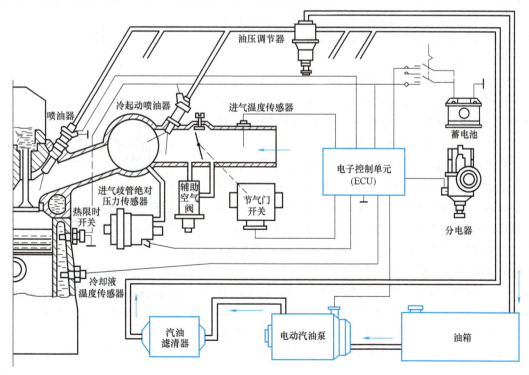

图 4-14 博世 D 型汽油喷射系统

4.2　电控喷油系统传感器

发动机工作
状态的监测

车用传感器是将各种非电量（空气流量、油液温度和压力、转速与转角、位置和位移等）信号按一定规律转换成为电量信号的装置。电控喷油系统采用的传感器有空气流量传感器、曲轴位置传感器、凸轮轴位置传感器、节气门位置传感器、冷却液温度传感器、进气温度传感器、氧传感器和车速传感器；开关信号主要有点火开关信号、起动开关信号、电源电压信号等。

4.2.1　空气流量传感器

电控喷油系
统传感器

空气流量传感器，安装在空气滤清器和节气门之间的进气管上，是测定吸入发动机的空气流量的传感器。电子控制式汽油喷射发动机为了在各种运转工况下都能获得最佳浓度的混合气，必须正确地测定每一瞬间吸入发动机的空气量，以此作为ECU 计算（控制）喷油量的主要依据。此外，空气流量可以反映出发动机负荷的大小，点火系统也可以以此作为参变量对点火正时进行修正。

空气流量传感器有旋转翼片式（叶片式）、卡门旋涡式、热线式、热膜式等四种类型。

1. 叶片式空气流量传感器

叶片式空气流量传感器也叫叶板式或旋转翼片式空气流量传感器。它安装在进气系统的前端，其叶片由通过流量传感器的气体推动，可随着带有回位弹簧的转轴转动。

叶片式空气流量传感器由叶片、补偿板、回位弹簧、电位器、旁通道、急速调整螺钉和接线插头等组成，其结构如图 4-15 所示。

传统的（早期的）BOSCH-L 型汽油喷射系统及一些中档车型采用这种叶片式空气流量传感器，如老式的丰田 CAMRY（佳美）小轿车、丰田 PREVIA（大霸王）小客车、马自达 MPV 多用途汽车等。

其工作原理是：发动机工作时，进气气流经过空气流量传感器时，推动叶片偏转，使其开启。叶片开启角度的大小取决于进气气流对叶片的推力与叶片轴上卷簧弹力的平衡状况。进气量的大小由驾驶人操纵节气门来改变。进气量愈大，气流对叶片的推力愈大，叶片的开启角度也就愈大。在叶片轴上连着一个电位器，电位器的滑动臂与叶片同轴同步转动，把叶片开启角度的变化（即进气量的变化）转换为电阻值的变化。电位器通过导线、插接器与 ECU 连接。ECU 根据电位器电阻的变化量或作用在其上的电压的变化量，按拟定对应的比例进行转换，以测得发动机的进气量。

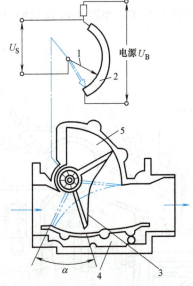

图 4-15　叶片式空气流量传感器

1—可变电阻滑动触头　2—电位器可变电阻
3—叶片　4—旁通道　5—阻尼室

注意，该流量传感器上的怠速调整螺钉用来调整可燃混合气的浓度，而汽油泵开关则用来控制油泵继电器，使汽油泵在发动机工作时通电，发动机不工作时断电。

此类流量传感器的特点是结构简单、可靠性较好、测量精度不受电源电压的影响，但进气阻力大、急加速响应慢、外形尺寸大，安装布置不是十分方便，此外，它属于体积型空气流量传感器，还需对空气的压力和温度进行补偿修正。

2. 卡门旋涡式空气流量传感器

与叶片式空气流量传感器相比，卡门旋涡式空气流量传感器具有体积小、质量小、进气道结构简单、进气阻力小等优点。所谓卡门旋涡，是指在流体中放置一个柱状物体时，在这一柱状物体的下游就会产生如图 4-16 所示的两列旋转方向相反，并交替出现的旋涡。

图 4-16　卡门旋涡产生原理

旋涡发生的频率 f 和空气的流速 v 及柱体直径 d 之间的关系是 $f = 0.2v/d$。根据这种关系，可以通过测量旋涡发生的频率，计算空气流动速度，而将空气通路的有效截面积与空气流速相乘即可知空气的体积流量。

旋涡的测量精度由空气道面积与涡流发生器的尺寸决定，与检测方法无关。旋涡式空气流量传感器的输出信号是与旋涡频率对应的脉冲数字信号，其响应速度快、测量精度高、进气阻力小、无磨损。

根据旋涡频率的检测方式不同，分为光学式和超声波式。

（1）光学式卡门旋涡空气流量传感器　这种空气流量传感器主要由管路、旋涡发生器、整流栅、导孔、金属箔板弹簧、发光二极管（LED）、光电晶体管等部分组成，如图 4-17 所示。它是利用光电效应原理进行信号检测与转换的。光电管是一种半导体器件，可分为光电二极管、光电晶体管和光电晶闸管等。

光电二极管与光电晶体管不同之处在于其 PN 结面积较大、距表面较浅、上电极较小，而光电晶体管的发射区较小、基极无引出线，两者均开有接收光照的窗口。当受

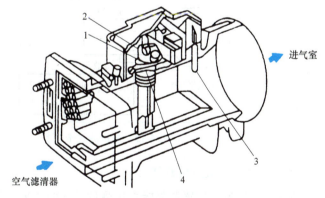

图 4-17　光学式卡门旋涡空气流量传感器
1—反光镜　2—光电晶体管组件　3—进气温度传感器　4—导压孔

到光照时，它们都会产生类光电效应的光生伏特现象，从而产生电流。发光二极管作为光源使用，而光电晶体管为光电转换元件。

光学式卡门旋涡空气流量传感器的工作原理图如 4-18 所示。在产生卡门旋涡的过程中，旋涡发生器两侧的空气压力会发生变化，通过导压孔作用在金属箔上，从而使其振动。

发光二极管的光照在振动的金属箔上时，光电晶体管接收到金属箔上的反射光是被旋涡

调制的光，其输出经解调得到代表空气流量的频率信号。提供给 ECU 的信号为 0～5V 交替变化的方波信号，且与进气量成正比，进气量多则信号频率高，进气量少则信号频率低。

（2）**超声波式卡门旋涡空气流量传感器** 所谓超声波，是指频率高于 20kHz，人耳听不到的机械波。超声波的方向性好，穿透力强，遇到杂质或物体分界面会产生显著的反射。利用这些物理性质，可把一些非电量转换成声学参数，再通过压电元件转

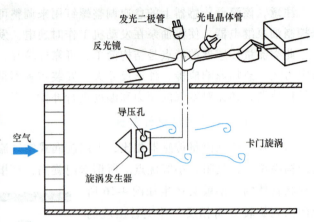

图 4-18　光学式卡门旋涡空气流量传感器

换成电量。超声波探头即超声波换能器，亦即超声波传感器，有发射探头和接收探头两种。利用压电材料的逆压电效应（即当对其通以超声电信号时，它会产生机械波）制成的探头为发射探头，而利用压电材料的压电效应制成的探头为接收探头。

在卡门旋涡发生器下游管路两侧相对安装超声波发射探头和接收探头。因卡门旋涡对空气密度的影响，就会使超声波从发射探头到接收探头的时间较无旋涡变长，而产生相位差。对此相位信号进行处理，就可得到旋涡脉冲信号，即代表体积流量的电信号输出。超声波式卡门旋涡空气流量传感器的原理如图 4-19 所示。

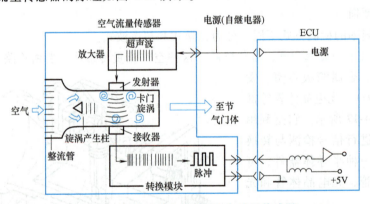

图 4-19　超声波式卡门旋涡空气流量传感器

3. 热线式空气流量传感器

热线式空气流量传感器都能直接测量进气的质量流量。其测量原理是：经过热线表面的每一个空气分子都会带走一定的热量，带走热量总值与流过空气的分子数量有关，即和空气质量流量有关。

当设计要求热线表面温度与周围环境温度间保持一个固定的温差时（如 100℃ 等），被空气带走而损失的热量就要由电路加热来补偿。当热线设计成一个恒定电阻时，通过该电阻的电流值就决定了加热量，而通过该电阻的电流可以通过施加在该电阻两端的电压来调整，这就是说，只要测出能够使热线与周围环境的温差保持为定值的电压值，即可获得对应的流经热线的空气质量流量。

热线式空气流量传感器的基本构成包括：感知空气流量的铂金热线、根据进气温度进行修正的温度补偿电阻（冷线）、控制热线电流的控制电路及壳体等，热线传感器由热线电阻、温度补偿电阻、电桥电阻、精密电阻及集成电路控制器等元件构成，如图 4-20所示。

热线式空气流量计的基本构成是感知空气流量的铂金热线电阻，属于正温度系数的电阻。在铂金热线旁边的是温度补偿电阻（冷线），属于负温度系数的电阻，负责检测进气温度并对加热电流进行调整。

热线电阻 R_H 直径为 $70\mu m$ 的铂金丝，布置在支承环内，其阻值随温度的变化而变化，是惠斯通电桥电路的一个臂，热线支承环前端的塑料护套内安装一个铂金薄膜电阻器 R_C，其阻值随进气温度变化，称为温度补偿电阻，是惠斯通电桥电路的另一个臂。热线支承环后端的塑料护套上粘结着一只精密电阻 R_A，此电阻能用激光修正，也是惠斯通电桥的一个臂，该电阻上的电压降即为热线式空气流量传感器的输出信号电压。惠斯通电桥还有一个臂的电阻 R_B 安装在控制电路板上，称为电桥电阻，如图 4-21所示。

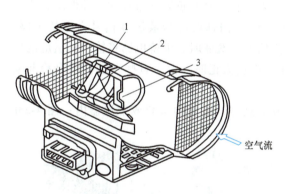

图 4-20　热线式质量空气流量传感器

1—取样管　2—热线传感器　3—温度传感器

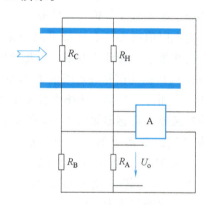

图 4-21　热线式空气流量传感器的工作原理

A—混合集成电路　R_C—冷线温度补偿电阻　R_H—铂金热线电阻　R_B—电桥电阻　R_A—精密电阻　U_o—信号电压

其工作原理是：空气流量增加，铂金热线上被带走的热量就会增加，热线电阻的阻值就会下降，惠斯通电桥失去平衡，控制电路根据保温需要，就会增加热线电阻的电流，使热线恢复原设定的温度和电阻，使电桥恢复平衡。电子控制回路所增加的电流大小取决于热线被冷却的程度，即空气质量流量，增加的电流通过电桥中的 R_A 转换成电压而输出。ECU 则可根据该电压信号成比例地测定出空气的质量流量。

热线式空气流量传感器的特点是可以准确测量空气量，响应速度较快，无须进行进气温度和大气压力修正，无机械工作部位，进气阻力小；但在空气流速分布不均匀时，测量误差较大，而且热线电阻容易受到污染，使其灵敏度下降。

4. 热膜式空气流量传感器

热膜式空气流量传感器的工作原理与热线式空气流量传感器类似，都是用惠斯通电桥工作的。所不同的是：热膜式不使用铂金丝作为热线，而是将热线电阻、补偿电阻及电桥电阻用厚膜工艺制作在同一陶瓷基片上构成热膜。

这种结构可使发热体不直接承受空气流动所产生的作用力，增加了发热体的强度，提高

了空气流量传感器的可靠性，误差也较小，且不需要加热清洁电路。该空气流量传感器的结构如图 4-22 所示。

4.2.2 冷却液温度传感器和进气温度传感器

冷却液温度传感器和进气温度传感器用来检测冷却液和进气歧管的进气温度，并将温度信号传给 ECU，从而对喷油量、喷油时刻和点火时间进行修正。

冷却液温度传感器和进气温度传感器有绕线电阻式、热敏电阻式、扩散电阻式、半导体晶体管式、金属芯式、热电偶式等多种型式，应用较多的是热敏电阻式。

热敏电阻式温度传感器的感温元件为热敏电阻，它是具有负温度系数的一种电阻：当温度升高时电阻值减小，温度降低时电阻值增大。ECU 内部的冷却液温度信号为电桥电路，传感器的热敏电阻为臂桥电阻。当热敏电阻的阻值发生改变时，电桥电路将输出相适应的电压信号，ECU 据此信号决定喷油器的喷油量并修正点火正时。由于有些发动机没有冷起动喷油器，因而冷却液温度传感器就更显得重要。

冷却液温度传感器如图 4-23a 所示，一般装于缸体、缸盖的水套或节温器内；图 4-23b 所示为进气温度传感器，装于滤清器后进气软管上。也有些车辆把进气温度传感器与进气流量传感器、进气压力传感器集成为一体。

进气温度传感器安装在空气滤清器之后的节气门体附近，其结构原理与冷却液温度传感器相似。进气温度信号经 ECU 处理后，再与 20℃ 的基本温度信号相比较，然后向喷油器和点火器发出喷油量和点火时刻的修正信号。

图 4-22 热膜式空气流量传感器的结构

1—控制电路 2—热膜 3—进气温度传感电阻

图 4-23 温度传感器

a) 冷却液温度传感器 b) 进气温度传感器

4.2.3 曲轴与凸轮轴位置传感器

曲轴位置传感器（CPS）又称为发动机转速与曲轴转角传感器，其功用是采集发动机曲轴转动角度和发动机转速信号，并将信号输入 ECU，以便确定和控制喷油时刻与点火时刻。

凸轮轴位置传感器（CIS）又称为气缸判别传感器，其功用是采集配气凸轮轴的位置信号，并将信号输入 ECU，以便 ECU 识别第一缸活塞压缩上止点，从而进行顺序喷油控制、点火控制和爆燃控制。此外，凸轮轴位置信号还用于发动机起动时识别出第一次点火时刻。电控发动机燃油喷射系统常用的曲轴与凸轮轴位置传感器分为磁感应式、光电式和霍尔式三种类型。

大多数汽车将曲轴与凸轮轴两种位置传感器制作成一体，且相同类型传感器的工作原理

完全相同，如图 4-24 所示。

1. 磁感应式曲轴与凸轮轴位置传感器

（1）磁感应式传感器的基本结构与工作原理　磁感应式传感器的基本结构与工作原理示意图如图 4-25 所示。传感器主要由信号转子、传感线圈、永久磁铁和磁轭等组成。磁力线穿过的路径为：永久磁铁 N 极→定子与转子间的气隙→转子凸齿→转子凸齿与定子磁头间的气隙→磁头→导磁板→永

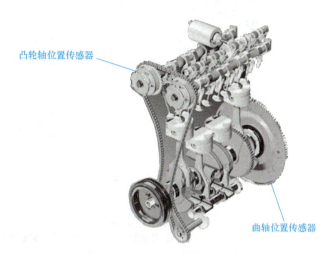

图 4-24　曲轴与凸轮轴位置传感器

久磁铁 S 极。当信号转子旋转时，磁路中的气隙就会周期性地发生变化，磁路的磁阻和穿过传感线圈（信号线圈）磁头的磁通量随之发生周期性的变化。根据电磁感应原理，传感线圈中就会感应产生交变电动势。

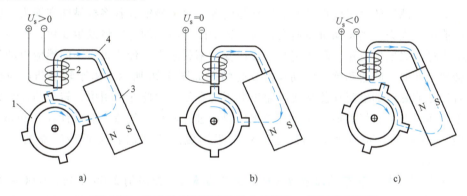

图 4-25　磁感应式传感器的基本结构与工作原理示意图

a）凸齿接近磁头　b）凸齿正对磁头　c）凸齿离开磁头

1—信号转子　2—传感线圈　3—永久磁铁　4—磁轭

当信号转子按顺时针方向旋转时，转子凸齿与磁头间的气隙减小，磁路磁阻减小，磁通量 Φ 增多，磁通变化率增大，感应电动势 E 为正，如图 4-26 中曲线 abc 所示。当转子凸齿接近磁头边缘时，磁通量 Φ 急剧增多，磁通变化率最大，感应电动势 E 最高，如图 4-26 中曲线 b 点所示。转子转过 b 点位置后，虽然磁通量 Φ 仍在增多，但磁通变化率减小，因此感应电动势 E 降低。

当转子旋转到凸齿的中心线与磁头的中心线对齐时，如图 4-25b 所示，虽然转子凸齿与磁头间的气隙最近，磁路的磁阻最小，磁通量 Φ 最大，但是由于磁通量不可能继续增加，磁通变化率为零，因此感应电动势 E 为零，如图 4-26 中曲线 c 点所示。

当转子沿顺时针方向继续旋转，凸齿离开磁头时，如图 4-25c 所示，凸齿与磁头间的气隙增大，磁路磁阻增大，磁通量 Φ 减小，所以感应电动势 E 为负值，如图 4-26 中曲线 cda 所示。当凸齿即将离开磁头边缘时，磁通量 Φ 急剧减少，磁通变化率达到负向最大值，感

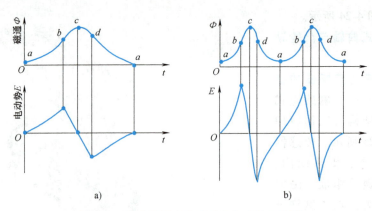

图 4-26　传感线圈中的磁通和电动势 E 波形
a）低速时输出波形　b）高速时输出波形

应电动势 E 也达到负向最大值，如图 4-26 中曲线 d 点所示。

由此可见，信号转子每转过一个凸齿，就会在传感线圈中产生一个周期的交变电动势，即电动势出现一次最大值和一次最小值，传感线圈输出端相应地输出一个交变电压信号。

磁感应式传感器的突出优点是不需要外加电源，永久磁铁起着将机械能变换为电能的作用，其磁能不会损失。当发动机转速变化时，转子凸齿转动的速度将发生变化，铁心中的磁通变化率也将随之发生变化。转速越高，磁通变化率就越大，传感线圈中的感应电动势也就越高。转速不同时，磁通和感应电动势的变化情况如图 4-26 所示。由于转子凸齿与磁头间的气隙直接影响磁路的磁阻和传感线圈输出电压的高低，因此在使用中，转子凸齿与磁头间的气隙不能随意变动。气隙如有变化，必须按规定进行调整。气隙一般设计在 2.0mm 左右，如桑塔纳 2000 系列、3000 系列和捷达系列轿车用磁感应式曲轴位置传感器的气隙值为（1.8±0.01）mm。

（2）**桑塔纳与捷达轿车的磁感应式曲轴位置传感器**　桑塔纳 2000 系列、3000 系列和捷达系列轿车的磁感应式曲轴位置传感器安装在曲轴箱内靠近离合器一侧的缸体上，其外形如图 4-27 所示，结构与安装部位如图 4-28 所示，主要由信号发生器和信号转子组成。

图 4-27　桑塔纳与捷达轿车的磁感应式
曲轴位置传感器外形

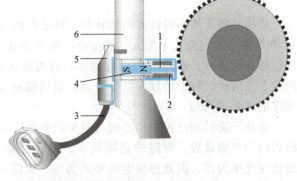

图 4-28　磁感应式曲轴位置传感器结构与安装部位
1—软磁铁心　2—线圈　3—屏蔽电缆　4—永久磁铁
5—传感器外壳　6—安装支架

信号发生器用螺钉固定在发动机缸体上，由永久磁铁、传感线圈和线束插头组成。传感线圈又称为信号线圈，永久磁铁上带有一个磁头，磁头正对安装在曲轴上的齿盘式信号转子，磁头与磁轭（导磁板）连接而构成导磁回路。

信号转子为齿盘式，在其圆周上均匀间隔地制作有 58 个凸齿、57 个小齿缺和一个大齿缺。大齿缺输出基准信号，对应发动机第一缸或第四缸压缩上止点前一定角度。大齿缺所占的弧度相当于两个凸齿和三个小齿缺所占的弧度。因为信号转子随曲轴一同旋转，曲轴旋转一圈（360°），信号转子也旋转一圈（360°），所以信号转子圆周上的凸齿和齿缺所占的曲轴转角为 360°，每个凸齿和小齿缺所占的曲轴转角均为 3°（58×3°+57×3°＝345°），大齿缺所占的曲轴转角为 15°（2×3°+3×3°＝15°）。

当曲轴位置传感器随曲轴旋转时，由磁感应式传感器工作原理可知，信号转子每转过一个凸齿，传感线圈中就会产生一个周期性交变电动势（即电动势出现一次最大值和一次最小值），线圈相应地输出一个交变电压信号。因为信号转子上设有一个产生基准信号的大齿缺，所以当大齿缺转过磁头时，信号电压所占的时间较长，即输出信号为一宽脉冲信号，该信号对应于第一缸或第四缸压缩上止点前一定角度。ECU 接收到宽脉冲信号时，便可知道第一缸或第四缸上止点位置即将到来，至于即将到来的是第一缸还是第四缸，则需根据凸轮轴位置传感器输入的信号来确定。由于信号转子上有 58 个凸齿，因此信号转子每转一圈（发动机曲轴转一圈），传感线圈就会产生 58 个交变电压信号，并输入给 ECU。

每当信号转子随发动机曲轴转动一圈，传感线圈就会向 ECU 输入 58 个脉冲信号。因此，ECU 每接收到曲轴位置传感器 58 个信号，就可知道发动机曲轴旋转了一圈。如果在 1min 内 ECU 接收到曲轴位置传感器 116000 个信号，ECU 便可计算出曲轴转速 n 为 2000（$n＝116000/58＝2000$）r/min。依此类推，ECU 根据每分钟接收曲轴位置传感器脉冲信号的数量，便能计算出发动机曲轴旋转的转速。发动机转速信号和负荷信号是电子控制系统最重要、最基本的控制信号，ECU 根据这两个信号就能计算出基本喷油提前角（时间）、基本点火提前角（时间）和点火导通角（点火线圈一次电流接通时间）三个基本控制参数。

2. 光电式曲轴与凸轮轴位置传感器

日产公司生产的光电式曲轴与凸轮轴位置传感器是由分电器改进而成，其结构如图 4-29 所示。它主要由信号盘（即信号转子）、信号发生器、传感器壳体和线束插头等构成。

信号盘是传感器的信号转子，压装在分电器轴上，在靠近信号盘的边缘位置制作有均匀间隔弧度的内、外两圈透光孔。信号发生器固定在传感器壳体上，它由 Ne 信号（转速与转角信号）发生器、G 信号（上止点信号）发生器以及信号处理电路组成，如图 4-30 所示。Ne 信号与 G 信号发生器均由一个发光二极管（LED）和一个光电晶体管（或光电二极管）组成，两个 LED 分别正对着两个光电晶体管。

光电式传感器的工作原理如图 4-31 所示。信号盘安装在发光二极管（LED）与光电晶体管（或光

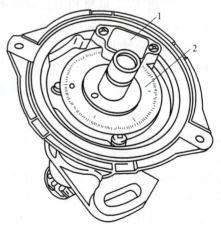

图 4-29　光电式曲轴与凸轮轴位置传感器
1—曲轴转角传感器　2—信号盘

电二极管）之间。当信号盘上的透光孔旋转到 LED 与光电晶体管之间时，LED 发出的光线就会照射到光电晶体管上，此时光电晶体管导通，其集电极输出低电平（0.1~0.3V）；当信号盘上的遮光部分旋转到 LED 与光电晶体管之间时，LED 发出的光线就不能照射到光电晶体管上，此时光电晶体管截止，其集电极输出高电平（4.8~5.2V）。

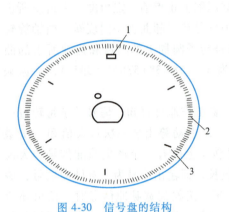

图 4-30　信号盘的结构

1—120°信号孔（第一缸）　2—信号缝隙

3—120°信号孔

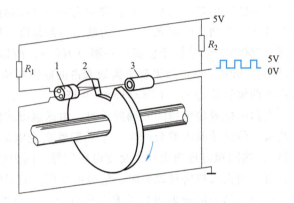

图 4-31　光电式传感器的工作原理

1—发光二极管　2—信号转子　3—光电晶体管

　　如果信号盘连续旋转，透光孔和遮光部分就会交替地转过 LED 而透光或遮光，光电晶体管集电极就会交替地输出高电平和低电平。当传感器轴随曲轴和配气凸轮轴转动时，信号盘上的透光孔和遮光部分便从 LED 与光电晶体管之间转过，LED 发出的光线受信号盘透光和遮光作用就会交替照射到信号发生器的光电晶体管上，信号传感器中就会产生与曲轴位置和凸轮轴位置对应的脉冲信号。

　　由于曲轴旋转两圈，传感器轴带动信号盘旋转一圈，所以 G 信号传感器将产生 6 个脉冲信号，Ne 信号传感器将产生 360 个脉冲信号。因为 G 信号透光孔间隔弧度为 60°，曲轴每旋转 120°就产生一个脉冲信号，所以通常 G 信号称为 120°信号。设计安装保证 120°信号在上止点前 70°（BTDC70°）时产生，且长方形宽边稍长的透光孔产生的信号对应于发动机第一缸上止点前 70°，以便 ECU 控制喷油提前角与点火提前角。因为 Ne 信号透光孔间隔弧度为 1°，所以在每一个脉冲周期中，高、低电平各占 1°曲轴转角，360 个信号表示曲轴旋转 720°，曲轴每旋转 120°，G 信号传感器产生一个信号，Ne 信号传感器产生 60 个信号。发动机 ECU 会根据每一时间段内的脉冲数量，自动计算出发动机转速。

3. 霍尔式曲轴与凸轮轴位置传感器

（1）霍尔式传感器的基本结构及工作原理　霍尔式曲轴与凸轮轴位置传感器以及其他形式的霍尔式传感器都是根据霍尔效应制成的。霍尔效应是美国物理学家爱德华·霍尔博士于 1879 年首先发现的。通有电流 I 的铂金导体（半导体）垂直于磁力线放入磁感应强度为 B 的磁场中时，如图 4-32 所示。在铂金导体横向侧面上就会产生一个垂直于电流方向和磁场的电压 U_H，U_H 与通过半导体的电流 I 和磁感应强度 B 成正比，当取消磁场时

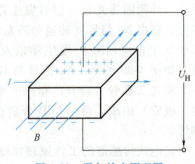

图 4-32　霍尔效应原理图

电压立即消失。

利用霍尔效应制成的元件称为霍尔元件，利用霍尔元件制成的传感器称为霍尔式传感器。它具有两个突出优点：一是输出电压信号近似于方波信号；二是输出电压高低与被测物体的转速无关。霍尔式传感器与磁感应式传感器不同的是需要外加电源。

霍尔式传感器的基本结构与原理如图 4-33 所示，它主要由触发叶轮、霍尔集成电路、磁轭与永久磁铁等组成。触发叶轮 2 安装在转子轴上，叶轮上制有叶片。当触发叶轮 2 随转子轴一同转动时，叶片便在霍尔集成电路 4 与永久磁铁 1 之间转动。霍尔半导体固定在陶瓷支座上。它有 4 个电接头，该片的对面装有一个永久磁铁，它和霍尔半导体之间留有一定的气隙。传感器转子由分电器轴驱动，转子上有和气缸数目相同的叶片。当叶片转离磁极和霍尔基层之间的气隙时，磁场通过霍尔基层，便产生霍尔电压。当叶片转入磁极和霍尔基层之间的气隙时，磁力线被隔断，不能通过霍尔基层，使霍尔电压下降为 0。在分电器转动一圈的过程中，传感器输出和气缸数目相同个数的矩形电压脉冲信号。通常将脉冲信号的下降沿作为活塞到达上止点的基准信号（Ne 信号）。

霍尔集成电路由霍尔元件、放大电路、稳压电路、温度补偿电路、整形电路和输出电路等组成，如图 4-34 所示。当叶片进入气隙时，霍尔集成电路的磁场被叶片旁路，霍尔电压 U_H 为 0，霍尔集成电路输出级的晶体管截止，信号发生器输出的信号电压 U_0 为高电平。当叶片离开气隙时，霍尔元件产生电压，霍尔集成电路输出极的晶体管导通，传感器输出的信号电压 U_0 为低电平。

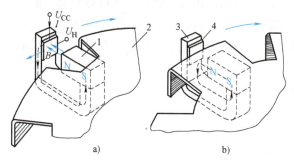

图 4-33 霍尔式传感器基本结构与原理

1—永久磁铁 2—触发叶轮 3—磁轭 4—霍尔集成电路

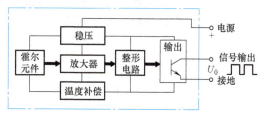

图 4-34 霍尔集成电路框图

（2）桑塔纳与捷达轿车霍尔式凸轮轴位置传感器 桑塔纳 2000GSi/3000 型和捷达 AT/GTX 型轿车采用的是霍尔式凸轮轴位置传感器，安装在发动机配气凸轮轴的一端，其结构与连接线路如图 4-35 所示。它主要由霍尔信号发生器 2 和信号转子 5 组成。

信号转子 5 又称为触发叶轮，安装在配气凸轮轴的一端，用定位螺栓和座圈 4 定位固定。信号转子 5 的隔板又称为叶片，在叶片上制有一个窗口，窗口对应产生的信号为低电平信号，叶片对应产生的信号为高电平信号。霍尔元件用硅半导体材料制成，与永久磁铁之间留有 0.2~0.4mm 的间隙。当信号转子 5 随配气凸轮轴一同转动时，叶片和窗口便从霍尔集成电路与永久磁铁之间的气隙中转过。

该传感器接线插座上有三个引线端子，端子 1 为传感器电源正极端子，与控制单元 62 端子连接；端子 2 为传感器信号输出端子，与控制单元 76 端子连接；端子 3 为传感器电源负极端子，与控制单元 67 端子连接。

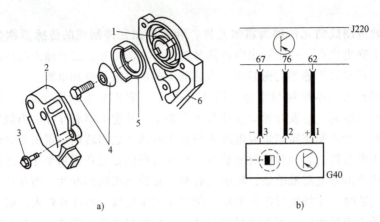

a)   b)

图 4-35　霍尔式凸轮轴位置传感器的结构与连接线路

a）结构图　b）连接线路

1—凸轮轴套　2—信号发生器　3—固定螺钉　4—定位螺栓与座圈　5—信号转子　6—发动机缸盖

发动机工作时，磁感应式曲轴位置传感器和霍尔式凸轮轴位置传感器产生的信号电压不断输入 ECU。当 ECU 同时接收到曲轴位置传感器大齿缺对应的低电平信号和凸轮轴位置传感器窗口对应的低电平信号时，便可识别出此时为第一缸活塞处于压缩行程、第四缸活塞处于排气行程，从而进行顺序喷油控制和各缸点火时刻控制，并可根据曲轴位置传感器小齿缺对应输出的信号控制点火提前角和喷油提前角。ECU 根据凸轮轴位置传感器信号判别出第一缸活塞位置之后，再根据磁感应式曲轴位置传感器信号，即可按照四缸发动机 1—3—4—2 的工作顺序，对各缸喷油器进行喷油提前角控制和对各缸火花塞进行点火提前控制。其中霍尔式凸轮轴位置传感器输出波形如图 4-36 所示。

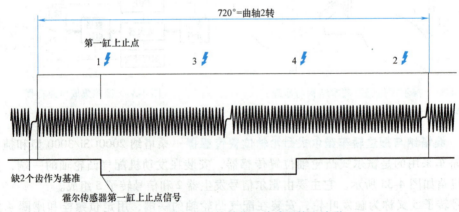

图 4-36　霍尔式凸轮轴位置传感器输出波形

4.2.4　节气门位置传感器

节气门位置传感器又称为节气门开度传感器。其主要功用是检测出发动机是处于怠速工况还是负荷工况，是加速工况还是减速工况。

汽车发动机节气门由驾驶人通过加速踏板来操纵，以改变发动机的进气量，从而控制发动机的运转。不同的节气门开度标志着发动机在不同的负荷工况下运转。为了使喷油量和点

火时间满足不同工况的要求，微机控制点火系统通常在节气门体上装有节气门位置传感器，它可以将节气门的开度转换成电信号输送给 ECU，作为 ECU 判定发动机运转工况的依据。

节气门位置传感器有触点式、可变电阻式、触点与可变电阻组合式三种类型。

1. 触点式节气门位置传感器

触点式节气门位置传感器的结构及电路如图 4-37 所示，主要由节气门轴、大负荷触点（PSW）、凸轮、怠速触点（IDL）和接线插座组成。凸轮随节气门轴转动，节气门轴随节气门开度大小变化而变化。

当节气门关闭时，IDL 闭合、PSW 断开，IDL 输出端子输出的信号为低电平"0"，PSW 输出的信号为高电平"1"。ECU 接收到节气门位置传感器输入的这两个信号时，如果车速传感器输入 ECU 的信号表示车速为零，那么 ECU 将判定发动机处于怠速状态，并控制喷油器增加喷油量，保证发动机怠速转速稳定而不至熄火。如果车速传感器输入 ECU 的信号表示车速不为零，那么 ECU 将判定发动机处于减速状态，并控制喷油器停止喷油，以降低排放，提高经济性。

当节气门开度增大时，凸轮随节气门轴转动并将 IDL 顶开，如果 PSW 保持断开状态，那么端子 IDL 和端子 PSW 都将输出高电平"1"。ECU 接收到这两个高电平信号时，将判定发动机处于部分负荷状态，此时 ECU 将根据空气流量传感器和曲轴转速信号计算确定喷油量，保证发动机的经济性和排放性能。

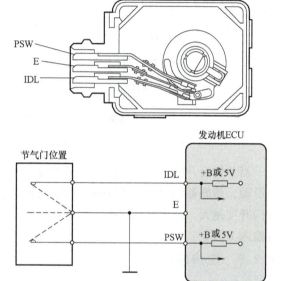

图 4-37　触点式节气门位置传感器的结构及电路

当节气门接近全部开启（80%以上负荷）时，凸轮转动使 PSW 闭合，端子 PSW 输出低电平"0"，端子 IDL 保持断开而输出为高电平"1"。ECU 接收到这两个信号时，将判定发动机处于大负荷状态运行，并控制喷油器增加喷油量，保证发动机输出足够的功率，故大负荷触点称为功率触点。在此状态下，控制系统将进入开环控制模式，ECU 不采用氧传感器信号。如果此时空调系统仍在工作，那么 ECU 将中断空调主继电器信号约 15s，以便切断空调电磁离合器线圈电流，使空调压缩机停止工作，增大发动机的输出功率，提高汽车的动力性。

2. 组合式节气门位置传感器

丰田轿车的组合式节气门位置传感器的结构及电路如图 4-38 所示，它主要由可变电阻、滑动触点、节气门轴、怠速触点和壳体组成。可变电阻为镀膜电阻，制作在传感器底板上，可变电阻的滑臂随节气门轴一同转动，滑臂与输出端子 VTA 连接。

组合式节气门位置传感器的输出特性如图 4-39 所示。当节气门关闭或开度小于 1.2°时，怠速触点闭合，端子 IDL 输出低电平（0V）；当节气门开度大于 1.2°时，怠速触点断开，端子 IDL 输出高电平（5V）。

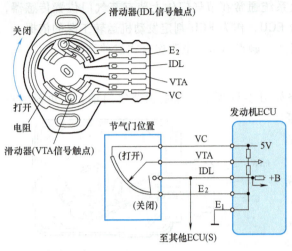

图 4-38　组合式节气门位置传感器的结构及电路

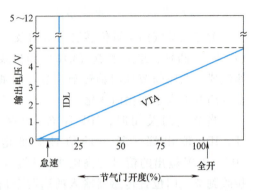

图 4-39　组合式节气门位置传感器的输出特性

当节气门开度变化时，可变电阻的滑臂便随节气门轴转动，滑臂上的触点便在镀膜电阻上滑动，传感器的输出端子 VTA 与 E_2 之间的信号电压随之发生变化，如图 4-39 所示。节气门开度越大，输出电压越高。传感器输出的线性信号经过 A/D 转换器转换成数字信号后再输入 ECU。

4.2.5　氧传感器

随着汽车工业的发展，特别是汽车保有量及使用频率的增加，汽车尾气所引起的污染问题越来越引起人们的重视，在这种情况下，电控喷油车辆成了汽车工业发展的主流。电控喷油采用闭环控制系统，依据发动机的不同工况及排放因素，能及时调节喷油量，这样就可以使空燃比保持在 14.7∶1 左右，进而获得理想的动力性和经济性。而氧传感器是汽车发动机电子控制系统的重要器件。

汽车用氧传感器主要作用在于监测发动机排气中的氧含量，并根据所测得的数据输出信号电压，反馈给 ECU，从而控制喷油量的大小，使汽车发动机随时处于最佳的燃烧状态，并且与三元催化转化器相结合使用可以减少汽车尾气中 80% 以上的有害成分，并节油 5%～20%。

氧传感器的安装位置如图 4-40 所示，按结构可分为氧化锆式和氧化钛式两种类型。氧

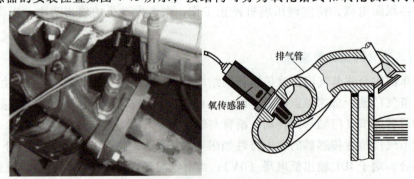

图 4-40　氧传感器安装位置

化锆式氧传感器分为加热型与非加热型两种，氧化钛式氧传感器一般都为加热型。由于使用的氧化钛式氧传感器价格便宜，且不易受到硅离子的腐蚀，因此应用越来越广泛。

1. 氧化锆式氧传感器

氧化锆式氧传感器的外形如图 4-41 所示，其结构如图 4-42 所示，它主要由钢制保护套管、钢质壳体、锆管、加热元件、电极引线、防水护套及线束插头等组成。

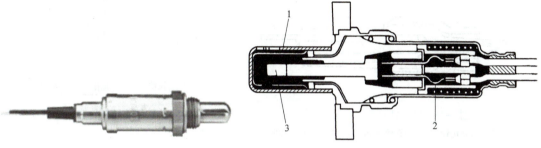

图 4-41　氧化锆式氧传感器的外形

图 4-42　氧化锆式氧传感器的结构
1—保护套管　2—电极引线　3—锆管

氧化锆是具有传导氧离子能力的固体电解质，当温度达到 300℃时，氧化锆能够传导氧离子，从氧离子浓的一方向氧离子稀的一方流动，从而产生电压信号。氧传感器的工作原理与电池相似，传感器中的氧化锆元素起类似电解液的作用。其基本工作原理是：在一定条件下（高温和铂催化），利用氧化锆内外两侧的氧浓度差，产生电位差，且浓度差越大，电位差越大。大气中氧的含量为 21%，浓混合气燃烧后的排气实际上不含氧，稀混合气燃烧后生成的排气或因缺火产生的排气中含有较多的氧，但仍比大气中的氧含量少得多。

在高温及铂的催化下，带负电的氧离子吸附在氧化皓的内外表面上。当套管排气一侧的氧浓度低时，在电极之间产生一个高电压（0.6~1V），这个电压信号被送到 ECU 放大处理，ECU 把高电压信号作为浓混合气（含氧少），而把低电压信号作为稀混合气（含氧多）。氧传感器只有在高温时（端部达到 300℃以上）特征才能充分体现，才能输出电压。氧传感器约在 800℃时，对混合气的变化反应最快，而在低温时这种特性会发生很大变化。

氧传感器的核心元件是氧化锆管，它是一种固体电解质，其内外表面都覆盖有多孔铂电极和氧化铝保护层，内表面与大气相通，外表面与尾气接触。尾气在与锆管的外表面接触时，尾气中的残留氧气透过铂电极和氧化铝保护层同氧化锆接触，在一定高温下，锆管内外由于氧浓度差而产生电动势差。

2. 氧化钛式氧传感器的结构原理

二氧化钛属于 N 型半导体材料，其阻值大小取决于材料温度以及周围环境中氧离子的浓度，因此可用来检测排气中的氧离子浓度。氧化钛式氧传感器又称为电阻型氧离子浓度传感器，其结构如图 4-43 所示。其原理是利用化学反应强、对氧气敏感、易于还原的氧化物半导体材料与氧气接触时产生还原反应，使晶格结构发生变化，从而导致电阻值发生变化。

氧化钛式氧传感器的信号源相当于一个可变电阻，其电阻值与过量空气系数的关系即输出特性如图 4-44 所示。当发动机的可燃混合气浓时，由于燃烧不完全，排气中会剩余少量氧气，传感元件周围的氧离子很少，二氧化钛呈现高电阻状态。与此同时，在催化剂铂的催

化作用下，使剩余氧离子与排气中一氧化碳产生化学反应，生成二氧化碳，将排气中的氧离子进一步消耗掉，从而大大提高了传感器的灵敏度。

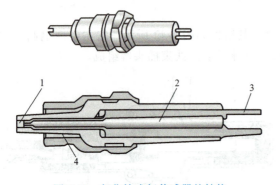

图 4-43　氧化钛式氧传感器的结构

1—二氧化钛　2—陶瓷绝缘物　3—电极　4—铂线

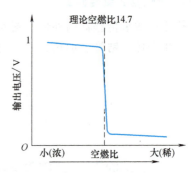

图 4-44　氧化钛式氧传感器输出特性

当发动机混合气稀时，排气中氧离子含量较多，传感元件周围的氧离子浓度较大，二氧化钛呈现低电阻状态。

由上图 4-44 可见，氧化钛式氧传感器的电阻将在混合气的空燃比为 14.7 时产生突变。当给氧传感器施加稳定的电压时，其输出端便可得到一个交替变化的信号。该信号电压一般由 ECU 内部的稳压电源提供。

4.3　汽油机电控喷油系统的控制

汽油机电控喷油系统的控制

　　汽车发动机燃油喷射系统（EFI）的控制包括喷油器的控制、喷油正时的控制和喷油量的控制。其中喷油量的控制又分为发动机起动时喷油量控制和发动机起动后喷油量控制两种情况。燃油喷射电子控制系统通过精确控制喷油量，即可降低燃油消耗量和减少有害气体排放量，从而达到提高汽车经济性和排放性的目的。

4.3.1　燃油喷射控制原理

　　汽车发动机各种燃油喷射电子控制系统采用传感器和执行器的数量与型式各有不同，但其燃油喷射的控制原理大同小异，空气流量型（即 L 型）燃油喷射系统的控制原理简图如图 4-45 所示。

　　在发动机工作过程中，当各种传感器和开关信号输入 ECU 后，首先由输入接口电路进行信号处理，将其变换成中央处理器（CPU）能够识别和处理的数字信号；然后 CPU 根据输入信号进行数学计算和逻辑判断，利用 ROM 中的控制软件对输入信号进行数学计算和逻辑判断，并确定出具体的控制量（如喷油开始时刻、喷油持续时间等）；最后 CPU 通过输出接口电路向执行器（即喷油器）发出喷油控制指令，控制信号经输出电路进行功率放大后，再驱动喷油器喷油。与此同时，CPU 还要控制喷油开始时刻、喷油持续时间等，从而实现发动机不同工况时的喷油实时控制。在控制过程中，各种传感器的工作情况如下：

　　凸轮轴位置传感器向 ECU 提供反映活塞上止点位置的信号，以便计算确定和控制喷油

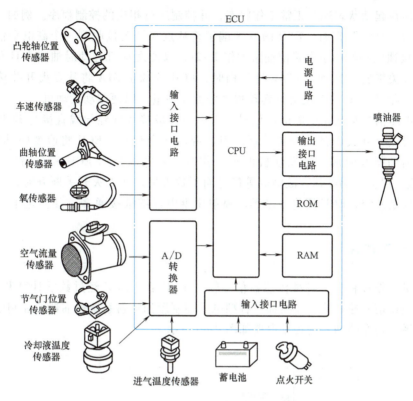

图 4-45　L 型燃油喷射系统的控制原理简图

提前角。

　　车速传感器向 ECU 提供反映汽车车速的信号，以便判断发动机运行在状态，如怠速时节气门关闭、车速为零，减速时节气门关闭、车速不为零。如果运行在怠速状态，就由怠速控制系统进行怠速转速控制；如果运行在减速状态，就由断油控制系统确定是否停止供油。

　　曲轴位置传感器向 ECU 提供反映发动机曲轴转速和转角的信号，空气流量传感器或进气歧管绝对压力传感器向 ECU 提供反映进气量多少的信号。ECU 根据这两个信号计算基本喷油量，并根据曲轴转角信号控制喷油提前角和点火提前角等。

　　节气门位置传感器向 ECU 提供反映发动机负荷大小的信号，ECU 根据节气门位置传感器信号确定增加或减少喷油量。

　　冷却液温度传感器向 ECU 提供发动机冷却液温度信号，以便计算确定喷油修正量、判断是否为冷机起动等。如为冷机起动，则直接运行冷起动程序，并根据温度值增大喷油量，保证发动机可靠起动。

　　进气温度传感器提供吸入进气歧管空气的温度信号，以便计算确定喷油修正量。因为空气质量大小与其密度有关，空气密度与其温度有关（温度越高，密度越小），所以对于采用压力传感器和体积流量型传感器的燃油喷射系统，其进气量必须用温度信号进行修正。对于采用热丝式或热膜式空气流量传感器的燃油喷射系统而言，虽然进气量信号可以不修正，但是利用 ECU 根据进气温度传感器信号进行修正后，能使喷油量控制更加精确，可以得到更好的燃油经济性。

　　点火起动开关信号包括点火开关接通信号 IGN 和起动开关接通信号 STA，用于 ECU 判

定发动机工作在起动状态还是正常工作状态，并控制运行相应的控制程序。例如，当点火开关接通"点火（ON）"档时，ECU 的 IGN 端子将从点火开关接收到一个高电平信号，此时 ECU 将自动接通电动燃油泵电路使油泵工作 1~2s，以便发动机起动时油路中具有足够的燃油；当点火开关接通"起动（START）"档时，ECU 的端子 STA 将从点火开关接收到一个高电平信号，此时 ECU 将控制运行起动程序增大喷油量，以便起动发动机。

蓄电池电压信号是汽车电源电压信号，蓄电池正极接线柱经导线直接与 ECU 的电源端子连接，不受点火开关和其他开关控制。当电源电压变化时，ECU 将改变喷油脉冲宽度，修正喷油器喷油持续时间。当发动机停止工作时，蓄电池将向 ECU 和存储器等提供 5~20mA 的电流，以便存储器保存故障码等信息而不致丢失。在点火开关断开时，对于配有步进电动机的控制系统，ECU 还将控制燃油喷射主继电器继续接通 2s，使步进电动机恢复到初始位置。

4.3.2　喷油器的控制

在发动机工作过程中，各种传感器信号输入 ECU 后，ECU 经过数学计算和逻辑判断，就会发出占空比信号控制喷油器喷油。各型电子控制燃油喷射系统喷油器的控制电路大同小异，桑塔纳系列轿车喷油器的控制电路如图 4-46 所示。

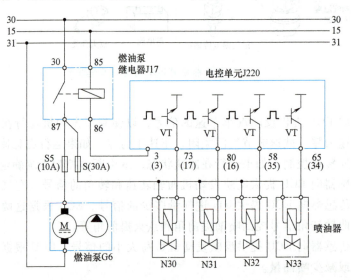

图 4-46　桑塔纳系列轿车喷油器的控制电路

当 ECU 向喷油器发出的控制信号高电平加到驱动晶体管基极时，VT 导通，喷油器线圈电流接通，产生电磁吸力将阀门吸开，喷油器开始喷油；当控制信号的低电平加到 VT 基极时，VT 截止，喷油器线圈电流被切断，阀体在回位弹簧弹力作用下复位，将阀门关闭，喷油器停止喷油。

在进气管喷射系统中，喷油器将圆锥雾状燃油喷射在进气门或节气门附近，并与发动机吸入的空气混合形成可燃混合气；当进气门打开时，再吸入气缸燃烧做功。在缸内直喷系统中，喷油器将高压（10MPa 以上）燃油直接喷射在火花塞附近与空气混合形成可燃混合气，从而实现分层燃烧。

4.3.3　喷油正时的控制

所谓喷油正时，是指喷油器何时开始喷油。

1. 同时喷射的控制

同时喷射是所有喷油器并联，同时喷油。两次喷完一个循环的供油量。

发动机工作时，ECU 根据曲轴位置传感器和凸轮轴位置传感器输入的基准信号发出喷油指令，控制晶体管导通与截止，如图 4-47a 所示，再由晶体管控制喷油器电磁线圈电流接通与切断，使各缸喷油器同时喷油或停止喷油。曲轴每转一圈，各缸喷油器同时喷油一次，喷油器控制信号波形如图 4-47b 所示。由于各缸同时喷油，因此喷油正时与发动机工作循环无关，如图 4-47c 所示。

各缸喷油器同时喷油的优点是控制电路和控制程序简单，且通用性较好；缺点是各缸喷油时刻不可能最佳。在图 4-47c 中，除一、四缸喷油正时较好之外，二、三缸喷射的燃油在进气门附近将要停留较长时间，其混合气雾化质量必然降低。因此，除早期研制的燃油喷射系统采用同时喷射方式喷油之外，现代汽车仅在燃油喷射系统发生故障、系统处于应急状态运行时才采用同时喷射方式喷油。

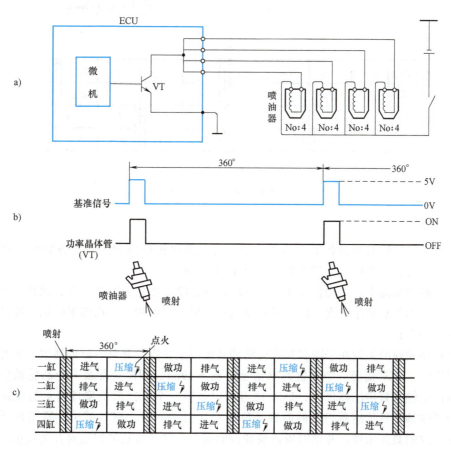

图 4-47　同时喷射控制电路与喷油正时关系

a）控制电路　b）控制信号波形　c）喷射正时关系

2. 分组喷射的控制

多点燃油分组喷射是指将喷油器喷油分组进行控制。一般将四缸发动机分成两组，六缸发动机分成三组，八缸发动机分成四组，其四缸控制电路如图 4-48a 所示。

发动机工作时，由 ECU 控制各组喷油器轮流喷油。发动机每转一圈，只有一组喷油器喷油，每组喷油器喷油时连续喷射 1~2 次，喷油正时关系如图 4-48b 所示。分组喷射方式虽然不是最佳的喷油方式，但由正时关系可见，一、四两缸的喷油时刻最佳，在排气行程上止点前一定角度开始喷油，燃油在进气门前停留时间较短，因此，混合气雾化质量比同时喷射时大大改善。

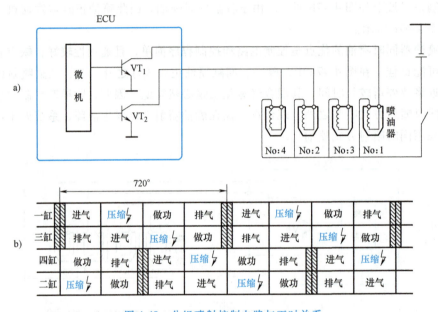

图 4-48　分组喷射控制电路与正时关系
a）喷油控制电路　b）喷油正时关系

3. 顺序喷射的控制

多点燃油顺序喷射是指各缸喷油器按照一定的顺序进行喷油。因为各缸喷油器独立喷油，所以又称为独立喷射，其控制电路如图 4-49a 所示。

在顺序喷射系统中，发动机工作一个循环，各缸喷油器轮流喷油一次，就像点火系统火花塞按照一定的气缸顺序跳火一样，各缸喷油器按照一定的顺序一次喷射燃油，喷油正时关系如图 4-49d 所示。

实现顺序喷射的关键在于需要知道即将到达排气上止点的是哪一缸的活塞。为此，在顺序喷射系统中，ECU 需要一个气缸判别信号（图 4-49b），即需要配装一个凸轮轴位置传感器。根据凸轮轴位置传感器信号，ECU 即可判定是哪一个气缸的活塞即将运行至排气上止点，再根据曲轴位置传感器提供的曲轴转角信号（图 4-49c），ECU 就可计算出该活塞位于排气上止点前的具体角度，并适时发出喷油控制指令，使各缸喷油器适时开始喷油。

凸轮轴位置传感器输入 ECU 的判缸信号一般在某一缸或每一缸的排气上止点前 60°~90°时产生。如桑塔纳 2000GSi/3000 型和捷达 AT/GTX 型轿车用霍尔式凸轮轴位置传感器的

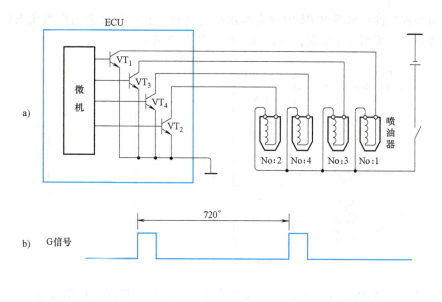

图 4-49　顺序喷射控制电路与正时关系

a）控制电路　b）气缸判别信号　c）曲轴转速与转角信号　d）正时关系

判缸信号是在第四缸的排气上止点前88°时产生。

顺序喷射的优点是各缸喷油时刻均可设计在最佳时刻，燃油雾化质量好，有利于提高燃油经济性并降低有害气体的排放量，缺点是控制电路和控制软件比较复杂。然而，对于现代汽车电子技术来说，实现顺序喷射控制十分容易，目前普遍采用。

4.3.4　发动机起动时喷油量的控制

发动机工况不同，对混合气浓度的要求也不相同，特别是冷起动、怠速、急加速、急减速等特殊工况，对混合气浓度都有特殊要求。因此喷油量的控制大致可分为发动机起动时喷油量的控制和发动机起动后喷油量的控制两种情况。

当起动机驱动发动机运转时，发动机转速很低（汽油机 39～50r/min，柴油机 159～200r/min）且波动较大，导致反映进气量的空气流量信号或进气压力信号误差较大。因此在起动发动机时，ECU 不是以空气流量传感器信号或进气压力信号作为计算喷油量的依据，

而是按照可编程只读存储器 ROM 中预先编制的起动程序和预先设定的空燃比来控制喷油。喷油量的控制方式采用开环控制，其控制过程如图 4-50 所示。

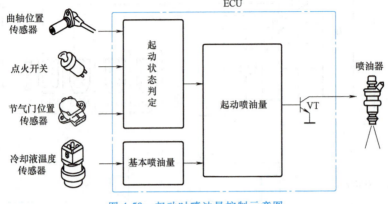

图 4-50　起动时喷油量控制示意图

首先 ECU 根据曲轴位置传感器、点火开关和节气门位置传感器提供的信号，判定发动机是否处于起动状态，以便决定是否按起动程序控制喷油；然后 ECU 再根据冷却液温度传感器信号确定基本喷油量。

当点火开关接通起动档位时，ECU 的 STA 端便接收到一个高电平信号，此时 ECU 再根据曲轴位置传感器和节气门位置传感器信号判定是否处于起动状态。如果曲轴位置传感器信号表明发动机转速低于 300r/min，且节气门位置传感器信号表明节气门处于关闭状态，则判定发动机处于起动状态，并控制运行起动程序。

在燃油喷射系统具有"清除溢流"功能的汽车上，当发动机转速低于 300r/min 时，如果节气门开度大于 80%，那么 ECU 将判定为"清除溢流"控制，喷油器将停止喷油。

当汽车冷起动时，发动机温度很低，喷入进气管的燃油不易蒸发，吸入气缸内的可燃混合气浓度相对降低。因此为了保证发动机起动时具有足够浓度的可燃混合气，ECU 还要根据冷却液温

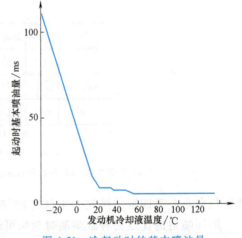

图 4-51　冷起动时的基本喷油量

度传感器信号反映的发动机温度高低控制喷油器的喷油量，以使冷态发动机能够顺利起动。如图 4-51 所示，温度越低，喷油时间越长，喷油量越大；温度越高，喷油时间越短，喷油量越小。

4.3.5　发动机起动后喷油量的控制

在发动机起动后的运转过程中，喷油器实际的喷油总量由基本喷油量、喷油修正量和喷油增量共同决定，控制示意图如图 4-52 所示。

基本喷油量由空气流量传感器（AFS）信号或歧管压力传感器（MAP）信号、曲轴位置传感器（CPS）信号或发动机转速传感器信号以及试验设定的空燃比计算确定。

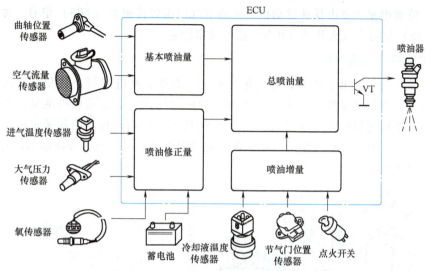

图 4-52　发动机起动后喷油量控制示意图

喷油修正量由与进气量有关的进气温度传感器（IATS）信号、大气压力传感器（APS）信号、氧传感器（EGO）信号和蓄电池电压（U_{BAT}）信号计算确定。

喷油增量由反映发动机工况的节气门位置传感器（TPS）信号、冷却液温度传感器（CTS）信号和点火开关（IGN）信号等计算确定。

现代汽车电子控制燃油喷射系统的基本喷油量和喷油提前角参数普遍采用数据 MAP（即数据脉谱图或数字地图）的形式存储在只读存储器中，利用 ECU 的查询功能进行控制。汽油机的点火提前角，汽油机的喷油压力、基本喷油量和喷油提前角等参数也都普遍采用数据 MAP 的形式进行控制。

所谓数据 MAP，就是在控制系统设计制造完成之后，通过对发动机进行若干次台架试验，测定发动机不同工况下各种传感器和执行器的有关数据，确定出最佳喷油量及其相关参数，并将这些参数以两维或三维图形形式存储在 ROM 中的数据图谱。喷油量与喷油时间成正比例关系，因此通过控制喷油时间即可达到控制喷油量的目的。D 型 EFI 系统的基本喷油时间由发动机转速信号 Ne 和进气管绝对压力信号 PIM 确定。D 系统的 ECU 中存储了一个基本喷油时间三维图（三元 MAP 图），如图 4-53 所示，它表明了与发动机各转速和进气管压力相对应的基本喷油时间。

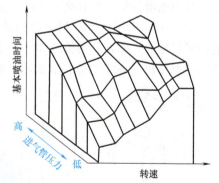

图 4-53　基本喷油时间三维图

理论上进气量与进气压力成正比，但实际中，进气脉动使充气效率变化，进行再循环的排气量的波动也影响进气量的准确度。故由 MAP 图计算的仅为基本喷油时间，ECU 还必须根据发动机转速信号 Ne 对喷油时间进行修正。

4.3.6　起动后各工况下喷油量的修正

喷油增量就是在发动机冷起动后或者在汽车加速等特殊工况时，通过增大喷油量来满足使用要求。喷油增量主要由反映发动机工况的节气门位置传感器（TPS）信号、冷却液温度传感器（CTS）信号和点火开关（IGN）信号等来确定。

1. 起动后喷油增量的修正

发动机冷起动后，由于低温混合气雾化不良，燃油会在进气管上沉积而导致混合气变稀，发动机运转不稳甚至熄火。为此在起动后的短时间内，必须增加喷油量，使混合气加浓，保证发动机稳定运转而不致熄火。如图 4-54 所示，发动机根据冷却液温度传感器的信号，修正喷油量，喷油增量比例的大小取决于起动时发动机的温度，并随起动后时间的增长而逐渐减小至 1.0。

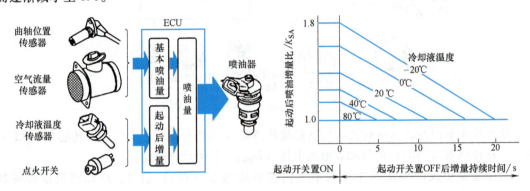

图 4-54　起动后喷油增量的修正

2. 冷却液温度的修正

冷却液温度的修正是指暖机过程中冷却液温度的修正。

在冷起动结束后的暖机过程中，同样存在发动机温度较低，燃油雾化较差，部分燃油凝结在进气管和气缸壁上，会使混合气变稀，燃烧不稳。因此在暖机过程中必须增加喷油量，其燃油增量的比例取决于冷却液温度传感器。

如图 4-55 所示，ECU 根据冷却液温度传感器信号，通过加大喷油脉冲宽度（占空比）进行暖机加浓。随着发动机冷却液温度的升高，喷油脉冲的占空比将逐渐减小，直到发动机冷却液温度超过 60℃ 后才停止加浓，喷油增量比例逐渐减小至 1.0。

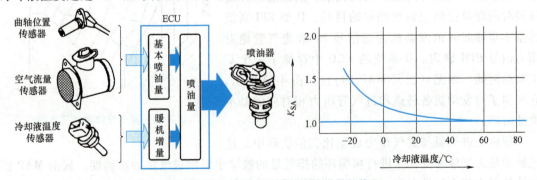

图 4-55　冷却液温度不同时喷油增量的修正

3. 加速时喷油增量的修正

当汽车加速时，为了保证发动机能够输出足够的转矩，改善加速性能，必须增大喷油

量。加速喷油量比例大小和混合气加浓时间，取决于加速时发动机冷却液的温度。冷却液温度越低，燃油增量比例越大，加浓持续时间越长，如图4-56所示。

在发动机运转过程中，ECU将根据节气门位置传感器信号和进气量传感器信号的变化速率，判定发动机是否处于加速工况。汽车加速时，节气门突然开大，节气门位置传感器信号的变化速率增大，与此同时，空气流量突然增大，进气歧管压力突然增大，进气量传感器信号突然升高，ECU接收到这些信号后，立即发出增大喷油量的控制指令，使混合气加浓，如图4-56所示。

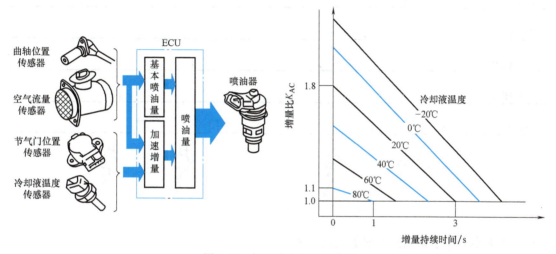

图4-56　加速喷油增量的修正

4.3.7　喷油提前角与喷油持续时间的控制

喷油提前角与喷油持续时间的控制需要综合运用发动机工作循环、曲轴位置与凸轮轴位置传感器的有关知识进行分析。下面以桑塔纳2000GSi/3000型轿车四缸发动机喷油提前角与喷油持续时间的控制为例说明。设发动机转速为1000r/min时，喷油提前角为6°，喷油持续时间为2ms，其控制时序与波形如图4-57所示。

1. 喷油提前角的控制过程

喷油提前角是指从喷油开始至活塞运行到排气上止点（TDC）的时间内，发动机曲轴转过的角度。由四缸发动机工作循环可知：当第一缸活塞运行到压缩上止点（TDC）时，第四缸活塞位于排气上止点（TDC）位置；当第四缸活塞运行到压缩上止点时，第一缸活塞位于排气上止点（TDC）位置。由图4-57所示桑塔纳2000GSi/3000型轿车凸轮轴位置传感器（CIS）和曲轴位置传感器（CPS）的输出信号波形可知：

1）发动机曲轴每旋转两圈，霍尔式凸轮轴位置传感器（CIS）产生一个判缸信号，且信号下降沿在第一缸活塞压缩上止点前88°时产生。

2）发动机每曲轴旋转一圈，曲轴位置传感器（CPS）产生58个脉冲信号，每个凸齿和小齿缺均占30°曲轴转角，大齿缺占15°曲轴转角。

3）曲轴位置传感器（CPS）大齿缺信号后的第一个凸齿信号如果是在判缸信号后产生，则该凸齿信号上升沿对应于第一缸压缩上止点前81°；如果不是在判缸信号后产生，则该凸

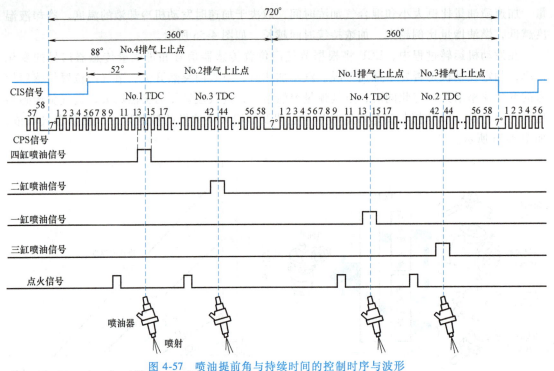

图 4-57 喷油提前角与持续时间的控制时序与波形

齿信号上升沿对应于第四缸压缩上止点前 81°。

发动机运转时，曲轴和凸轮轴分别驱动曲轴位置传感器（CPS）和凸轮轴位置传感器（CIS）一同转动，CPS 和 CIS 产生的信号不断输入 ECU，经过输入接口电路进行信号处理后，再由 CPU 进行数学计算和逻辑判断。

当 ECU 接收到凸轮轴位置传感器（CIS）信号下降沿时，立即判定第一缸活塞位于压缩上止点前 88°、第四缸活塞位于排气上止点前 88°，并控制其内部的 1°计数电路准备对曲轴位置传感器信号进行计数。

当曲轴位置传感器（CPS）大齿缺信号后的第 1 个凸齿信号上升沿输入 ECU 时，1°计数电路立即开始对 CPS 信号进行计数。当计数 75 次，即 ECU 接收到 CPS 第 13 个凸齿信号的下降沿，相当于曲轴转角 75°时，第四缸活塞正好位于排气上止点前 6°，此时 ECU 立即向第四缸喷油器驱动电路发出高电平控制信号，使第四缸喷油器电磁线圈电路接通，喷油器阀门开启喷油，从而将喷油提前角控制在上止点前 6°。

为了控制下一缸（即第二缸）喷油，计数电路从 CPS 第 13 个凸齿信号的下降沿开始计数，当计数 180 次，即计数到 CPS 第 43 个凸齿信号下降沿，相当于曲轴转角 180°时，向第二缸喷油器驱动晶体管发出喷油脉冲，使第二缸喷油器开始喷油，从而将喷油提前角控制在排气上止点前 6°。

在发动机转速不变的情况下，其他气缸的喷油提前角控制方法依次类推。当转速变化时，ECU 根据上述控制方法，即可将喷油提前角精确控制在相应角度。

2. 喷油持续时间的控制

在喷油器开始喷油后，ECU 将控制喷油脉冲保持高电平不变，并根据内部晶振周期控制喷油时间。当喷油脉冲高电平宽度达到 2ms 时，立即将喷油脉冲转变为低电平，使晶体

管截止，切断喷油器电磁线圈电流而停止喷油。因为发动机转速为 1000r/min 时，喷油持续 2ms 相当于曲轴转角 12° $\left(\dfrac{1000\times360°\times2ms}{60\times1000ms}=12°\right)$，所以喷油结束时刻对应于曲轴位置传感器 （CPS）大齿缺信号后的 15 个凸齿信号下降沿。在发动机转速不变的情况下，其他气缸喷油持续时间的控制方法以此类推。

4.4 可变气门正时与升程技术

可变气门正时技术几乎已成为当今发动机的标准配置，为了进一步挖掘传统内燃机的潜力，又在此基础上研发出可变气门升程技术，通过二者有效地结合，实现发动机在各种工况和转速下达到更高的进、排气效率，提升动力的同时，也降低了油耗。

4.4.1 可变气门正时与升程的作用

发动机的气门通常由凸轮轴带动，如图 4-58 和图 4-59 所示。对于没有可变气门正时技术的普通发动机而言，进、排气门开闭的时间都是固定的，这种固定不变的气门正时很难顾及到发动机在不同转速和工况时的需要。如果把发动机进、排气的过程比作人体的呼吸，则可以说固定不变的"呼吸"节奏阻碍了发动机效率的提升。

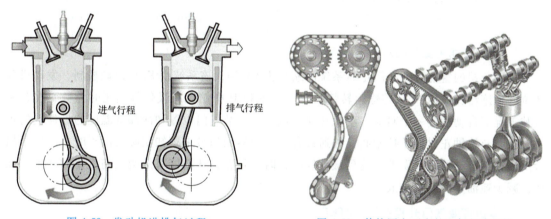

图 4-58 发动机进排气过程　　　　　　图 4-59 传统固定不变的配气相位机构

与长跑比赛类似，在长跑时人们能深刻体会到呼吸节奏的把握对体能发挥的重要性——太急促或刻意的屏息都可能增加疲劳感，使奔跑欲望降低。所以，在长跑比赛时往往需要不断按照奔跑步伐来调整呼吸频率，以便时刻为身体提供充足的氧气。对于汽车发动机而言，这个道理同样适用。可变气门正时和升程技术就是为了让发动机在各种负荷和转速下自由调整"呼吸"，从而提升动力，提高燃烧效率。

4.4.2 可变气门正时技术

发动机不同的工况对配气相位（图 4-60 所示）有不同的要求，为了实现配气相位可以根据发动机转速和工况的不同进行调节，高低转速下都能获得理想的进、排气效率，设计开发了可变气门正时技术（Variable Valve Timing，VVT），实现配气相位根据发动机转速和工况的不同进行调节，使发动机在高低转速下都能获得理想的进、排气效率，使充量系数增

加，发动机的转矩和功率可以得到进一步的提高。

可变气门正时技术在各种车型的称谓略有不同，但是实现方式却大同小异，一般是通过在凸轮轴的传动端加装一套液力机构，从而实现凸轮轴在一定范围内的角度调节，如图 4-61 所示，内转子与凸轮轴相连，内转子在外转子的推动下旋转，同时内转子在油压的作用下可以实现一定范围内的角度提前和延后，也就相当于对气门的开启和关闭时刻进行了调整。

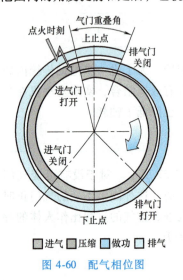

图 4-60　配气相位图　　　　　图 4-61　可变正时调节机构

1. 丰田智能可变气门正时系统 VVT-i

丰田公司的智能可变气门正时系统的缩写为 VVT-i，该系统由 ECU 协调控制，发动机各部位的传感器实时向 ECU 传输运转情况。由于在 ECU 中储存有最佳气门正时参数，在各种行驶工况下自动搜寻一个对应发动机转速、进气量、节气门位置和冷却液温度的最佳气门正时，控制凸轮轴正时液压控制阀，并通过各个传感器的信号来感知实际气门正时，然后再执行反馈控制，补偿系统误差，达到最佳气门正时的位置，从而能有效地提高汽车的功率与性能，减少耗油量和废气排放。

2. 本田可变气门升程系统 i-VTEC

本田的智能可变气门升程系统（Intelligent Variable Valve Timing and Lift Electronic Control，i-VTEC），主要是利用第三根摇臂和第三个凸轮来实现气门升程变化。

i-VTEC 结构组成如图 4-62 所示，当发动机在中、低转速运行时，三根摇臂处于分离状态，普通凸轮推动主摇臂和副摇臂来控制两个进气门的开闭，气门升量较小。此时虽然中间凸轮也推动中间摇臂，但由于摇臂之间是分离的，所以两边的摇臂不受中间摇臂控制，也不会影响气门的开闭状态。

发动机达到某一个设定的转速时，ECU 即会控制电磁阀启动液压系统，推动摇臂内的小活塞，使三根摇臂锁成一体，一起由高角度凸轮驱动，这时气门的升程和开启时间都相应的增大，使得单位时间内的进气量变大，发动机动力更强。这种在一定转速后突然的动力爆发，极大地提升了驾驶乐趣。当发动机转速降到某一转速时，摇臂内的液压也随之降低，活塞在回位弹簧作用下退回原位，三根摇臂分开。

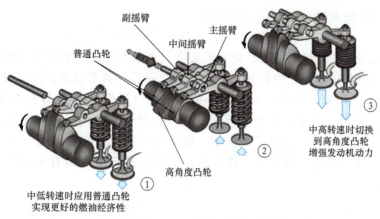

副摇臂

中间摇臂

主摇臂

普通凸轮

③

中高转速时切换
到高角度凸轮
增强发动机动力

②

高角度凸轮

①

中低转速时应用普通凸轮
实现更好的燃油经济性

图 4-62　本田 i-VTEC 结构组成及工作原理图

3. 其他可变气门正时技术

三菱智能可变气门正时与升程管理系统（MIVEC），根据各传感器传来的发动机工况信号来适时调整最合理的配气正时，使发动机时刻处在最佳燃烧状态。

宝马的 Valvetronic 系统在传统的配气相位机构上增加了一根偏心轴、一个步进电动机和中间推杆等部件，该系统借由步进电动机的旋转，再在一系列机械传动后很巧妙地改变了进气门升程的大小。让发动机对驾驶人的意图做出更迅捷的反馈，同时通过发动机管理系统对气门升程的精确控制，实现车辆在各种工况和负荷下的最佳动力匹配。

英菲尼迪的 VVEL 系统的工作原理与 BMW 的 Valvetronic 类似，但在结构上稍有不同。VVEL 系统使用一套螺套和螺杆的组合实现了气门升程的连续可调。在系统工作时，电动机通过 ECU 信号控制螺杆和螺套的相对位置，螺套则带动摇臂、控制杆等部件，最终改变气门升程的大小。

奥迪的 AVS 可变气门升程系统在设计理念上与本田的 i-VTEC 有着异曲同工之妙，只是在实施手段上略有不同。这套系统为每个进气门设计了两组不同角度的凸轮，同时在凸轮轴上安装有螺旋沟槽套筒。螺旋沟槽套筒由电磁驱动器加以控制，用以切换两组不同的凸轮，从而改变进气门的升程。

菲亚特的 Multiair 电控液压进气系统开创性地使用了电控液压控制系统来驱动气门的正时和升程，采用了一种相对独特的手段实现了气门升程的无级调节。其结构简单，不仅减小了整个配气机构的惯性，而且在高速运转时，能量的损失也更小，并且电控加液压的配合方式还让 Multiair 系统拥有极快的响应速度，因此可以实现在一个行程内多次开启气门的模式，使得在怠速和低负荷工况下燃烧效率更高、成本更低。

4.5　发动机怠速控制系统

发动机怠
速控制

在汽车有效使用期内，发动机老化、气缸积炭、火花塞间隙变化和温度变化等都会导致怠速转速发生改变。当发动机怠速运转时，由于空调压缩机、转向助力泵、发电机等负载的变化也会引起怠速转速波动，因此需要对发动机怠速转速进行调整。燃油喷射式发动机都配置有怠速控制系统（ISCS）。

4.5.1　怠速控制系统（ISCS）的组成

　　怠速控制就是怠速转速的控制。设有旁通空气道的发动机怠速控制系统组成如图 4-63 所示。它主要由各种传感器、控制开关、ECU 和怠速控制阀等组成。空调开关信号 A/C、助力转向开关信号 PSW、空档开关信号 NSW 和电源电压信号 U_{BAT} 等向 ECU 提供发动机负荷变化的状态信息。车速传感器 VSS 和节气门位置传感器用于判断发动机工况；冷却液温度传感器用于起动初的怠速转速控制；发动机转速传感器 CPS 用于检测发动机实际转速。怠速控制阀是怠速控制系统的执行器；电控单元 ECU 存储有不同负荷状况下对应的最佳怠速转速。

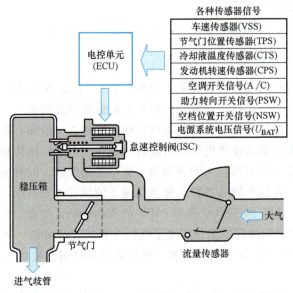

图 4-63　设有旁通空气道的发动机怠速控制系统组成

4.5.2　怠速控制阀的功用与类型

　　怠速控制阀的功用是通过调节发动机怠速时的进气量来调节怠速转速。怠速进气量的控制方式有节气门旁通空气道控制式和节气门直接控制式两种，前者是通过控制节气门旁通空气道的开度来调节进气量，简称旁通空气式，如图 4-64a 所示；后者是直接操纵节气门来调

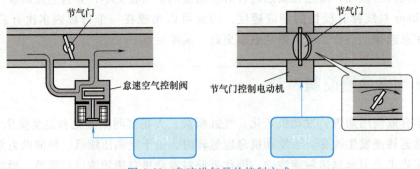

图 4-64　怠速进气量的控制方式

a）旁通空气式　b）节气门直动式

节进气量，简称节气门直动式，如图 4-64b 所示。桑塔纳 2000GLi、别克世纪型轿车和切诺基吉普车采用旁通空气式，桑塔纳 2000GSi/3000、捷达 AT/GTX 型轿车采用节气门直动式。

4.5.3　步进电动机式怠速控制阀的结构原理

怠速控制阀安装在发动机节气门体上或节气门体附近，各型汽车采用的怠速控制阀各有不同，常用的怠速控制阀分为步进电动机式、脉冲电磁阀式、旋转滑阀式和真空阀式四种。中高档轿车大多采用步进电动机式或脉冲电磁阀式，真空阀式仅在 20 世纪 80 年代生产的丰田、日产轿车上采用。

步进电动机是一种由脉冲信号控制其转动方向和转动角度的电动机。利用同性相斥、异性相吸原理即可使转子步进旋转。

1. 步进电动机式怠速控制阀（ISCV）的结构组成

步进电动机式怠速控制阀由步进电动机、螺旋机构、阀芯、阀座等组成，其结构如图 4-65 所示。

当步进电动机的转子转动时，螺母将带动螺杆做轴向运动，使阀芯 5 开大或关小阀门的开度。ECU 通过控制步进电动机的转动方向和转动角度来控制螺杆的移动方向和移动距离，从而达到控制阀门开度，调节怠速转速之目的。

步进电动机的定子、转子产生驱动力矩，螺旋机构将步进电动机的旋转运动变换为往复运动，螺杆 2 与阀体之间有滑动花键连接，只能沿轴做直线运动，不能做旋转运动。

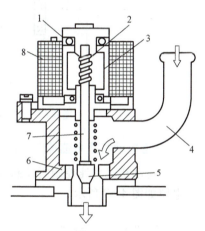

图 4-65　步进电动机式怠速控制阀的结构
1—轴承　2—螺杆　3—转子
4—旁通空气道　5—阀芯　6—阀座
7—阀轴　8—定子线圈

当步进电动机转子转动时，螺母将带动螺杆 2 做轴向运动，转子 3 转动一圈，螺杆 2 移动一个螺距，螺杆 2 带动阀芯 5 开大或关小阀门开度。ECU 通过控制步进电动机的转动方向和转动角度来控制螺杆 2 的移动方向和移动距离。

转子 3 由永久磁铁制成，共有 8 对磁极，N、S 相间排列。定子由上、下两部分（定子A、定子 B 组成），有两相独立的绕组。定子的每一部分也有 8 对磁极，成爪形，上下两部分相间地组合到一起。定子的磁极布置为 NNSSNNSS。定子绕组通电时产生磁场，与转子的永久磁铁形成的磁场在同性相斥、异性相吸的原理作用下，使转子转动。

ECU 控制 S1 通电，转子顺时针转动 90°；ECU 继续给 S2 通电，转子再顺时针转动 90°；依此类推。当 ECU 按照 S4、S3、S2、S1 的顺序通电时，转子逆时针转动，如图 4-66 所示。线圈通电一次，转子转动一次的角度称为步进角。

步进电动机定子爪极越多，步进角越小，转角的控制精度就越高，所需定子绕组的数量和控制脉冲的组数就越多。步进电动机的转速取决于控制脉冲的频率，频率越高，转速越快。

步进电动机内的每一组线圈都被看成是一个独立的元件，线圈的所有 4 个接线都连接到

ECU 中，ECU 改变两组线圈的电流方向，使之产生交变的磁场，如图 4-66 所示。

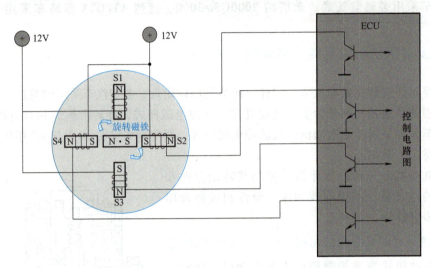

图 4-66　步进电动机式 ISCV 构造及工作原理示意图

2. 步进电动机式怠速控制阀的控制

步进电动机式怠速控制阀控制怠速的方式包括初始位置确定、起动控制和暖机控制，其控制电路如图 4-67 所示。

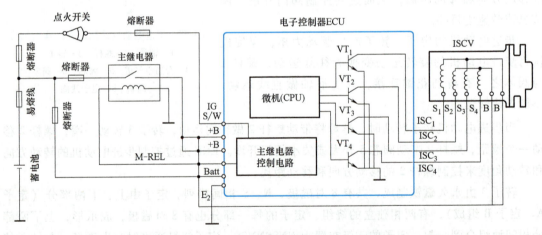

图 4-67　步进电动机式怠速控制阀控制电路

（1）起动初始位置的设定　关闭点火开关发动机熄火后，ECU 的 M-REL 端子向主继电器延续供电 2~3s，ECU 控制步进电动机 ISCV 全部打开，以利于下次起动。

（2）起动控制　起动时，ISCV 全开，起动顺利。起动后，ECU 根据冷却液温度的高低控制步进电机，调节控制阀的开度。

（3）暖机控制　又称为快怠速控制。暖机时，ECU 根据冷却液温度的高低控制怠速控制阀的开度。随着冷却液温度上升，怠速控制阀开度逐渐减小。

（4）怠速稳定控制　ECU 将接收到的转速信号与确定的目标转速进行比较，其差值超

过一定值时，ECU通过步进电动机控制怠速控制阀以调节空气进气量，因此，又称为反馈控制。

（5）怠速提速控制 在怠速时，出现开空调、转动转向盘（带助力转向的车）；电器负荷增大（如开前照灯、风窗加热器、尾灯等）；挂前进档（自动变速器汽车）等情况，ECU控制步进电动机将怠速提升。

（6）学习控制 由于磨损等原因，怠速控制阀的位置相同时，其实际的怠速转速和设定的目标转速略有不同，此时ECU利用反馈控制使怠速转速回到目标转速，同时将此时的步进电动机步数存入ROM中（ECU中有一小电路不断电），以便在以后的怠速控制过程中使用。

4.5.4 旋转滑阀式怠速控制阀的结构原理

1. 结构组成

旋转滑阀式怠速控制阀主要由旁通空气阀（即旋转滑阀）和电动机两部分组成。旁通空气阀固定在电动机轴上，根据电动机轴转动使旁通空气道开启面积的改变来增减旁通进气量。由于滑阀的转角范围限定在90°以内，电动机转动角度必须很小才能满足精确控制旁通进气量的要求，因此采用了控制占空比的方法来控制电动机顺时针转或逆时针转。

旋转滑阀式怠速控制阀的结构如图4-68所示，其显著特点是电动机磁极为永久磁铁。两块磁极用U形钢丝弹性地固定在电动机壳体内壁上。电枢由电枢铁心、两个线圈、换向器和电动机轴组成。换向器由三块铜片围合而成，分别与三只电刷接触。电刷引线连接到控制阀的接线插座上，三线插座通过线束与ECU连接。

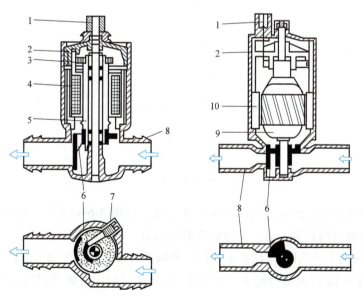

图4-68 旋转滑阀式怠速控制阀的结构

1—电接头 2—壳体 3—回位弹簧 4—线圈 5—旋转电枢 6—旋转滑阀
7—调节限位 8—怠速空气道 9—电枢 10—永久磁铁

2. 控制电路

电动机与 ECU 的连接情况如图 4-69a 所示。线圈 L_1 与 ECU 内部的晶体管 VT_1 连接，脉冲控制信号经过反向器加到 VT_1 的基极；线圈 L_2 与 ECU 内部的晶体管 VT_2 连接，脉冲控制信号直接加到 VT_2 的基极。

当脉冲信号的高电平到来时，VT_1 截止，VT_2 导通，L_1 断电，L_2 通电，电枢顺时针转动；反之，当脉冲信号的低电平到来时，VT_1 导通，VT_2 截止，L_1 通电，L_2 断电，电枢逆时针转动，从而实现旁通空气量大小的控制。由于旋转滑阀式怠速控制阀的转角范围限定在 90°以内，所以电枢的旋转角度必须很小才能满足旁通进气量控制精度的要求，因此采用了控制占空比的方法来控制电枢的顺时针转或逆时针转。

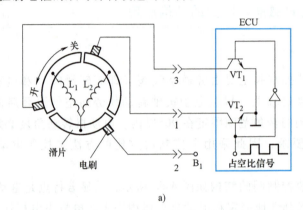

a)

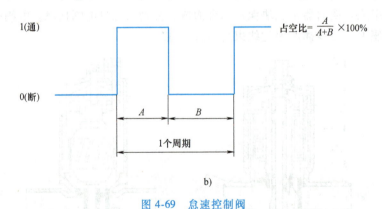

b)

图 4-69　怠速控制阀

a）旋转滑阀式怠速控制　b）占空比

占空比指脉冲信号的通电时间与通电周期之比，如图 4-69b 所示。当占空比为 50% 时，两个晶体管的导通时间相等，正、反向旋转力矩抵消，滑阀不转动；当占空比小于 50% 时，线圈 L_1 的通电时间大于线圈 L_2 的通电时间，滑阀逆时针旋转，旁通气道被关小；当占空比大于 50% 时，线圈 L_2 的通电时间大于线圈 L_1 的通电时间，滑阀顺时针旋转，旁通气道被打开。

奥迪 100 型轿车在控制信号的占空比减小到 18% 左右时，旋转滑阀完全关闭；占空比增大到 82% 左右时，旋转滑阀完全开启。

4.5.5 脉冲电磁阀式怠速控制阀的结构原理

脉冲电磁阀式怠速控制阀的结构与普通电磁阀基本相同，具有结构简单、成本低廉、工作可靠等优点。因此，采用车型越来越多，国产奥迪轿车就采用了这种怠速控制阀。

其结构特点有：主要由电磁线圈、回位弹簧、阀芯、阀座、固定铁心、活动铁心、进气口和出气口等组成，如图 4-70 所示。阀芯固定在阀杆上，阀杆一端与固定铁心连接，另一端设置有回位弹簧。进气口与节气门前端的进气管相通，出气口与节气门后端的出气管相通。

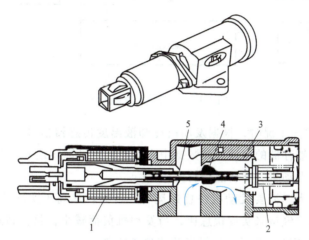

图 4-70 脉冲电磁阀式怠速控制阀的结构

1—电磁线圈 2—阀座 3—阀芯 4—固定铁心 5—活动铁心

电磁线圈接通电流时就会产生电磁吸力。当电磁线圈产生的电磁吸力超过回位弹簧的弹力时，活动铁心在电磁吸力的作用下就会向固定铁心方向移动，同时通过阀杆带动阀芯向右移动，使阀芯离开阀座将旁通空气道开启。当电磁线圈断电时，活动铁心与阀芯在回位弹簧弹力的作用下左移复位，将旁通空气道关闭。

旁通空气道开启与关闭的时间由 ECU 发出的占空比信号控制。发动机工作时，ECU 根据怠速转速的高低，向脉冲电磁阀发出频率相同而占空比不同的控制脉冲信号，通过改变阀芯开启与关闭时间来调节旁通进气量。

占空比在 0~100% 之间的范围内变化。当怠速转速过低时，ECU 将自动增大占空比，使电磁线圈通电时间增长，断电时间缩短，阀门开启时间增长，旁通进气量增多，怠速转速将升高，防止怠速转速过低而导致发动机熄火；当怠速转速过高时，ECU 将减小占空比，使电磁线圈通电时间缩短，断电时间增长，阀门开启时间缩短。旁通进气量减少，怠速转速将降低。

4.5.6 怠速转速的控制方法

怠速控制的实质是控制发动机怠速时的进气量。怠速时的喷油量则由 ECU 根据预先试验设定的怠速空燃比和实际充气量计算确定。怠速控制内容主要是发动机负荷变化控制。当发动机怠速负荷增大时，ECU 控制怠速控制阀使进气量增大，从而使怠速转速提高，防止

发动机运转不稳或熄火；当发动机怠速负荷减小时，ECU 控制怠速控制阀使进气量减少，从而使怠速转速降低，以免怠速转速过高。怠速转速控制方法如图 4-71 所示。

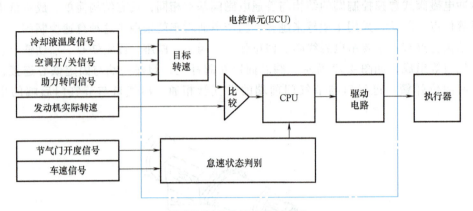

图 4-71　怠速转速控制方法

当 ECU 判定为怠速工况时，根据发动机冷却液温度传感器信号、空调开关、助力转向开关等信号，从存储器存储的怠速转速数据中查询相应的目标转速 n，然后将目标转速与曲轴位置传感器检测的发动机实际转速进行比较。

当发动机负荷增大，需要发动机快怠速运转，目标转速高于实际转速时，ECU 将控制怠速控制阀增大旁通进气量来实现快怠速；当发动机负荷减小，目标转速低于实际转速时，ECU 将控制怠速控制阀减小旁通进气量来调节怠速转速。

4.6　发动机断油控制系统

断油控制是指某些特殊工况下，燃油喷射系统暂时中断燃油喷射，以满足发动机运行的特殊要求。

4.6.1　断油控制系统（SFIS）的组成

发动机断油控制系统（SFIS）的组成如图 4-72 所示。根据断油的条件不同，断油控制分为超速断油控制、减速断油控制和清除溢流控制等。

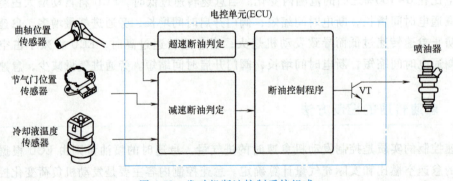

图 4-72　发动机断油控制系统组成

4.6.2　超速断油控制

超速断油控制是指当发动机转速超过允许的极限转速时，ECU 立即控制喷油器中断燃油喷射，其控制过程如图 4-72 所示。

发动机工作时，转速越高，曲柄连杆机构的离心力就越大。当离心力过大时，发动机就有"飞车"损坏的危险，因此每台发动机都有一个极限转速值，一般为 6000～7000r/min。超速断油控制的目的是防止发动机超速运转而损坏机件。

在发动机运行过程中，ECU 随时都将曲轴位置传感器测得的发动机实际转速与储存器中预先储存的极限转速值进行比较。当实际转速超过极限转速 80r/min 时，ECU 就会发出停止喷油指令，控制喷油器停止喷油，限制发动机转速进一步升高，超速断油控制曲线如图 4-73 所示。喷油器停止喷油后，发动机转速将迅速降低。当发动机转速下降至低于极限转速 80r/min 时，ECU 将控制喷油器恢复喷油。

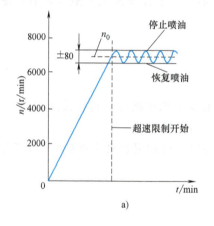
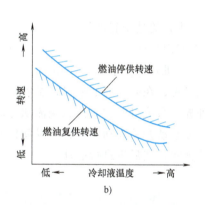

图 4-73　超速断油控制曲线

a）超速断油　b）减压断油

4.6.3　减速断油控制

减速断油控制是指发动机在高速运转过程中突然减速时，ECU 自动控制喷油器中断燃油喷射。

当高速行驶的汽车突然松开加速踏板减速时，发动机将在汽车惯性力的作用下高速旋转。由于节气门已经关闭，进入气缸的空气很少，如果不停止喷油，混合气将会很浓而导致燃烧不完全，有害气体的排放量将急剧增加。减速断油的目的就是节约燃油，并减少有害气体的排放量。进行减速断油控制时，ECU 根据节气门位置、发动机转速和冷却液温度等传感器信号，判断是否满足以下三个减速断油条件：

1）节气门位置传感器信号表示节气门关闭。

2）发动机冷却液温度达到正常工作温度（80℃）。

3）发动机转速高于燃油停供转速。

当以上三个条件全都满足时，ECU 立即发出停止喷油指令，控制喷油器停止喷油。当

喷油停止、发动机转速降低到燃油复供转速或节气门开启时，ECU 再发出指令控制喷油器恢复喷油，其控制曲线如图 4-73b 所示。

燃油停供转速和复供转速与冷却液温度和发动机负荷有关，并由 ECU 根据发动机温度、负荷等参数确定。冷却液温度越低，发动机负荷越大（如空调接通），燃油停供转速和复供转速就越高。

4.6.4 清除溢流控制

在起动燃油喷射式发动机时，燃油喷射系统将向发动机供给较浓的可燃混合气，以便顺利起动。如果多次起动未能成功，那么淤积在气缸内的浓混合气就会浸湿火花塞，使其不能跳火而导致发动机不能起动。火花塞被混合气浸湿的现象称为"溢流"或"淹缸"。

清除溢流是指将加速踏板踩到底，同时又接通起动开关起动发动机时，ECU 自动控制喷油器中断燃油喷射，以便排出气缸内的燃油蒸气，使火花塞干燥以便能够跳火。清除溢流控制具有以下三个条件，只有三个条件同时满足时，断油控制系统才能进入清除溢流状态工作。

1）点火开关处于起动位置。

2）节气门全开。

3）发动机转速低于 300r/min。

由此可见，在起动燃油喷射式发动机时，不必踩下加速踏板，直接接通起动开关即可，否则断油控制系统可能进入清除溢流状态而使发动机无法起动。

当接通起动开关起动机运转而发动机不能起动时，可利用断油控制系统清除溢流的功能先将溢流清除，然后再进行起动。

4.7 发动机空燃比反馈控制系统

在控制系统中，凡是系统的输出端与输入端之间存在反馈回路，即输出量对控制作用有直接影响的系统，就称为反馈控制系统，又称为闭环控制系统。其结构组成如图 4-74 所示。"闭环"的含义就是应用反馈调节作用来减小系统的误差。

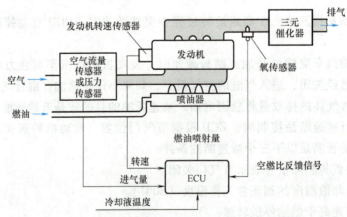

图 4-74　空燃比反馈控制系统的组成

4.7.1 空燃比反馈控制（AFC）的目的

汽车排放的有害物质主要是一氧化碳（CO）、碳氢化合物（HC）和氮氧化物（NO_x）。这些有害物质对人体的危害极大，CO 和 NO_x 在日光照射下就会形成褐色的光化学烟雾而导致人体中毒。汽车配装空燃比反馈控制系统的目的是为了节约燃油和降低有害物质的排放量。

在电喷发动机汽车上，仅仅利用空气流量传感器和发动机转速传感器信号来计算确定喷油量，很难将空燃比控制在理论空燃比（14.7：1）附近。配装空燃比反馈控制系统后（图4-74），利用氧传感器反馈的空燃比信号对喷油脉冲宽度进行反馈控制，即可将空燃比控制在理论空燃比附近，再利用三元催化转化器将排气中的三种有害物质 CO、HC、NO_x 转化为无害成分，从而节约燃油并净化排气，满足油耗法规和排放法规的要求。试验证明：当发动机混合气的空燃比控制在理论空燃比附近时，三元催化转化器才能使 CO、HC、H_2 的还原作用和 NO_x、O_2 的氧化作用同时进行，并将排气中的三种有害气体 CO、HC、NO_x 转化为 CO_2 和 H_2O 等无害物质。

4.7.2 空燃比反馈控制系统的组成

空燃比反馈控制系统是在燃油喷射系统的基础上增设氧传感器而构成的，其组成如图4-74 所示。发动机工作时，ECU 根据氧传感器的信号电压来判断可燃混合气是偏浓还是偏稀，再发出控制指令对喷油量进行修正。

氧传感器是实现空燃比反馈控制的关键部件，安装在排气门至三元催化转化器之间的排气管上。如果在同一根排气管上安装两个氧传感器，如日本丰田雷克萨斯 LS400 型、天津一汽丰田皇冠 3.0 型轿车，则布置在三元催化转化器的前段和后端各一个对于氧传感器的介绍见 4.2.5 节相关内容。

4.7.3 空燃比反馈控制过程

电控发动机空燃比的反馈控制过程如图 4-75 所示。氧传感器输出电压的平均值称为限制电平。当 ECU 接收到氧传感器的信号电压高于限制电平（0.5V）时，表明混合气偏浓，空燃比偏小。ECU 首先发出控制指令使空燃比反馈修正系数 K_{AF} 骤然下降到一个 P_R 值，使喷油时间 T_B 缩短，喷油量减少，然后逐渐减小修正系数，使混合气逐渐变稀，空燃比逐渐增大。

当 ECU 接收到氧传感器的信号电压低于限制电平（0.5V）时，表明混合气偏稀，空燃比偏大。ECU 首先发出控制指令使空燃比反馈修正系数 K_{AF} 上升到一个 P_L 值，使喷油时间增长，喷油量增大，然后逐渐增大修正系数，使喷油量逐渐增加，混合气逐渐变浓，空燃比逐渐减小。

在空燃比反馈控制过程中，由于发动机工作循环需要一定的时间。因此，要使空燃比收敛于理论空燃比是不可能的。实际反馈控制只能将空燃比控制在理论空燃比附近的一个狭小范围内，如图 4-75a 所示。

氧传感器输入 ECU 的信号电压在低电平与高电平之间的变化频率为 10 次/min 以上。如果氧传感器信号电压变化过慢（低于 10 次/min）或电压保持不变，就说明氧传感器有故

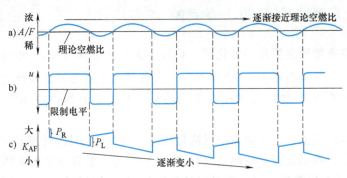

图 4-75　空燃比反馈控制过程

a）实际空燃比　b）氧传感器信号电压　c）空燃比反馈修正系数 K_{AF}

障。在使用过程中，当氧传感器失效时，ECU 将对空燃比进行开环控制。由于开环控制不能将空燃比控制在理论空燃比附近，因此发动机燃油消耗量和有害气体排放量都将大大增加。

4.7.4　空燃比反馈控制条件

发动机具有良好的动力性、经济性和排放性，空燃比并不是在发动机所有工况都进行反馈控制。发动机 ECU 对空燃比实施反馈控制的条件是：

1）发动机冷却液温度达到正常工作温度（80℃）。

2）发动机运行在怠速工况或部分负荷工况。

3）氧传感器温度达到正常工作温度（氧化锆式氧传感器温度达到 300℃、氧化钛式氧传感器温度达到 600℃，因为此时氧传感器才能正常输出信号）。

4）氧传感器输入 ECU 的信号电压变化频率不低于 10 次/min。

不进行反馈控制（即进行开环控制）的工况：

1）起动工况。需要浓混合气，以便起动。

2）暖机工况。发动机刚起动的温度低于正常工作温度（80℃），需要迅速升温。

3）大负荷工况。需要加浓，以便输出最大功率。

4）加速工况。需要输出最大转矩，以便提高车速。

5）减速工况。需要停止喷油，使转速迅速降低。

6）氧传感器温度低于正常工作温度时。

7）氧传感器输入 ECU 的信号电压持续 10s 以上保持不变时，说明氧传感器失效，ECU 将自动进入开环控制状态。

4.8　微机控制点火系统

汽油机的燃烧室里都装有火花塞。在火花塞两电极之间，加上直流电压后，可燃混合气会产生电离。当活塞处于压缩行程的上止点附近时，电压升高到一定值，此时，火花塞两极之间的气体间隙被击穿，产生电火花，使可燃混合气燃烧，产生巨大的爆发压力，从而推动活塞向下止点运动，再由曲柄连杆机构转化为连续不断的旋转转矩，对外输出

功率。

能够在火花塞两电极间产生电火花的这套装置，即为汽车点火系统，其作用是按照发动机各气缸的做功顺序，在正确的点火时刻，可靠顺利地点燃气缸中的可燃混合气，使发动机能及时、迅速地做功。

点火控制技术水平的高低直接影响到汽油机的动力性、经济性和排放性。汽油机点火控制（ECI）系统由微机控制点火系统和爆燃控制系统两个子系统组成，这两个子系统相互配合，能将点火提前角控制在最佳值，使可燃混合气燃烧后产生的温度和压力达到最大值，在显著提高汽油机动力性的同时，还能提高燃油经济性并减少有害气体的排放量。

微机控制点火系统是指随着计算机技术的飞速发展和发达国家对汽车排放限制及对发动机其他性能要求的提高，而形成的一种以各类传感器为信息来源、全方位考虑发动机工作性能、以微机为命令中枢来控制点火正时的点火系统。微机控制点火系统是继无触点的普通电子点火系统之后，点火系统的发展史上又一次大的飞跃。

4.8.1　概述

由于普通电子点火系统仍沿用传统的离心式和真空式装置对点火提前角进行粗略的自我修正，调节反应的灵敏度差，调控精准性低；普通电子点火系统不能全方位考虑各种因素（比如排放、空燃比、爆燃、压缩比、工作温度、大气压力等）对点火提前角的影响，从而不能使发动机在各种工况和使用条件下的点火提前角都与相应的理论最佳点火提前角更加接近。

1. 微机控制点火系统的特点

1）用微机控制取代了普通电子点火装置中离心、真空灯机械式跳火提前角调节装置，使控制精度大为提高。

2）采用爆燃传感器进行反馈控制，可以把发动机的工作状况控制在爆燃的边缘而又不发生爆燃，提高了发动机的热效率、经济性和动力性。

3）可采用无分电器点火方式，减少了点火能量损失，保证了发动机在高速时有足够的次级电压和点火能量，提高了发动机的起动性和高速适应性。

4）微机点火系统响应快、灵敏度高，适宜于高速多缸发动机的要求。

5）具有故障自诊断功能，对于点火系统的一般故障，可以以故障码的形式，甚至是语言表述形式显示出来，大大提高了故障诊断的效率。

6）采用排气氧传感器进行反馈控制，减轻了排放污染。

2. 微机控制点火系统的类型

（1）根据配电方式分　可分为微机控制有分电器点火系统和微机控制无分电器点火系统。

1）微机控制有分电器点火系统，此类点火系统仍保留传统意义上的分电器，也叫作非直接点火系统。该点火系统中，点火线圈的高压电是经配电器进行分配的，即由分火头和分电器盖组成的配电器，依照点火顺序适时地将高压电分配至各气缸，使各缸火花塞依次点火。

2）微机控制无分电器点火系统，亦称直接点火系统。该点火系统中点火线圈上的高压线直接与火花塞相连，工作时，点火线圈产生的高压电直接送到各火花塞，并由微机根据各传感器输入的信息，依照发动机的点火顺序，适时地控制各缸火花塞点火。

（2）按触发信号的产生方式分　可分为磁脉冲式微机控制点火系统、霍尔式微机控制点火系统和光电式微机控制点火系统。

4.8.2　微机控制点火系统的组成和工作原理

微机控制点火系统的控制原理

（1）基本组成　目前，微机控制点火系统在设计和结构上，随着汽车生产厂家、生产年代以及 ECU 版本的不同都有所不同，但基本结构是大同小异，主要由传感器、电子控制器、点火器、点火线圈和火花塞等组成。

（2）工作原理　发动机运行时，各种传感器不断地检测发动机的转速、负荷、冷却水的温度、进气温度等信号，发动机控制计算机或称电子控制单元（ECU）不断地采集这些信息，并根据存储器中存储的有关程序和数据，确定出该工况下的最佳点火提前角和初级电路的最佳导通角，并以此向点火控制模块（即执行器）发出指令，控制点火线圈初级回路的导通和截止。当电路导通时，有电流从点火线圈中的初级线圈通过，点火线圈此时将点火能量以磁场的形式储存起来。当初级线圈中的电流被切断时，在次级线圈中将产生很高的感应电动势，经分电器送至工作气缸的火花塞，点火能量被瞬间释放，点燃气缸内的混合气，发动机完成做功过程。

在无分电器的点火系统中，ECU 直接控制每个气缸（或两缸共用一个点火线圈）点火线圈的初级回路的通与断。

此外，在带有爆燃传感器的点火提前角闭环控制系统中，ECU 还可根据爆燃传感器的输入信号来判断发动机的爆燃程度，并将点火提前角控制在轻微爆燃的范围内，使发动机能获得较高的燃烧效率。

4.8.3　微机控制有分电器点火系统

有分电器点火系统也称为非直接点火系统，其点火线圈的高压电是经配电器进行分配的，即由分火头和分电器盖组成的配电器，依照点火顺序适时地将高压电分配至各气缸，使各缸火花塞依次点火。微机控制有分电器点火系统组成示意图如图 4-76 所示。

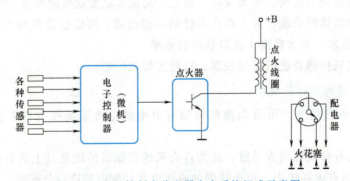

图 4-76　微机控制有分电器点火系统组成示意图

本类型的点火系统存在如下弊端：

1）点火能量损失大。高压电在通过中央高压导线、分火头与侧电极之间的间隙、分缸高压导线，再到火花塞，传递路线长，传递电阻大，有较大的电压降，造成一定的点火能量损失。

2）高速、多缸时不能保证点火能量。因为若干气缸共用一个点火线圈，其一次绕组的通电时间受制于发动机转速和分电器的闭合角，而闭合角又取决于分火头的分火角，最大闭合角必小于分火角，因此，通过最大化闭合角的方法来提高一次回路电流的措施受到限制，转速超过一定值以后，一次电流仍会下降。

3）点火提前角的调节范围受分电器几何学上的限制。当提前角过大或过小时，分火头会对应到另外一个侧电极或对空，造成点火正时的机械误差，甚至致使点火失效。

4）存在无线电干扰。分火头与旁电极之间的间隙在分火时产生火花，既有能量损失，也会因为分电器盖屏蔽不严而造成无线电干扰。

5）容易导致绝缘击穿。当各部分的绝缘效果下降时，易造成漏电，严重时还可能造成局部击穿，而形成非需跳火（断火、乱跳）以及局部烧蚀现象。

4.8.4　微机控制无分电器点火系统

微机控制无分电器点火系统（简称 DIS 或 DLI）是一种全电子化的点火系统，其主要特点是完全取消了传统的分电器总成（包括分火头和分电器盖等），由 ECU 中附加的点火控制电路和分电电路控制点火模块，实现对点火的控制。点火线圈二次绕组与火花塞直接相连，即点火线圈产生的高压电直接送给火花塞进行点火。由于没有机械传动，减少了分火头与旁电极这一中间跳火间隙的能量损耗和干扰；因为无分电器，也使发动机各部件的布置更容易、更合理。

1. 类型

根据配电方式不同，无分电器点火系统可分为每缸一个点火线圈的各缸单独点火式和两个缸共用一个点火线圈的双缸同时点火式。

2. 配电原理

（1）各缸单独点火式　该类型点火系统中的点火线圈上的高压线直接与火花塞相连，称为与点火线圈一体式火花塞，如图 4-77 所示，工作时，由微机根据各传感器输入的信号，依照发动机的点火顺序，适时地控制各个点火线圈，需要时产生高压，而点火线圈产生的高压电直接送到火花塞，使之跳火，点燃混合气。

（2）双缸同时点火式（Double Spark）　双缸同时点火时，一个气缸处于压缩行程末期，是有效点火，另一个气缸处于排气行程末期，缸内温度较高而压力很低，火花塞电极间隙的击穿电压很低，对有效点火气缸火花塞的击穿电压和火花放电能量影响很小，是无效点火，如图 4-78 所示。曲轴旋转一圈后，两缸所处行程恰好相反。双缸同时点火时，高压电的分配有二极管配电点火和点火线圈配电点火两种形式。

1）二极管配电点火。利用二极管分配高压电的双缸同时点火电路原理如图 4-79 所示。二极管配电式点火是利用二极管的单向导通特性，对点火线圈产生的高压电进行分配的同时点火的方式。二极管配电方式的主要特点是一个点火线圈组件为四个火花塞提供高压电，因此特别适宜于四缸或八缸发动机。

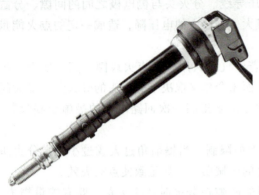

图 4-77　与点火线圈一体式火花塞

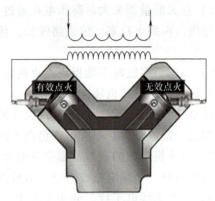

图 4-78　双缸同时点火

点火线圈由两个一次绕组和一个二次绕组构成，二次绕组的两端通过 4 只高压二极管与火花塞构成回路。4 只二极管有内装式（安装在点火线圈内部）和外装式两种。对于点火顺序为 1—3—4—2 的发动机，1、4 缸为一组，2、3 缸为另一组。点火控制器中的两只功率晶体管分别控制一个一次绕组，两只功率晶体管由 ECU 按点火顺序交替控制其导通与截止。

当 ECU 将 1、4 缸的点火触发信号输入点火控制器时，功率晶体管 VT_1 截止，一次绕组 A 中的电流切断，二次绕组中就会产生高压电动势，方向如图 4-79 中实线箭头方向所示。在该电动势的作用下，二极管 VD_1、VD_4 正向导通，1、4 缸火花塞电极上的电压迅速升高直至跳火，高压放电电流经图中实线箭头所指方向构成回路；VD_2、VD_3 反向截止，不能构成放电回路，因此 2、3 缸火花塞电极上无高压火花放电电流而不能跳火。当 ECU 将 2、3 缸点火触发信号输入点火控制器时，晶体管 VT_2 截止，一次绕组 B 中的电流切断，二次绕组产生高压电动势，方向如图 4-79 中虚线箭头方向所示。此时二极管 VD_1、VD_4 反向截止，VD_2、VD_3 正向导通，因此 2、3 缸火花塞电极上的电压迅速升高直至跳火，高压放电电流经图中虚线箭头所指方向构成回路。

电子点火器中的两个稳压管，用于吸收一次线圈断路时产生的自感电动势，保护功率晶体管。

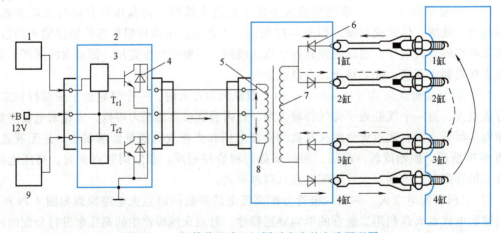

图 4-79　二极管分配式双缸同时点火的电路原理图

1—1、4 缸触发信号　2—电子点火控制器　3—控制部分　4—稳压器　5——次绕组 A
6—高压二极管　7—二次绕组　8——次绕组 B　9—2、3 缸触发信号

2）点火线圈配电点火。利用点火线圈直接分配高压电的同时点火电路原理如图4-80a和图4-80b所示。每两个气缸共用一个点火线圈，其二次绕组的两端分别与同一曲柄位置的两个气缸上的火花塞相连接。

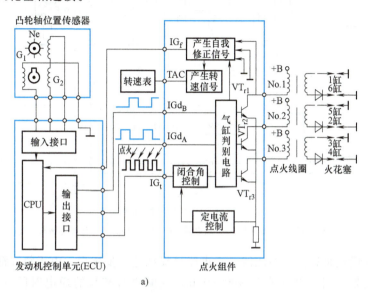

a)

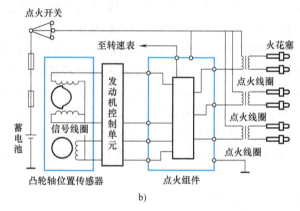

b)

图 4-80　点火线圈分配式双缸同时点火原理图

a）无分电器点火控制系统框图　b）无分电器点火控制系统电路图

点火线圈组件由两个（四缸发动机）或三个（六缸发动机）独立的点火线圈组成，每个点火线圈供给成对的两个火花塞工作（四缸发动机的1、4缸和2、3缸分别共用一个点火线圈；六缸发动机1、6缸、2、5缸和3、4缸分别共用一个点火线圈）。电子点火控制器中配有与点火线圈数量相等的功率晶体管，分别控制一个点火线圈工作。点火控制器根据ECU输出的点火控制信号，按点火顺序轮流触发功率晶体管导通、截止，从而控制每个点火线圈轮流产生高压电，再通过高压线直接输送到成对的两缸火花塞电极间隙上跳火点着可燃混合气。

（3）单独点火式（Single Spark）　每缸一个点火线圈，即点火线圈的数量与气缸数相等（如图4-81所示）。由于每缸都有点火线圈，即使发动机转速很高，点火线圈也有较长的通电时间，可提供足够高的点火能量。

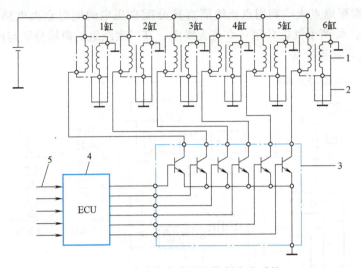

图 4-81　单独点火式微机控制点火系统

1—点火线圈　2—火花塞　3—点火器　4—电控单元　5—各种传感器信号

独立点火的优点是省去了高压线，点火能量损耗进一步减少；由于每缸都有独立的点火线圈，所以即使发动机的转速高达 9000r/min，线圈也有较长的通电时间（大的闭合角），可以提供足够高的点火能量。此外，所有高压部件都可安装在发动机气缸盖上的金属屏蔽罩内，点火系统对无线电的干扰可大幅度降低。与分电器系统相比，在相同的转速和相同点火能量下，单位时间内点火线圈的电流要小得多，因此，线圈不易发热而体积又可以非常小巧，一般是将点火线圈压装在火花塞上，这种点火方式控制系统特别适合多气门发动机。

综上所述，微机控制无分电器点火系统消除了分电器高压配电不足的缺点。由于增加了点火线圈（或一次绕组）个数，对每一个点火线圈来说，一次绕组允许通电时间可增加 2.6 倍，因此，使发动机高速运转时，一次绕组也有足够充裕的通路时间。换句话说，无分电器点火系统具有足够大的点火能量和足够高的二次电压来保证发动机在任何工况都能可靠点火。

4.8.5　微机控制点火提前角的确定

汽油机的可燃混合气在气缸内燃烧不是瞬时完成的，需要先经诱导期，然后才能进入猛烈的明显燃烧期。因此，要使发动机发出最大功率，混合气应在压缩行程上止点前点燃。通常把发动机发出功率最大和油耗最少的点火提前角称为最佳点火提前角。

点火提前角大小直接影响发动机的输出功率、油耗、排放等。发动机工况不同，需要的最佳点火提前角也不相同，怠速时的最佳点火提前角是为了使怠速运转平稳，降低有害气体排放量和减少燃油消耗量；部分负荷时的最佳点火提前角是为了减少燃油消耗量和有害气体排放量，提高经济性和排放性；大负荷时的最佳点火提前角是为了增大输出转矩，提高动力性能。

微机控制的点火提前角 θ 由初始点火提前角 θ_i、基本点火提前角 θ_b 和修正点火提前角 θ_c 三部分组成，即

$$\theta = \theta_i + \theta_b + \theta_c \qquad (4-1)$$

1. 初始点火提前角 θ_i

初始点火提前角又称为固定点火提前角，其值大小取决于发动机的结构形式，并由曲轴位置传感器的初始位置决定，一般设定为上止点前 BTDC10°左右，如桑塔纳 2000GLi 型轿车为 BTDC8°。

在下列情况时，由于发动机转速变化大，空气流量不稳定，进气量传感器输出的流量信号不稳定，点火提前角就不能准确控制，因此采用固定的初始点火提前角进行控制，其实际点火提前角等于初始点火提前。

1）发动机起动时。

2）发动机转速低于 400r/min 时。

3）检查初始点火提前角时。

2. 基本点火提前角 θ_b

基本点火提前角是发动机最主要的点火提前角，是设计微机控制点火系统时确定的点火提前角。由于发动机本身的结构复杂，影响点火的因素较多，理论推导基本点火提前角的数学模型比较困难，而且很难适应发动机的运行状态，因此国内外普遍采用台架试验方法，利用发动机最佳运行状态下的试验数据来确定基本点火提前角。台架试验方法如下：

首先，测试发动机转速与最佳点火提前角的特性，试验时节气门全开（排除真空度的影响），在每一转速下，逐渐增加点火提前角，直至得到最大功率为止，此时对应的点火提前角即为该转速下的最佳点火提前角。用相同方法测出不同转速下的最佳点火提前角，即可绘出一族转速与最佳点火提前角的特性曲线。然后，测试发动机负荷（真空度）与点火提前角的特性，将发动机固定在某一转速，调节真空度大小，在每一真空度下将点火提前角逐渐增加，直到测得最大功率为止。改变发动机转速，用同样方法测出不同真空度下的最佳点火提前角，即可绘出一族发动机负荷与最佳点火提前角的特性曲线。综合考虑发动机油耗、转矩、排放和爆燃等因素，对试验结果进行优化处理后，即可得到图 4-82 所示的以转速和负荷为变量的点火提前角三维数据 MAP。

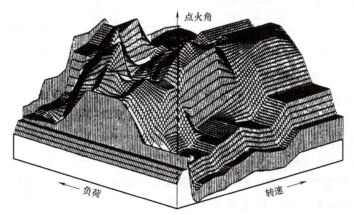

图 4-82　不同转速和负荷条件下的点火提前角三维数据 MAP

各型发动机的点火提前角三维数据 MAP 都以数据形式存储在 ECU 的 ROM 中。当发动机运行时，CPU 根据发动机转速信号（由曲轴位置传感器提供）和负荷信号（由空气流量和节气门位置传感器提供），即可从 ROM 中查询得到相应的基本点火提前角，从而对点火

时刻进行控制。

3. 修正点火提前角θₛ

为使实际点火提前角适应发动机的运转状况，以便得到良好的动力性、经济性和排放性，必须根据相关因素（冷却液温度、进气温度、开关信号等）适当增大或减小点火提前角，即对点火提前角进行必要的修正。修正点火提前角的项目有冷却液温度修正（包括暖机修正和过热修正）、怠速修正和空燃比反馈修正。

（1）暖机修正　暖机修正是指节气门位置传感器的怠速触点(IDL)闭合、发动机冷却液温度变化时，对点火提前角进行的修正。当冷却液温度低时，应当增大点火提前角，以促使发动机尽快暖机；当冷却液温度升高后，点火提前角应相应减小。因为发动机冷起动后的暖机过程中，随冷却液温度的提高，混合气的燃烧速度加快，燃烧过程所占的曲轴转角减小，点火提前角也应适当减小。图 4-83 为某款发动机暖机修正特性，纵坐标为点火提前角修正值，横坐标为冷却液温度。

（2）过热修正　过热修正是指冷却液温度传感器信号、节气门位置传感器信号（IDL）变化时，对点火提前角进行的修正。过热修正是指发动机冷却液温度过高时，对点火提前角进行的修正。如图 4-84 所示，当发动机处于怠速运行工况时，若冷却液温度过高，为了避免发动机长时间过热，应增大点火提前角提高发动机怠速转速，从而提高水泵和冷却风扇的转速，加强冷却，降低发动机温度。当发动机处于正常运行工况时，若冷却液温度过高，为了避免爆燃，应减小点火提前角。

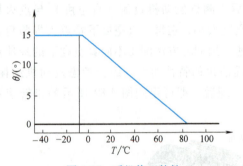

图 4-83　暖机修正特性

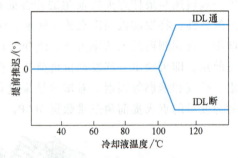

图 4-84　过热修正特性

（3）怠速修正　怠速修正是为了保证怠速运转稳定而对点火提前角进行的修正。发动机怠速运转时，由于负荷变化，ECU 会将怠速转速调整到设定的目标转速。例如，助力转向开关或空调开关接通，发动机实际转速低于规定的目标转速时，ECU 将根据转速之差，相应地减小点火提前角，使怠速运转平稳，防止发动机怠速熄火。

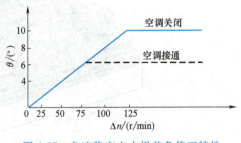

图 4-85　怠速稳定点火提前角修正特性

在图 4-85 中，接通空调相当于增加负载，所以修正值减小，即点火推后；关闭空调，相当于减小负载，所以修正值增加，即点火提前。Δn 为发动机实际转速与目标转速的差值。

（4）空燃比反馈修正　由于空燃比反馈控制系统是根据氧传感器的反馈信号调整喷油

量的多少来达到最佳空燃比控制的，所以这种喷油量的变化必然带来发动机转速的变化。为了稳定发动机转速，点火提前角需要根据喷油量的变化进行修正。

随着修正喷油量的增加或减少，发动机转速在一定范围内波动。为了提高转速的稳定性，在反馈修正喷油量减少时，点火提前角相应增加；当反馈修正喷油量增加时，点火提前角相应减小。其变化规律如图4-86所示，图中纵坐标表示喷油量和点火提前角，横坐标表示时间。

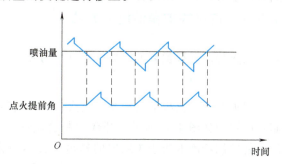

图4-86　空燃比反馈点火提前角修正

注意：第一，发动机过热修正在正常工作温度范围内不起作用，超过105℃时才对点火提前角起修正作用；第二，怠速时（IDL闭合）过热使点火提前，正常（IDL断开）工况过热时，使之推后；第三，对由于点火过晚引起的发动机过热进行提前修正，对由于超负荷引起的发动机过热进行滞后修正。

发动机的实际点火提前角是上述三个点火提前角之和。发动机每转一圈，ECU计算处理后就输出一个提前角信号。因此，当传感器检测到发动机转速、负荷、冷却液温度发生变化时，ECU就会自动调整点火提前角。当ECU确定的点火提前角超过允许的最大提前角（或小于允许的最小提前角）时，发动机很难正常运转，此时ECU则将以最大（或最小）点火提前角允许值进行控制。

如果发动机实际点火提前角不合理，则发动机很难正常运转。在初始点火提前角已设定时，受ECU控制的实际点火提前角则为基本点火提前角与修正点火提前角之和，该值应保证在某一范围内。最大提前角为35°~45°，最小提前角为-10°~0°。

4.8.6　闭合角的控制

在微机控制的点火系统中，闭合角是指一次电路接通的时间。点火线圈的二次电压是和二次电路断开时的一次电流成正比的，如果通电时间短时，一次电流小，则会使感应出的二次电压偏低，容易造成失火；一次电流大，虽然对点火有利，但通电时间过长，会使点火线圈发热，甚至烧坏，还会使能耗增大。因此要把一次回路的通电时间控制在一个最佳状态。

有些点火装置中，为了提高点火能量，采用了一次线圈电阻很小的高能点火线圈，其饱和电流可达30A以上。但在发动机低速工作时，则会由于闭合时间过长而使点火线圈的电流过大，会使点火线圈和点火电子组件过热而损坏，因此在点火控制电路中增加了恒流控制电路（如前一节所述）。

影响闭合角的因素主要有蓄电池电压和发动机转速。在微机控制的点火系统中，把闭合角随发动机转速与蓄电池电压的变化而变化的关系绘制成三维脉谱图，如图4-87

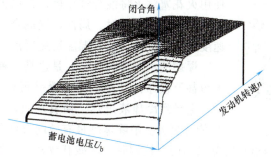

图4-87　闭合角特性三维脉谱图

所示，以数据的形式储存到 ECU 的 ROM 中，以便计算机在控制中随时调用这些数据，并与实时信息对比后发出闭合角的控制指令。

4.8.7 点火提前角的控制方法

点火提前角根据有无反馈信号可分为开环控制和闭环控制两种。

1. 开环控制

根据初始点火提前角和基本点火提前角进行控制，再根据发动机温度实施修正，开环控制程序框图如图 4-88 所示。开环控制的优点是结构简单、响应快，在部分赛车上应用；其缺点是控制精度取决于传感器的精度，且不考虑结果（排放、爆燃、怠速波动、机械部件磨损等）对点火提前角的影响，所以控制精度较低。

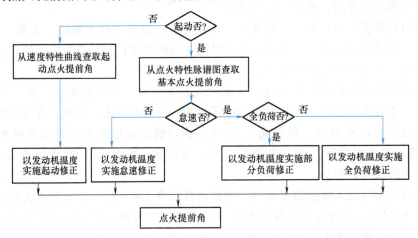

图 4-88　点火提前角的开环控制程序框图

2. 闭环控制

闭环控制是既根据初始和基本状况进行控制，又根据反馈信息进行修正的控制方式。其优点是控制精度提高，可以做到全方位考虑；其缺点是结构复杂、响应速度较慢。

4.9　汽油机爆燃控制技术

汽油机获得最大功率和最佳燃油经济性的有效方法之一是增大点火提前角。汽油发动机使用火花塞跳火将混合气点燃，并以火焰传播方式使混合气燃烧。如果在传播过程中，火焰还未到达时，局部位置混合气因高温、高压等自行着火燃烧，使气流运动速度加快，缸内压力、温度迅速增加，造成瞬时爆燃，这种现象称为爆燃。

爆燃的主要影响有：一是这是一种不正常燃烧，噪声大，导致发动机使用寿命缩短甚至损坏；二是轻微的爆燃可使发动机功率上升，油耗下降；三是爆燃严重时，会导致冷却液过热，使发动机功率下降油耗上升。发动机在大负荷状态工作时，这种可能性更大。消除爆燃最有效的方法就是推迟点火提前角。在发动机电控系统中，当点火时刻采用闭环控制时，就能有效地抑制发动机爆燃，并能提高动力性。

理论与实践证明：剧烈的爆燃会使发动机的动力性和经济性严重恶化，而当发动机工作

汽油机爆燃
控制技术

在爆燃的临界点或有轻微的爆燃时，发动机热效率最高，动力性和经济性最好。因此，利用点火提前角闭环控制系统能够有效地控制点火提前角，从而使发动机工作在爆燃的临界状态。

发动机爆燃控制系统是在点火控制系统的基础上，增设爆燃传感器、带通滤波电路、信号放大电路、整形滤波电路、比较基准电压形成电路、积分电路和提前角控制电路等组成点火提前角闭环控制系统。其组成及爆燃控制过程如图4-89所示。

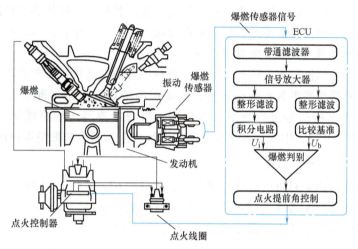

图 4-89　汽油机爆燃控制系统的组成及爆燃控制过程

爆燃传感器用于检测发动机是否发生爆燃，每台发动机一般安装一两只爆燃传感器。带通滤波器只允许发动机爆燃信号（频率为6~9kHz的信号）或接近爆燃的信号输入ECU进行处理，其他频率的信号则被衰减。信号放大器是对输入ECU的信号进行放大，以便整形滤波电路进行处理。接近爆燃的信号经过整形滤波和比较基准电路处理后，形成判定是否发生爆燃的基准电压 U_b。爆燃信号经过整形滤波和积分电路处理后，形成的积分信号用于判定爆燃强度。

4.9.1　汽油机爆燃的检测方法

汽油机爆燃的检测方法有三种：一是检测发动机缸体的振动频率；二是检测发动机燃烧室压力的变化；三是检测混合气燃烧的噪声。

检测混合气燃烧的噪声为非接触式检测，其耐久性较好，但测量精度和灵敏度较低，实际应用很少。

直接检测燃烧室压力变化比检测发动机振动的测量精度较高，但传感器安装困难，且耐久性较差，一般用于测量仪器，实际应用的压力检测传感器均为间接检测式。

检测发动机缸体振动频率来检测爆燃的主要优点是测量精度较高、传感器安装方便（一般都安装在缸体侧面）且输出电压较高，因此在现代汽车上被广泛采用。

4.9.2　爆燃传感器功用与分类

发动机爆燃传感器（Engine Detonation Sensor，EDS）简称为爆燃传感器。爆燃传感器是点火提前角闭环控制系统必不可少的传感器。爆燃传感器的功用是将汽油机爆燃信号转换

为电信号输入发动机 ECU，以便 ECU 修正点火提前角来消除爆燃。爆燃传感器是一种振动加速度传感器。按检测方式不同，可分为共振型与非共振型两种；按结构不同，可分为压电式和磁致伸缩式两种。

共振型爆燃传感器的显著特点是传感器的共振频率与发动机爆燃的固有频率相匹配，因此其内部设有共振体，并且要使共振体的共振频率与爆燃频率协调一致。其优点是输出电压高，不需要滤波器，信号处理比较方便。由于机械共振体的频率特性尖且频带窄，因此无法响应发动机结构变化引起的爆燃频率变化。换句话说，共振型爆燃传感器只适用于特定的发动机，不能与其他发动机互换使用，装车自由度很小。美国通用和日本日产汽车采用的磁致伸缩式爆燃传感器就属于共振型爆燃传感器。

非共振型爆燃传感器的突出优点是适用于各种型号的发动机，装车自由度很大。但其输出电压较低，频率特性平坦并且频带较宽，需要配用带通滤波器（即只允许特定频带的信号通过而对其他频率的信号进行衰减的滤波器。带通滤波器一般由线圈和电容器组合而成），信号处理比较复杂。中国、日本和欧洲的汽车大多采用非共振型爆燃传感器。

1. 压电式爆燃传感器

压电式爆燃传感器是利用压电效应制成的，桑塔纳 GLi/2_GLi/2000GSi/3000、宝来、捷达 AT/GTX 等国内外轿车普遍采用非共振型压电式爆燃传感器。

压电式爆燃传感器主要由套筒底座、压电元件、惯性配重、塑料壳体和接线插座等组成，其结构如图 4-90 所示。

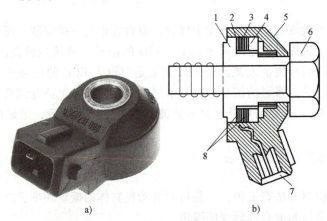

图 4-90 压电式爆燃传感器的结构

a）传感器外形 b）内部结构

1—套筒底座 2—绝缘垫圈 3—压电元件 4—惯性配重 5—塑料壳体
6—固定螺栓 7—接线插座 8—电极

压电元件 3 是爆燃传感器的主要部件，由压电材料制成，制作成垫圈形状，在其两个侧面上安放有金属垫圈作为电极 8，并用导线引到接线插座 7 上。惯性配重 4 与压电元件 3 以及压电元件 3 与传感器套筒之间安放有绝缘垫圈 2，套筒中心制作有螺孔，传感器用螺栓安装固定在发动机缸体上，调整螺栓的拧紧力矩便可调整传感器输出的信号电压。传感器的输出特性出厂时已经调好。其在使用中拧紧力矩不得随意调整。

惯性配重 4 用来传递发动机振动产生的惯性力，惯性配重 4 与塑料壳体 5 之间安装有盘

形弹簧，借弹簧张力将惯性配重、压电元件和垫圈等部件压紧在一起。传感器接线插座 7 上有三根引线，其中两根为信号线，一根为屏蔽线。

压电式爆燃传感器也可制作成共振型爆燃传感器，其结构与非共振型基本相同，有所不同的是共振型爆燃传感器在壳体内设有一个振动（弹性）元件。

压电式爆燃传感器利用压电效应进行工作，压电效应是指某些晶体（如石英、陶瓷、酒石酸盐、食盐、糖）的薄片受到压力或机械振动之后产生电荷的现象。当晶体受到外力作用时，在晶体的某两个表面上就会产生电荷（输出电压）；当外力去掉时，晶体又恢复到不带电状态。晶体受力产生的电荷量与外力大小成正比。

当发动机缸体产生振动时，传感器套筒底座及惯性配重随之产生振动，套筒底座和配重的振动作用在压电元件上，由压电效应可知，压电元件的信号输出端就会输出与振动频率和振动强度有关的交变电压信号，如图 4-91 所示。试验证明，发动机爆燃产生的压力冲击波频率在 6~9kHz 之间时振动强度较大，信号电压较高。发动机转速越高，信号电压幅值越大。

发动机爆燃是在活塞运行到压缩上止点前后产生，此时缸体振动强度最大，所以爆燃传感器在活塞运行到压缩上止点前后产生的输出电压较高。爆燃传感器输出信号与曲轴转角的对应关系如图 4-92 所示，传感器的灵敏度约为 20mV/g（$g = 9.8 \text{m/s}^2$）。

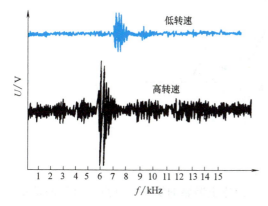

图 4-91　转速不同时压电式非共振型爆燃
传感器的输出波形

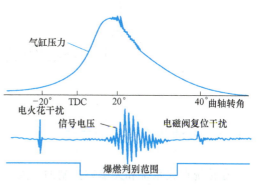

图 4-92　爆燃传感器输出信号与曲轴
转角的对应关系

2. 磁致伸缩式爆燃传感器

（1）磁致伸缩式爆燃传感器的结构组成　磁致伸缩式爆燃传感器为共振型爆燃传感器，其结构如图 4-93 所示，它主要由感应线圈、伸缩杆、永久磁铁和壳体等组成。伸缩杆用高镍合金制成，在其一端设置有永久磁铁 5，另一端安放在弹性元件 1 上。感应线圈 2 绕制在伸缩杆 3 的周围，线圈两端引出电极与控制线路连接。

磁致伸缩式爆燃传感器的外形结构与发动机机油压力传感器相似，其不同之处在于旋入发动机缸体部分的爆燃传感器为实心结构，机油压力传感器则设有进油孔。

（2）磁致伸缩式爆燃传感器的工作原理　当发动机缸体产生振动时，传感器的伸缩杆就会随之振动，感应线圈中的磁通量就会发生变化。由电磁感应原理可知，线圈中会感应产生交变电动势，即传感器就有信号电压输出，输出电压高低取决于发动机的振动强度和振动频率。

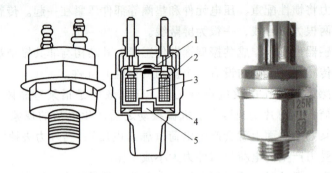

图 4-93　磁致伸缩式爆燃传感器的结构

1—弹性元件　2—感应线圈　3—伸缩杆　4—壳体　5—永久磁铁

当发动机缸体振动频率达到 6~9kHz 时，传感器产生共振，振动强度最大，线圈中产生的电压最高，如图 4-94 所示。

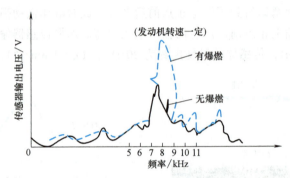

图 4-94　共振型爆燃传感器信号波形

4.9.3　汽油机爆燃控制方法

在传统点火系统和无爆燃控制的点火系统中，为防止爆燃的发生，其点火时刻的设定远离爆燃边缘。这样势必降低发动机效率，增加燃油消耗。而具有爆燃控制的点火系统，点火时刻到爆燃边缘只留一个较小的余量。或者说，就在爆燃界面上工作，既控制了爆燃的发生，又能更有效地得到发动机的输出功率。

图 4-95 为爆燃控制系统框图。爆燃传感器将检测到的电压信号传送给 ECU，由 ECU 中爆燃信号处理器判断是否有爆燃存在，并根据信号的强弱和频度决定爆燃的等级，算出要推迟的点火提前角数值，将此点火时刻经点火模块放大后，通过点火线圈和火花塞，控制发动机内混合气的点火。然后，爆燃传感器又检测下一工作循环的爆燃信号，若爆燃还存在，则继续推迟提前角。当爆燃消失后，为了使发动机性能得到恢复，又要不断增加点火提前角，直至爆燃再次出现，如此不断地循环进行。爆燃反馈控制原理如图 4-96 所示。

发动机爆燃一般仅在大负荷、中低转速（小于 3000r/min）时产生，由于爆燃传感器输出电压的振幅随发动机转速高低不同而有很大的变化，因此，判定发动机是否发生爆燃不能根据爆燃传感器输出电压的绝对值进行判别。常用方法是将发动机无爆燃时传感器输出的电压信号与产生爆燃时输出的电压信号进行比较，从而做出判定结论。

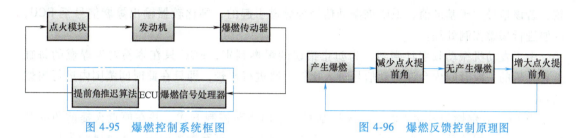

图 4-95 爆燃控制系统框图

图 4-96 爆燃反馈控制原理图

1. 基准电压的确定

判定爆燃的基准电压通常利用发动机即将爆燃时的传感器输出信号电压来确定。最简单的方法如图 4-97 所示，首先对传感器输出信号进行滤波和半波整流，利用平均电路求得信号电压的平均值，然后再乘以常数倍即可形成基准电压 U_b，平均值的倍数由设计制造时试验确定。因为发动机转速升高时，爆燃传感器输出电压的幅值增大，所以基准电压并不是一个固定值，其值将随发动机转速升高而增大。

2. 爆燃强度的判别

发动机爆燃的强度取决于爆燃传感器输出信号电压的振幅和持续时间。爆燃信号电压值超过基准电压值的次数越多，爆燃强度越大；超过基准电压值的次数越少，说明爆燃强度越小。确定爆燃强度常用的方法如图 4-98 所示，首先利用基准电压值对传感器输出信号进行整形处理，然后对整形后的波形进行积分，求得积分值 U_i。爆燃强度越大，积分值 U_i 越大；反之，积分值 U_i 越小。当积分值 U_i 超过基准电压值 U_b 时，ECU 将判定发动机发生爆燃。

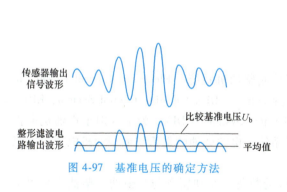

图 4-97 基准电压的确定方法

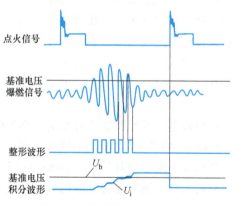

图 4-98 爆燃强度的判别方法

3. 控制过程

爆燃控制系统是一个闭环控制系统，如图 4-99 所示。爆燃传感器安装在发动机缸体上，它把缸体的振动转换成电信号输入 ECU，ECU 内部经滤波电器，滤除与爆燃无关的信号，而只允许含有爆燃信号的特定频率范围的信号通过。

然后，再将此信号与设定的爆燃强度基准值进行比

图 4-99 爆燃控制闭环系统

较，若该信号大于基准值，说明该振动信号为爆燃引起的，则比较器输出爆燃信号至 ECU，以便进行爆燃控制处理。

由于发动机振动频繁且剧烈，为防止错误的爆燃判别，ECU 只在容易发生爆燃的每缸点火之后的一段时间内允许振动信号进入比较电路进行比较，即只在此时间范围内进行爆燃判别。

当 ECU 有爆燃信号输入时，点火控制系统采用闭环控制方式，并在原点火提前角的基础上推迟点火提前角；如果爆燃不消失，则再推迟点火，直至爆燃消失。当爆燃消失后，在一段时间内维持当前的点火提前角。若无爆燃发生，则逐渐加大点火提前角一直到爆燃发生，然后又重复上述控制过程。

当发动机工作时，ECU 首先根据各传感器信号，从预先试验测试并存储在 ROM 中的点火提前角三维数据 MAP 中查寻得到点火提前角；然后根据凸轮轴位置传感器、曲轴位置传感器和其他传感器信号控制点火时刻，控制结果由爆燃传感器反馈到 ECU 输入端，再由 ECU 对点火提前角进行修正。

爆燃传感器信号输入 ECU 后，ECU 便将积分值 U_i 与基准电压 U_b 进行比较。当积分值 U_i 高于基准电压 U_b 时，ECU 立即发出指令，控制点火时刻推迟，每次推迟 $0.5° \sim 1.5°$ 曲轴转角，直到爆燃消除。爆燃强度越大，点火时间推迟越多；爆燃强度越小，点火时间推迟越少。当积分值 U_i 低于基准电压 U_b 时，说明爆燃已经消除，ECU 又递增一定量的点火提前角控制点火，直到再次产生爆燃为止。爆燃控制的点火提前角曲线如图 4-100 所示。

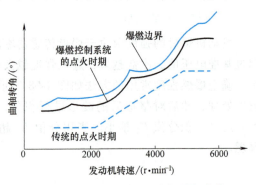

图 4-100　爆燃控制的点火提前角曲线

4.10　柴油机电控燃油喷射技术

柴油机电子控制燃油喷射系统又称为电子控制柴油机系统（Electronic Control Diesel Engine System，ECD）、电子式柴油机控制系统（Electronic Diesel Engine Control System，EDC）和计算机控制柴油喷射系统（Computed Diesel Inject System，CDI）。为了区别于汽油机电控燃油喷射系统，通常称为柴油机电控燃油喷射系统、电控柴油喷射系统或柴油机电子控制燃油喷射系统。

进入 21 世纪以来，装备电控柴油喷射系统的载货汽车和轿车与日俱增。柴油机采用电子控制技术，特别是采用高压共轨式电控喷油技术，是柴油机技术发展的必然趋势。

4.10.1　柴油机电控燃油喷射系统的分类

柴油机燃油喷射系统可分为机械式燃油喷射系统和电子控制式燃油喷射系统两大类。由于柴油机产品的多样性（在机械控制时代就已开发应用直列泵、分配泵、单体泵和泵喷嘴等结构形式、适用范围和自身特点完全不同的燃油系统），因此在其基础上开发研制的电控燃油喷射系统种类繁多，型式各异，要进行准确分类十分困难，但大致可按下述情况进行分类。

按控制方式不同，柴油机电控燃油喷射系统可分为位置控制式柴油喷射系统、时间控制式柴油喷射系统和高压共轨式电控燃油（柴油）喷射系统三种类型。

按控制对象不同，柴油机电控燃油喷射系统可分为电控喷油泵系统和共轨式电控喷油系统两大类。对于前者，ECU 的控制对象是喷油泵；对于后者，则直接控制喷油器和共轨压力。

按喷油泵供油机构的结构型式不同，电控喷油泵系统可分为直列泵式电控喷油系统、分配泵式电控喷油系统、泵喷嘴式电控喷油系统和单体泵式电控喷油系统四种类型。

共轨式喷油系统可分为高压共轨式喷油系统和中压共轨式喷油系统两种类型。目前使用的共轨式喷油系统大都是高压共轨式喷油系统。

高压共轨式喷油系统的特点是：燃油箱内燃油由输油泵（电动燃油泵）输送到高压泵（高压油泵），燃油压力约 250kPa；再由高压泵将低压燃油加压压缩成高压燃油并直接输送到公共油轨（共轨、公共油管、燃油分配管或油架内），燃油压力达 150MPa 以上。因此，在高压共轨喷油系统中，从高压油泵到喷油器之间均处于高压状态。

中压共轨式喷油系统的特点是：输油泵输出的燃油为中、低压燃油，压力为 10～30MPa，中、低压燃油由燃油泵输送到共轨后再送入喷油器，在中压共轨式喷油系统的喷油器中设置有液压放大机构（即增压器或增压机构），中、低压燃油的压力由液压放大机构增大到 120MPa 以上，然后再喷入气缸。因此，在中压共轨式喷油系统中，高压区域仅局限在喷油器中。

在上述电控柴油喷射系统中，只有共轨式电控喷油系统是一种新型的电子控制柴油喷射系统，其他系统都是在罗伯特·博世公司 1926 年开发成功的喷油泵的基础上增设电子控制系统而形成的，在技术上没有实质性的进步。

4.10.2　柴油机电控燃油喷射系统的组成

柴油机电控燃油喷射系统同汽油机电控燃油喷射系统一样，也是由传感器、ECU 和执行器三大部分组成。东风朝阳柴油机有限责任公司引进德国博世公司开发的高压共轨式电控柴油喷射系统的组成如图 4-101 所示。

传感器的功用是检测发动机运行时的状态参数。柴油机电控燃油系统常用的传感器有：曲轴位置（发动机转速与转角）传感器、凸轮轴位置传感器、加速踏板位置传感器、大气压力传感器、进气温度传感器、燃油温度传感器、冷却液温度传感器、共轨油压传感器、空气流量传感器（增压柴油机采用）以及车速传感器等。

ECU 是柴油机电控燃油系统的核心，是一个以单片机为核心的电子控制器。目前，CPU 普遍采用高速 32 位 CPU 进行数学运算和数据处理。ECU 的功用是根据发动机转速和加速踏板位置等传感器检测的柴油机运行状态参数，与 ECU 中预先存储的发动机特性参数图谱（称为 MAP 图）进行比较，计算确定喷油量和喷油时间等控制参数，并按计算所得目标值向执行器发出控制指令。此外，ECU 还具有通信和其他功能，如与自动变速 ECU 进行数据传输和交换、适时修正喷油量和喷油提前角控制指令等。

执行器（执行机构）的功用是根据 ECU 发出的控制指令执行相应的任务，主要是控制喷油量、喷油定时和喷油压力等。控制系统的控制策略不同，采用执行器的种类也不相同。位置控制式柴油喷射系统采用的执行器有电磁铁机构、直流电动机、步进电动机和机械式喷

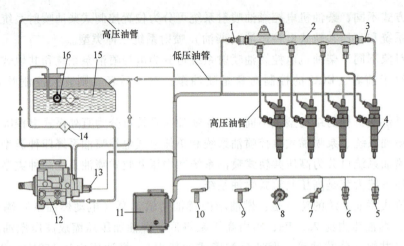

图 4-101　东风朝阳柴油机公司高压共轨式电控柴油喷射系统组成

1—油压传感器　2—共轨　3—限压阀　4—电控喷油器　5—进气温度传感器　6—冷却液温度传感器
7—大气压力传感器　8—加速踏板位置传感器　9—凸轮轴位置传感器　10—曲轴位置传感器　11—ECU
12—高压油泵　13—压力控制阀（PCV）　14—油滤器　15—油箱　16—电动燃油泵

油器；时间控制式柴油喷射系统采用的执行器有电磁阀和机械式喷油器；高压共轨式柴油喷射系统采用的执行器有电动燃油泵、燃油压力控制阀、电磁式喷油器或压电晶体式喷油器等。无论采用何种控制策略，喷油器都是控制喷油量和喷油定时的最终执行器。

在柴油机电控燃油喷射系统中，各种传感器的功用、组成及其结构原理与汽油机电控燃油喷射系统使用的传感器基本相同；但是，由于柴油机喷油压力高达 $180 \sim 200MPa$，对执行器的要求远远高于汽油机电控燃油喷射系统，各种执行器的结构都非常复杂，加之机械式燃油系统久经考验证明具有优越的性能，因此柴油机电控燃油喷射系统至今难以完全替代机械式燃油喷射系统。

鉴于执行器是柴油机电控燃油喷射系统的关键技术以及柴油机技术发展的必然趋势是采用高压共轨式电控柴油喷射技术，所以本书重点介绍高压共轨式电控柴油喷射技术。

高压共轨式电控柴油喷射技术的基本原理与电控汽油喷射技术相似，电动燃油泵（即输油泵）将燃油箱内的柴油输送到高压油泵，高压油泵在发动机驱动下将柴油加压到 $160 \sim 200MPa$ 后供入共轨内，在 ECU 的控制下，高压燃油经电控喷油器喷射到相应的气缸内燃烧做功。高压共轨式电控燃油喷射系统与传统的喷油泵供油系统以及电控喷油泵系统的显著区别在于：燃油高压的产生和喷油的控制是由 ECU 分别独立进行，燃油压力的产生与柴油机转速和负荷无关，是由 ECU 控制压力控制阀来调节高压油泵的供油量进行控制。高压共轨式电控喷油系统的显著特点是：能够自由改变喷油压力、喷油量、喷油定时（即何时开始喷油）和喷油特性（即实现引导喷射、预喷射、主喷射、后喷射和次后喷射等多段喷射，目前已可实现 3 次、5 次或更多次喷射）。通过预喷射，可降低柴油机噪声；通过后喷射，可降低发动机氮氧化物 NO_x 和颗粒物 PM（Particulate Matter，即碳烟微粒或浮游微粒）的排放量，因此，柴油机采用高压共轨式电控柴油喷射技术，能使柴油雾化良好、燃烧效率提高，从而达到降低油耗、减少排放、降低噪声和减小振动的目的。

4.10.3　柴油机电控燃油喷射系统的控制

20世纪70年代以来，在满足柴油机排放法规和提高燃油经济性等要求的背景下，柴油机电控燃油喷射技术先后被各汽车生产厂家用来控制喷油量和喷油定时等控制参数，开发了各式各样的电控柴油喷射系统。控制对象不同，各电控燃油喷射系统的控制功能、控制策略与控制原理也不相同。

1. 柴油机电控燃油喷射系统的控制功能

柴油机电控燃油喷射系统的种类不同、应用对象不同（轿车或载货汽车）以及控制策略不同，其控制功能也各不相同。但是，每一种电控柴油喷射系统都具有喷油量控制和故障自诊断控制等基本功能。到目前为止，柴油机电控燃油喷射系统具备的控制功能见表4-1。

表4-1　柴油机电控燃油喷射系统具备的控制功能

控制功能	控制内容	备注
喷油量控制	基本喷油量控制	
	起动喷油量控制	
	怠速转速（喷油量）控制	
	加速时喷油量控制	
	各缸不均匀油量补偿控制	
	恒定车速（巡航）控制	
喷油定时控制	基本喷油定时控制	
	起动喷油定时控制	
	低温时喷油定时控制	
喷油压力控制	基本喷油压力控制	共轨式电控柴油喷射系统可以实现
喷油特性控制	预喷油量控制	
	预行程控制	
	多段喷射控制	高压共轨式电控柴油喷射系统可以实现
辅助控制	故障自诊断控制	
	故障应急处理控制	
	进气量控制	
	排气再循环（EGR）控制	EGR系统才能实现
	……	

2. 柴油机电控燃油喷射系统的控制策略

柴油机电控燃油喷射系统已经经历了位置控制、时间控制和高压共轨控制三代变化。典型控制系统的控制策略和主要技术特点见表4-2。

表 4-2　柴油机电控燃油喷射系统的控制策略和技术特点

技术类别	控制策略	典型燃油系统名称	控制项目				技术特点
			喷油量	喷油定时	喷油压力	喷油特性	
第一代	凸轮压油+位置控制	COVEC-F	●	●	○	○	喷油量由 ECU 控制油量调节齿杆或滑套的位移量进行控制;喷油定时由定时控制阀通过控制液压提前器活塞高压腔与低压腔之间的压差来控制
		ECD-V1	●	●	○	○	
		TICS	●	●	○	○	
第二代	凸轮压油+电磁阀时间控制	ECD-V3	●	●	○	○	喷油量由 ECU 控制电磁阀进行控制;喷油定时控制方法与第一代相同,但反馈控制信号不同
		VP	●	●	○	○	
第三代	燃油蓄压+喷油器时间控制	ECD-U2 ECD-U2P UNIJET CRS	●	●	●	●	喷油量和喷油定时均由 ECU 通过控制各缸喷油器的电磁机构来控制;喷油压力由 ECU 通过控制压力控制阀来控制,燃油压力的产生与发动机转速和负荷无关

注：符号"●"表示具有该项控制功能；符号"○"表示没有该项控制功能。

喷油量是柴油机工作过程中最重要的参数之一。柴油机设计师们最大的理想就是根据柴油机的实际工况，自由控制每循环的喷油量。随着高压共轨式电控柴油喷射技术的应用，设计师们的理想正在变为现实。

3. 电控喷油泵系统喷油量的控制原理

在机械式燃油系统中，柴油机大都采用机械式调速器来调节喷油量，利用离心力与弹簧作用力的平衡关系决定调节齿杆的位移，从而控制喷油量的大小。在电控燃油喷射系统中，喷油器则是在 ECU 的控制下喷射燃油。控制对象不同，喷油量的控制原理也不相同。

为了满足排放法规和油耗法规的要求，每循环的基本喷油量 Q_j 是经过精确计算和反复试验的。利用 ECU 的存储功能，将试验得到的最佳数据（即发动机在不同转速和不同负荷下对应的最佳基本喷油量）以三维图形（MAP 图）形式存储在 ECU 的只读存储器（ROM）中，如图 4-102 所示。再利用计算机的查寻功能和控制功能，通过控制执行器动作将喷油量控制在最佳值。

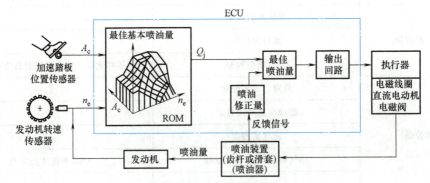

图 4-102　电控喷油泵系统基本喷油量的控制原理

当发动机工作时，ECU 根据加速踏板位置传感器信号（节气门开度信号）A_c 和发动机转速（曲轴位置）传感器信号 n_e，利用计算机的查询功能，即可从三维图形（MAP 图）中得到相应的最佳基本喷油量数值 Q_j；再利用 ECU 的数学计算与逻辑判断功能以及其他传感

器提供的喷油量修正信号，即可计算确定最佳喷油量，并向执行器（电磁铁机构、直流电动机或电磁阀）发出控制指令；执行器在 ECU 输出回路的驱动下动作，使喷油器按最佳喷油量喷射柴油，完成一次喷油过程。

在发动机工作过程中，电控系统不断循环上述过程，即可实现喷油量的实时控制。

4.11 高压共轨式柴油喷射系统

高压共轨式柴油喷射（CRS）技术是一种全新的电控柴油喷射技术，其基本原理与电控汽油喷射技术相似。

4.11.1 高压共轨式柴油喷射系统的组成

目前，全球提供共轨式柴油喷射系统的公司主要有德国博世（Bosch）公司和西门子（Siemens）公司、美国德尔福（Delphi）公司和凯特皮勒（Caterpillar）公司（该公司是军用车辆的主要提供商）以及日本电装（Denso）公司。各公司研制的共轨式柴油喷射系统分为多种类型，结构原理大同小异，最具有代表性的是 20 世纪 90 年代中后期博世公司和电装公司推出的高压共轨式柴油喷射系统。博世公司高压共轨式柴油喷射系统的组成如图 4-103 所示，其控制部件在四缸柴油机上的安装位置如图 4-104 所示。

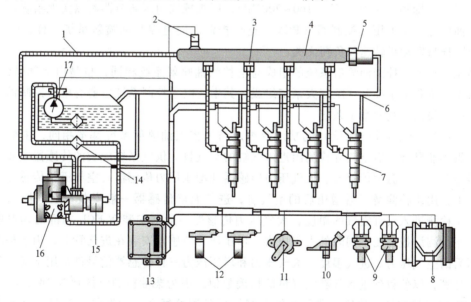

图 4-103 博世公司高压共轨式柴油喷射系统的组成

1—高压油管 2—共轨压力传感器 3—流量限制阀 4—共轨 5—安全溢流阀 6—低压回油管 7—带电磁阀的喷油器
8—空气流量传感器 9—冷却液和进气温度传感器 10—增压压力和大气压力传感器 11—加速踏板位置传感器
12—凸轮轴和曲轴位置传感器 13—ECU 14—滤清器 15—PCV 16—高压泵 17—油箱和输油泵

高压共轨式柴油喷射系统采用的控制策略是：喷油量和喷油定时均由 ECU 通过控制各缸喷油器的电磁机构进行控制；喷油压力（即共轨中的燃油压力）由 ECU 通过控制压力控制阀（Pressure Control Valve，PCV）进行控制。在电控汽油喷射系统中，电动燃油泵供给到公共油轨（燃油总管）中的汽油压力较低（250~350kPa），燃油压力（即喷油压力）可用

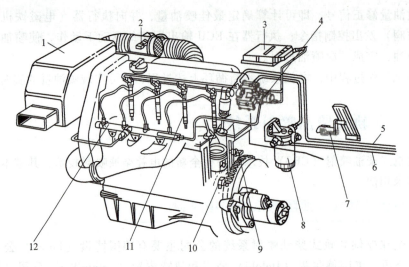

图 4-104　博世公司高压共轨式柴油喷射系统控制部件的安装位置

1—空气滤清器　2—空气流量传感器　3—ECU　4—高压油泵　5—回油管　6—输油管　7—加速踏板位置传感器
8—细滤器　9—冷却液温度传感器　10—曲轴位置传感器　11—电控喷油器　12—共轨

机械式油压调节器进行调节。在高压共轨式电控柴油喷射系统中，高压燃油泵供给到共轨中的柴油压力（即喷油压力）高达 160~200MPa，用机械式油压调节器难以实现精确调节，因此，喷油压力采用了压力控制阀（PCV）进行控制。同电控汽油喷射系统一样，燃油压力的产生同样与发动机转速和负荷无关。

高压共轨式电控柴油喷射系统的组成与电控汽油喷射系统相同，也是由空气供给系统、燃油供给系统和电子控制系统三大系统组成。其中，电子控制系统主要有电子控制油压系统和电子控制喷油系统两个子系统。

空气供给系统（供气系统）的功用及组成与电控汽油喷射系统基本相同，主要是向发动机提供燃油燃烧所需空气并检测出进入气缸的空气量。供气系统配装的传感器主要有空气流量传感器、进气温度传感器、大气压力传感器和增压压力传感器。空气流量传感器安装在进气管上，用于检测增压器增压后的空气量；进气温度传感器一般安装在空气流量传感器内，用于检测进入气缸空气的温度；大气压力传感器一般都安装在 ECU 内部的印制电路板上，用于检测海拔高度不同时的大气压力；增压压力传感器安装在进气管上，用于检测增压器增压后的空气压力。进气温度、大气压力和增压压力三种传感器信号都是用于对空气量进行修正计算，以便得到进入气缸空气量的精确数值。因为柴油机的空燃比为 14.3：1，所以ECU 根据空气量的精确数值，即可在每个燃烧循环调整每个喷油器的喷油量，从而大大减少有害物质的排放量。

燃油供给系统的功用是向共轨供给压力足够高和油量足够大的燃油。燃油的实际压力值和供油量取决于发动机转速高低与负荷大小，由系统设计与试验确定。最高油压可达200MPa，甚至更高，供油量可达 $1600mm^3/r$。燃油供给系统可分为低压通道与高压通道两个部分。低压通道部分由燃油箱、输油泵（电动燃油泵）、柴油滤清器（粗滤器和细滤器）、低压输油管以及低压回油管等部件组成。高压通道部分由高压泵（供油泵或高压油泵）、高压油管、共轨、限压阀、流量限制阀（流量限制器）和电控喷油器等部件组成。其中，限压阀和流量限制阀为安全装置。

电子控制系统又称为喷油压力电控系统或共轨压力电控系统，其功用是实时控制共轨中的燃油压力，即喷油压力，实现高压喷射，使柴油雾化良好、提高燃烧效率，从而达到降低油耗、减少排放、降低噪声和减小振动的目的。电子控制系统主要由共轨油压传感器、ECU和共轨压力控制阀（PCV）等部件组成。PCV是电子控制系统的执行器。

电控燃油喷射系统的功用是根据各种传感器信号提供的柴油机转速、负荷等工况信息，自由改变喷油量、喷油定时和喷油特性（喷油量与喷油时间之间的关系）等控制参数，实现预喷射、主喷射、后喷射和多段喷射（已可实现5次或更多次喷射），提高柴油机的动力性、经济性和排放性。电控燃油喷射系统主要由曲轴位置传感器、凸轮轴位置传感器、加速踏板位置传感器、冷却液温度传感器、ECU和电控喷油器等部件组成。电控喷油器是电控喷油系统的执行器。

4.11.2 高压共轨式电控柴油喷射系统的关键技术

在高压共轨式电控柴油喷射系统中，各种传感器和供气系统部件的功用、结构及原理与电控汽油喷射系统基本相同，仅因柴油喷射压力高而技术要求更高而已，故不再一一赘述，下面主要介绍特殊部件的功用、结构及原理。

高压共轨式电控系统的关键技术

在柴油供给系统中，燃油箱、粗滤器、细滤器、低压输油管、低压回油管和高压油管等部件的结构原理及功用与机械式柴油系统基本相同，不同之处如下：

1）用高压泵取代了原来的喷油泵。

2）新增了输油泵（电动燃油泵）以及储存高压燃油的共轨组件。

3）用电控喷油器取代了原来的机械式喷油器。

4）高压油管的直径略有加大。如电装公司ECD-U2型电控高压共轨系统各缸高压油管的外径由6.35mm增大到了8mm，内径由2mm增大到了4mm。

1. 输油泵

在高压共轨式电控柴油喷射系统中，输油泵为电动燃油泵，其结构原理与电控汽油喷射系统基本相同。在安装方式上，电动燃油泵既可安装在柴油箱内部，也可安装在柴油箱外面的低压油路上。安装在油箱内部易于散热，并且可以起到润滑作用，故普遍采用内装式。

输油泵的功用是向高压泵提供具有一定压力（一般为250kPa）和数量（最大供油量为3L/min）的燃油。输油泵受ECU控制，点火开关一旦接通，ECU便控制油泵继电器接通输油泵电路，输油泵就开始供油。如果在规定时间内（9s左右）仍未接通起动开关来起动发动机，ECU将自动切断输油泵电源电路，输油泵将停止运转。

2. 高压泵

高压泵又称为供油泵或高压油泵，是燃油供给系统低压通道与高压通道之间的接口部件。高压泵的功用是：在柴油机各种工况下，将低压柴油加压压缩，向共轨管内供入压力足够高、油量足够大的高压燃油。

高压泵与普通喷油泵一样安装在柴油机上，可通过离合器、齿轮、链条或齿带由发动机驱动。但安装高压泵时，只需考虑供油功能，无须考虑定时位置。

（1）高压泵的结构特点　高压泵种类繁多、型式各异，德国博世与西门子公司以及日

本电装公司高压共轨系统用典型高压泵的技术参数见表4-3。这些高压泵的功用与结构原理大同小异，都是利用凸轮转子驱动柱塞运动，将低压柴油加压压缩成为高压燃油。

表4-3　高压共轨系统用典型高压泵的技术参数

公司名称	高压泵型号	柱塞直径/mm	柱塞数量/个	凸轮升程/mm	几何供油量/(mm³/r)	实际供油量/(mm³/r)	转速/(r/min)
博世	CP3.1	5.5	3	6.0	427	—	—
	CP3.2	6.5	3	6.8	677	460	3750
	CP3.3	7.5	3	8.2	1087	850	3750
	CP3.4	7.5	3	9.5	1259		
	CP3.5	7.5	3	12	1590	—	—
电装	HP3	8.5	2	8.8	1000	827	4000
	HP4	8.5	3	8.8	1500	1241	4000
西门子	3CYL	7.0	3	7.0	800	640	3000
	5CYL	7.0	5	7.0	1350	1050	3000

博世公司高压共轨式电控柴油喷射系统（CRS）采用的CP3系列柱塞式高压泵的结构如图4-105所示，高压泵的轴向结构如图4-106所示。它主要由偏心轮、柱塞组件、进油阀、出油阀、壳体和油道等组成。

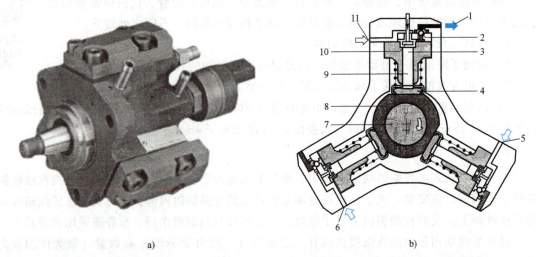

a)　　　　　　　　　　　　　　b)

图4-105　博世公司高压共轨式电控柴油喷射采用的系统CP3系列柱塞式高压泵的结构
a）外形结构　b）径向结构
1—接PVC去共轨　2—出油阀　3—柱塞腔　4—柱塞垫块　5、6、11—进油口
7—驱动轴　8—偏心轮　9—柱塞组件　10—进油阀

高压泵由偏心轮驱动，在泵内径向设有三套柱塞组件，柱塞相互间隔120°排列，如图4-105b所示。偏心轮驱动平面与柱塞垫块之间的接触形式为面接触，比传统的凸轮与滚轮之间为线接触形式的接触应力要小得多，有利于燃油升压和延长使用寿命。由于高压泵每旋转一转有三个供油行程，故驱动装置受载均匀，驱动峰值转矩小（博世高压泵为16N·m），为分配泵驱动转矩的1/9左右，因此高压共轨式燃油喷射系统对高压泵端驱动装置的要求远远低于机械式燃油系统。泵端驱动装置所需功率随共轨压力和高压泵转速的增加而成正比增加。对一台排量为2L的发动机而言，当设定转速下的共轨压力为135MPa时，高压泵（机

械效率约为90%）消耗功率为3.8kW。如果考虑喷油器的喷油量和低压回油量以及压力控制阀的回油量等，高压泵的消耗功率应更高一些。高压泵转速较高（最高转速为3000～4000r/min），因此采用了柴油润滑与散热。

（2）**高压泵的工作原理**　各型高压泵的工作原理大同小异，博世高压共轨式电控柴油喷射系统（CRS）采用的CP3系列高压泵的工作原理如下：

高压泵加压的燃油由输油泵供给。输油泵（电动燃油泵）运转时，将燃油箱内柴油经低压油管、高压泵进油口、单向阀和低压通道输送到进油阀处。当柴油机转动时，高压泵按一定速比随柴油机一同旋转。高压泵转动时，偏心轮便使柱塞径向移动。柱塞在弹簧的作用力下始终紧贴偏心轮。

当柱塞下行时，如图4-105b所示，柱塞腔3容积增大，压力降低使进油阀10打开，低压燃油由进油阀10进入柱塞腔3，对高压泵进行充油。随着偏心轮8的旋转，柱塞一直下降到下止点，整个过程都在充油。另外，出油阀2在共轨燃油压力的作用下一直处于关闭状态。

当柱塞上行时，如图4-105所示，柱塞腔3容积减小，压力增大使进油阀10关闭，柱塞腔3内燃油建立起高压。当柱塞上行行程增大使腔内压力高于共轨中的燃油压力时，出油阀2被打开，柱塞腔内的高压燃油便在压力控制阀（PCV）的控制下供入共轨管内。

（3）**供油切断电磁阀的功用**　博世公司CP3系列高压泵在柱塞腔上设有供油切断电磁阀又称为断油电磁阀（图4-106）。该电磁阀的功用是适时切断柱塞供油，使供油量适应喷油量变化的需要，减少高压泵的功率消耗。

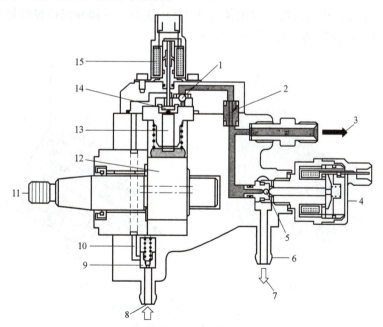

图4-106　博世高压共轨系统CP3系列高压泵的轴向结构

1—出油阀　2—密封件　3—高压油管接头（接共轨管）　4—压力控制阀（PVC）　5—球阀
6—低压回油管接头　7—回油　8—进油口　9—单向阀　10—低压通道　11—驱动轴
12—偏心轮　13—柱塞　14—进油阀　15—供油切断电磁阀

高压泵的供油量按最大供油量进行设计，在发动机怠速和部分负荷时，柱塞压缩的燃油量将超过喷油器所需的喷油量，多余的燃油经压力控制阀（PCV）和共轨上的限压阀等流回燃油箱。由于已被压缩的燃油又流回到燃油箱并再次降压，因此不仅损失压缩能量，而且会使燃油升温。设置供油切断电磁阀后，当发动机怠速和部分负荷时，电磁阀适时通电使进油阀处于打开状态，使供油行程吸入的燃油不受压缩又流回低压通道，柱塞腔内不会建立高压。

当供油切断电磁阀工作时，柱塞不再连续压油，高压泵处于间歇供油状态，从而减少了功率损失。可见，高压泵传动比的设计一方面要满足发动机全负荷工作时需要的燃油量，另一方面要使多余供油量不要太多。高压泵的供油量与其转速成正比，高压泵的转速取决于发动机转速，高压泵与发动机之间可选取的传动比为 $2:1$ 或 $5:2$，具体数值视曲轴最高转速而定。

（4）单向阀的功用　在高压泵的低压通道上设有一只单向阀（图 4-106）。该单向阀的功用是在高压泵停止转动时，关闭燃油回流通道，使低压通道内保持一定的燃油压力（单向阀量孔直径约 2.3mm，保持油压在 50kPa 以上），保证再次起动发动机时能可靠起动。

3. 压力控制阀

压力控制阀（PCV）又称为调压阀、共轨压力控制阀或供油泵控制阀（Pump Control Valve，PCV），其功用是根据发动机负荷和转速变化，自动调节供入共轨管内的燃油压力（包括压力升高、降低或保持不变）。

（1）PCV 的结构特点　各型 PCV 的结构原理大同小异，博世公司采用 PCV 的结构如图 4-107 所示，主要由电磁线圈（电阻值为 3.2Ω）铁心、球阀和回位弹簧等部件组成。为了保证铁心润滑和线圈散热，铁心周围有燃油流过。

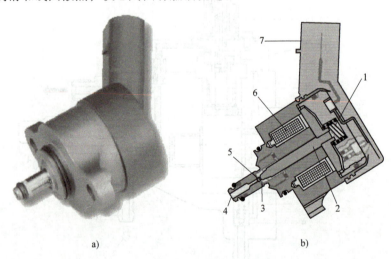

a)　　　　　　　　　　b)

图 4-107　博世公司采用压力控制阀的结构

a）外形结构　b）内部结构

1—回位弹簧　2—铁心　3—回油腔　4—高压接头　5—球阀　6—电磁线圈　7—线束插头

（2）PCV 的工作原理　PCV 调节油压的原理是调节高压泵供入共轨管内的燃油量。供油量越大，燃油压力越高；供油量越小，燃油压力越低。如果不计高压管路的油压损失

（实际压降也很小），则共轨管内的燃油压力以及喷油器的喷油压力就等于高压泵（供油泵）高压接头出口处的燃油压力。因为 PCV 是一个电磁阀，所以可以方便地安装在高压泵上，也可安装在共轨管上。

在 PCV 中，球阀是控制共轨燃油压力（即喷油压力）的关键元件。球阀一侧承受高压泵供给共轨的燃油压力，另一侧连接铁心 2 并与回油腔相通，回油腔与低压回油管连接。球阀 5 受共轨的燃油压力、回位弹簧 1 的预紧力以及电磁线圈 6 在铁心 2 中产生的电磁力三个力的作用。

当电磁线圈 6 断电时，回位弹簧 1 的预紧力（张力）使球阀 5 紧压在阀座上。回位弹簧 1 的设计负荷一般为 10MPa，因此，当燃油压力超过 10MPa 时，球阀 5 才能打开溢流，即共轨中的燃油压力至少要达到 10MPa 时，PCV 的回油腔 3 中才有可能有燃油溢流到低压回油管路。

当电磁线圈 6 通电时，共轨燃油压力除了要克服弹簧预紧力之外，还要克服电磁线圈 6 在铁心 2 中产生的电磁力才能使球阀 5 打开溢流。换句话说，共轨燃油压力高低取决于电磁线圈 6 产生的电磁力的大小。

PCV 的电磁线圈 6 受 ECU 控制，线圈产生电磁力的大小与流过线圈平均电流的大小成正比，所以 ECU 通过控制占空比的大小，即可控制线圈平均电流的大小，从而控制共轨燃油压力的高低。当占空比增大时，线圈平均电流增大，铁心产生的电磁力增大，球阀开度增大，回油量增大，共轨燃油压力降低；当占空比减小时，球阀开度减小，回油量减小，共轨燃油压力升高；当占空比保持不变时，球阀开度不变，溢流量不变，共轨燃油压力也保持不变。试验证明：当占空比控制信号的频率为 1kHz 时，可以避免铁心脉动和共轨管内的燃油压力波动。

4. 共轨

共轨是公共油轨的简称，相当于电控汽油喷射系统的燃油分配管、燃油总管或油架。在共轨上连接有高压燃油入口接头、共轨油压（高压）传感器、限压阀和流量限制阀等，这些部件与共轨一起组成的总成称为共轨组件，如图 4-108 所示。其中，限压阀和流量限制阀是安全装置，可防止供油系统部件发生故障导致共轨燃油压力过高而损坏机件或高压燃油泄漏。

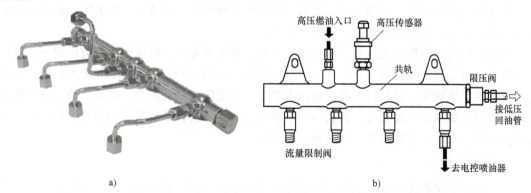

图 4-108　共轨组件的结构

a）立体图　b）平面结构

共轨的功用是储存一定数量和一定压力的燃油，一方面保证柴油机起动和怠速时燃油迅速升压，满足起动和怠速工况对燃油压力的需求；另一方面是利用燃油液体的可压缩性减小电控喷油器阀开闭以及高压泵工作时引起的油压波动。共轨腔内容积较小（约30mL左右）、燃油压力很高（达160~200MPa）。

5. 限压阀

限压阀又称为压力限制阀或压力限制器。限压阀相当于一个溢流阀，连接在共轨与低压回油管之间，其功用是限制共轨管内燃油的最高压力。当共轨中的燃油压力超过限压阀设定的高压力值时，限压阀阀门打开溢流卸压，防止燃油供给系统损坏。博世公司限压阀的结构原理如图4-109所示，它主要由阀体、锥形活塞、回位弹簧和限位套等组成。

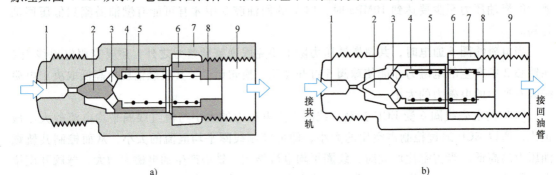

图4-109 博世公司限压阀的结构原理
a）正常工作状态 b）锥形阀打开，节流泄压
1—高压燃油 2—锥形阀 3—节流孔 4—锥形活塞 5—回位弹簧 6—限位套 7—阀体 8—通孔 9—回油孔

限压阀阀体7的一端设有外螺纹，用其将阀安装在共轨管上，另一端设有内螺纹，用以连接限位套6和通往油箱的低压回油管接头。调节限位套6拧入阀体7的位置，即可调节回位弹簧5的预紧力，从而调节限压阀限定的最高压力。

锥形活塞4相当于阀芯，其头部设有锥形阀2，锥面上设有节流孔3。当锥形阀2打开时，共轨中的高压燃油从该节流孔3溢流卸压。

阀体7通往共轨的连接端相当于阀座，阀座轴向中心设有一个节流小孔。

在正常工作压力下，弹簧预紧力使锥形阀2压在阀座上，节流小孔被关闭，如图4-109a所示。此时，共轨压力随供油压力的升高而升高。

当共轨中的燃油压力超过规定的最高压力时，锥形活塞4在高压燃油压力作用下压缩回位弹簧5并向右移动，如图4-109b所示，高压燃油从共轨中经节流小孔和锥面节流孔3节流卸压后流回燃油箱，使共轨中的燃油压力降低，从而限定最高压力，防止供油系统部件或发动机损坏。燃油流经通道为：共轨→阀座节流小孔→活塞锥面节流孔→活塞内腔→限位套内腔→通孔→低压回油管接头→回油管→燃油箱。

6. 流量限制阀

流量限制阀又称为流量限制器，连接在共轨与喷油器高压油管之间，其功用是在喷油器高压油管泄漏燃油时，使高压油路关闭、供油停止，防止燃油持续泄漏。

（1）流量限制阀结构 流量限制阀的结构原理如图4-110所示，主要由阀体（壳体）、

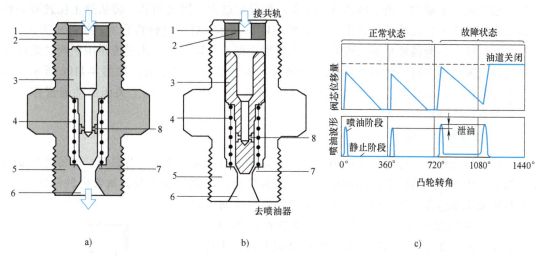

图4-110　流量限制阀的结构与特性

a）正常工作状态　b）保护状态　c）工作特性

1—通共轨油腔　2—密封限位件　3—阀芯　4—回位弹簧　5—阀体　6—通喷油器高压油管　7—阀座　8—节流孔

阀芯（柱塞）和回位弹簧等组成。

阀体5由金属壳体制成，两端制作有外螺纹，其中一端拧在共轨上，另一端与各缸喷油器的高压油管连接。阀体内腔为中空结构，与共轨内腔和喷油器高压油管一起构成高压通道。阀体连接喷油器高压油管一端的内腔孔径较小而形成阀座。

阀芯3是一个截面直径不同的柱塞，密封安放在阀体腔内。阀芯3轴向设有直径不同的内孔，孔径较大一端（图中上部）为进油孔，连接共轨内腔；孔径缩小一端（图中下部）的径向设有节流孔（出油孔）8。在静止状态下，回位弹簧4将阀芯3压向共轨方向的密封限位件2一端。

（2）正常喷油时流量限制阀的工作原理　在正常工作状态下，阀芯3（柱塞）处于静止位置，上端靠在共轨方向的密封限位件2上，高压燃油经节流孔8（出油孔）流出。燃油通道为共轨内腔→流量限制阀进油口→阀芯内孔→节流孔→流量限制阀出油口→各缸高压油管→各缸喷油器。

当喷油器喷射一次燃油后，流量限制阀出口油压略有下降，阀芯3向喷油器方向略有位移，如图4-110a所示。阀芯3（柱塞）位移压出的容积等于喷油器喷出燃油的容积，此时阀芯3并未移到阀座7上，燃油通道仍然畅通。

当喷油终了时，阀芯3停止移动，回位弹簧4将阀芯3压回到静止位置，并一直保持到下一次喷油。

回位弹簧4和节流孔8尺寸的设计原则是：在最大喷油量（包括安全储备量）时，阀芯3既不位移到阀座7上关闭出油通道，还能复位到共轨端的密封限位件2上。

（3）高压燃油泄漏时流量限制阀的保护原理　当从共轨流向某只喷油器的油量超过最大流量时，流量限制阀将自动关闭流向该喷油器的燃油通道，使喷油器停止喷油，防止高压油管泄漏燃油而发生火灾。

当某只喷油器泄漏油量过大或其高压油管发生漏油故障，导致流过流量限制阀的燃油流

量远远超过最大流量时，由于阀芯3（柱塞）位移量过大，因此阀芯3将从静止位置移动到出油端的阀座7上关闭油道停止供油，如图4-110b所示，并一直保持到发动机停机为止。

当某只喷油器泄漏油量不大或其高压油管发生漏油故障、导致流过流量限制阀的燃油流量超过最大流量不多时，泄漏燃油使流量增大，阀芯3位移量增大，如图4-110c所示，阀芯3不能复位到静止位置。经过几次喷油后，阀芯3便移动到阀座上关闭出油通道停止供油，直到发动机停机时为止。

7. 共轨油压传感器

共轨油压传感器又称为共轨压力传感器、高压传感器或燃油压力传感器，该传感器安装在共轨上，用于检测共轨管内的燃油压力。因为喷油器内部的油压与共轨管内的油压相等，所以共轨油压传感器检测的燃油压力即为喷油器的喷油压力。

（1）共轨油压传感器的结构特点 共轨油压传感器普遍采用电阻应变计式压力传感器。博世公司共轨油压传感器的结构如图4-111所示，它主要由膜片与弹性传感元件、计算电路（信号处理电路）、电线插头和螺纹安装接头组成。膜片与弹性传感元件由金属膜片和电阻应变片组成，金属膜片焊接在螺纹安装接头上，并与高压接头（燃油通道）相通，直接承受共轨管内高压燃油的压力；电阻应变片紧贴在金属膜片上，并连接成惠斯顿电桥电路，然后再与计算电路连接。

（2）共轨油压传感器的工作原理 博世公司CRS和电装公司ECD-U2型电控柴油喷射系统电阻应变计式油压传感器的工作原理完全相同。当共轨管内油压经传感器的高压燃油通道作用到传感元件时，传感元件的金属膜片和电阻应变片一同产生变形（油压150MPa时，变形量约为1mm），应变片上的应变电阻阻值随之发生变化，电桥电路的电压改变（电源电压为5V时，电压在0~70mV之间

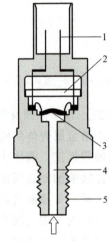

图4-111 博世共轨油压传感器的结构

1—电线插头 2—计算电路
3—膜片与弹性传感元件
4—高压接头 5—螺纹

变化，具体数值由压力决定），经信号处理电路放大后可得到传感器输出电压（0.5~4.5V）。当油压为0时传感器输出电压为1.0V；当油压为100MPa时，输出电压为3.0V；当油压为160MPa时，输出电压为4.2V。

精确测量共轨中的燃油压力是电控共轨系统正常工作的必要条件。为此，要求压力传感器测量压力的允许偏差很小，在柴油机工作范围内，测量精度约为最大值的2%。当共轨压力传感器失效时，压力控制阀（PCV）将以固定的预设值控制油压，使发动机处于应急状态。

8. 电控喷油器

电控喷油器又称为电动喷油器，其功用是将燃油以雾状形式喷射到气缸内燃烧，并计量燃油喷射量。

在电控共轨式柴油喷射系统中，设计和工艺难度最大的部件就是电控喷油器。到目前为止，品种最多的部件也是电控喷油器。高压共轨式柴油喷射系统各种电控喷油器的基本参数

见表4-4。虽然电控喷油器种类繁多、形式各异，但其结构原理基本相同，仅外形有所不同而已。

表 4-4　高压共轨式柴油喷射系统各种电控喷油器的基本参数

生产公司名称		德国博世		日本电装公司（Denso）		英国卢卡斯（Lucas）	西门子（Siemens）	TEMK
电控机构形式		电磁线圈	压电晶体（PZT）	电磁线圈	电磁线圈	电磁线圈	压电晶体（PZT）	电磁线圈
喷油压力	最高喷油压力/MPa	80	160	160	200	160	150	180
	最低喷油压力/MPa	20	20	20	20	20	20	25
引导喷射	喷油量/(mm³/行程)	1.0	1.0	1.5~2.5	1.5~2.5	0.6	0.6	4~6
	时间间隔/ms	0.3	0.2	0.4	0.4	0.3	0.1	0.4
允许喷油次数/次		5	5	3	5	—		
电控机构	最大外径/mm	33	17	26.5	28.5	17	28	26
外形尺寸	高度/mm	45	45	45	68	45	35	70
喷油机构外径/mm		17、18、19三种规格	17、18、19三种规格	18、19两种规格	17	17	14、17两种规格	

电控喷油器是由电控机构、液压伺服机构和孔式喷油器（俗称喷油嘴）三部分组成。电控机构分为电磁控制机构和压电晶体结构两种。因此，电控喷油器可分为电磁控制式喷油器和压电晶体控制式喷油器两种。液压伺服机构和孔式喷油器与柴油机用普通喷油器基本相同。电控喷油器的基本原理是：利用电控机构控制针阀偶件的背压来间接控制针阀的开启。

（1）电磁控制式喷油器　电磁控制式喷油器简称电磁式喷油器或电磁喷油器，是电控柴油喷射系统使用的第一代喷油器。

博世公司电磁控制式喷油器的外形如图4-112a所示，内部结构如图4-112b所示，它主要由电磁控制机构、液压伺服机构和孔式喷油器组成。值得注意的是，电控柴油喷射系统电磁喷油器的结构原理与汽油喷射系统电磁喷油器的结构大不相同，这是因为柴油喷射系统的燃油压力高、控制难度大，即电磁执行机构难以直接产生迅速打开针阀所需的电磁力，必须增设具有液力放大作用的液压伺服机构。

电磁控制机构实际上是一只高速电磁阀，该电磁阀安装在喷油器的顶部，主要由电磁线圈、铁心、回位弹簧和球阀等部件组成。球阀焊接在铁心下端，当电磁线圈无电流流过时，在回位弹簧张力作用下，铁心向下移动到极限位置，球阀处于关闭状态。

液压伺服机构由控制柱塞、柱塞控制腔、进油节流孔、回油节流孔、针阀锥面以及回位弹簧组成。孔式喷油器由针阀和阀体组成。

喷油器的高压接头为燃油入口，经高压油管与共轨连接。共轨管内的高压燃油经进油节流孔流入柱塞控制腔内，并经高压油道流入喷油器针阀锥面及阀座盛油槽内。控制腔经回油节流孔和球阀与回油口连接。回油口为低压燃油回流口，用低压油管与燃油箱连接。

电磁控制式喷油器的基本原理是：利用电磁阀控制针阀偶件的背压来间接控制针阀的开启，即高速电磁阀使球阀打开接通回油通道，燃油回流使柱塞控制腔压力降低，针阀锥面燃油压力使针阀上升将阀门打开喷油。

1）当电磁阀断电时，喷油器不喷油。当电磁阀线圈断电时，球阀在弹簧力作用下紧压

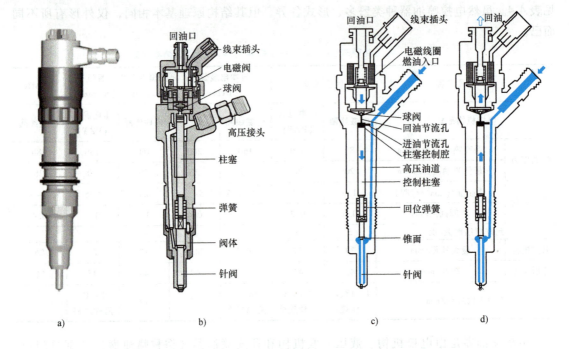

图 4-112　博世公司电磁控制式喷油器的结构原理

a）喷油器外形　b）内部结构　c）线圈断电，针阀关闭　d）线圈通电，针阀打开喷油

在阀座上，球阀阀门关闭使低压回油通道关闭，如图 4-112c 所示。此时，共轨管内的高压燃油经各缸高压油管、喷油器高压接头、进油节流孔、柱塞控制腔作用于柱塞顶部，使柱塞控制腔建立起共轨高压，同样的共轨压力也作用于针阀盛油槽之中。柱塞顶部压力和针阀回位弹簧力之和克服针阀盛油槽内高压燃油作用在针阀锥面（或承压面）的向上分力，使柱塞和针阀向下移动到极限位置，针阀紧压在阀座上将阀门关闭，喷油器不喷油。

针阀关闭速度取决于进油节流孔的流量。进油节流孔流量越大，针阀关闭时间越短，关闭速度就越快；流量越小，关闭速度就越慢。

2）当电磁阀通电时，喷油器喷射燃油。当电磁阀线圈通电时，铁心在极短时间（120μs）内产生电磁力并克服弹簧预紧力迅速向上移动，使球阀阀门立即打开将回油通道接通，部分高压燃油经回油通道流回燃油箱。回油通道为：高压油轨（共轨）→高压油管→喷油器高压接头→进油节流孔→柱塞控制腔→回油节流孔→球阀→回油口→低压回油管→燃油箱。在球阀打开使燃油流回油箱时，柱塞控制腔压力随之下降。当作用在柱塞顶部的压力与针阀回位弹簧张力之和小于针阀盛油槽内高压燃油作用在针阀锥面（承压面）的向上分力时，柱塞与针阀迅速上移，针阀阀门立即开启，高压燃油从喷油孔喷入燃烧室，如图 4-112d 所示。

针阀开启速度取决于回油节流孔与进油节流孔之间的流量差。流量差越大，回油量越大，柱塞控制腔压力降低越快，针阀开启速度就越快；流量差越小，针阀开启速度就越慢。当柱塞到达上限位置处于进、回油节流孔之间时，针阀全开，喷油压力接近于共轨压力，燃油得到良好雾化喷入燃烧室燃烧，有利于减少排放，提高经济性和动力性。

综上所述，电磁阀通电时间等于喷油持续时间，电磁阀断电时间等于停止喷油时间。当

燃油压力一定时，通电时间越长，喷油量越大；通电时间越短，喷油量越小。控制电磁线圈通电时间的长短，即可控制喷油器喷油量的大小。

由上述分析可知，由于电磁阀不能产生足够的电磁力来克服高压燃油作用力使针阀向上移动将阀门开启，所以巧妙地采用了液力放大机构（控制柱塞、针阀承压面、回位弹簧、进油节流孔和回油节流孔等），利用电控机构（电磁阀）控制针阀偶件的背压来间接控制针阀的开启，即利用进油节流孔和回油节流孔使共轨燃油节流降压，通过电磁阀控制少量燃油回流，从而实现高压燃油喷射。尽管如此，电磁阀线圈的控制电流也高达 30A 左右。如博世公司 CRLN2 型电磁控制式喷油器的控制参数为：针阀开启电流为 30A，保持电流为 12A；针阀开启时间为（110±10）μs，关闭时间为（30±5）μs；电磁阀线圈静态电阻为 0.23Ω。

（2）压电晶体控制式喷油器 压电是指由机械压力引起电介质晶体放电，或应用电压而使电介质晶体产生压力。压电晶体控制式喷油器又称为压电（Piezoelectric Crystal）式喷油器或压电跃变（Piezoelectric Transition）式喷油器，是电控柴油喷射系统使用的第二代喷油器。实际上电磁控制式喷油器是在柴油机用普通喷油器的基础上增设电磁控制机构（电磁阀）而制成，PZT 跃变式喷油器则是用压电晶体替代电磁阀而制成。三种喷油器的本质区别在于控制方式不同：普通喷油器由液压伺服机构控制，电磁式喷油器由电磁阀控制，PZT 式喷油器则由压电晶体控制。

PZT 跃变式喷油器由压电晶体控制机构、液压伺服机构和孔式喷油器组成。液压伺服机构和孔式喷油器的结构原理与上述电磁式喷油器相同。

压电晶体控制机构主要由压电晶体、大活塞、小活塞、球阀、单向阀和线束插头组成，其外形如图 4-113a 所示，内部结构如图 4-113c 所示。

压电晶体采用多层陶瓷（每层厚度 20～200μm）烧结成压电晶体堆芯，其结构如图 4-113

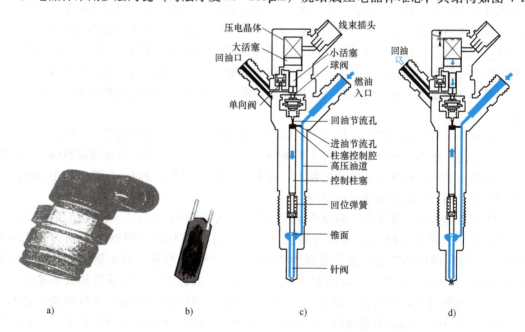

图 4-113 西门子公司压电晶体式喷油器的结构原理

a）控制机构外形 b）压电晶体堆芯 c）堆芯断电，针阀关闭 d）堆芯通电，针阀打开喷油

所示，层与层之间设有电极，生产技术与多层电容器相似。因为压电晶体具有受电压作用而伸长的特性，所以将其集成化制作成晶体堆芯作为喷油器的执行元件，这是一种十分理想的结构。汽车高压共轨系统对压电晶体的基本要求是环境温度在$-40 \sim +150℃$、工作电压为$100 \sim 200V$、压电晶体作用升程为其厚度的$1/1000$、开关迅速（全升程动作约为$30\mu s$）、耐久性好（大于10亿个循环）、强度高等。

小活塞下端设有一根顶杆，用于顶开球阀，以便燃油回流。回油口为低压燃油回流口，用低压油管与燃油箱连接。

共轨管内的高压燃油进入喷油器后分成两路：一路经进油节流孔送入柱塞控制腔、回油节流孔和球阀腔室；另一路经高压油道送入喷油器针阀锥面及阀座盛油槽。

PZT式喷油器的基本原理是：利用压电晶体控制针阀偶件的背压来间接控制针阀的开启。压电晶体受电压作用而伸长，并推动活塞移动使球阀打开接通回油通道，燃油回流使柱塞控制腔压力降低，针阀锥面燃油压力使针阀上升将阀门打开喷油。其原理与电磁控制式喷油器大同小异，仅仅是球阀打开的控制方式不同。

1）当压电晶体断电时，喷油器不喷油。当压电晶体断电时，球阀在弹簧力作用下紧压在阀座上，球阀阀门关闭使低压回油通道关闭，如图4-113c所示。此时，共轨管内的高压燃油经各缸高压油管、喷油器高压接头、进油节流孔、柱塞控制腔作用于柱塞顶部，使控制腔内建立起共轨高压，同样的共轨压力也作用于针阀盛油槽之中。柱塞顶部压力和针阀回位弹簧张力之和克服针阀盛油槽内高压燃油作用在针阀锥面的向上分力，使柱塞和针阀向下移动到极限位置，针阀紧压在阀座上将阀门关闭，喷油器不喷油。

2）当压电晶体通电时，喷油器喷射燃油。当压电晶体通电时，晶体堆芯伸长，推动大活塞压缩油腔中的燃油，再推动小活塞向下移动，小活塞顶杆将球阀（钢球）推离座面并接通回油通道，部分高压燃油流回燃油箱。回油通道为：高压油轨（共轨）→高压油管→喷油器高压接头→进油节流孔→柱塞控制腔→回油节流孔→球阀→小活塞油腔→回油口→低压回油管→燃油箱。在球阀打开燃油流回燃油箱时，柱塞控制腔压力随之下降。当作用在柱塞顶部的压力与针阀回位弹簧张力之和小于针阀盛油槽内高压燃油作用在针阀锥面的向上分力时，柱塞与针阀迅速上移，针阀阀门立即开启，高压燃油从喷油孔喷入燃烧室，如图4-113d所示。

单向阀用于补充大活塞压缩燃油时油腔中泄漏的燃油，保证喷油嘴可靠工作。

综上所述，压电晶体通电时间等于喷油持续时间，断电时间等于停止喷油时间。当燃油压力一定时，通电时间越长，喷油量越大；通电时间越短，喷油量越小。控制压电晶体通电时间的长短，即可控制喷油器喷油量的大小。

PZT式喷油器的显著优点是响应速度快（开关动作时间约$30\mu s$），喷油时间间隔小，每行程喷油量小。喷射时间间隔与引导喷射喷油量：西门子PZT式喷油器分别为$100\mu s$和$0.6mm^3/$行程；博世PZT式喷油器分别为$200\mu s$和$1.0mm^3/$行程，因此能够实现多段喷射（引导喷射、预喷射、主喷射、后喷射和次后喷射），从而减少有害物质的排放和降低燃烧噪声（引导喷射可通过预混合燃烧来减少颗粒物排放；预喷射可缩短主喷射的着火延迟时间，从而降低NO_x的排放和燃烧噪声；后喷射可促进扩散燃烧来降低颗粒排放；次后喷射可使排气温度升高，增加催化剂的活性）。

PZT式喷油器还有重复性好、消耗能量小和耐久性好等优点。因为喷油时间间隔小，所以控制脉冲周期短，各缸喷油始点和喷油量变动很小，重复控制精度高，发动机运转平稳。

4.11.3　高压共轨式电控柴油喷射系统喷油量的控制

在高压共轨式电控柴油喷射系统中，喷油量主要由喷油压力（共轨压力）和喷油器电控机构（电磁线圈或压电晶体）的通电时间决定。因为喷油压力和喷油器都是由ECU独立进行控制，所以在喷油压力一定的情况下，喷油量取决于喷油器电磁线圈或压电晶体的通电时间。因此，高压共轨式电控柴油喷射系统又称为"时间-压力调节系统"。

高压共轨式
柴油喷射
系统的控制

1. 喷油量的控制方法

在高压共轨式电控柴油喷射系统中，电动燃油泵将燃油箱内燃油输送到高压油泵，发动机驱动高压油泵再将燃油加压后供入共轨管内，喷油器在ECU的独立控制下，将高压燃油直接喷射到相应的气缸内燃烧做功，喷油量的大小由ECU控制喷油器电磁线圈或压电晶体持续通电时间的长短决定，即喷油器喷油量的控制实际上就是喷油时间的控制，其控制方法如图4-114所示。

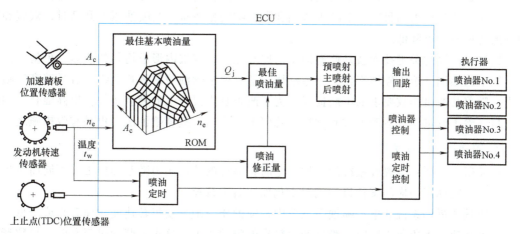

图4-114　共轨式电控喷油系统喷油量的控制方法

当柴油机工作时，ECU根据加速踏板位置（节气门开度）传感器信号和发动机转速传感器信号利用ECU的查寻功能，即可从三维图形（MAP图）中得到相应的最佳基本喷油量数值；再利用ECU的数学计算与逻辑判断功能以及其他传感器提供的喷油量修正信号（冷却液温度、进气温度和电源电压等信号），即可计算出喷油修正量、最佳喷油量以及预喷射、主喷射和后喷射的喷油量，根据凸轮轴位置传感器提供的上止点位置信号计算确定喷油定时，并向执行器（电控喷油器）发出控制指令；喷油器在ECU输出回路的驱动下按最佳喷油量和喷油时刻喷射柴油，完成一次喷油过程。

2. 喷油时间的控制方法

在高压共轨式电控柴油喷射系统中，喷油器电磁线圈或压电晶体的通电时间控制方法与电控汽油喷射系统喷油时间的控制方法相同，也是根据曲轴位置传感器和凸轮轴位置传感器等信号之间的相位关系进行控制。但是，由于柴油喷射还有引导喷射、预喷射、后喷射和次后喷射等，所以喷油时间的控制过程比汽油喷射要复杂得多。

4.11.4　高压共轨式电控柴油喷射系统喷油压力的控制

众所周知，从地下开采出来的石油称为原油，车用汽油和柴油都是炼油厂使用炼油塔将原油加热蒸馏得来的。车用轻柴油的沸点较高（300~365℃，车用汽油为75~200℃），所以很难得到均匀的混合气。在燃油浓度高的区域（一般是大负荷工况），由于局部高温缺氧，燃油被裂解成碳，因此，柴油机会产生碳烟（俗称"冒黑烟"）。

碳烟是不完全燃烧的产物，主要由直径为0.1~10μm的多孔性炭粒构成，是柴油机的主要颗粒物。碳烟通常粘附有二氧化硫（SO_2）和致癌物3-4苯丙芘等有机化合物以及臭气成分，对人体和生物十分有害。在一般情况下，直径为0.1~0.5μm的碳烟除了致癌作用外，吸入肺部会导致一些慢性病，如肺气肿，也有可能引起皮肤病及变态性疾病。

1. 喷油压力控制目的

控制柴油机喷油压力的目的是使柴油良好雾化，从而提高燃烧效率、降低油耗并减少排放。

在实施排放法规之前，追求高喷油压力的目的是提高燃油的雾化质量。实施排放法规以后，追求高喷油压力的目的在于减少碳烟和颗粒物的排放量。当喷油压力升高时，碳烟和颗粒物的排放值均可降低。

柴油机燃烧的关键技术就是使燃油均匀地雾化，在气缸内形成均匀的喷雾，也就是使喷入气缸中的燃油一边不停地雾化，一边燃烧。这就要求燃油喷射装置始终具有足够高的喷油压力。随着柴油机排放要求的不断提高，为了改善缸内混合气的燃烧条件，提高混合气的燃烧质量，除了改进空气运动方式和燃烧室几何形状之外，提高喷油压力也是有效措施之一。

2. 喷油压力的控制方法

试验研究表明：当燃烧系统的结构一定时，最佳的喷油压力随柴油机工况不同而发生变化，因此，喷油压力应随柴油机的工况变化而实时进行控制。

在机械式燃油系统和电控喷油泵系统中，喷油压力随发动机转速变化而升高或降低。特别是在低转速、大负荷工况时，难以产生较高的喷油压力，这正是柴油机起动时，导致柴油不完全燃烧而冒黑烟的根本原因。此外，提高喷油压力还会导致氮氧化物（NO_x）排放量增加。

高压共轨式电控燃油喷射系统与电控喷油泵系统不同的是，燃油高压的产生与燃油喷射是由ECU分别控制，是相对独立的，因此可根据发动机转速与负荷等不同工况，在一定油压（20~200MPa）范围内改变喷油压力，实现多段喷射（引导喷射、预喷射、主喷射、后喷射、次后喷射），从而提高燃烧效率，改善柴油机的经济性与排放性。

在高压共轨式电控柴油喷油系统中，配有共轨油压传感器、压力控制阀（PCV）、限压阀、流量限制阀等组成的独立控制喷油压力的电子控制油压系统，其功用就是自由控制共轨管中的燃油压力（即喷油压力），其控制方法如图4-115所示。

当柴油机工作时，ECU根据加速踏板位置（节气门开度）传感器信号和发动机转速传感器信号，利用ECU的查寻功能，从三维图形（MAP图）中得到相应工况的目标喷油压力值，根据共轨油压传感器提供的信号计算出共轨管内燃油的实际喷油压力值；再将目标喷油压力值与实际喷油压力值进行比较运算并求出压力差值，然后向压力控制阀的输出回路

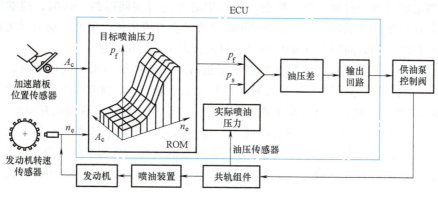

图 4-115　喷油压力的控制方法

（驱动电路）发出控制指令，将实际喷油压力值控制在目标喷油压力值。

当实际喷油压力值小于目标喷油压力值时，ECU 将向压力控制阀发出占空比减小的控制信号，使压力控制阀线圈平均电流减小，球阀开度减小，溢流量减小，共轨燃油压力升高。当实际喷油压力值升高到目标喷油压力值时，ECU 再向压力控制阀发出占空比保持不变的控制信号，使压力控制阀的球阀开度保持不变，溢流量不变，共轨燃油压力也就保持在目标喷油压力值。

当实际喷油压力值大于目标喷油压力值时，ECU 将向压力控制阀发出占空比增大的控制信号，使压力控制阀线圈平均电流增大，球阀开度增大，溢流量增大，共轨燃油压力降低。当实际喷油压力值降低到目标喷油压力值时，ECU 再向压力控制阀发出占空比保持不变的控制信号，使共轨燃油压力保持目标喷油压力值。

综上所述，当柴油机负荷和转速变化时，ECU 通过调节控制信号的占空比，改变压力控制阀的开度和高压泵供油量的大小，从而实现喷油压力的控制。

4.11.5　高压共轨式电控柴油喷射系统多段喷油的控制

在高压共轨式柴油喷射系统中，供油泵提供的高压燃油存储在共轨管内，针阀阀门的开启与关闭由喷油器的电控机构（电磁阀或压电晶体）控制针阀偶件的背压决定，喷油压力的产生与发动机转速和负荷无关，由压力控制阀始终将其控制在高压状态（一般为 160～200MPa 之间的某一数值），喷油量的大小由针阀阀门开启时间（即电磁阀或压电晶体通电时间）的长短决定。因此，高压共轨系统不仅能够独立地、自由地控制喷油压力和喷油量，而且具有良好的喷油特性。喷油特性是指喷油量与喷油时间之间的关系。

多段喷油又称为多段喷射，是指将一个工作循环中的喷油过程分成若干阶段进行喷射。目的是控制燃烧速度，减少有害物质（如颗粒物和氮氧化物）的排放量并降低燃烧噪声。

在多段喷油过程中，引导喷射、预喷射、主喷射、后喷射和次后喷射的各个阶段是相互联系、各自独立的喷油阶段，各段喷油的作用与目的各不相同。

（1）引导喷射　引导喷射是在主喷射开始之前进行的一次提前角度较大、喷油量较小的喷射。通过引导喷射使柴油预混合燃烧，能够明显减少颗粒物（PM）的排放量并降低燃烧噪声。引导喷射越提前，烟度和噪声越低。

（2）预喷射　预喷射是在紧靠主喷射之前进行的一次喷油量较小的喷射，通过预喷射

可缩短主喷射的着火延迟期。当预喷射与主喷射之间的时间间隔约 1ms 时，能够明显减少氮氧化物的排放量并降低燃烧噪声，但 PM 的排放量会有所增加。因此，应当尽可能缩短预喷射与主喷射之间的时间间隔（≤0.4ms），以便控制 PM 的排放量。

（3）**后喷射**　后喷射是在紧靠主喷射之后进行一次喷油量稍大一点的喷射。后喷射的作用是加快扩散燃烧，降低 PM 的排放量。在发动机中速、中负荷时，当后喷射紧靠主喷射（时间间隔≤0.7ms）时，能够减少 PM 的排放量，但是 NO_x 的排放量会稍有增加。

（4）**次后喷射**　次后喷射是在后喷射之后进行的一次喷油量较小的喷射。次后喷射可使排气温度升高，通过供给还原剂，则可增加催化剂的活性，有利于排气净化。次后喷射不能过迟，以免燃油附着在气缸壁上。次后喷射与后喷射之间的时间间隔一般控制在 2ms 左右。

4.11.6　柴油机起动时喷油量的控制

在电控柴油机汽车上，起动喷油量由 ECU 依据发动机温度等信号进行调节，起动困难的现象十分罕见，起动时喷油量的控制方法如图 4-116 所示。

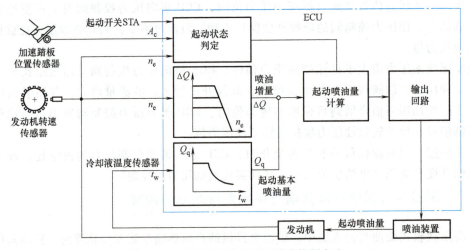

图 4-116　柴油机起动时喷油量的控制方法

柴油机的起动过程由初始发火、完全发火、转速上升到起动完成等几个阶段组成。从开始起动到完全发火之间的时间越短，则起动性能越好。从发动机开始起动到速度开始上升经历的时间越短，则起动响应特性越好，即反应速度越快。

在低温起动时，由于发动机机件摩擦产生的阻力矩大，起动性能和响应特性都会变差。所以，起动时必须增大喷油量，使发动机产生的驱动转矩大于发动机自身的阻力矩。这就是起动喷油量控制的任务。机械式供油系统虽然能够实现起动喷油量控制功能，但是当温度和海拔等外界条件发生较大变化时，起动喷油量控制就难以实现了，就会出现发动机起动困难的现象。

在柴油机电控喷油系统中，起动喷油量的控制过程与汽油机基本相同。ECU 首先根据开关信号、发动机转速传感器和加速踏板位置（节气门开度）传感器等信号判断发动机是否处于起动状态。当判定结果为起动状态时，首先根据冷却液温度传感器信号确定起动基本喷油量，再根据发动机转速传感器信号确定喷油增量（补偿油量），二者的计算结果即起动

喷油量，然后向执行器（喷油装置）发出控制指令。执行器在 ECU 输出回路的驱动下，按起动喷油量进行喷油。因为起动喷油量相对较大（起动喷油量为基本喷油量的 1.3～1.5 倍），且以发动机温度为基准，并辅之以喷油增量进行控制，所以电控发动机都能顺利起动。

4.11.7　高压共轨式柴油喷射系统的优点

高压共轨式柴油喷射技术是 20 世纪 90 年代中期研究成功的一项全新的柴油机电控技术。该技术的显著特点是：喷油压力与喷油过程由 ECU 分别独立进行控制，能够自由调节喷油压力、喷油量、喷油定时和喷油特性。实践证明，高压共轨式柴油喷射系统具有以下优点：

（1）**喷油压力高**　喷油压力（即共轨压力）一般都维持在 160MPa 以上，最高可达 200MPa，比一般直列泵的喷油压力（60～95MPa）高出一倍。由于喷油压力高、燃油雾化好，使燃烧过程得以改善，因此，发动机的油耗、排放及噪声等性能得到明显改善，并可改善发动机转矩特性，提高发动机的动力性。

（2）**喷油压力自由调节**　喷油压力的产生与发动机转速和负荷无关，电动燃油泵（即输油泵）将燃油箱内的柴油输送到高压油泵之后，高压油泵供入共轨管内的燃油压力（即喷油压力）由 ECU 控制压力控制阀进行调节，压力控制阀通过调节高压油泵供入共轨管内的燃油量来调节喷油压力。喷油压力调节范围为 20～200MPa。

（3）**喷油量自由调节**　喷油量和喷油定时由系统设计试验与预先编程确定，ECU 根据发动机转速和加速踏板位置等传感器信号，直接控制各缸喷油器的电控机构（电磁线圈或压电元件）实现精确控制。在喷油压力一定的情况下，喷油量的大小由喷油器电磁线圈或压电元件的通电时间长短决定。通电时间越长，喷油量越大；通电时间越短，喷油量越小。

（4）**喷油特性满足排放要求**　在发动机的一个工作循环内，能够实现引导喷射、预喷射、主喷射、后喷射和次后喷射以及更多次喷油控制，使柴油良好雾化与混合，提高燃烧效率，从而减少（碳烟微粒或浮游微粒）排放，降低噪声并节约燃油。

（5）**适用于旧柴油机升级改造**　应用实践证明，高压共轨式电控柴油喷射系统代表着柴油机燃油喷射技术的发展方向。与分配泵只能用小型发动机，或泵喷嘴、单体泵需要改动发动机不同，高压共轨式电控柴油喷射系统既能与小型、中型和重型柴油机匹配使用，又能用于现有柴油机的升级改造。共轨沿发动机纵向布置，高压泵、共轨和喷油器各自的安装位置相互独立，便于在发动机上安装和布置。对旧柴油机进行改造时，对缸体和缸盖的改动很小。

拓展阅读

在汽油控制装置的发展历史中，最初是以机械控制为主的 K 型汽油喷射系统和机电结合式 KE 型汽油喷射系统，因其供油控制特性仍未摆脱开环控制模式，不久便被电子控制燃油喷射装置所代替。电子控制燃油喷射技术最早应用于飞机发动机，二战结束之后，电子控制燃油喷射技术才逐渐被应用于汽车发动机上。

1952 年，曾用于二战德军飞机的机械式汽油喷射技术被应用于轿车，德国戴姆乐-奔驰

300L 型赛车装用了德国博世公司生产的第一台机械式汽油喷射装置。随着电控汽油喷射技术日趋完善，性能优越，使得电控汽油喷射装置从 20 世纪 70 年代末开始得到迅猛发展。不仅轿车，而且越来越多的其他类型车辆也采用了电控汽油喷射技术（图 4-117），这充分证明了它强大的生命力与竞争力。

图 4-117　汽油机电子控制燃油喷射系统（缸内直喷）

　　近 100 多年来，汽车点火系统总共有四种形式，即热管式、磁电机式、蓄电池式、微机控制式。1883 年戴姆勒发明的第一台汽油机采用热管点火。热管是一个从气缸内伸出的封闭的金属管，起动时用喷灯加热到红热状态，由于热管保持高热，当气缸内混合气被压缩时，压力、温度升高，就自己发生点火。它没有点火正时装置。

　　20 世纪 70 年代初，出现无触点的电子点火系统，该系统比有触点式点火系统的性能进一步得到提高，但随着微电子技术的快速发展，这种被称为普通电子点火系统的技术，从 20 世纪 70 年代末期开始，便处于被微机控制点火系统所取代的进程中。微机控制电子点火系统可以自主地、自如地根据发动机的工作状况的变化，精准地调整点火时刻，并能够大幅度地减少排放污染，使发动机的经济性、动力性、环保性全面、显著地得到提高，目前应用最为广泛。

　　1893 年 2 月 23 日，德国人鲁道夫·狄塞尔（Rudolf Diesel）博士发明了狄塞尔发动机（柴油机）。100 多年来，柴油机作为动力源具有优越的经济性和耐久性，在汽车及工程机械领域得到了广泛的应用，为经济建设和社会发展做出了不可磨灭的贡献。柴油机电子控制技术在汽车上的应用，有力地推动了柴油机技术的进一步发展。到目前为止，已经研制并生产出了不同种类、功能各异的柴油机电子控制燃油系统。控制功能更全、工作更可靠的新产品层出不穷，大大改善和提高了柴油机汽车的动力性、经济性和排放性，取得了显著的经济效益和社会效益。

本章小结

　　本章介绍了汽车电控发动机燃油喷射系统的组成及分类，介绍了微机控制点火系统的结

构组成及工作原理，介绍了柴油机电子控制燃油喷射系统的组成、工作原理、工作过程。重点内容主要包括发动机综合控制系统传感器的结构原理，电控燃油喷射系统的燃油喷射控制原理、喷油器的控制、喷油正时的控制、喷油量的控制、发动机怠速转速的控制方法、发动机断油控制系统、发动机空燃比反馈控制系统，点火提前角控制等以及高压共轨式柴油喷射技术的基本原理。

复习思考题

一、选择题

1. 多点喷射系统按进气量的检测方式不同，燃油喷射系统可分为压力型和（   ）。

A. 流量型　　　　B. 单点喷射　　　　C. 多点喷射　　　　D. 体积型

2. 在发动机运转期间，由 ECU 控制喷油器按进气行程的顺序轮流喷油的是（   ）。

A. 同时喷射　　　　B. 顺序喷射　　　　C. 分组喷射　　　　D. 间歇喷射

3. 在采用热线式与热膜式空气流量传感器的电控汽油喷射系统中，当发动机转速升高时，其基本喷油时间将（   ）。

A. 增长　　　　B. 缩短　　　　C. 保持不变　　　　D. 延长

4. 热膜式空气流量传感器的发热元件是（   ）。

A. 金属丝　　　　B. 铂金属膜　　　　C. 电阻丝　　　　D. 电热丝

5. 根据卡尔曼涡流理论，利用超声波或光电信号检测旋涡频率来测量空气流量的一种传感器是（   ）。

A. 涡流式空气流量传感器　　　　B. 光电式传感器

C. 热膜式空气流量传感器　　　　D. 热丝式空气流量传感器

6. 汽油机和柴油机的理论空燃比分别为（   ）。

A. 14.7 和 1.0　　　　B. 1.0 和 14.3

C. 14.7 和 14.3　　　　D. 14.7 和 15.3

7. 在电控汽油喷射系统中，当进气温度升高时，发动机喷油时间将（   ）。

A. 增长　　　　B. 缩短　　　　C. 保持不变　　　　D. 延长

8. 在电控汽油喷射系统中，当大气压力升高时，发动机喷油时间将（   ）。

A. 增长　　　　B. 缩短　　　　C. 保持不变　　　　D. 延长

9. 在电控汽油喷射系统中，当电源电压降低时，发动机喷油时间将（   ）。

A. 增长　　　　B. 缩短　　　　C. 保持不变　　　　D. 不确定

10. 能用于修正怠速转速的传感器是（   ）。

A. 车速传感器　　　　B. 冷却液温度信号

C. 节气门位置传感器　　　　D. 车轮转速传感器

11. 旋转滑阀式怠速控制阀主要由（   ）和电动机两部分组成。

A. 旋转滑阀　　　　B. 控制阀

C. 直通空气阀　　　　D. 旁通空气阀

12. 发动机在高速运转过程中突然减速时，ECU 自动控制喷油器中断燃油喷射是（   ）。

A. 超速断油控制   B. 断油控制

C. 减速断油控制   D. 提速断油控制

13. 火花塞被混合气浸湿的现象称为（   ）。

A. 溢流   B. 停供   C. 复供   D. 停止供速

14. 装有氧传感器的电控发动机上，以下哪种工况下不进行闭环控制（   ）。

A. 正常行驶   B. 起动   C. 中负荷运行   D. 全部

15. 汽油发动机 ECU 根据发动机转速信号和进气流量信号不能确定的参数是（   ）。

A. 喷油时间   B. 点火时间   C. 点火导通角   D. 喷油压力

16. 下列哪一种装置测量是空气质量流量？（   ）

A. 翼片式空气流量传感器   B. 进气歧管压力传感器

C. 热线式空气流量传感器   D. 涡流式空气流量传感器

17. 在 EFI 系统中，关于单点喷射的说法哪一个正确？（   ）

A. 缸内喷射程   B. 一个喷油器

C. 混合气分配均匀   D. 故障多

18. 汽油机微机控制点火系统产生高压电的元件是（   ）。

A. 点火线圈   B. ECU   C. 点火器   D. 传感器

19. 在微机控制点火系统中，ECU 从点火提前角三维数据 MAP 中查询基本点火提前角所依据发动机的传感器信号是（   ）。

A. 温度与压力信号   B. 转速与负荷信号

C. 爆燃信号   D. 空气流量信号

20. 当汽油机的冷却液温度低时，为使发动机尽快暖机，点火提前角应当（   ）。

A. 减小   B. 增大   C. 保持不变   D. 都可以

21. 微机控制点火提前角的组成不包括（   ）。

A. 初始点火提前角   B. 基本点火提前角

C. 修正点火提前角   D. 补充点火提前角

22. 保证 ECU 控制电子点火系统正常工作最基本的信号不包括（   ）。

A. 凸轮轴位置信号   B. 曲轴位置信号

C. 空气流量信号   D. 进气温度信号

23. 下列哪个不是发动机爆燃的现象（   ）。

A. 火焰前锋尚未到达之前，发动机缸内压力急剧升高

B. 火焰前锋尚未到达之前，发动机缸内温度急剧升高

C. 发动机缸体剧烈振动

D. 发动机经济性提高

24. 发动机爆燃强度与下列哪个信号无关（   ）。

A. 爆燃传感器输出电压振幅

B. 爆燃传感器输出电压持续时间

C. 爆燃传感器输出电压大小

D. 爆燃传感器输出电压超过基准电压次数

25. 以下关于发动机爆燃控制说法错误的是（   ）。

A. 发动机爆燃控制是闭环控制

B. 发动机爆燃控制实质是控制点火提前角

C. 发动机产生爆燃会控制推迟点火时刻

D. 发动机产生爆燃会减少燃油喷油量

26. 以下控制功能，哪一个是只有在高压共轨技术中可以实现（　　　）。

A. 喷油量控制　　　　　　　　　　　B. 喷油定时控制

C. 喷油压力控制　　　　　　　　　　D. 辅助控制

27. 下面哪一个不是电控柴油机的优点（　　　）。

A. 节约燃油　　　　　　　　　　　　B. 污染严重

C. 适应性广　　　　　　　　　　　　D. 发动机运转平稳

28. 下列哪一个不是控制喷油量和喷油时间的信号（　　　）。

A. 发动机转速传感器　　　　　　　　B. 加速踏板位置传感器

C. 车速传感器　　　　　　　　　　　D. 冷却液温度传感器

29. 柴油发动机排放中最主要的污染物是（　　　）。

A. 氮氧化物和碳氢化合物　　　　　　B. 氮氧化物和微粒

C. 一氧化碳　　　　　　　　　　　　D. 二氧化碳

30. 下列哪一个不属于空气供给系统的结构（　　　）。

A. 空气流量传感器　　　　　　　　　B. 进气温度传感器

C. 冷却液温度传感器　　　　　　　　D. 大气压力传感器

31. 车用柴油机控制技术发展的必然趋势是采用下述哪种形式的喷油技术？（　　　）

A. 位置控制式　　　　　　　　　　　B. 时间控制式

C. 高压共轨式　　　　　　　　　　　D. 喷油泵式

32. 在高压共轨式柴油喷射系统中，ECU 控制喷油量的方法是控制（　　　）。

A. 喷油开始时间　　　　　　　　　　B. 喷油结束时间

C. 喷油持续时间　　　　　　　　　　D. 喷油间歇时间

33. 高压共轨式柴油喷射系统中的高压泵安装在哪个位置（　　　）。

A. 高压油路与低压油路之间　　　　　B. 高压油路与中压油路之间

C. 中压油路与低压油路之间　　　　　D. 共轨

34. 下列哪一个没有安装在共轨上？（　　　）

A. 限压阀　　　　　　　　　　　　　B. 流量限制阀

C. 压力控制阀　　　　　　　　　　　D. 共轨油压传感器

35. 限制共轨管内燃油的最高压力，防止燃油供给系统损坏，是下列哪一个结构的功用？（　　　）

A. 限压阀　　　　　　　　　　　　　B. 流量限制阀

C. 压力控制阀　　　　　　　　　　　D. 喷油器

36. 流量限制阀中的柱塞下移位置与（　　　）有关。

A. 弹簧力　　　　　　　　　　　　　B. 喷油器喷油量

C. 进油孔　　　　　　　　　　　　　D. 中心孔

37. 下列哪一个不属于电磁喷油器的电控机构？（　　　）

A. 铁心　　　　　　　　　　　　　B. 球阀

C. 孔式喷油器　　　　　　　　　　D. 电磁线圈

38. 针阀升起的速度与下列哪个有关？（　　　）

A. 进油孔直径　　　　　　　　　　B. 出油孔直径

C. 进油孔与出油孔直径之差　　　　D. 球阀开度

39. 在高压共轨式柴油喷射系统中，ECU 控制喷油定时的方法是控制（　　　）。

A. 喷油开始时间　　　　　　　　　B. 喷油结束时间

C. 喷油持续时间　　　　　　　　　D. 喷油时间

40. 下列哪一个信号不是控制喷油量的基本信号？（　　　）

A. 发动机转速传感器　　　　　　　B. 发动机负荷传感器

C. 进气温度传感器　　　　　　　　D. 冷却液温度传感器

41. 起动时的喷油量要能够保证发动机快速起动，ECU 会根据冷却液温度传感器传输的冷却液温度信号（　　　）起动时的喷油量，确保起动一次成功。

A. 加大　　　　B. 减小　　　　C. 不改变　　　　D. 时增时减

42. 喷油器开始喷油时的喷油压力取决于（　　　）。

A. 高压油腔中的燃油压力　　　　　B. 喷油器的喷孔数

C. 喷油器的喷孔大小　　　　　　　D. 针阀升程

43. ECU 能够精确控制喷油器的喷油量，喷油量大小取决于（　　　）。

A. 高压共轨内燃油的压力，喷油控制阀开启时间的长短

B. 喷油器的个数

C. 蓄电池电压

D. 喷孔大小

二、判断题

1. 不设置旁通空气道、发动机怠速进气量由节气门直接控制的空气供给系统，称为旁通式供气系统。（　　　）

2. 空气流量传感器、曲轴位置传感器、凸轮轴位置传感器和节气门位置传感器是决定喷油控制系统的四种传感器，其信号是确定和控制燃油喷射量必不可少的信号。（　　　）

3. LH 型燃油喷射系统的显著特点是采用叶片式空气流量传感器来检测进气量。（　　　）

4. 进气管喷射又称为缸外喷射，是指喷油器将燃油喷射在节气门或进气门附近进气管内的喷射系统。（　　　）

5. M 型燃油喷射系统的显著特点是将点火提前角控制和喷油时间控制组合在一个 ECU 中进行控制。（　　　）

6. 进气量信号是 ECU 计算喷油时间和点火时间的主要依据。（　　　）

7. 磁感应式传感器的突出优点是需要外加电源，永久磁铁起着将机械能变换为电能的作用，其磁能不会损失。（　　　）

8. 曲轴位置传感器主要由信号发生器和信号转子组成。（　　　）

9. 怠速控制系统的功用是通过调节发动机怠速时的燃油量来调节怠速转速。（　　　）

10. 步进电动机是一种由脉冲信号控制其转动方向和转动角度的电动机。（　　　）

11. 步进电动机的转速取决于控制脉冲的频率，频率越低，转速越快。（　　）

12. 减速断油控制是指当发动机转速超过允许的极限转速时，ECU立即控制喷油器中断燃油喷射。（　　）

13. 冷却液温度越低，发动机负荷越大，燃油停供转速和复供转速就越低。（　　）

14. 双缸同时点火能在同一个时间点燃两个气缸的可燃混合气。（　　）

15. 无分电器点火可以采用双缸同时点火和各缸单独点火两种方式。（　　）

16. 二极管配电点火方式是利用二极管的单向导通特性，对点火线圈产生的高压电进行分配的同时点火的方式。（　　）

17. 单独点火方式的汽车，点火线圈的数量与火花塞的数量一定相等。（　　）

18. 只有当针阀盛油槽的压力超过控制柱塞腔压力时，针阀开启，喷油。（　　）

19. 压电晶体式喷油器与电磁控制式不同的是电控机构不同。（　　）

20. 压电晶体具有受压力作用而伸长的特性。（　　）

21. 电控喷油器通电时间等于喷油时间。（　　）

22. 高压共轨式柴油喷射系统中输油泵的结构原理与汽油机中基本相同。（　　）

23. 压力控制阀用来控制高压共轨的燃油压力。（　　）

24. 高压泵的单向阀安装在高压通道上。（　　）

25. 供油切断电磁阀是适时将高压泵处于间歇供油状态。（　　）

26. 高压泵的功用是将低压柴油加压压缩，向共轨管内供给压力足够高、油量足够大的高压燃油。（　　）

27. 爆燃传感器的信号主要用于修正发动机点火时刻。（　　）

28. 位置控制式柴油喷射系统的压油方式是凸轮压油。（　　）

29. 压力控制阀的调节原理是燃油量越多，燃油压力越大。（　　）

30. 压力控制阀的球阀是连接高压油路与低压回油口的通道。（　　）

31. 共轨的功用仅仅是储存燃油，完成喷射。（　　）

32. 共轨腔内的持续高压直接用于喷射，并且确保喷油器打开时喷油压力不变。（　　）

33. 限压阀连接在共轨与低压回油管之间。（　　）

34. 起动时喷油量的控制是由冷却液温度传感器信号决定。（　　）

35. 用于判断发动机爆燃的基准电压会随着发动机转速升高而降低。（　　）

三、简答题

1. 电控发动机燃油喷射系统采用的传感器和开关信号主要有哪些？最主要的传感器有哪几种？

2. 电子控制式燃油喷射系统的显著特点是什么？

3. 什么是缸内喷射？什么是进气管喷射？缸内喷射的特点是什么？

4. 根据进气量的检测方式不同，多点燃油喷射系统可分为哪两种类型？各有什么特点？

5. 超声波检测涡流式流量传感器主要由哪些部件组成？怎样检测涡流频率？

6. 在发动机电子控制系统中，为什么必须装备曲轴位置传感器与凸轮轴位置传感器？

7. 发动机转速信号和进气量信号是燃油喷射控制系统最重要、最基本的控制信号，ECU根据这两个信号能够计算确定哪些控制参数？

8. 在发动机燃油喷射系统中，油压调节器使燃油分配管中的油压与进气歧管中的气压之压力差保持不变的目的是什么？

9. 在电磁喷油器和油压调节器结构一定的情况下，汽油机电控喷油系统的喷油量取决于哪些因素？

10. 试说明汽油机电控燃油喷射系统的控制原理。

11. 在汽油机起动后的运转过程中，喷油器的总喷油量由哪些参数决定？基本喷油量由哪些信号参数决定？喷油修正量由哪些信号参数决定？喷油增量由哪些信号参数决定？

12. 什么是数据 MAP？汽油机起动后，ECU 怎样利用数据 MAP 来确定基本喷油量？

13. 什么是步进电动机的步进角？步进角由什么因素决定？步进电动机的转速由什么因素决定？

14. 急速控制的实质是什么？发动机急速负荷变化时，急速控制系统控制急速转速的方法是什么？

15. 在燃油喷射系统中，发动机 ECU 对空燃比进行闭环控制的条件是什么？哪些情况下对空燃比不进行闭环控制，而是进行开环控制？

16. 汽油机急速时进气量的控制方式分为哪两种？急速控制阀的功用是什么？

17. 什么是超速断油控制？超速断油控制的目的是什么？

18. 什么是减速断油控制？减速断油控制的目的是什么？减速断油控制的条件有哪些？

19. 电喷发动机的空燃比普遍采用反馈控制方式进行控制的目的是什么？

20. 简要说明最佳点火提前角的定义及组成。

21. 有分电器点火系统有哪些缺点？

22. 什么是爆燃？有哪些危害？

23. 什么是压电效应？简要说明压电式爆燃传感器的工作原理。

24. 简要说明高压共轨式柴油喷射系统喷油量的控制。

25. 简要说明高压共轨式柴油喷射系统喷油压力的控制。

第5章 汽车电控自动变速技术

【本章知识构架】

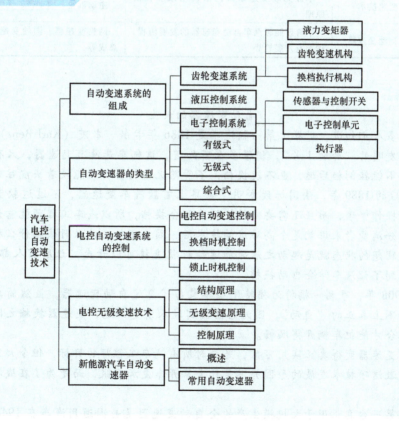

【教学目标】

1. 掌握自动变速系统的组成。
2. 了解自动变速器的类型。
3. 掌握电控自动变速系统的控制原理。

4. 掌握无级变速系统的变速原理和控制原理。

5. 了解新能源汽车自动变速器的种类及发展趋势。

 【教学要求】

知识要点	能力要求	相关知识
自动变速系统的组成	掌握齿轮变速机构的工作原理；掌握换档执行机构的组成，了解液压控制系统的组成；掌握电子控制系统的组成部分	液力变矩器、行星齿轮机构、离合器、制动器、单向离合器
自动变速器的类型	了解自动变速器的类型及发展趋势	AT、AMT、CVT
电控自动变速系统的控制	掌握电控自动变速系统的控制原理；了解自动控制规律	变速原理、换档时机、锁止时机
电控无级变速技术	掌握无级变速系统的结构组成和控制原理	主动带轮、驱动带、无级变速原理
新能源汽车自动变速器	了解新能源汽车自动变速器的发展历程、种类及发展趋势	两档变速器、同轴变速器、三合一总成等

【导入案例】

自动变速器的诞生

相信很多人都知道，世界上第一辆汽车是 1886 年卡尔·本茨（Karl Benz）和戈特利布·戴姆勒发明的"奔驰 1 号"，但很多人不知道，这辆车是没有变速器，只有主减速器的，所以它不能挂倒档后退，也不能换档，不管路况如何，都只能硬着头皮往前跑。

3 年之后的 1889 年，法国标致发明了世界上首款汽车变速器，不过这款变速器十分粗糙，不但操作繁琐，而且还需要发动机转速配合换档，所以汽车工程师就意识到手动变速对于大部分消费者来讲就是个高难度的技术活，因为不知道什么时候换什么档最合适。

汽车最理想的状态就是起动之后踩加速踏板就直接可以开走，让所有人都容易驾驶，所以人们想到了让汽车学会自动换档。

到了 1908 年，亨利·福特为福特 T 型车装备了 2 速自动变速器，虽然简单可靠，但是它仍然算不上真正的"自动"，因为它需要驾驶人清楚知道，变速器换档之际，需要加速踏板的配合才能把车辆开得顺畅。

让自动变速器变得真正实用可靠，是那时所有汽车工程师的目标，但令大家想不到的是，真正刺激这项技术发展的原因并不是让大家开车更加舒服，而是为了在战场上汽车不再容易熄火。

世界上第一台真正用于大规模生产的全自动变速器是美国通用汽车在 1940 年生产的 Hydra-Matic，这台变速器使用液力偶合器（而不是液力变矩器）和三排行星齿轮提供 4 个前进档和 1 个倒档，Hydra-Matic 最初被装于奥兹莫比尔（Oldsmobile），接着凯迪拉克和庞蒂克也采用了这种变速器。

自动变速器最重要的改进是在二战期间，别克公司为坦克开发了液力变矩器，到 1948 年，这种液力变矩器与其他部件结合成为液力变速器进而成为现在通用的自动变速器，自此之后，自动变速器才算是踏入了正轨。

电控自动
变速技术

　　汽车电控自动变速是相对于手动换档变速而言的，是指电子控制系统根据道路条件和负载变化，自动改变驱动车轮的转速与转矩来满足汽车行驶要求的控制过程。自动变速技术是由机械式变速器技术、液力变矩器传动技术和电子控制技术组合而成的综合式控制技术，由电控自动变速系统实现。

5.1　汽车电控自动变速系统的组成

　　电控自动变速系统又称为电控自动变速器，由齿轮变速系统、液压控制系统和自动变速电控系统3个子系统组成，其在车上的安装布置如图5-1所示，图5-2为LS400轿车电控四档自动变速器组成结构图。

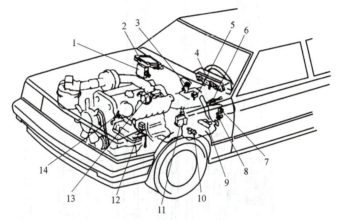

图 5-1　汽车电控自动变速系统

1—电子控制变速器用 ECU　2—丰田微机控制系统用 ECU　3—O/D 开关　4—1 号速度传感器
5—模式选择开关　6—停车灯开关　7—传感器转子　8—2 号速度传感器　9—1 号和 2 号电磁阀
10—3 号电磁阀　11—空档起动开关　12—诊断插接器　13—节气门位置传感器　14—冷却液温度传感器

5.1.1　齿轮变速系统

　　齿轮变速系统由液力变矩器、齿轮变速机构和换档执行机构组成。

1. 液力变矩器

　　液力变矩器安装在发动机飞轮的一端，其主要功用是将发动机输出的动力传递给齿轮变速机构的输入轴。此外，液力变矩器不仅具有防止发动机过载的功能，而且还能实现无级变速（传动比在一定范围内连续变化），具有一定的减速增矩作用。

2. 齿轮变速机构

　　与液力变矩器配合使用的机械变速器多数是行星齿轮变速机构，通过增减行星排内行星轮的数目、行星排的数目，改变排与排之间的排列、组合以及构件之间的连接和控制方式等，即可得到较为理想的传动比。图5-3所示为辛普森式自动变速器齿轮机构图。

3. 换档执行机构

　　换档执行机构包括换档离合器、制动器和单向离合器，其功用是改变齿轮变速机构的传动比，从而获得不同档位。

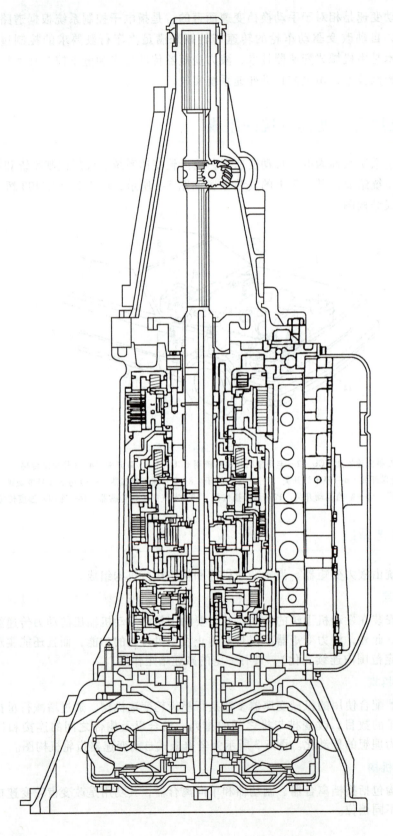

图 5-2　LS400 轿车电控四档自动变速器组成结构图

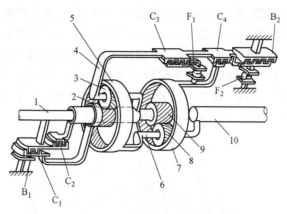

图 5-3　辛普森式自动变速器齿轮机构

1—输入轴　2—前太阳轮　3—前行星齿轮　4—前行星架　5—前齿圈　6—后行星架　7—后齿圈　8—后行星齿轮

9—后太阳轮　10—输出轴　C_1—倒档离合器　C_2—高速档离合器　C_3—前进离合器　C_4—前进强制离合器

B_1—2 档 4 档制动器　B_2—低档倒档制动器　F_1—前进单向离合器　F_2—低档单向离合器

　　(1) 离合器　在自动变速器换档执行机构中，换档离合器一方面能将行星齿轮机构中某一元件与主动部分相连，使该元件成为主动部件；另一方面能将行星齿轮机构中任两个元件连锁为一个刚性整体，实现直接传动。换档离合器通常采用圆盘式多片湿式离合器。这是由于这种离合器摩擦片的接触表面积较大，摩擦片表面单位面积压力分布均匀，摩擦材料磨损均匀，主、从动片间的运转间隙不需要因磨损或相配衬面的啮合不良而进行调整。另外，所传递转矩也大，且通过增减片数和改变接合压力的大小，即可按要求调节工作转矩，便于系列化和通用化。

　　(2) 制动器　在自动变速器中起制动约束作用，它通过将行星齿轮机构中某一元件与变速器壳体相连，使该元件约束制动而固定。在液力自动变速器中，制动器有两种形式：圆盘式多片湿式制动器和带式制动器。圆盘式多片湿式制动器实际上与多片离合器具有相似结构，两者的区别在于离合器的壳体是一个主动部件，而制动器的液压缸和壳体是固定不动的。当多片制动器的钢片和摩擦片处于接合状态时，即对与摩擦片连接的构件起到制动作用。

　　与多片式制动器相比，带式制动器虽然存在易使变速器壳体上产生局部的高应力区和制动带磨损后需要调整间隙等缺点，但因其具有结构简单、便于安装和可以缩短变速器长度等优点，所以被广泛用于轿车自动变速器中。

　　(3) 单向离合器　在液力自动变速器中，单向离合器的功能是控制一些元件只能做单一方向的转动，而不能反转，即它是根据相对运动情况而自动起作用的一种换档执行机构。

5.1.2　液压控制系统

　　在液力自动变速器的自动换档系统中，无论是液控液压式还是电控液压式，其换档离合器的接合和分离、制动器的制动和释放都最终由液压控制系统的控制动作来完成。除此之外，液力自动变速器的液压控制系统还要具有液力变矩器的锁止、油压补偿、运动零部件的润滑及工作介质的冷却等功能。

　　自动变速器液压控制系统的组成因车型不同而异，但其基本组成与原理是相似的。

图 5-4 所示为红旗牌 CA770 轿车自动变速器液控液压式自动换档系统的基本组成。红旗 CA770 轿车自动变速器由液力变矩器、双排行星齿轮变速器及液控液压式自动换档系统组成。它有两个前进档（直接档和低档）、一个倒档。该系统的供油部分主要由液压泵 12、主油路调压阀 4 等组成。控制参数信号发生装置主要包括离心调速阀 15 与节气门阀 7。换档执行机构包括直接档离合器 18、低档制动器 19 和倒档制动器 20。换档控制系统由手控制阀 11、换档阀 6 及用于改善换档品质的缓冲阀 10 等组成。

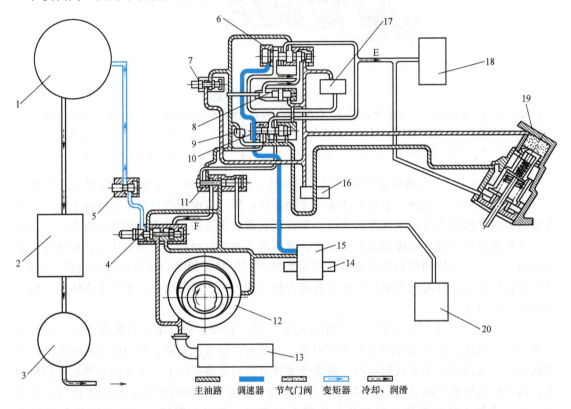

图 5-4　红旗 CA770 自动变速器液控液压式自动换档系统（前进位低速档）

1—液力变矩器　2—油液冷却器　3—油液细滤器　4—主油路调压阀　5—变矩器压力调节阀　6—换档阀　7—节气门阀
8—强制低档阀　9—低档阀片　10—缓冲阀　11—手控制阀　12—液压泵　13—油液集滤器　14—变速器第二轴
15—离心调速阀　16—低档限流阀　17—低档单向阀　18—直接档离合器　19—低档制动器　20—倒档制动器

　　液压泵 12 将变速器油经集滤器从油底壳中吸入，加压后进入主油路调压阀 4，同时，通往离心调速阀 15 和手控制阀 11 的油压也被调定。由主油路调压阀输出的一条油路经变矩器压力调节阀 5 降压后，进入液力变矩器 1。液力变矩器中的热油则从管路引至油液冷却器 2、油液细滤器 3，在完成行星齿轮、轴承的润滑任务后回到油底壳。另一条通往控制系统其他装置及行星齿轮变速器各执行元件的油路，则由手控制阀 11 根据所要求的工况来决定。

5.1.3　电子控制系统

　　自动变速器电子控制系统与其他电控系统一样，也是由传感器与各种控制开关、自动变速电子控制单元（ECT ECU）和执行器三部分组成，如图 5-5 所示。其主要功能是控制自动

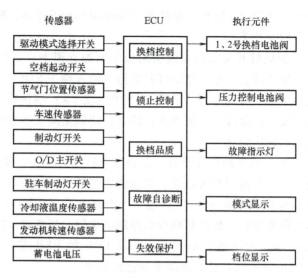

图 5-5　自动变速器电子控制系统的基本组成

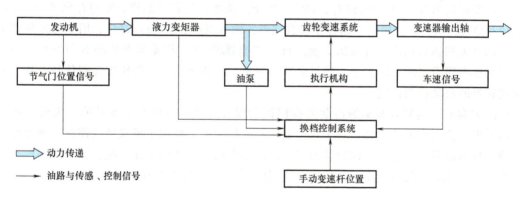

图 5-6　自动换档系统工作流程简图

换档和动力传递，如图 5-6 所示。

1. 传感器与控制开关

（1）**节气门位置传感器（TPS）**　在选装电控自动变速器的电控系统中，节气门位置传感器的功用是将发动机负荷（对应于节气门开启角度）转换为电压信号输入 ECT ECU，作为确定变速器换档时机（换档点）和变矩器锁止时机的主要信号之一。

（2）**车速传感器（VSS）**　在自动变速控制系统中，VSS 的功用是产生频率与车速成正比的信号电压，并输入 ECT ECU 作为确定变速器换档时机和变矩器锁止时机的主要信号之一。车速传感器一般都采用磁感应式和舌簧开关式。

（3）**驱动模式（换档规律）选择开关**　在装备自动变速器的汽车上，发动机节气门开度与车速（或变速器输出轴转速）之间的关系，称为换档规律或驱动模式。

（4）**超速（O/D）开关**　在丰田（TOYOTA）、本田（HONDA）和日产（NISSAN）等电控自动变速器汽车上设有一个 O/D 开关，又称为超速开关或 O/D 总开关，其功用是控制自动变速器能否升到超速档。

（5）空档起动开关（NSW）　空档起动开关（Neutral Start Switch，NSW）是一个由选档操纵手柄控制的多位多功能开关。

（6）制动灯开关　制动灯开关安装在制动踏板下面的支架上。当驾驶人踩下制动踏板时，制动灯开关接通，制动灯亮，并从制动灯开关信号输入端子STP（或BK）向ECT ECU输入一个高电平（电源电压）信号。ECT ECU从STP（或BK）端接收到高电平信号时，便知已经使用制动，立即发出解除液力变矩器锁止指令，使锁止离合器分离。其目的是在车轮制动抱死时，防止发动机突然熄火。

（7）驻车制动灯开关　驻车制动灯开关又称为停车制动灯开关，受驻车制动手柄控制。当驻车制动手柄放松时，驻车制动开关断开，制动警告灯熄灭，电源电压经制动警告灯从驻车制动灯开关信号输入端子PKB向ECT ECU输入一个高电平（12V）信号。ECT ECU接收到这一信号后，在起步和换档时，将控制减少车尾的下坐量。当驾驶人拉紧驻车制动手柄制动时，驻车制动开关接通，制动警告灯发亮，ECT ECU的PKB端将接收到一个低电平（0V）信号，此信号告知ECT ECU驻车制动手柄已经拉紧。

2. ECU

自动变速器ECU的主要部件有：CPU，用于完成相关的各种运算；随机存储器（RAM）和只读存储器（ROM），用于存储程序和数据等；输入/输出（I/O）接口，用于与外部传感器、控制开关和执行元件进行数据交换。自动变速器的ECU根据各个传感器和控制开关的信号和其他内部设定的控制程序，通过运算与分析，向各个执行元件输出控制信号，从而实现对变速器的自动换档控制。

ECU对自动变速器最基本的控制为换档控制以及必要的故障自诊断功能、失效保护功能。随着电子控制技术的发展，对于自动变速器的控制逐渐增加了模式转换控制、液力变矩器的锁止控制以及主油路压力控制等内容，以改善自动变速器的工作性能，充分发挥汽车的动力性与经济性。现代自动变速器的ECU主要工作内容如图5-5所示。

3. 执行器

执行器包括换档电磁阀和锁止电磁阀。换档电磁阀一般设有两只，即1号电磁阀和2号电磁阀；锁止电磁阀一般设有一只，即3号电磁阀。除此之外，液压控制系统的换档阀和锁止阀，变速系统的液力变矩器、换档离合器、换档制动器以及齿轮变速机构都是电控系统的执行元件。

5.2　自动变速器的类型

自动变速器种类繁多，形式各异，可以按照汽车驱动方式、前进档数目、变速齿轮类型、液力变矩器类型、传动比变化方式、控制方式等进行分类。按传动比变化的方式分类，主要有：有级式自动变速器、无级式自动变速器以及处于两者之间的综合式自动变速器。

1. 有级式自动变速器

有级式自动变速器是一种由普通齿轮式机械变速器组成的有级式电子控制机械式自动变速器，简称AMT。它主要包括：自动离合器、齿轮式机械变速器和电子控制系统等。

有级式自动变速器基本控制原理如图5-7所示。驾驶人通过加速踏板和驱动模式选择开

关向微机表达意图，各种传感器时刻检测车辆的状况，微机接处理信号，并输出最佳控制信号（最佳换档规律、离合器最佳接合规律、发动机节气门自适应调节规律等），通过电动和液压或气压分别对节气门开度、离合器接合及换档三者进行控制，以实现最佳匹配，从而获得优良的行驶性能、平稳的起步性能和迅速换档的能力。

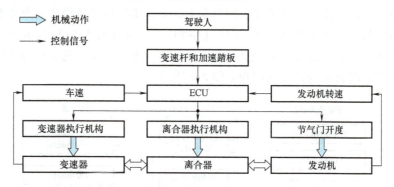

图 5-7　AMT 的基本控制原理

有级式自动变速器既能使换档操作简化，又保留了齿轮式机械变速器传动效率高、价格低廉、易于制造的长处，但其控制系统要求较高的控制精度，使得自动换档的难度较大。

2. 无级式自动变速器

无级式自动变速器简称 CVT。CVT 的基本变速原理如图 5-8 所示。两个工作带轮，其中，2 为主轮，4 为从动轮。每个带轮均由可以相对滑动的两部分构成，V 形钢带 3 位于两部分间的凹槽内。当带轮两部分紧靠时，凹槽较窄，钢带位于带轮外缘，带轮的工作直径较大。随着带轮两部分间的相对滑动分离，凹槽逐渐变宽，钢带随之靠近带轮

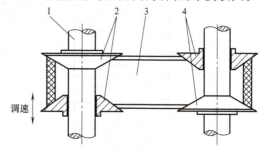

图 5-8　CVT 的基本变速原理

1—主动轴　2—主动轮　3—V 形钢带　4—从动轮

中心，工作直径相应变小。因此，CVT 的控制是靠两个带轮的轴向夹紧力来实现的，带轮的滑移由电子控制的液压元件来完成。

CVT 具有传动比连续、传递动力平稳、操纵方便等特点，真正实现了无级变速。由于 CVT 可以使发动机始终在其经济转速区域内运行，从而大大改善燃油经济性。此外，CVT 在加速时无须切断动力，因此，装备 CVT 的汽车乘坐舒适，超车加速性能好。但因 CVT 是采用摩擦传动，如何提高其传动效率及自动控制的可靠性是主要的研究方向。

3. 综合式自动变速器

综合式自动变速器具有在一定范围内实现无级变速的能力，即通常所指的液力自动变速器，简称 AT。在汽车上应用较广泛。

5.3　电控自动变速系统的控制

汽车电控自动变速系统的主要功能是根据汽车车速和发动机负荷变化，自动控制换档和

动力传递（即自动控制变速机构的换档时机和液力变矩器的锁止时机），使汽车获得良好的动力性和经济性。

5.3.1　电控自动变速控制

在装备电控自动变速系统（ECT）的汽车上，变速机构自动换档和液力变矩器自动锁止只有在汽车前进档位时才能实现，在 N 位（空档）、P 位（驻车档）和 R 位（倒档）时，执行器将保持初始状态，变速器为纯机械与液压控制。电控自动变速主要包括换档时机控制和液力变矩器锁止时机控制，控制原理如图 5-9 所示。

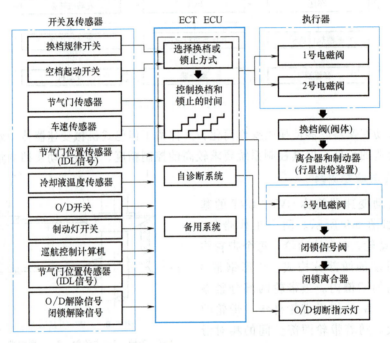

图 5-9　电控自动变速的控制原理

自动变速电子控制单元（ECT ECU）是电控自动变速系统的控制核心。在 ECT ECU 的只读存储器 ROM 中，除了存储有进行数学计算和逻辑判断的控制程序之外，还存储有变速器换档时机 MAP 和变矩器锁止时机 MAP。这些数据 MAP 在电控自动变速系统设计完成之后，经反复试验测试获得，并预先存储在 ROM 中，以供 ECT ECU 在汽车行驶时查询调用。

换档规律又称为驱动模式，是指汽车发动机节气门开度与车速（或变速器输出轴转速）之间的关系。电控自动变速系统常用的换档规律有普通型（Normal Mode，NORM）、动力型（Power Mode，PWR）和经济型（Economy Mode，ECON）三种。如果自动变速系统只提供有普通型与动力型，那么，其普通型换档规律就相当于经济型换档规律。

在 ECT ECU 的控制下，当变速杆处于 D、L、2、R 位时，起动继电器线圈不能接通，发动机不能起动。当变速杆处于 P 或 N 位时，起动继电器线圈电路才能接通，发动机才能被起动。

发动机一旦起动，各种传感器（车速传感器、节气门位置传感器等）信号和控制开关信号就不断输入 ECT ECU，经过输入回路和模数转换电路转换成 CPU 能够识别的电信号，

CPU 按照一定频率对其进行采样，并将采样信号与预先存储在 ROM 中的换档时机 MAP 和变矩器锁止时机 MAP 进行比较运算或逻辑判断，从而确定是否换档和是否锁止液力变矩器。

当变速杆拨到前进档位置时，ECT ECU 首先根据换档规律（驱动模式）选择开关信号在换档规律 MAP 中选择相应的换档规律；然后根据节气门开度信号、车速信号和控制开关信号在换档时机 MAP 中查寻确定变速机构的换档时机、在变矩器锁止时机 MAP 中查寻确定液力变矩器的锁止时机。当确定为换档（或变矩器锁止）时，CPU 立即向相应的电磁阀发出控制指令，电磁阀再控制换档阀（或锁止阀）动作，换档阀（或锁止阀）阀芯移动改变换档离合器和制动器（或锁止离合器）的控制油路，使离合器或制动器的工作状态（接合或分离）发生改变，从而实现自动换档（或液力变矩器锁止）。

5.3.2 换档时机控制

换档时机是指变速器自动切换档位（升档或降档）的时机，又称为换档点。换档时机的控制原理如图 5-10 所示。

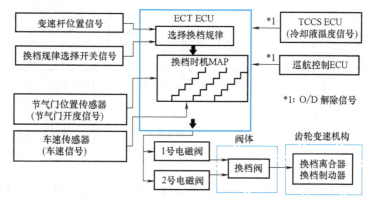

图 5-10 ECT 换档时机的控制

在汽车行驶过程中，ECT ECU 确定换档时机的信息包括：驾驶人操作变速杆提供的位置（D、2 或 L 位）信号，驾驶人操作换档规律选择开关提供的换档规律（NORM、PWR 或 ECON）信号，节气门位置传感器提供的发动机节气门开度（即发动机负荷）信号，车速传感器提供的汽车行驶速度信号。除此之外，ECT ECU 还要接收发动机 ECU 和巡航电控单元（CCS ECU）输送的解除超速行驶信号。

当驾驶人将变速杆拨到 D、2 或 L 位置时，ECT ECU 便接收到一个表示变速杆位置的信号。此时 ECT ECU 首先根据换档规律选择开关信号在换档规律 MAP 中选择相应的换档规律；然后根据节气门位置传感器和车速传感器信号与预先存储在 ROM 中的换档时机 MAP 进行比较并确定变速机构的升档或降档时机。当节气门开度和车速达到选定的最佳升档或降档时机时，ECT ECU 立即向 1 号和 2 号电磁阀发出通电或断电指令，控制换档阀动作。换档阀阀芯移动时，就会接通或关闭行星齿轮变速机构中换档离合器和制动器的控制油路，使离合器和制动器接合或分离，从而实现自动升档或降档。

5.3.3 锁止时机控制

汽车电控自动变速系统普遍装备锁止式液力变矩器（即带有锁止离合器的液力变矩

器）。当汽车在路面不好的道路上行驶时，为了发挥液力传动自动适应行驶阻力剧烈变化的优点，锁止离合器应当分离，以发挥变矩器的作用；当汽车在路面良好的道路上行驶时，为了提高行驶速度和燃油经济性，锁止离合器应当接合，使变矩器的输入轴与输出轴成为刚性连接，将发动机动力直接传递到齿轮变速机构。当汽车高速行驶、变矩器速比增大到一定值（具体数值由液力变矩器结构决定，三元件变矩器一般为 0.8）时，变矩器将锁止传递动力。

锁止时机控制就是何时锁止液力变矩器，将发动机动力直接传递到齿轮变速器，从而提高传动效率，改善燃油经济性。在 ECT ECU 根据节气门位置传感器信号和车速传感器信号确定变速机构换档时机的同时，还要在变矩器锁止时机 MAP 中查询确定液力变矩器的锁止时机。ECT 变矩器锁止时机的控制原理如图 5-11 所示。

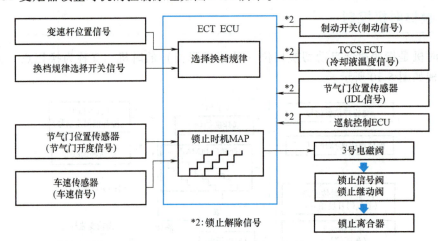

图 5-11　液力变矩器锁止时机的控制原理

当 ECT ECU 在变矩器锁止时机 MAP 中查寻确定锁止液力变矩器时，立即向锁止电磁阀（3 号电磁阀）发出通电指令，控制锁止信号阀和锁止继动阀动作。当锁止信号阀和锁止继动阀阀芯移动时，就会改变液力变矩器内锁止离合器的控制油路使离合器接合，将液力变矩器与发动机飞轮锁成一体。液力变矩器锁止时，发动机输入变矩器的动力将直接传递到齿轮变速器输入轴，传动效率达 100%。

解除锁止则由制动灯开关信号、CCS ECU 信号、冷却液温度传感器信号和节气门位置传感器的急速触点信号等决定。

5.4　电控无级变速技术

汽车电控无级变速器是可实现连续可变传动比的自动变速系统（Electronic Controlled Continuous Variable Transmission System，CVT），国产奥迪 A4、A6、A8 等轿车都已采用电控无级变速系统。

5.4.1　电控无级变速器的优点

电控无级变速器（CVT）应用了 V 带无级变速传动技术，与电控自动变速器（ECT）和手动变速器相比，具有以下显著优点：

1）汽车经济性和排放性好。CVT 能将汽车行驶条件与发动机负荷协调到最佳状态，使发动机总是工作在较高的效率区域。汽车装备 CVT 与装备 5 档手动变速器进行道路对比试验表明，装有 CVT 汽车的燃油消耗要少 11.5%，碳氢化合物（HC）排放量少 33%，一氧化碳（CO）排放量少 20%。

2）汽车动力性好。装备 CVT 后，因为传动比连续可变，没有动力间断，所以在变速过程中没有动力损失。与装备电控 4 档自动变速器的汽车相比，从 0 ~ 100km/h 的加速时间缩短约 10%。

3）传递效率高。CVT 采用 V 带传动技术，其传动比变化非常平滑，传动比曲线为光滑的曲线。因此，传动效率不仅优于电控液力自动变速器 ECT，而且接近于手动变速器。此外，还有动力传递无间断，对动力传动系统冲击小等优点。其操作方便性和乘坐舒适性均可与电控液力自动变速器相媲美。

5.4.2　电控无级变速系统的组成

CVT 的组成与 ECT 组成基本相同，也是由变速系统、液压控制系统和无级变速电控系统三大部分组成，国产奥迪轿车 CVT 的结构简图如图 5-12 所示。其中，液压控制系统和无级变速电控系统的功能、组成和结构原理与 ECT 大同小异，但变速系统的结构组成和变速原理却大不相同。

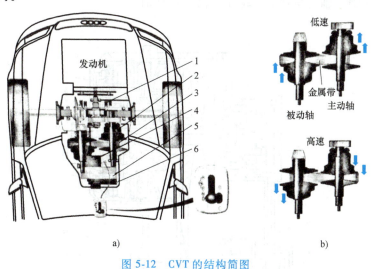

图 5-12　CVT 的结构简图

a）CVT 组成　b）变速传动机构

1—离合器　2—驱动带轮　3—V 带　4—液压泵　5—液控单元　6—CVT ECU

5.4.3　无级变速系统的结构原理

电控无级变速器 CVT 的变速系统主要由动力传递装置、齿轮传动机构、换档执行机构和变速传动机构四部分组成。

动力传递装置的功用是将发动机输出的动力直接传递到齿轮传动机构。该装置既可采用电磁离合器，也可采用液力变矩器。因为是直接传递动力，所以必须采用锁止式液力变矩器，如图 5-13 所示。电磁离合器的结构原理与空调系统的电磁离合器基本相同，具有结构简单、控

制方便的优点。因此，CVT 大都采用电磁离合器。

齿轮传动机构的功用是将发动机输出的动力由电磁离合器传递到机械变速机构，并在液压控制系统和电子控制系统的控制下，配合换档执行机构（换档离合器和换档制动器）实现汽车前进和倒车的档位变换。

换档执行机构由换档离合器和换档制动器等换档控制元件组成，其功用和结构原理与电控逐级变速系统的换档执行机构基本相同。

变速传动机构由主动带轮、被动带轮和 V 带组成，如图 5-14 所示。

1. 主动带轮与被动带轮

变速传动机构的主动带轮和被动带轮都是由制有锥面的两个半轮组成。其中，一个半轮是固定的（即固定半轮），另一个半轮可以通过液压伺服缸推动其沿轴向移动（即滑动半轮）。每对半轮之间构成的槽为 V 形槽，V 形驱动带能够紧贴在带轮的锥面上。主动带轮轴（输入轴）轴线与被动带轮轴（输出轴）轴

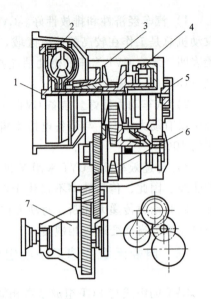

图 5-13　带锁止式液力变矩器的 CVT
1—输入轴　2—锁止式液力变矩器　3—主动轮
4—正、倒转机构　5—油泵
6—被动轮　7—差速器

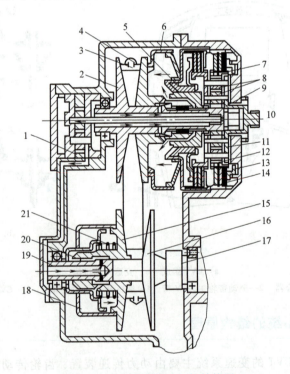

图 5-14　无级变速传动机构结构图
1—齿轮泵　2—主动轮固定半轮　3—金属带　4—主动带轮滑动半轮　5—前进档离合器活塞　6—主动带轮伺服缸
7—齿圈　8—行星齿轮　9—太阳轮　10—输入轴　11—行星架　12—前进档离合器　13—倒档制动器活塞
14—倒档制动器　15—被动带轮滑动半轮　16—被动带轮固定半轮　17—输出轴小齿轮
18—被动带轮伺服缸　19—被动带轮轴　20—花键和滚珠　21—回位弹簧

线之间的距离固定不变，因此，主动轮与被动轮之间的传动比取决于驱动带与主动轮和从动轮的传动半径（即接触半径）。当液压控制机构推动滑动半轮轴向移动时，滑动半轮与固定半轮之间的轴向相对位置发生改变。主动轮与从动轮的传动半径发生变化，从而改变主动轮与被动轮之间的传动比。

2. V 形驱动带

V 形驱动带是无级变速器 CVT 的关键部件。V 形驱动带简称 V 带，主要由多条柔性钢带和多块金属片组成，结构与连接关系如图 5-15 所示。

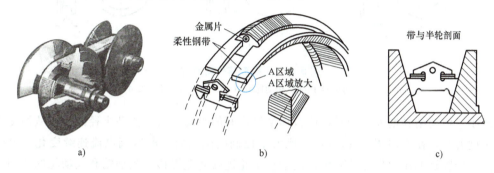

图 5-15　无级变速器 V 形驱动带的结构与连接关系

a）带与半轮的连接　b）V 带的结构　c）带与半轮的接触面

一条 V 带由 2~11 条柔性钢带和 300 片左右金属块组成，总长约 600mm。其中，每条柔性钢带厚约 0.18mm；每块金属片厚约 2mm，宽约 25mm，高约 12mm。

金属片为工字形，夹紧在两侧钢带之间，如图 5-15b 所示。工字下横部分（钢带下面）的金属片侧面为斜面，该斜面与带轮的锥面相接触，如图 5-15c 所示。金属片夹在滑动半轮与固定半轮之间，并利用金属片斜面与带轮锥面之间的摩擦力传递动力。柔性钢带起到连接与保持作用。

5.4.4　变速传动机构无级变速原理

汽车电控无级变速器 CVT 的传动比是连续变化的，传动比变化曲线为连续平滑的曲线，其无级变速传动原理如图 5-16 所示。电控系统的执行元件（控制传动比的电磁阀）通过逐渐改变 V 带滑动半轮液压伺服缸的压力，使滑动半轮移动的位移量逐渐改变，从而使主动带轮和被动带轮的传动半径逐渐改变来实现无级变速。

当 CVT ECU 根据各种传感器信号从传动比数据 MAP 中查寻确定的传动比 $i=1$ 时，CVT ECU 分别向主动轮滑动半轮的传动比控制电磁阀和被动轮滑动半轮的传动比控制电磁阀发出占空比控制指令。电磁阀再控制液压阀调节两个滑动半轮液压伺服缸的压力，液压缸同时推动两个滑动半轮位移到主、被动轮传动半径相等的位置，如图 5-16a 所示，从而使传动比 $i=1$。CVT ECU 还可根据变速器输出轴转速传感器信号（即车速传感器信号）对传动比进行反馈控制，通过调节电磁阀控制信号的占空比，修正传动半轮的位移量，使传动比精确控制在 CVT ECU 查寻确定的数值。

当 CVT ECU 根据各种传感器信号从传动比数据 MAP 中在查询确定的传动比 i 小于 1 时，CVT ECU 将控制主、被动轮的滑动半轮向左滑移，如图 5-16b 所示，使主动半轮之间的

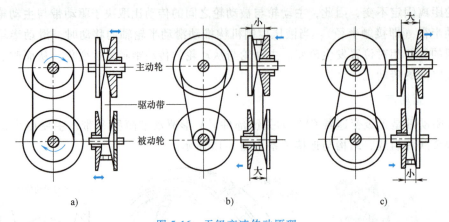

图 5-16　无级变速传动原理

a）传动比 $i=1$　b）传动比 $i=0.385$　c）传动比 $i=2.47$

距离减小、传动半径增大；同时也使被动半轮之间的距离增大、传动半径减小，从而使汽车行驶速度升高。在 CVT ECU 改变占空比大小控制电磁阀时，电磁阀电流连续变化，电磁阀控制液压伺服缸的压力也连续变化，使滑动半轮连续向左滑移，主动轮和被动轮的传动半径亦连续变化。当主动轮传动半径逐渐增大，因为主动轮轴（输入轴）轴线与被动轮轴（输出轴）轴线之间的距离固定不变，所以被动轮传动半径逐渐减小，使传动比逐渐减小。由于主、被动轮半径连续变化，因此，所形成的传动比也连续无级地减小，直到主动轮半径达到最大而从动轮半径达到最小为止，相当于汽车处于高档加速行驶。

同理可知，当 CVT ECU 根据各种传感器信号从传动比数据 MAP 中查寻确定的传动比 i 大于 1，CVT ECU 将控制主、被动轮的滑动半轮向右滑移，如图 5-16c 所示，使主动半轮之间的距离逐渐增大、传动半径逐渐减小；同时也使被动半轮之间的距离逐渐减小、传动半径逐渐增大，传动比也连续增大，从而使汽车行驶速度逐渐降低，直到主动轮半径达到最小而从动轮半径达到最大为止，相当于汽车处于低速行驶。

汽车起步时，主动轮的传动半径较小，变速器可以获得较大的传动比，保证驱动桥具有足够大的驱动转矩，从而保证汽车稳定起步。随着车速的增加，主动轮的传动半径逐渐增大，被动轮的传动半径逐渐减小，CVT 的传动比减小，汽车能够稳步加速行驶。

5.4.5　电控无级变速系统控制原理

汽车电控无级变速系统的控制内容主要有控制电磁离合器、带轮油压和传动比。传动比控制流程：传感器→CVT ECU→电磁阀→液压控制阀→滑动半轮位移→传动半径改变→传动比连续变化。

目前，确定电控无级变速器 CVT 传动比（即变速比或速比）的方法有两种，一种是由曲轴位置传感器提供的发动机转速信号（或主动带轮转速传感器信号）和反映发动机负荷大小的加速踏板位置信号（柴油机或汽油机）或节气门位置传感器信号（汽油机）、空调开关信号等决定；另一种是由主、被动轮转速信号和加速踏板位置信号决定。后者引入主、被动轮转速信号直接控制传动比。主、被动轮的滑动半轮分别进行控制，其控制方法更加灵活，控制原理如图 5-17 所示。

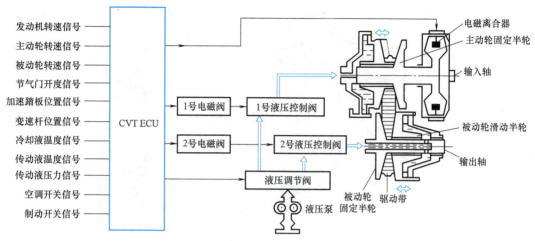

图 5-17　无级变速系统 CVT 的控制原理

在电控无级变速系统 CVT 中，传动比数据 MAP 预先试验测定并存储在 CVT ECU 的 ROM 之中。发动机起动后，CVT ECU 首先根据变速杆位置（一般 CVT 只设有 P、R、N、D 四个位置）信号判定是否控制变速。

当 CVT ECU 接收到变速杆 D 位和 R 位信号时，立即控制电磁离合器接合，然后根据各种传感器信号从传动比数据 MAP 中查寻确定传动比，再向电磁阀发出占空比控制指令，电磁阀控制液压控制阀动作，通过调节滑动半轮液压伺服缸的压力，改变滑动半轮移动的位移量，使主动带轮和被动带轮的传动半径改变，将传动比控制在最佳数值。

5.5　新能源汽车自动变速器简介

近年来，随着新能源汽车的发展，自动变速器研发、试验、生产等核心技术取得全面突破，并建立了完整的产业链条。AMT、AT、CVT、DCT 各类自动变速器，不同构型混动系统搭载的自动变速器，均实现了不同规模的产业化，我国自主品牌自动变速器技术水平和产品质量在逐步接近世界水准，正在进入市场成长阶段。以 DCT 为主、混动及专用变速器并行的多技术路线、多元化发展。传统自动变速器依旧保持多档化、高效化、轻量化发展方向，在附加功能方面趋向支持主动自适应巡航、自动起停、自动驻车等技术。

新能源汽车（包括纯电动汽车、混合动力汽车、燃料电池汽车等）的传动系统普遍采用单档变速器。单档变速器结构简单、成本低、传动效率高。单档变速器由两级齿轮传动组成，其中第二级齿轮传动集成差速器。并联混合动力汽车多采用现有自动变速器进行改造或使用电驱动桥，混联混合动力汽车多采用专用混动变速器。

总体来看，新能源汽车仍然需要变速器，近年来出现了两档变速器（图 5-18）、同轴变速器（图 5-19）、集成电子断开差速器的变速器（图 5-20）、集成双离合器式差速器的变速器（图 5-21）、两档

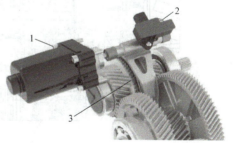

图 5-18　两档变速器

1—执行电机　2—档位传感器　3—同步换档机构

223

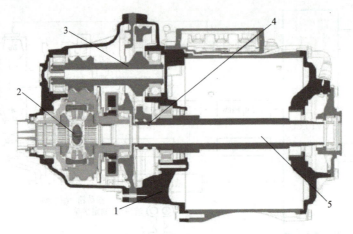

图 5-19 同轴变速器

1—减速器和电机轴承座一体 2—电子断开差速器（EDD） 3—一体式中间轴 4—转子轴和小齿轮一体 5—同轴设计

图 5-20 集成电子断开差速器的变速器

1—主减速从动齿轮（与左边壳体连接） 2—带犬牙离合器的差速器 3—凸轮环 4—右边壳体 5—传感器盘 6—螺线管

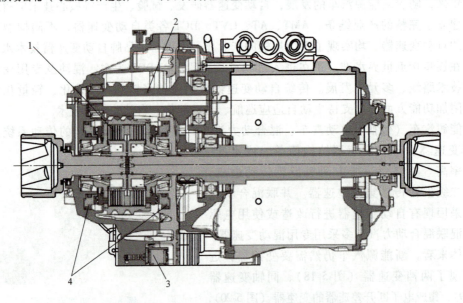

图 5-21 集成双离合器式差速器的变速器

1—左、右离合器 2—中间轴 3—阀体 4—左、右液压活塞

同轴集成双离合器式差速器的变速器（图 5-22）、电机控制器变速器三合一总成（图 5-23）、集成发动机、电动机、发电机的变速器（图 5-24）等新型变速器。

图 5-22　两档同轴集成双离合器式差速器的变速器

图 5-23　电机控制器变速器三合一总成

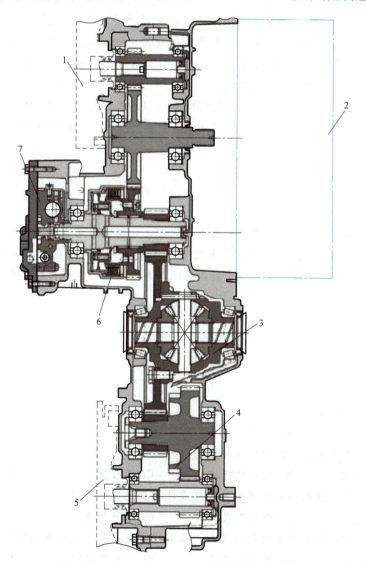

图 5-24　集成发动机、电动机、发电机的变速器

1—发电机　2—发动机　3—差速器　4—P 档齿轮　5—电动机　6—液压离合器　7—液压控制单元

拓展阅读 •

中国的先进自动变速器

自动变速器技术是限制中国自主品牌汽车发展的最大软肋和瓶颈。中国汽车工程学会于 2015 年 12 月组织北京航空航天大学、盛瑞传动股份有限公司（简称：盛瑞传动）、江铃汽车集团有限公司联合研发 8 档自动变速器，盛瑞传动公司不断提高科技创新能力，加快科技成果转化，成功研制了世界首款前置前驱 8AT 及起停、插电混动等系列化产品，抢占国际 AT 技术制高点，引领了行业自主创新。

2017 年 1 月 9 日上午在北京人民大会堂隆重举行"2016 年度国家科学技术奖励大会"，盛瑞传动"前置前驱 8 档自动变速器（8AT）研发及产业化"项目历经形式审查、网络评审、初评等环节，在科学技术进步奖 455 项通用项目中脱颖而出，荣获 2016 年度国家科技进步一等奖，是当年除高校院所之外，全国地方获得的唯一的一个一等奖，也成为新中国建立以来第一个获此殊荣的汽车零部件项目。

8AT 及其系列化产品的研发成功，使我国汽车自动变速器技术由 10 年前的空白，一举跃居世界前沿，推动了我国汽车工业正式迈进"8 速时代"，打破了国外长期以来的技术封锁和产品垄断。

 **本章小结** •

本章主要介绍了自动变速器的组成及工作原理，包括齿轮变速系统、液压控制系统、电子控制系统的结构与功能，重点介绍了电控自动变速系统的控制和电控无级变速技术。最后，结合新能源汽车的发展，还介绍了新能源汽车自动变速的发展历程、种类及常用自动变速器。

复习思考题 •

一、单项选择题

1. 电控自动变速系统是（ ）。

A. AT   B. ECT   C. CVT   D. MT

2. 自动变速器中安装在发动机飞轮端的部件是（ ）。

A. 液力变矩器   B. 换档执行机构   C. 离合器   D. 制动器

3. 以汽车获得最佳的燃油经济性为目标设计换档规律的是（ ）。

A. 经济模式   B. 动力模式   C. 雪地模式   D. 运动模式

4. 在装备电控自动变速系统的汽车上，控制液力变矩器锁止的电磁阀是（ ）。

A. 1 号电磁阀   B. 2 号电磁阀   C. 3 号电磁阀   D. 1、2 号电磁阀

5. 装备电控无级变速器的汽车在起步时，变速器主动轮的传动半径（ ）。

A. 较大　　　　　　　B. 最大　　　　　　　C. 较小　　　　　　　D. 不确定

二、多项选择题

1. 自动变速器的功用包括（　　　）。

A. 自动换档　　　　　　B. 失效保护　　　　　　C. 自动停车　　　　　　D. 故障自诊断

2. 自动变速器 ECU 主要根据哪些信号选择换档规律（　　　）。

A. 节气门开度信号　　　　　　　　　　　B. 车速信号

C. 变速杆位置信号　　　　　　　　　　　D. 驱动模式选择信号

3. ECT ECU 确定换档时机的信号包括（　　　）。

A. 节气门开度信号　　　　　　　　　　　B. 车速信号

C. 变速杆位置信号　　　　　　　　　　　D. 驱动模式选择信号

4. 自动变速器解除锁止的信号包括（　　　）。

A. 制动灯开关信号　　　　　　　　　　　B. 车速信号

C. 制动信号　　　　　　　　　　　　　　D. IDL 信号

5. 当液力变矩器的锁止离合器结合后，能达到（　　　）的效果。

A. 增大输出转矩　　　　　　　　　　　　B. 减少发动机功率损耗，提高传动效率

C. 增速降矩　　　　　　　　　　　　　　D. 降低自动变速器液的温度

三、判断题（对的画"√"，错的画"×"）

1. 液力变矩器靠机械摩擦来传递力矩，并可改变发动机转矩，实现无级变速。（　　　）

2. 无级变速器改变传动比的关键是带轮的有效直径可变。（　　　）

3. 太阳轮、齿圈和行星齿轮三者的旋转轴线是重合的。（　　　）

4. 自动档的车在发动机不工作时，不能用推车方式起动发动机。（　　　）

5. 自动变速器在 R 位时，也可以自动换档。（　　　）

四、简答题

电控无级变速器 CVT 具有哪些优点？

五、分析题

分析新能源汽车自动变速器具有什么特点。

第6章 汽车行驶安全性电子控制装置

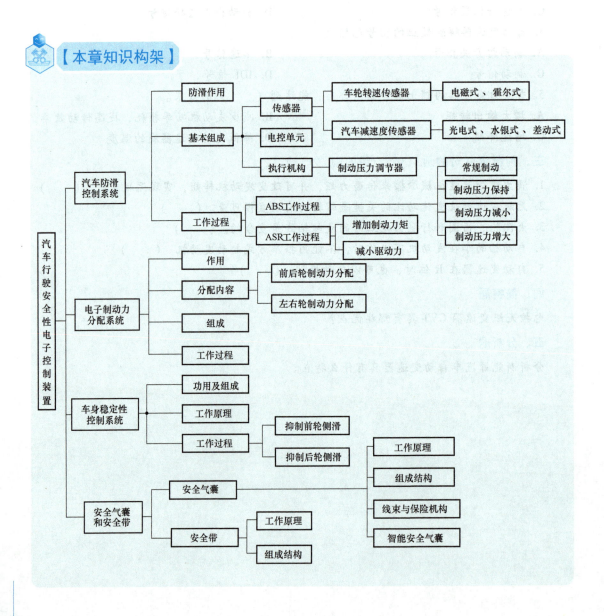

 【教学目标】

1. 了解汽车上的主动安全装置和被动安全装置。
2. 掌握汽车防抱制动控制系统的组成结构及工作原理。
3. 掌握汽车驱动防滑控制系统的控制原理和控制方法。
4. 了解汽车上的制动力分配控制系统和车身稳定性控制系统。
5. 掌握汽车安全气囊的控制原理。
6. 了解汽车安全带紧急收紧系统。
7. 建立安全意识，培养安全出行理念。

 【教学要求】

知识要点	能力要求	相关知识
汽车防滑控制系统	会分析汽车滑移和滑转的原因；掌握汽车防抱制动和驱动防滑转的控制原理	滑移率、ABS、ASR
制动力分配系统	掌握电子控制制动力分配系统的功能	EBD
车身稳定性控制系统	了解车身稳定性控制组成和工作原理	ESP
安全气囊	掌握安全气囊的工作原理；了解安全气囊的保险机构	组成、工作原理、线束与保险机构
安全带控制系统	了解安全带的功用；会正确使用安全带	工作过程

【导入案例】

汽车安全之父巴恩伊

"汽车安全之父"巴恩伊怀着对生命的关爱和对汽车设计的热爱之心，发明了2500余项专利，挽救了成千上万人的生命，许多安全设施直到今天仍然被设定为汽车安全的必备设施。

巴恩伊拥有丰富多彩的传奇人生。1907年3月1日，巴恩伊出生于奥地利最富有的家庭之一。在马车占据街道的时代，很多人还负担不起汽车，但还是孩童的巴恩伊就已经体验过了家族拥有的戴姆勒汽车，并逐渐爱上了这个如魔法般神奇的驾驶工具。然而，好运并没有一直眷顾他，十岁时，他的父亲不幸丧生，随之而来的经济大萧条更吞噬了家族所有的财富。因支付不起学费，他不得不离开学校。然而，巴恩伊并没有屈服于命运，只有17岁的他四处筹款，报名考入了维也纳机电工程技术学院工程技术专业。在这里，对汽车设计有着敏锐直觉的他初展才华。

1926年，巴恩伊以优异的成绩毕业，怀着深深的汽车情节和对设计的激情，他来到戴姆勒工厂面试，但经济大萧条使得当时的戴姆勒公司停止招聘，他梦想破灭了。在未来的四年里，他不得不靠临时撰稿、发表技术论文来维持生计。直到毕业10年以后，他才拥有了一份稳定的职业。

在他工作的三年里，他注册超过了 150 项专利。但他并没有忘记童年的梦想——那辆儿时最爱的戴姆勒汽车。于是他再次鼓起勇气，来到戴姆勒-奔驰公司面试——成功总是来自最后一次的坚持。这次他对戴姆勒-奔驰公司董事长威廉姆·哈斯佩尔没有拐弯抹角，直截了当地指出当时的设计部门正在做的一切都是错的，并以激情完美的演说，阐述了当时汽车品牌无法回避，甚至被认定为销售杀手的汽车安全理念。哈斯佩尔被这个年轻人的勇气打动，更折服于他的才华，他激动地对巴恩伊说："你可以到德芬辛根工厂，并且你发明的一切将直接转入专利部门。"就这样，巴恩伊正式加入戴姆勒-奔驰汽车公司，成为一名汽车工程师，并且开启了汽车安全时代的新篇章。

1951 年，巴恩伊怀着保护生命安全的心，发明了"吸能溃缩区"，并申请专利。他提出在汽车碰撞中，动能应该通过车体变形被转化吸收，以减少对车辆中乘员的伤害，而在此之前，汽车总是被设计得越坚硬越好。根据这个专利，采用安全车身设计的第一辆梅赛德斯-奔驰 W111 系列车型应运而生，并进行了世界上第一次"碰撞试验"。这一发明彻底改变了整个汽车行业对安全的理解和标准。此后，他并没有停止发明的脚步，可吸收冲击的溃缩式转向盘、由两部分组成的"安全驾驶杆"、隐藏式风窗玻璃刮水器，以及举世闻名的塔式车顶等 2500 多项专利皆出自他之手。

"汽车安全之父"的荣誉实至名归。1972 年巴恩伊退休，但他的发明与创造永久地改变了汽车安全历史，被世人永远铭记。这一年，他被授予了奥地利联邦首席教授头衔，巴登的城市亦赋予了他在科学领域拥有杰出成就的"文化奖"。而这一切皆源自对汽车设计的热爱与对生命安全保护的心。光阴如梭，韶光不再。但他的故事却一直激励着现在的梅赛德斯-奔驰的设计者们，不断从用户的角度出发，带着对生命的关爱，不断突破自我，以最完美的设计带来最佳的产品，行走在心之所向的路上，永不停息。心所向，驰以恒。

6.1 汽车防滑控制系统

6.1.1 防滑控制系统的产生

防滑控制已经成为汽车电子化发展的一个重要方面。防滑控制系统最初只是在制动过程中防止车轮抱死滑移，提高汽车在制动过程中的方向稳定性和转向操纵能力，缩短制动距离，所以被称为防抱制动系统（Anti-Lock Brake System，ABS）。随着对汽车性能要求的不断提高，防滑控制系统的功能进一步得到完善和扩展，不仅能够在制动过程中防止车轮抱死滑移，还能够在驱动过程中，特别是在起步、加速、转弯等过程中，防止驱动车轮发生滑转，使汽车在驱动过程中的方向稳定性、转向操纵能力和加速性能等也都得到提高。驱动过程中防止驱动车轮发生滑转的控制系统称为驱动防滑转系统（Acceleration Slip Regulation，ASR）。汽车防滑控制系统就是对防抱制动系统和驱动防滑转系统的统称。

汽车的行驶状态主要由轮胎与路面之间的纵向作用力和横向作用力决定，因此，驾驶人对汽车的控制实质上是控制车轮与路面之间的作用力。车轮与路面之间的作用力受到轮胎与

防滑控制
理论分析

路面之间附着力的限制，如汽车的加速和减速运动主要受车轮纵向附着力的限制，汽车的转向运动和抵抗外界横向力作用的能力则主要受车轮横向附着力的限制。在硬实的路面上，轮胎与路面之间的附着力就是轮胎与路面之间的摩擦力，取决于其间的垂直载荷和附着系数，其关系为

$$F_\varphi = G\varphi \tag{6-1}$$

式中　F_φ——轮胎与路面之间的附着力，单位为 N；

　　　G——轮胎与路面之间的垂直载荷，单位为 N；

　　　φ——轮胎与路面之间的附着系数。

在汽车的实际行驶过程中，轮胎与路面之间的垂直载荷和附着系数会随许多因素而变化，因此，轮胎与路面之间的附着力实际上是经常变化的。在影响附着力的诸多因素中，车轮滑动率有非常重要的影响，特别是在湿滑路面上其影响更为明显。

1. 车轮滑动率对附着系数的影响

车轮滑动率表征汽车行驶过程中车轮转动滑动成分所占的比例。车轮在路面上的纵向运动可以分为两种形式——滚动和滑动，车轮相对于路面的滑动又可区分为滑转和滑移两种形式。

地面附着力与
ABS控制

（1）汽车驱动过程滑转率　汽车在驱动过程中，驱动车轮可能相对于路面发生滑转，滑转成分在车轮纵向运动中所占的比例可由正滑动率来表征，车轮的正滑动率也可称为滑转率，即

$$S_A = \frac{(r\omega - v)}{r\omega} \times 100\% \tag{6-2}$$

式中　S_A——车轮的滑转率；

　　　r——车轮的自由滚动半径，单位为 m；

　　　ω——车轮的转动角速度，单位为 rad/s；

　　　v——车轮中心的纵向速度，单位为 m/s。

当车轮在路面上自由滚动时，车轮中心的纵向速度完全是由于车轮滚动产生的，此时，$v = r\omega$，因此，滑转率 $S_A = 0$；当车轮在路面上完全滑转时，车轮中心的纵向速度 $v = 0$，因此，滑转率 $S_A = 100\%$；当车轮在路面上一边滚动一边滑转时，$r\omega > v$，因此，$0 < S_A < 100\%$，在车轮转动中，滑转所占的比例越大，车轮滑转率 S_A 的数值也就越大。

（2）制动过程滑移率　汽车在制动过程中，车轮可能相对于路面发生滑移，滑移成分在车轮纵向运动中所占的比例可以由负滑动率来表征，负滑动率也可称为滑移率，即

$$S_B = \frac{(r\omega - v)}{v} \times 100\% \tag{6-3}$$

式中　S_B——车轮的负滑动率，也可称为滑移率；

　　　r——车轮的自由滚动半径，单位为 m；

　　　ω——车轮的转动角速度，单位为 rad/s；

　　　v——车轮中心的纵向速度，单位为 m/s。

当车轮在路面上自由滚动时，车轮中心的纵向速度完全是由于车轮滚动产生的，此时，$v = r\omega$，滑移率 $S_B = 0$；当车轮被制动到完全抱死在路面上进行纯粹地滑移时，车轮中心的纵向速度则完全是由于车轮滑移产生的，此时 $\omega = 0$，因此，滑动率 $S_B = -100\%$；当车轮在路

面上一边滚动一边滑移时，车轮的中心纵向速度的一部分是由于车轮滚动产生的，另一部分则是由于车轮滑移产生的，此时 $r\omega < v$，因此，$-100\% < S_B < 0$，车轮中心纵向速度中，车轮滑移所占的成分越多，滑移率 S_B 的数值就越大。

（3）滑动率与附着系数的关系　通过试验发现，汽车驱动和制动时的附着系数与滑动率的关系曲线如图 6-1 所示，选取汽车在制动时的负滑动率分析滑移率与汽车纵向和横向附着系数之间的关系，可以得到图 6-2。

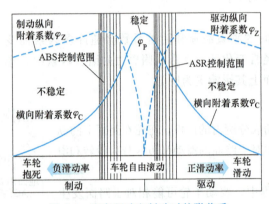

图 6-1　汽车驱动和制动时的附着系数与滑动率的关系曲线

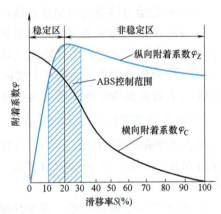

图 6-2　干燥硬实路面上附着系数与滑移率的关系

从图 6-1 和图 6-2 可以看出：车轮在路面上自由滚动时，其间的横向附着系数 φ_C 最大，随着车轮滑动率 S 数值的增大，横向附着系数会迅速减小，当轮胎在路面上完全滑动时（$|S| = 100\%$），轮胎的横向附着系数几乎减小到零，轮胎与路面之间的横向附着力也就接近于零，车轮将完全丧失抵抗外界横向力的能力，此时，如果车轮上存在外界横向力的作用（如汽车重力的横向分力、路面不平整产生的横向力、横向风力等），车轮将会发生横向滑移。

当车轮的滑动率处于峰值附着系数 φ_C 的附近范围内时，横向附着系数约为最大横向附着系数的 50%～75%。如果将车轮的滑动率控制在这一范围内时，车轮的纵向附着系数最大，车轮的横向附着系数也较大，最大的纵向附着系数可使汽车获得制动和驱动所需的纵向附着力最大，而较大的横向附着系数可使汽车获得转向或防止汽车横向滑移所需的横向附着力较大。

当车轮滑动率数值 $|S|$ 处于 10%～30% 的范围内时，轮胎与路面间的纵向附着系数 φ_Z 有其最大值，称为峰值附着系数 φ_P，横向附着系数较大，在该范围内，汽车制动和驱动性能最好，且行驶稳定性较好。

汽车防滑控制系统就是控制汽车滑动率在理想范围内浮动，以提高汽车的制动性能、驱动性能和操纵稳定性能。

2. 防滑控制系统的作用

为使汽车获得较大的纵向和横向附着力，现代汽车已经广泛地装备了防滑控制系统，其作用就是使汽车能够自动地将车轮控制在纵向和横向附着系数都很大的滑动率范围内，从而提高汽车的行驶性能。

控制车轮的滑动率是通过控制作用于车轮上的力矩（制动力矩或驱动力矩）来实现的，

即控制作用于车轮上的力矩与车轮所能获得的最大纵向附着力相适应。

车轮所能获得的纵向附着力取决于轮胎与路面间的垂直载荷和附着系数，这两个方面又会受到许多因素的影响，其中的一些因素在汽车的实际行驶过程中又是随机变化的。如附着系数除了受到车轮滑动率的影响外，还要受到轮胎结构、轮胎表面花纹、轮胎胎压、路面种类、路面状况、车轮偏转角、汽车行驶速度等因素的影响。而垂直载荷除了受汽车的实际装载质量及静态分布情况影响外，各车轮的垂直载荷在汽车行驶过程中还会发生动态变化。例如，汽车上坡时，前轮的垂直载荷会减小，而后轮的垂直载荷会增大，汽车下坡时相反；汽车转弯时，内侧车轮的垂直载荷会减小，而外侧车轮的垂直载荷会增大；汽车加速时，前轮的垂直载荷会减小，而后轮的垂直载荷会增大，汽车减速时则相反。此外，空气的作用和路面干扰引起的车轮跳动也会使车轮的垂直载荷发生变化。

由于车轮附着力受到诸多随机因素的影响，因此车轮的附着力实际上是一个随机变量。所以，为了控制车轮的滑动率，就要对作用于车轮上的力矩进行实时的自适应调节，即要求防滑控制系统具有足够快的反应速度和足够高的调节精度。

防抱制动系统是在制动过程中通过调节制动轮缸（或制动气室）的制动压力，使作用于车轮的制动力矩受到控制，而将车轮的滑动率控制在较为理想的范围之内。驱动防滑转控制系统是在驱动过程中通过调节发动机的输出转矩、传动系统的传动比、差速器的锁紧系数等控制作用于驱动车轮的驱动力矩，以及通过调节驱动车轮制动轮缸（或制动气室）的制动压力控制作用于驱动车轮的制动力矩，实现对驱动车轮牵引力矩的控制，将驱动车轮的滑动率控制在较为理想的范围之内。

6.1.2　防滑控制系统的控制

汽车防抱制动系统

汽车防滑控制系统包括防抱制动系统（ABS）和驱动防滑转系统（ASR），防抱制动系统在制动过程中防止车轮发生制动抱死。驱动防滑转系统在驱动过程中防止驱动车轮发生滑转，其作用都是将被控制车轮的滑动率控制在相应的范围内，使被控制车轮获得尽可能大的纵向附着力和较大的横向附着力。

1. ABS 的基本组成

ABS 的组成包括车轮转速传感器、制动压力调节器、ECU 和 ABS 警示装置等，在不同的 ABS 中，制动压力调节器的结构形式和工作原理往往不同，ECU 的内部结构和控制逻辑也不尽相同。

在图 6-3 所示的 ABS 中，每个车轮上安置一个转速传感器，将关于各车轮转速的信号输入 ECU。ECU 根据各个车轮转速传感器输入的信号对各个车轮的运动状态进行监测和判定，并形成相应的控制指令。制动压力调节

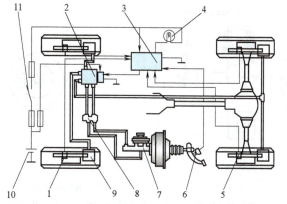

ABS的基本组成

图 6-3　典型 ABS 的组成

1—前轮转速传感器　2—制动压力调节装置　3—ABS ECU
4—ABS 警告灯　5—后轮转速传感器　6—停车灯开关
7—制动主缸　8—比例分配阀　9—制动轮缸
10—蓄电池　11—点火开关

器是由调压电磁阀总成、电动泵总成和储液器等组成的一个独立的整体，通过制动管路与制动主缸和各制动轮缸相连，制动压力调节器受 ECU 的控制，对各制动轮缸的制动压力进行调节。

2. ABS 的工作过程

在常规制动时，ABS 不介入工作。当紧急制动时，ABS 的工作过程可能会出现制动压力保持、制动压力减小和制动压力增大三个调整阶段。

在常规制动阶段，调压电磁阀总成中的各进液电磁阀（常开型）均不通电而处于开启状态，各出液电磁阀（常闭型）均不通电而处于关闭状态，电动泵也不通电不运转，制动主缸至各制动轮缸的制动管路均处于连通状态，而各制动轮缸至储液器的制动管路均处于关闭状态，各制动轮缸的制动压力将随制动主缸输出压力的变化而变化，如图 6-4a 所示。

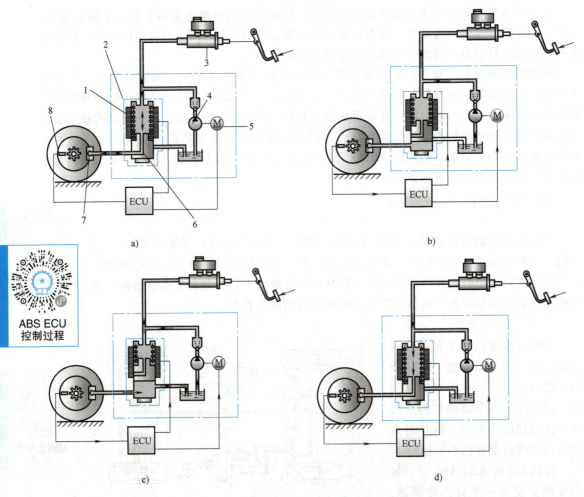

图 6-4　ABS 的工作过程

a）常规制动阶段　b）制动压力保持阶段　c）制动压力减小阶段　d）制动压力增大阶段

1—线圈　2—电磁阀　3—主缸　4—液压泵　5—电动机　6—柱塞　7—轮缸　8—车轮转速传感器

在制动过程中，ECU 根据车轮转速传感器输入的车轮转速信号判定有车轮趋于抱死时，ABS 就进入防抱制动压力调节过程。例如，ECU 判定右前轮趋于抱死时，ECU 就控制右前轮制动压力的进液电磁阀通电，使右前进液电磁阀转入关闭状态，制动主缸输出的制动液不

再进入右前制动轮缸，此时，右前出液电磁阀仍未通电而处于关闭状态，右前制动轮缸中的制动液也不会流出，右前制动轮缸的制动压力就保持一定，而其他未趋于抱死车轮的制动压力仍会随制动主缸输出压力的增大而增大，如图 6-4b 所示。

如果在右前制动轮缸的制动压力保持一定时，ECU 判定右前轮仍然处于抱死，ECU 就使右前出液电磁阀也通电而转入开启状态，右前制动轮缸中的部分制动液就会经过处于开启状态的出液电磁阀流回储液器，使右前制动轮缸的制动压力迅速减小，右前轮的抱死趋势将开始消除，如图 6-4c 所示。

随着右前制动轮缸制动压力的减小，右前轮会在汽车惯性力的作用下逐渐加速，当 ECU 根据车轮转速传感器输入的信号判定右前轮的抱死趋势已经完全消除时，ECU 就使右前进液电磁阀和出液电磁阀都断电，使进液电磁阀转入开启状态，使出液电磁阀转入关闭状态，同时也使电动泵通电运转，向制动轮缸泵送制动液，由制动主缸输出的制动液和电动泵泵送的制动液都经过处于开启状态的右前进液电磁阀进入右前制动轮缸，使右前制动轮缸的制动压力迅速增大，右前轮又开始减速转动，如图 6-4d 所示。

ABS 通过使趋于抱死车轮的制动压力循环往复地进行保持—减小—增大过程，而将趋于抱死车轮的滑动率控制在峰值附着系数滑动率的附近范围内，直至汽车速度减小到很低或者制动主缸的输出压力不再使车轮趋于抱死时为止，制动压力调节循环的频率可达 3~20Hz。在图 6-4 所示的 ABS 中对应于每一个制动轮缸各有一个进液和出液电磁阀，可由 ECU 分别进行控制，因此，各制动轮缸的制动压力能够被独立地调节，从而使四个车轮都不发生制动抱死现象。

3. ABS 的工作特点

尽管各种 ABS 的结构形式和工作过程不完全相同，但都是通过对趋于抱死车轮的制动压力进行自适应调节，来防止被控制车轮制动发生抱死，各种汽车 ABS 都具有以下特点：

1）ABS 只是在汽车的速度超过一定值以后，才会对制动过程中趋于抱死的车轮进行防抱制动压力调节。当汽车速度被制动降低到一定大小时，ABS 就会自动地终止防抱制动压力调节，此后，装备 ABS 的汽车制动过程将与常规制动系统的制动过程相同，车轮仍然可能被制动抱死。这是因为在汽车速度很低时，车轮制动抱死对汽车的制动性能和稳定性能的影响已经很小，而且要使汽车尽快制动停车，就必须使车轮制动抱死。

2）在制动过程中，若非紧急制动，车轮滑移率未超过设定值，则制动过程与常规制动系统的制动过程完全相同。

3）ABS 都具有自诊断功能，能够对系统的工作情况进行监测，一旦发现存在影响系统正常工作的故障将自动关闭 ABS，并将 ABS 警告灯点亮，向驾驶人发出警示信号，汽车的制动系统仍然可以像常规制动系统一样进行制动。

综上所述，ABS 具有以下优点：

1）增加了汽车制动时的稳定性。资料表明，有 ABS 的车辆，可使因车轮侧滑引起的事故比例下降 8% 左右。

2）缩短制动距离。这是因为在同样紧急制动的情况下，ABS 可以将滑动率控制在峰值附着系数滑动率附近的范围内，从而可获得最大的纵向制动力。

3）改善轮胎的磨损。车轮抱死会加剧轮胎磨损，而且使轮胎胎面磨耗不均匀。经测

定，在汽车的使用寿命内，将紧急制动时车轮抱死造成的轮胎磨损而引起的花费进行累加，已超过一套防抱制动系统的造价。因此，装用 ABS 具有一定的经济效益。

4）使用方便，工作可靠。ABS 的使用与普通制动系统几乎没有区别，制动时只要把脚踏在制动踏板上，ABS 就会根据情况自动进入工作状态。如遇雨雪路滑，驾驶人也没有必要用一连串的点制动方式进行制动，ABS 会使制动状况保持在最佳点。

4. ASR 的基本组成

ASR 是在 ABS 的基础上发展起来的。图 6-5 所示的是一种较为典型的具有防抱制动和驱动防滑转功能的 ABS/ASR 防滑控制系统。其中的 ASR 与 ABS 共用车轮转速传感器和 ECU，在通往驱动车轮制动轮缸的制动管路中增设一个 ASR 制动压力调节器，在由加速踏板控制的主节气门上方增设一个由步进电动机控制的副节气门，并在主、副节气门处各设置一个节气门开度传感器。

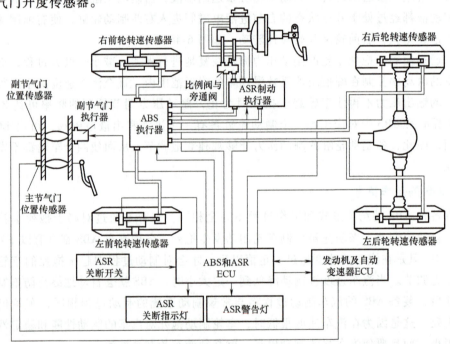

图 6-5　典型 ABS/ASR 系统的组成

汽车驱动轮防滑转控制系统

5. 驱动轮防滑转的控制方法

防止驱动轮滑转的控制方法主要有：控制发动机的输出转矩、控制驱动轮的制动力以及控制差速器的锁止程度三种。这些控制方法的最终目的都是将驱动轮的滑转率控制在最佳滑转率范围内。

（1）控制发动机的输出转矩　通过调节发动机的输出转矩来调节驱动轮的驱动力是实现防滑转调节的方法之一。这种控制方法能够保证发动机输出转矩与地面提供的驱动转矩相匹配，因此可以改善燃油经济性，减少轮胎磨损，使汽车具有良好的行驶稳定性和乘坐舒适性；对于前轮驱动的汽车，能够得到良好的转向操作性。在装备电控燃油喷射系统（EFI）的汽车上，普遍采用了这种控制发动机输出转矩的方法来实现防滑转调节。

控制发动机输出转矩的方法有：控制点火时间、控制燃油供给量、控制节气门开度等。

1）控制点火时间。由内燃机原理可知：减小汽油机的点火提前角或切断个别气缸的点火电流，均可降低发动机的输出转矩。

在汽车行驶过程中，防滑转调节电控单元（ASR ECU）根据车轮转速传感器和车速传感器信号即可计算驱动轮滑转率的大小，通过减小点火提前角即可微量降低发动机的输出转矩。当驱动轮滑转率较大，推迟点火时刻不能达到控制滑转率的目的时，则可中断个别气缸点火进一步降低发动机输出转矩，从而减小滑转率。

在中断个别气缸点火时，为了防止排放增加和三元催化转化器过热，中断点火必须同时中断燃油喷射。恢复点火时，点火时刻应缓慢提前，保证发动机输出转矩平稳增加。

2）控制燃油供给量。短时间中断供油也可调节发动机的输出转矩，响应速度没有减小点火提前角迅速。这种控制方法适用于电控汽油机或电控柴油机汽车，通过调节汽油机或柴油机的供油量即可调节发动机的输出转矩。

3）控制节气门开度。当今电控发动机汽车普遍采用了这种控制方法。控制节气门开度可以控制进入气缸的进气量，能够显著改变发动机的输出转矩。

为了便于调节发动机的输出转矩，有的汽车（如丰田车系）发动机设置有副节气门及其配套的副节气门位置传感器和副节气门位置调节器。副节气门也安装在节气门体上，与主节气门串联安装，在 ASR 不起作用时处于全开状态。副节气门位置传感器用于检测副节气门的位置信号，结构原理与主节气门位置传感器相同。

副节气门位置调节器一般采用步进电动机，与扇形齿轮配合对发动机副节气门的位置进行调节，称为副节气门位置调节步进电动机，其安装在发动机节气门体旁边。当调节发动机输出转矩时，ASR ECU 首先向发动机 ECU 发送一个副节气门位置调节步进电动机即将动作使副节气门开度减小的指令，通知发动机 ECU 进气量需要选择主节气门和副节气门中开度较小者进行计算。然后，ASR ECU 控制副节气门位置调节步进电动机通电而步进转动，电动机轴一端的驱动齿轮便驱动副节气门轴上的扇形齿轮转动，使副节气门开度减小，减少发动机的进气量，使其输出转矩减小。因为副节气门与主节气门为串联关系，所以，即使主节气门开度不变，发动机的进气量也会因副节气门开度减小而减少，使发动机输出转矩和驱动轮的驱动力减小。

（2）控制驱动轮的制动力　控制驱动轮的制动力实际上是利用差速器的差速作用（效能）来获得较大的驱动力，控制方法如图 6-6 所示。

右侧驱动轮处于高附着系数 φ_H 路面上，能够产生的驱动力为 F_H，左侧驱动轮处于低附着系数 φ_L 路面上，能够产生的驱动力为 F_L。根据差速器转矩等量分配特性，此时汽车的驱动力只取决于低附着系数路面上的驱动力 F_L。尽管右侧驱动轮能够产生的驱动力为 F_H，但是其获得的驱动力只能与左侧驱动轮能够产生的驱动力 F_L 相等，即两只驱动轮能够获得的驱动力为 $F_{tL} = F_H + F_L = 2F_L$。为了阻止低附着系数路面上行驶的左侧驱动轮产生滑转，对其施加一个制动力 F_B，通过差速器的差速作用，在右侧驱动轮上也会产生作用力 $F_B(F_H = F_L + F_B)$，此时两只驱动轮能够

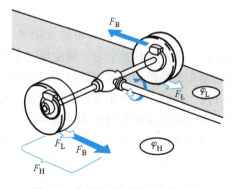

图 6-6　作用在驱动轮上的制动力

获得的驱动力就为 $F_{tH} = F_H + F_L = 2F_L + F_B$，即驱动力增大了制动力 F_B 值，发动机的输出转矩就可按增大后的驱动力进行调节。

控制驱动轮制动力是保持最佳滑转率且响应速度较快的控制方法，一般作为仅采用控制节气门开度来调节发动机输出转矩的补充控制。

驱动轮制动力控制又称为电子差速锁（Electronic Differential Lock，EDL）控制，大众轿车采用了这种控制方法。EDL 利用 ABS 的传感器来检测驱动轮的转速，根据左、右驱动轮的转速差进行控制。当车速达到 80km/h 左右时，若一侧车轮的路面比较光滑（附着系数低），导致左、右驱动轮之间产生的转速差约 100r/min 时，防抱制动与电子差速锁电控单元（ABS/EDL ECU）就会通过对打滑车轮施加制动力，将大部分驱动力传递给另一侧车轮，使两侧车轮的转速达到平衡，从而增大两驱动轮的总驱动力，便于汽车起步、加速和爬坡。

（3）控制差速器的锁止程度　控制差速器的锁止程度必须采用防滑转差速器进行控制。防滑转差速器是一种由 ECU 控制的可锁止差速器，控制原理如图 6-7 所示。

在防滑转差速器向车轮输出驱动力的输出端设置有一个离合器。调节作用在离合器片上的油液压力，即可调节差速器的锁止程度。油压逐渐降低时，差速器锁止程度逐渐减小，传递给驱动轮的驱动力就逐渐减小；反之油压升高时，驱动力将逐渐增大。油液压力来自储压器的高压油液，压力大小由防滑转调节系统的 ECU 通过控制电磁阀使压力"升高""保持""降低"进行调节，并由压力传感器和驱动轮上的车轮转速传感器反馈给 ASR ECU，从而实现反馈控制。通过调节防滑转差速器的锁止程度，即可调节传递给驱动轮的驱动力。汽车在各种附着系数

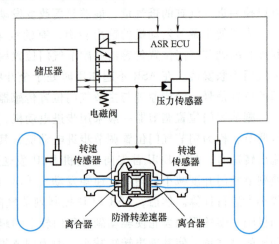

图 6-7　防滑转差速器锁止控制

不同的路面上起步和行驶时，都具有较好的稳定性和通过性。

在汽车实际装备的 ASR 中，为了充分发挥电控系统的控制功能并有效地防止驱动轮滑转，一般都将不同的控制方法组合在一起进行控制。常用的组合方式有：组合控制发动机的输出转矩和驱动轮的制动力、组合控制发动机的输出转矩和控制差速器的锁止程度。

6. ASR 的工作原理

图 6-4 所示 ABS/ASR 中的 ASR 在汽车驱动过程中，ABS/ASR ECU 根据各车轮转速传感器产生的车轮转速信号，确定驱动车轮的滑动率和汽车的参考速度。当 ABS/ASR ECU 判定驱动车轮的滑动率超过设定的限值时，就驱动副节气门的步进电动机转动，减小副节气门的开度，此时，即使主节气门的开度不变，发动机的进气量也会因副节气门开度的减小而减少。如果驱动车轮的滑动率仍未降低到设定的控制范围内，ABS/ASR ECU 又会控制 ASR 制动压力调节器，对驱动车轮施加一定的制动压力，就会有制动力矩作用于驱动车轮。

ABS/ASR 制动压力调节器如图 6-8 所示，主要包括制动供能装置和电磁控制阀总成两部分，制动供能装置主要由电动泵和储能器组成，电磁阀总成中有 3 个二位二通电磁阀。

当 ABS/ASR ECU 判定需要对驱动车轮施加制动力矩时，ABS/ASR ECU 就使 ASR 制动压力调节器中的 3 个二位二通电磁阀都通电，电磁阀Ⅲ16 将制动主缸至后制动轮缸的制动管路封闭，电磁阀Ⅱ13 将储能器 4 至 ABS 制动压力调节器 10 的制动管路沟通，电磁阀Ⅰ8 将 ABS 制动压力调节器 10 至储液室的制动管路沟通。储能器 4 中具有一定压力的制动液就会经过处于开启状态的电磁阀Ⅱ13、电磁阀Ⅳ12 和电磁阀Ⅴ17 进入两后制动轮缸，驱动车轮的制动力矩随着制动轮缸制动压力的增大而增大。

当 ABS/ASR ECU 判定需要保持两驱动车轮的制动力矩时，ABS/ASR ECU 就使制动压力调节器中的两个三位三通电磁阀Ⅳ12 和电磁阀Ⅴ17 的电磁线圈中通过较小的电流，使电磁阀Ⅳ12 和电磁阀Ⅴ17 都处于

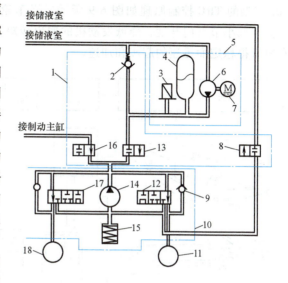

图 6-8　ABS/ASR 制动压力调节器

1—ASR 电磁阀总成　2、9—单向阀　3—压力开关　4—储能器　5—制动供能装置　6—泵　7—电动机　8—电磁阀Ⅰ　10—ABS 制动压力调节器　11—左后驱动车轮　12—电磁阀Ⅳ　13—电磁阀Ⅱ　14—回油泵　15—储液器　16—电磁阀Ⅲ　17—电磁阀Ⅴ　18—右后驱动车轮

中间位置，将两后制动轮缸的进、出液管路都封闭，两后制动轮缸的制动压力就保持一定。

当 ABS/ASR ECU 判定需要减小两驱动车轮的制动力矩时，就使电磁阀Ⅳ12 和Ⅴ17 的电磁线圈中都通过较大的电流，使电磁阀Ⅳ12 和Ⅴ17 分别将两后制动轮缸的进液管路封闭，而将两后制动轮缸的出液管路接通，两后制动轮缸中的制动液就会经电磁阀Ⅳ12、电磁阀Ⅴ17 和电磁阀Ⅰ8 流回制动主缸储液室，两后制动轮缸的制动压力就会减小。

在 ASR 制动压力调节过程中，ABS/ASR ECU 根据车轮转速传感器输入的车轮转速信号，对驱动车轮的运动状态进行连续监测，通过控制电磁阀Ⅳ12 和电磁阀Ⅴ17 的通电情况，使后制动轮缸的制动压力循环往复地进行增大—保持—减小，从而将驱动车轮的滑动率控制在设定的理想范围内。如果 ABS/ASR ECU 判定需要对两驱动车轮的制动力矩进行不同的控制时，ABS/ASR ECU 就对电磁阀Ⅳ12 和Ⅴ17 分别进行控制，使两后制动轮缸的制动压力各自独立地调节。

当 ABS/ASR ECU 判定无须对驱动车轮实施防滑转控制时，ABS/ASR ECU 使各个电磁阀均不再通电，各电磁阀恢复到如图 6-8 中所示的初始状态，后制动轮缸中的制动液可经电磁阀Ⅳ12 和电磁阀Ⅴ17 流回制动主缸，驱动车轮的制动力矩将完全消除，在解除驱动车轮制动的同时，ABS/ASR ECU 还控制步进电动机转动，将副节气门完全开启。

驱动防滑控制系统在不同的车型上叫法不一样，有的称为 TCS（驱动力控制系统），有的称为 TRC（牵引力控制系统），其功能一样，工作原理类似。以丰田系列 LS400 车型的 TRC 为例，说明其工作原理。

LS400 车型的 TRC 控制原理如图 6-9 所示，当车轮开始空转时，TRC 一方面制动驱动轮，另一方面调小节气门开度，降低发动机的输出转矩，使传递到路面的转矩减至一个适当值，使车辆获得稳定而迅速的起步和加速。

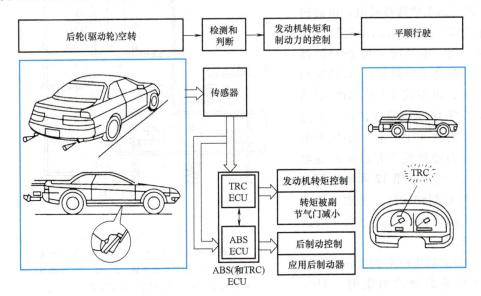

图 6-9　TRC 的控制原理

7. ASR 工作特点

目前，在各种车型上装备的 ASR 系统的具体结构和工作过程不尽相同，但在如下几个方面却是相同的。

1) ASR 可以由驾驶人通过 ASR 选择开关对其是否进入工作状态进行选择，在 ASR 进行防滑转调节时，ASR 工作指示灯会自动点亮，如果通过 ASR 选择开关将 ASR 关闭，则 ASR 关闭指示灯会自动点亮。

2) ASR 处于关闭状态时，副节气门将自动处于全开位置；ASR 制动压力调节器不会影响制动系统的正常工作。

3) 如果 ASR 处于防滑转调节过程，驾驶人踩下制动踏板进行制动时，ASR 将会自动退出防滑转调节，不影响制动过程的进行。

4) ASR 通常在一定的车速范围内才能进行防滑转调节，而当车速达到一定值以上（如 80km/h，因车型而定），ASR 将会自动退出防滑转调节过程。

5) ASR 在其工作车速范围内通常具有不同的优先选择性，在车速较低时以提高牵引力作为优先选择。此时，对两驱动车轮施加的制动力矩可以不同，即对两后制动轮缸的制动压力分别进行调节。而在车速较高时则以提高行驶方向稳定性为优先选择，此时，对两驱动车轮施加的制动力矩将是相同的，即对两后制动轮缸的制动压力一同进行调节。

6) ASR 都具有自诊断功能，一旦发现存在影响系统正常工作的故障时，ASR 将会自动关闭，并向驾驶人发出警示信号。

8. ABS 与 ASR 的比较

(1) ABS 和 ASR 的相同点　ABS 和 ASR 都可以通过控制作用于被控车轮的力矩，将

车轮的滑动率控制在设定的理想范围之内，从而缩短汽车的制动距离或提高汽车的加速性能，改善汽车的行驶安全性和操纵稳定性。

ABS 和 ASR 都要求系统具有快速反应能力，以适应车轮附着力的变化；都要求控制偏差尽可能达到最小，以免引起汽车及传动系统的振动；都要求尽量减少调节过程中的能量消耗。

(2) **ABS 和 ASR 的不同点** ABS 对驱动和非驱动车轮都可进行控制，而 ASR 只对驱动车轮进行控制；在 ABS 控制期间，离合器通常都处于分离状态（指装备手动变速器的汽车），而在 ASR 控制期间，离合器则处于接合状态，发动机的惯性会对 ASR 控制产生较大的影响；在 ABS 控制期间，汽车传动系统的振动较小，由此对 ABS 控制产生的影响也较小，而在 ASR 控制期间，很容易使传动系统产生较大的振动，由此对 ASR 控制产生的影响也很大；在 ABS 控制期间，各车轮之间的相互影响不大，而在 ASR 控制期间，差速器的作用会使驱动车轮之间产生较大的相互影响；ABS 只是一个反应时间近似一定的制动控制单环系统，而 ASR 却是由反应时间不同的制动控制和发动机控制等组成的多环系统。

9. 防滑控制通道

防滑控制系统中能够独立进行制动压力调节的制动管路称为控制通道。如果某车轮的制动压力可以进行单独调节，则称这种控制方式为独立控制；如果对两个或两个以上车轮的制动压力是一同进行调节的，则称这种控制方式为一同控制。在对两个车轮的制动压力进行一同控制时，如果以保证附着力较大的车轮不发生制动抱死或驱动滑转为原则进行制动压力调节，则称这种控制方式为按高选原则一同控制；如果以保证附着力较小的车轮不发生制动抱死或驱动滑转为原则进行制动压力调节，则称这种控制方式为按低选原则一同控制。

一般说来，如果能在汽车 4 个车轮上独立地进行压力调节控制，意味着汽车有可能 4 个车轮都能发挥出地面上最大的附着能力。按照 ABS 通道数目和传感器数目的多少可以对 ABS 控制系统进行分类。

按照传感器数目不同，ABS 可以分为四传感器（4S）、三传感器（3S）、两传感器（2S）和单传感器（1S）等几种系统。按照通道数目不同，也可将 ABS 分为四通道式、三通道式、二通道式和单通道式等。

四传感器四通道（四轮独立）控制系统如图 6-10a 所示，该系统是通过各车轮转速传感器的信号分别对各车轮制动压力进行单独控制。其制动距离和转向控制性能好，但在附着系数不对称路面上制动时，由于汽车左右侧车轮地面制动力差异较大，因此形成较大的偏转力矩，从而导致汽车在制动时的方向稳定性较差。

四传感器四通道（前轮独立、后轮选择）控制系统如图 6-10b 所示，该系统适用于 X

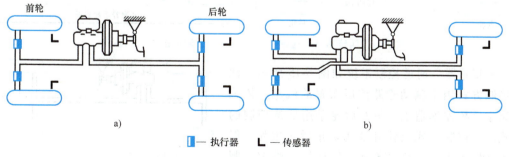

前轮　　　　　　　　后轮

a)　　　　　　　　　　　　b)

▌— 执行器　　┗ — 传感器

图 6-10　四传感器四通道控制系统

型制动管路系统，由于左右后轮不共用一条制动管路，故对它们实施同时控制（一般为低选控制）需采用两个通道。此种控制方式的操纵性和稳定性较好，制动效能稍差。

四传感器三通道（前轮独立、后轮选择）控制系统如图 6-11 所示，使用在制动管路前后布置的后轮驱动的汽车上，后轮一般采用低选控制，其控制效果是操纵性和稳定性较好，制动效能稍差。

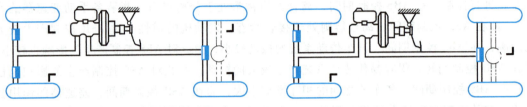

图 6-11　四传感器三通道控制系统　　　　图 6-12　三传感器三通道控制系统

三传感器三通道（前轮独立、后轮选择）控制系统如图 6-12 所示，四传感器二通道（前轮独立）控制系统如图 6-13 所示，与三通道和四通道控制系统相比较，其后轮制动力稍有降低，制动效能稍有下降，但后轮侧滑较小。

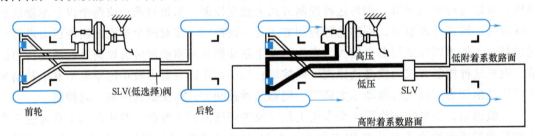

图 6-13　四传感器二通道（前轮独立）控制系统

四传感器二通道（前轮独立、后轮低选）控制系统如图 6-14 所示，在通往后轮的两通道上增设一个低选择阀（SLV）。当汽车在不对称路面制动时，高附着系数一侧前轮的高压不直接传至低附着系数侧对角后轮，而通过低选择阀只上升到与低附着系数侧前轮相同的压力，这样就可以避免低附着系数侧后轮抱死。

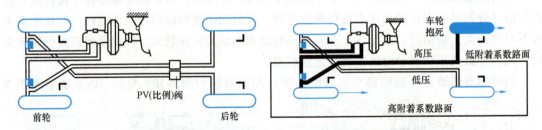

图 6-14　四传感器二通道（前轮独立、后轮低选）控制系统

一传感器一通道控制系统如图 6-15 所示，此种控制方式用于制动管路前后布置的汽车。传感器装于后桥差速器上，只对后轮采用低选控制的方式。该控制方式能较有效地防止后轮抱死，但由于前轮无控制，故易抱死，转向操纵性差，制

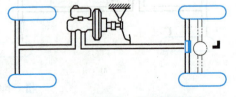

图 6-15　一传感器一通道控制系统

动距离较长。

在各种轿车制动系统上采用不同类型的 ABS 可以产生不同的使用效果，综合性能比较可以参见表 6-1。

表 6-1　不同类型 ABS 所产生的不同使用效果

系统名称	传感器数	通道数	适用制动回路类型	控制方法	特点
4S4M	4	4	HH	四轮独立控制	四轮均可充分利用地面附着力，但在对分路面或左右轮载荷差别较大制动时，汽车方向稳定性不好，较少采用
			X	前轮独立控制、后轮低选控制	制动效能稍差，但汽车方向稳定性较好
4S3M	4	3	X 或 HH	前轮独立控制、后轮选择控制	占总附着力 80% 的两前轮独立控制，两后轮按低选同时控制，是大多数汽车采用的形式之一
3S3M	3	3	HH	前轮独立、后轮近似选择控制	
4S2M	4	2	X	前轮独立、后轮选择控制	在各种复杂路面上难以使方向稳定性、制动距离和转向操纵能力得到兼顾，较少采用
2S2M	2	2	X	前轮独立、后轮对角前轮控制	
1S1M	1	1	HH	前轮无控制、后轮近似选择控制	后轴车轮按低选原则控制，可改善汽车的方向稳定性

装备于后轮驱动汽车的 ASR，为了使汽车在低速驱动时获得尽可能大的驱动力，在高速驱动时获得良好的方向稳定性，各种 ASR 通常在汽车速度较低时对两驱动车轮进行独立控制或按高选原则一同控制，而在汽车速度较高时对两驱动车轮按低选原则一同控制。汽车在低速范围内，尽管两驱动车轮进行独立控制或按高选原则一同控制会造成两驱动车轮驱动不平衡，但驱动力不平衡对汽车行驶方向稳定性的影响不大，且能够充分地利用两驱动车轮的附着力而产生尽可能大的驱动力（特别是独立控制时），使汽车的起步加速性能明显提高，而在高速范围内，由于两驱动车轮按低选原则一同控制，因此，两驱动车轮的驱动力处于平衡，从而提高了汽车的行驶方向稳定性，特别是当汽车处于附着系数分离的路面上时其效果更为显著。

装备于前轮驱动汽车的 ASR，对两驱动车轮进行独立控制，既可增大驱动力，提高汽车的加速性能，又可保证汽车的转向操纵能力，且对汽车的方向稳定性影响不大。

装备于四轮驱动汽车的 ASR，对两前轮进行独立控制，保证两前轮具有较高抵抗外界横向力的能力，提高了汽车的转向操纵能力，同时也可以充分利用两前轮的附着力，获得更大的驱动力。在汽车速度较低时，对两后轮进行独立控制或按高选原则一同控制，则可以充分地利用两后轮的附着力，获得更大的牵引力，提高汽车的加速性能；在汽车速度较高时，对两后轮按低选原则一同控制，能保证两后轮具有较高抵抗外界横向力的能力，使汽车在高速行驶时具有良好的方向稳定性。

6.1.3　防滑控制系统主要组成部件的结构及工作原理

1. 车轮转速传感器

车轮转速传感器的作用是检测车轮的速度，并将速度信号输入防滑控制系统的 ECU。目前，用于防滑控制系统的转速传感器主要有电磁感应式和霍尔式两种。

(1) 电磁感应式车轮转速传感器　电磁感应式车轮转速传感器是一种通过磁通量的变化产生感应电动势的装置，主要由传感头和齿圈两部分组成，安装位置如图 6-16 所示。齿圈一般安装在轮毂或轴座上，对于后轮驱动且后轮采用一同控制的汽车，齿圈也可安装在差速器或传动轴上，随车轮或传动轴一起转动。传感头通过固定在车身上的支架安装在齿圈附近，传感头与齿圈间的间隙约为 1mm。传感头必须安装牢固，以保证汽车制动过程中的振动不干扰传感信号。

传感头的结构及工作原理如图 6-17 所示，它由永久磁铁 5、极轴 2 和感应线圈 4 等组成。极轴 2 同永久磁铁 5 相连，感应线圈 4 套在极轴 2 的外面。极轴 2 头部结构有凿式和柱式两种。齿圈 1 旋转时，齿顶和齿隙交替对向极轴 2。当齿顶对向极轴 2 时，磁路的间隙最小，因此磁阻也最小，通过感应线圈 4 的磁通量最大；当齿隙对向极轴 2 时，磁路的磁隙最大，磁阻也最大，通过感应线圈的磁通量最小。所以在齿圈 1 旋转过程中，感应线圈 4 内部的磁通量交替变化从而产

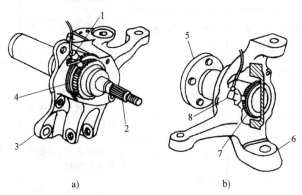

图 6-16　车轮转速传感器的安装位置
a) 驱动车轮　b) 非驱动车轮
1、8—传感头　2—半轴　3—悬架支承　4—齿圈
5—轮毂　6—转向节　7—齿圈

生感应电动势，此信号通过感应线圈 4 末端的电缆输入防滑控制系统的 ECU。当齿圈的转速发生变化时，感应电动势的频率也随之变化，如图 6-17c 所示。防滑控制系统 ECU 即通过检测感应电动势的频率来检测车轮转速。

电磁感应式车轮转速传感器结构简单、成本低，但存在以下缺点：①输出信号的幅值随转速的变化而变化，在规定转速范围内，其输出信号的幅值一般在 1~15V 范围内变化，若车速过慢，其输出信号低于 1V，ECU 就无法检测；②响应频率不高，当转速过高时，传感器的频率响应跟不上，容易产生误信号；③抗电磁波干扰能力差，尤其是其输出信号幅值较小时。在汽车这个电磁波干扰源很多的特定条件下，抗干扰能力尤为重要。

目前，国内外防滑控制系统的控制速度范围一般为 15~160km/h，今后要求控制速度范围扩大到 8~240km/h，甚至更大，显然电磁感应式车轮转速传感器将很难适应。因此，霍尔式车轮转速传感器在防滑控制系统中应用越来越广泛。

(2) 霍尔式车轮转速传感器　霍尔式车轮转速传感器也是由传感头和齿圈组成。传感头由永久磁铁、霍尔元件和电子电路等组成。如图 6-18 所示，永久磁铁的磁力线穿过霍尔元件通向齿圈，齿圈相当于一个集磁器。

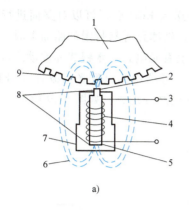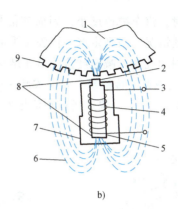

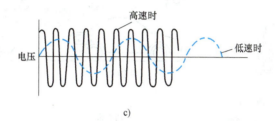

图 6-17　电磁感应式车轮转速传感器的工作原理

a）齿隙与极轴端部相对时　b）齿顶与极轴端部相对时　c）传感器输出电压

1—齿圈　2—极轴　3—感应线圈引线　4—感应线圈　5—永久磁铁　6—磁力线　7—电磁感应式
传感器　8—磁极　9—齿圈齿顶

当齿圈位于图 6-18a 所示位置时，穿过霍尔元件的磁力线分散，磁场相对较弱；而当齿圈位于图 6-18b 所示位置时，穿过霍尔元件的磁力线集中，磁场相对较强。齿圈转动时，使得穿过霍尔元件的磁力线密度发生变化，因而引起霍尔电压的变化，霍尔元件将输出一个毫伏（mV）级的准正弦波电压，然后再由电子电路转换成标准的脉冲电压。

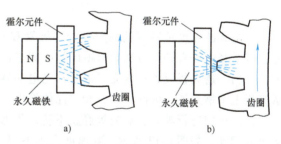

图 6-18　霍尔式车轮转速传感器示意图

a）磁场相对较弱　b）磁场相对较强

霍尔式车轮转速传感器具有以下优点：

1）输出信号电压幅值不受转速的影响。在 12V 的汽车电源电压条件下，其输出信号电压保持在 11.5~12V 不变，即使车速下降接近于零也不影响。

2）频率响应高。其响应频率高达 20kHz，用于防滑控制系统时，完全满足车速的要求。

3）抗电磁波干扰能力强。由于其输出信号电压不随转速的变化而变化，且幅值高，故具有很强的抗电磁波干扰能力。

2. 汽车减速度传感器

目前，在一些汽车上，还装有汽车减速度传感器，又称 G 传感器。其作用是在汽车制动时，获得汽车减速度信号。汽车在高附着系数路面上制动时，汽车减速度大，在低附着系

数路面上制动时，汽车减速度小，因而该信号送入 ECU 后，可以对路面进行区别，判断路面附着系数高低情况。当判定汽车行驶在雪地、结冰路等易打滑的路面上时，采取相应控制措施，以提高制动性能。减速度传感器在结构上有光电式、水银式和差动式等几种形式。

（1）**光电式减速度传感器**　光电式减速度传感器由两只发光二极管（LED）、两只光电晶体管（1 号和 2 号）、一块透光板和信号处理电路等组成，如图 6-19 所示。

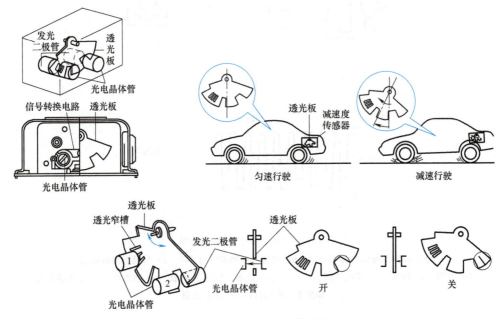

图 6-19　光电式减速度传感器

光电式减速度传感器是利用发光二极管和光电晶体管构成的光电耦合器的光电转换效应，以沿径向开有若干条透光窄槽的偏心圆盘作为透光板，制成的随减速度大小而改变电量的传感器。透光板设置在发光二极管和光电晶体管之间，由发光二极管发出的光束可以通过透光板上窄槽到达光电晶体管，光电晶体管上便会出现感应电流。

当汽车匀速行驶时，透光板静止不动，传感器无信号输出。当汽车减速时，透光板沿汽车纵向摆动，如图 6-19 所示，减速度大小不同，透光板摆动角度就不同，两只光电晶体管"导通"与"截止"状态也就不同。减速度越大，透光板摆动角度越大。根据两只光电晶体管的输出信号，就可将汽车减速度区分为四个等级，见表 6-2。ABS ECU 接收到传感器信号后，就可判定出路面状况，从而采取相应的控制措施。

表 6-2　减速度速率的等级

减速度速率等级	低减速率 1	低减速率 2	中等减速率	高减速率
1 号晶体管	导通	截止	截止	导通
2 号晶体管	导通	导通	截止	截止

（2）**水银式减速度传感器**　水银式减速度传感器利用具有导电能力的水银作为工作介质。在传感器内设有通往导线两极柱的玻璃管，玻璃管中装有水银体，在静止或匀速状态时，由于水银的导电作用，传感器的电路处于导通状态，当汽车制动强度达到一定值后，在减速惯性力的作用下，水银体脱离导线极柱，传感器电路断电（图 6-20）。这种开关信号可

用于指示汽车制动的减速度界限。

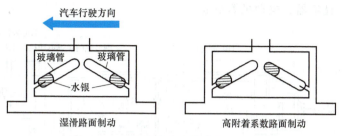

图 6-20　水银式减速度传感器工作原理

（3）差动式减速度传感器　差动式减速度传感器利用电磁感应原理工作。传感器由固定的线圈和可移动的铁心构成，铁心在制动减速惯性力的作用下沿线圈轴向移动，可导致传感器电路中感应电量的连续变化（图6-21），从而指示减速度的大小。

3. 压力调节系统组成结构

压力调节系统由液压调节器和常规制动装置的制动主缸、制动轮缸、制动助力器、制动管路等组成。液压调节器由电磁阀、储液器、电动机与回液泵组成。电磁阀是液压调节器的关键部件，通过电磁阀动作可控制制动压力"升高""保持"和"降低"。ABS

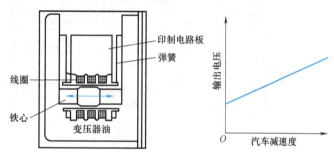

图 6-21　差动式减速度传感器工作原理

常用的电磁阀有两位两通电磁阀和三位三通电磁阀，不同防滑控制系统液压调节器不尽相同。

图6-22为MK-Ⅰ型ABS液压控制系统原理图，主要由8个两位两通电磁阀，以及储液器、电动机、回液泵等组成。

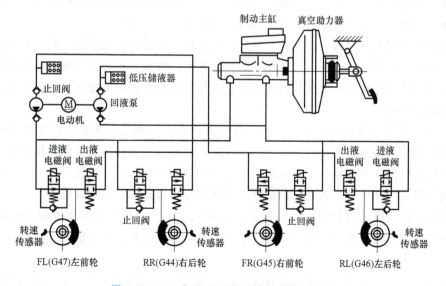

图 6-22　MK-Ⅰ型 ABS 液压控制系统原理图

图 6-23 所示为丰田汽车 ABS/TRC 控制系统组成原理图，主要由 4 个三位三通电磁阀、蓄能器、回液泵、储液器、电动机等组成。

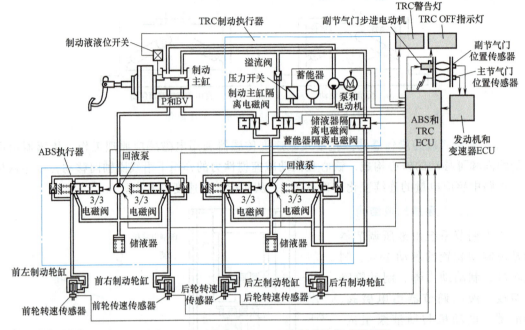

图 6-23　丰田汽车 ABS/TRC 控制系统组成原理图

（1）**两位两通电磁阀组成结构**　MK29-Ⅰ型 ABS 的液压调节器，在通向每一个制动轮缸的管路中，都设有一个进液电磁阀和一个出液电磁阀，4 只进液电磁阀为常开电磁阀，4 只出液电磁阀为常闭电磁阀。

两位两通常开电磁阀与常闭电磁阀的基本结构相同，如图 6-24 所示，主要由电磁铁机构、球阀、回位弹簧、顶杆、限压阀和阀体等组成。在电磁线圈未通电时，常开电磁阀的球阀与阀座处于分离状态，常闭电磁阀的球阀与阀座处于接触状态。

在常开电磁阀中，设有一根顶杆，顶杆、限位杆、活动铁心固定在一起，回位弹簧一端压在活动铁心上，另一端压在与阀体相连的弹簧座上。限压阀的功用是限制电磁阀的最高压力。当制动液压力过高时，限压阀打开泄压，以免压力过高损坏电磁阀。两位两通常闭电磁阀一般不设限压阀。

（2）**两位两通电磁阀的工作原理**　两位两通常开与常闭电磁阀的工作原理相同，下面以常开电磁阀为例说明其工作过程。当电磁线圈未通电时，在回位弹簧弹力作用下，活动铁心带动顶杆和限位杆下移复位，直到限位杆与缓冲垫圈相抵为止。顶杆下移时，球阀随之下移，使电磁阀阀门处于开启状态，制动液从进液口经球阀阀门、出液口流出。

当电磁线圈有电流流过时，活动铁心产生电磁吸力，压缩回位弹簧并带动顶杆一起上移，顶杆将球阀压在阀座上，电磁阀阀门处于关闭状态，进液口与出液口之间的制动液通道关闭。

由上可见，该电磁阀是根据电磁线圈通电和断电，使球阀处于开启和关闭两个位置或两种状态，同时又有进液口与出液口两条通路，因此称为两位两通（二位二通）电磁阀。若

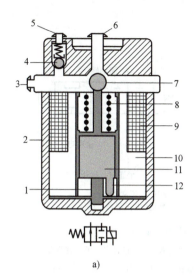
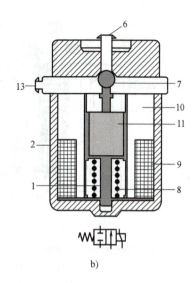

图 6-24 两位两通电磁阀的基本结构

a）常开电磁阀 b）常闭电磁阀

1—顶杆 2—壳体 3—出液口（通轮缸） 4—限压阀 5—回液口 6—出液口（通主缸） 7—球阀
8—回位弹簧 9—电磁线圈 10—阀体 11—活动铁心 12—限位杆 13—进液口（通轮缸）

球阀在电磁线圈未通电时处于开启状态，则称为两位两通常开电磁阀；若电磁线圈未通电时，球阀处于关闭状态，那就称为两位两通常闭电磁阀。ABS 在工作时，电磁阀与油泵的工作状态见表 6-3。

表 6-3 电磁阀与油泵的工作状态

工作状况		常开阀（增压）	常闭阀（减压）	回液泵
常规制动		断电	断电	不转
ABS 工作	减压	通电	通电	旋转
	保压	通电	断电	旋转
	增压	断电	断电	旋转

这种调压方式目前在 BOSCH ABS5.3 和 TEVES MK20 （桑塔纳 2000 时代超人）均得到广泛应用。

（3）三位三通电磁阀组成结构 三位三通电磁阀的组成结构如图 6-25 所示，它主要由阀体、进油阀、卸荷阀、检测阀、移动架、托盘、主弹簧、副弹簧、无磁支撑环、电磁线圈和油管接头组成。

移动架 6 在无磁支撑环 3 的导向下可沿轴向做微小的运动（约 0.25mm），由此可以打开卸荷阀 4 并将进油阀 5 关闭。主弹簧 13 与副弹簧 12 相对设置且主弹簧刚度大于副弹簧。

检测阀 8 与进油阀 5 并联设置，在解除制动时，该阀打开，增大轮缸至主缸的回油通道，以使轮缸压力得以迅速下降，即使在主弹簧断裂或移动架 6 被卡死的情况下，也能使车轮制动器的制动得以解除。

（4）三位三通电磁阀工作原理 当电磁线圈 7 无电流通过时，由于主弹簧力大于副弹簧力，进油阀 5 被打开，卸荷阀 4 关闭，制动主缸与轮缸的油路接通，此状态既可以是常规

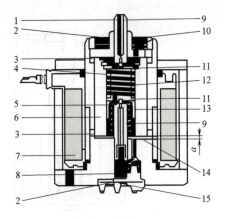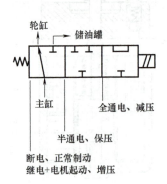

图 6-25　三位三通电磁阀结构及原理

1—回油管接口　2—滤网　3—无磁支撑环　4—卸荷阀　5—进油阀　6—移动架
7—电磁线圈　8—检测阀　9—阀体　10—轮缸接口　11—托盘　12—副弹簧
13—主弹簧　14—凹槽台阶　15—主缸接口　a—阀芯工作气隙

制动，也可以是 ABS 增压。

当 ECU 向电磁线圈 7 半通电时，电磁力使移动架 6 向下运动一定距离，将进油阀 5 关闭。由于此时的电磁力尚不足以克服两个弹簧的弹力，移动架 6 被保持在中间位置，卸荷阀 4 仍处于关闭状态，即三个阀孔相互封闭，ABS 处于保压状态。

当 ECU 向电磁线圈 7 输入大电流时，所产生的大电磁力足以克服主、副两弹簧的弹力，使移动架 6 继续向下运动，将卸荷阀 4 打开，从而轮缸通过卸荷阀 4 与回油管相通，ABS 处于减压状态。

表 6-4 列出了各电磁阀与 ABS 工作状态之间的关系。

表 6-4　电磁阀与 ABS 工作状态之间的关系

工作状态	电路状态	系统状态
正常制动	断电	制动主缸与轮缸相通
保压	小电流（半通电）	制动轮缸与主缸、储液器的通路截止
减压	大电流（全通电）	轮缸与储液器相通
增压	电磁阀断电	油泵起动，主缸与轮缸相通

（5）储液器与电动回液泵的结构原理　储液器分为低压储液器和高压储液器两种，分别与不同形式的液压调节器配合。低压储液器主要用于储存 ABS 减压过程中从制动轮缸流回的制动液，同时衰减回流制动液的压力波动。高压储液器通常称为蓄压器，用于储存制动时所需的高压制动液。高压储液器大多为黑色气囊，它是制动系统的能源，故又称为蓄能器。

电动回液泵由永磁式直流电动机与柱塞泵组成，简称电动泵或回液泵。电动机根据 ABS ECU 的控制指令，通过其轴上的凸轮驱动柱塞泵的柱塞在泵套内上下运动，如图 6-26 所示。低压储液器内设有活塞和弹簧。

在 ABS 工作过程中，当需要制动压力降低时，液压调节器的出液电磁阀打开，具有一定压力的制动液就会从制动轮缸经液压调节器的出液电磁阀流入储液器和柱塞泵。与此同

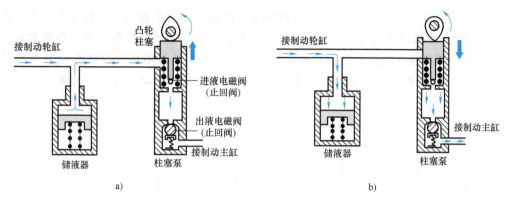

图 6-26　低压储液器与柱塞泵

a）柱塞上行时储液　b）柱塞下行时回液

时，ABS 的 ECU 控制电动机转动，驱动柱塞泵上下运动。

当凸轮驱动柱塞上升时，柱塞泵的进液电磁阀打开，泵腔内制动液压力降低，出液电磁阀在弹簧弹力作用下关闭，制动轮缸和储液器内的制动液流入柱塞泵泵腔，如图 6-26 所示。

当柱塞下行时，泵腔内制动液压力升高，克服出液电磁阀弹簧弹力将出液阀打开，制动液压入制动主缸，如图 6-26b 所示。制动轮缸的制动液则流入储液器，并推动储液器活塞向下移动，使储液容积增大，暂时储存制动液，减小回流制动液的压力波动。因为电动机与柱塞泵的主要功用是将制动液泵回制动主缸，所以称为电动回液泵。

4. ECU

ABS/ASR 的 ECU 接收设于各车轮上的轮速传感器传来的转速信号，经过电路对信号的整形、放大和 ECU 的比较、分析、判别处理，向执行器发出控制指令。一般来说，ECU 还具有初始检测、故障排除、速度传感器检测和系统失效保护等功能。图 6-27 显示了 ABS ECU 在系统中的作用。

（1）组成　ECU 由硬件和软件两部分组成，前者由设置在印制电路板上的一系列电子元器件（微处理器）和线路构成，封装在金属壳体中，利用多针接口（如 TEVES MKII 采用 32 针接口），通过线束与传感器和执行器相连，为保证 ECU 可靠工作，一般将其安置在尘土和潮气不易侵入、电磁波干扰较小的乘员舱、行李舱或发动机舱罩内的隔离室中；软件则是固存在只读存储器（ROM）中的一系列计算机程序。ECU 的主要输入和输出信号如图 6-28 所示。

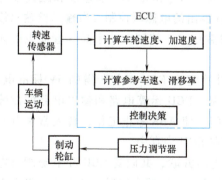

图 6-27　ABS 的 ECU 在系统中的作用

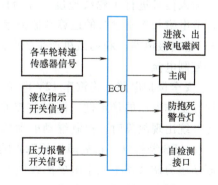

图 6-28　ECU 的主要输入和输出信号

（2）内部结构　ABS ECU 的内部结构如图 6-29 所示。为确保系统工作安全可靠，在许多 ABS 的 ECU 中采用了两套完全相同的微处理器，一套用于系统控制，另一套则起监测作用，它们以相同的程序执行运算，一旦监测用 ECU 发现其计算结果与控制用 ECU 所算结果不相符，则 ECU 立即让制动系统退出 ABS 控制，只维持常规制动。这种"冗余"的方法可保证系统更加安全。

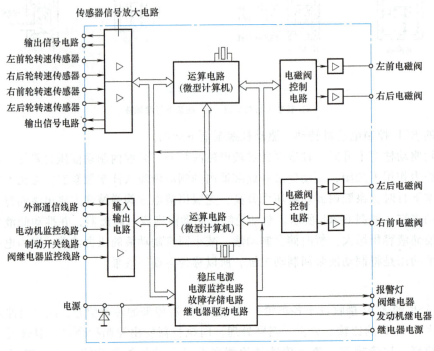

图 6-29　ABS ECU 的内部结构

ECU 的内部电路结构主要包括以下几方面：

1）输入级电路。以完成波形转换整形（低通滤波器）、抑制干扰和放大信号（输入放大器）为目的，将车轮转速传感器输入的正弦波信号转换成脉冲方波，经过整形放大后，输给运算电路。输入级电路的通道数视 ABS 所设置的传感器数目而定，常见的有三通道和四通道。

2）运算电路（微型计算机）。根据输入信号运算电磁阀控制参数。主要根据车轮转速传感器输入信号进行车轮线速度、开始控制的初速度、参考滑动率、加速度和减速度等运算，调节电磁阀控制参数的运算和监控运算，并将计算出的电磁阀控制参数输送给输出级。

3）输出级电路。利用微机产生的电磁阀控制参数信号，控制大功率晶体管向电磁阀线圈提供控制电流。

4）安全保护电路。将汽车 12V 电源电压改变并稳定为 ECU 工作所需的 5V 标准电压，监控这种工作电压的稳定性。同时监控输入放大电路、ECU 运算电路和输出电路的故障信号。当系统出现故障时，控制继动电动机和继动阀门，使 ABS 停止工作，转入常规制动状态，点亮 ABS 警告灯，将故障以故障码的形式存储在 ECU 内存中。

制动压力调节器中三个电磁阀线圈与一个监测电阻并联，共同受 ECU 和电磁阀继电器控制。点火开关未接通时，电磁阀继电器线圈中无电流，继电器常闭触点使电磁阀继电器线

圈搭铁，ABS 不工作。接通点火开关后，在短时间内，ECU 仍不向电磁阀继电器线圈供电，此时，ABS 警告灯经维修插接器、电磁阀继电器常闭触点搭铁而点亮，ECU 对系统自检。若系统无故障，则 ECU 向电磁阀继电器线圈供电，常闭触点断开，常开触点闭合，电磁阀线圈经常开触点与电源相连，此后，电磁阀的状态完全由 ECU 控制。

监测电阻用来检测电磁阀线圈的故障，当线圈出现故障时，电阻两端的电压发生变化，通过 AST 端子将此故障信息输入 ECU，同时切断压力调节器电路，ABS 退出工作。

6.2　电子制动力分配系统

缩短制动距离的前提条件是汽车具有足够的制动器制动力，同时地面又能提供较大的附着力。制动距离长短不仅与制动力大小有关，还与各车轮制动力的分配有关，这就需要电子制动力分配系统来协调。

6.2.1　电子制动力分配系统功用

电子制动力分配系统（Electronic Brake-force Distribution，EBD），其功用是根据汽车载重量、道路附着条件和制动强度等因素的变化，自动调节各车轮制动力的分配比例，提高制动效能，并配合 ABS 提高制动稳定性。

汽车制动时，如果 4 个轮胎附着地面的条件不同，如左侧轮附着在湿滑路面，而右侧轮附着于干燥路面，4 个车轮与地面的附着力不同，在制动时若 4 个车轮制动力相同，则会出现制动力不足，制动距离变长或打滑、倾斜和侧翻等现象。

EBD 系统就可以在汽车制动的瞬间，高速计算出每个车轮由于地面附着情况不同而产生的附着力，然后调节制动装置，使其按照设定的程序调节制动力和附着力匹配，以保证车辆的平稳和安全，如图 6-30 所示。

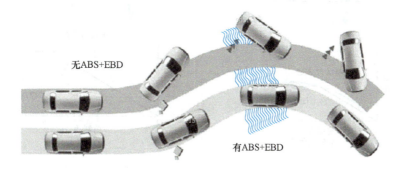

无ABS+EBD

有ABS+EBD

图 6-30　ABS+EBD 的功效

EBD 系统实际上是 ABS 的辅助功能，它可以提高 ABS 的功效，所以在安全指标上，汽车的性能又多了"ABS+EBD"。

6.2.2　电子制动力分配系统的组成

汽车在已经装备了 ABS 的基础上，一般无须增加任何硬件，只需在 ECU 中增设制动力分配软件程序，通过 ABS 的减速度传感器或车轮转速传感器提供的车轮转速变化率信号检

测信息，通过 ECU 控制制动压力调节器进行制动压力调节，实现电子制动力分配，图 6-31 为新森雅 S80 四通道 ABS+EBD 系统。

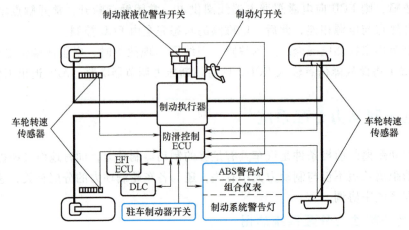

图 6-31　新森雅 S80 四通道 ABS+EBD 系统

6.2.3　制动力分配控制

1. 控制内容

（1）前后轮制动力分配　因前后轮荷重不同，所需的制动力不同，在车辆后部无负荷时，适当增大车辆前轮的制动力，如图 6-32 所示，车辆后部的负荷重量加大时，就要加大后轮的制动力。

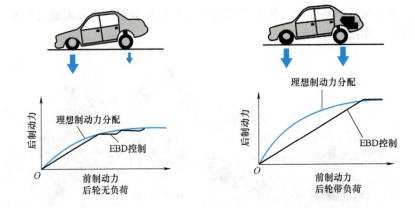

图 6-32　前后轮制动力分配示意图

（2）左、右轮制动力分配　转弯时车辆重心外移，为减少外侧车轮侧滑（图 6-33），制动时 EBD 对外侧车轮施加较大的制动力。

2. 控制过程

装备 EBD 的汽车制动系统，在汽车不同制动减速度时的制动力数据由预先试验测得，并以制动力数据 MAP

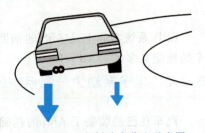

图 6-33　左右制动力分配示意图

形式存储在 ROM 中。当汽车制动时，ABS/EBD ECU 首先根据制动减速度信号，从 ROM 存储的制动力数据 MAP 中查询得到前、后车轮制动力的分配数值，然后向 ABS 的制动压力调节器（电磁阀）发出"升压""保压"或"减压"控制指令，从而实现每个车轮制动力的最佳分配。

ABS+EBD 系统会兼顾制动稳定性和最短制动距离，并优先考虑制动稳定进行制动力分配。

当 EBD 分配给车轮的制动力大于轮胎附着力时，车轮会抱死滑移，此时 ABS 就会投入工作，通过调节减小车轮的制动力将滑移率控制在 10%～30% 之间，从而提高制动性能。当汽车在弯道制动时，整车轴荷外移，内侧车轮轴荷减小，外侧车轮轴荷增大，因此，内侧车轮附着力减小，外侧车轮也需要增大制动力来充分利用其附着力。为此，增设一只转向角度传感器（也可与车身稳定性控制系统共用），用其检测转向盘的转向方向与转动角速度，ABS+EBD ECU 即可分配给外侧车轮较大的制动力和内侧车轮较小的制动力，从而保证汽车弯道稳定行驶，如图 6-34 所示。

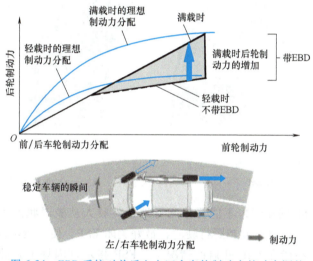

图 6-34　EBD 系统对前后左右四个车轮制动力的动态调整

6.3　车身稳定性控制系统

车身稳定性控制系统是汽车电控的一个标志性发明。不同的研发机构对这一系统的命名不尽相同，如博世、梅赛德-奔驰公司称之为电子控制稳定性程序（Electronic Controlled Stability Program，ESP），丰田公司称之为车身稳定性控制系统（Vehicle Stability Control System，VSC），宝马公司称为车身动态稳定性控制系统（Dynamic Stability Control System，DSC）。尽管名称不尽相同，但都是在传统的汽车动力学控制系统，如 ABS/ASR 的基础上，增加横向稳定控制器，通过控制横向和纵向力的分布和幅度，控制在任何路况下汽车各种工况的动力性能。本书中无特别说明时，统一采用 ESP 表示车身稳定性控制系统。

车身稳定性
控制系统

车身稳定性控制系统是在 ABS 和 ASR 的基础上拓展而来的主动安全控制系统。

6.3.1　车身稳定性控制系统功用

车身稳定性控制系统利用控制单元与制动系统及发动机系统相连，随时监测车身的动态状况，当出现打滑现象时，系统自动介入加速与制动的操作，控制发动机的功率输出，并适时对适当的车轮施加制动，以利用有附着力的轮胎，使车辆稳定减速，修正车辆的姿态，使其稳定行驶在本来的行驶路线上，保证车辆安全。

车身稳定性控制系统能使车辆在紧急换道或转弯时不甩尾，在对开路面加速时不跑偏，调整车辆的转向不足和转向过度；实时监控驾驶人的操控动作、路面反应、汽车运动状态，并不断向发动机和制动系统发出指令；当驾驶人操作不当或路面异常时，ESP 会用警告灯警示驾驶人并修正误操作调整车身姿态。是否装有 ESP 系统的车辆转向过度和转向不足的情况如图 6-35 和图 6-36 所示。

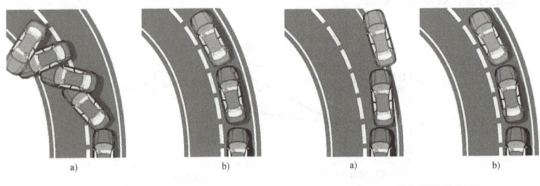

图 6-35　转向过度的情况　　　　　　图 6-36　转向不足的情况
a）无 ESP　b）有 ESP　　　　　　　　　a）无 ESP　b）有 ESP

需要注意，有 ESP 的车辆也不能百分之百地帮驾驶人从极限状态下摆脱失控，所以日常驾驶还需谨慎。在沙石路面或越野行驶时，最好关闭 ESP，使车辆反应更快更敏捷，在冰雪湿滑路面要开启。一般在 ESP 开启的情况下，ESP 指示灯闪烁不是故障报警，而是正在工作。

6.3.2　车身稳定性控制系统的组成

为了提高汽车行驶的安全性和稳定性，国产一汽马自达 6、天津一汽丰田皇冠 3.0、锐智等高档轿车都采用了车身稳定性控制系统，车身稳定性控制系统也是由传感器、ECU 和执行器组成，如图 6-37 所示。图 6-38 所示为丰田系列轿车车身稳定性控制系统（VSC）的组成部件及安装位置。

VSC 系统的大部分元件与 ABS/ASR 系统共用。该系统也装有 VSC 故障指示灯、VSC 蜂鸣器、指示与报警装置等信息显示部分。

1. VSC 传感器

VSC 传感器用于检测车辆状态和驾驶人的操作，主要是在 ABS 和 ASR 的基础上，增设了车身横摆率传感器、横向加速度传感器、转向盘转向与转向角度传感器及检测制动主缸压

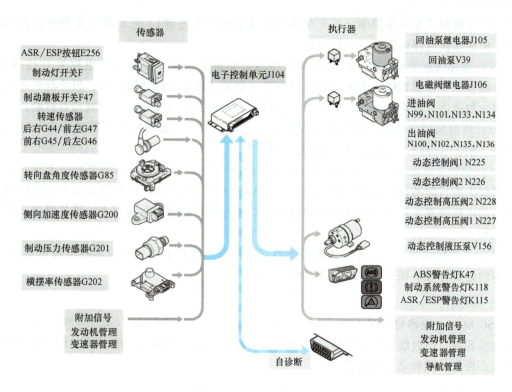

图 6-37　ESP 系统的组成

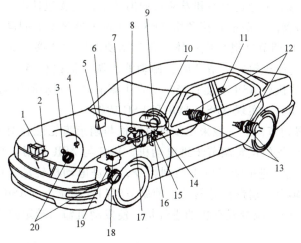

图 6-38　丰田系列轿车 VSC 组成部件的安装位置

1—制动液压调节器　2—制动主缸压力调节器　3—左前轮转速传感器　4—检查插接器　5—ABS 电动机断电器
6—ABS&TRC&VSC ECU　7—横向加速度传感器　8—VSC OFF 开关　9—转向与转角传感器　10—ABS、
VSC OFF、VSC 故障、SLIP 指示灯　11—横摆率传感器　12—后轮转速传感器　13—后轮转速传感器转子
14—故障诊断插座 DLC3　15—VSC 蜂鸣器　16—制动灯开关　17—制动液液位警告灯开关　18—ABS 电
磁阀断电器　19—左前轮转速传感器　20—前轮转速传感器转子

力的制动主缸压力传感器。

（1）车身横摆率传感器　该传感器亦称横摆角速度传感器、侧滑传感器或翻转角速度传感器。该传感器安装在汽车行李舱内、后轴上部中央位置，并与汽车车身中心的垂直轴线

平行，用于检测汽车的横摆率（汽车绕垂直轴线旋转的角速度）。它记录汽车绕垂直轴线的运动，监测车辆后部因侧滑发生的甩尾。

（2）**横向加速度传感器** 横向加速度传感器简称为加速度传感器，也称为 G 传感器，功能与横摆率传感器相同，水平安装在汽车重心附近地板下方的中间位置，以检测汽车的纵向和横向加速度。对转弯时产生的离心力进行响应，确定车辆在通过弯道时是否打滑。

（3）**转向角度传感器** 该传感器安装在转向轴上，用于监测转向盘转动方向与转动角度信号，供 ECU 判断驾驶人操作转向盘的转向意图。

（4）**制动主缸压力传感器** 制动主缸压力传感器安装在 VSC 液压调节器的上部，用于检测驾驶人进行制动操作时制动液压的变化。ABS/ASR/VSC ECU 根据制动压力高低向液压调节器的电磁阀发出不同占空比的控制脉冲，以便控制车轮制动力的大小。该传感器一般与 ABS 共用。

（5）**车轮转速传感器** 车轮转速传感器安装在每个车轮上，用于检测各车轮的角速度，确定车轮是否打滑。该传感器一般与 ABS 共用。

2. VSC ECU

VSC ECU 一般都与 ABS ECU 和 ASR ECU 组合为一体，称为 ABS/ASR/VSC ECU。一般安装在车厢内，通过线束与每个传感器和执行器相连，用于估算汽车侧滑状态和计算恢复到安全状态所需的旋转动量和减速度。

3. VSC 执行器

执行器用于控制每个车轮制动力和发动机输出功率，主要包括以下部件：

1）制动液压调节器。一般都直接利用 ABS 液压调节器来调节制动力。丰田系列将 ABS 液压调节器和 ASR 液压调节器组合成一体，称为制动液压调节器，安装在发动机舱内右前侧。当汽车制动减速度使车轮发生滑移时，制动液压调节器执行 ABS 功能；当车轮发生滑转时，制动液压调节器执行 ASR 功能；当车身发生侧滑时，制动液压调节器执行 VSC 功能，通过调节各车轮的制动力，实现 ABS、ASR 和 VSC 功能。

2）副节气门位置调节器。一般采用步进电动机与扇形齿轮配合对发动机副节气门的位置进行调节，称为副节气门位置调节步进电动机，VSC 与 ASR 共用。当 VSC 调节发动机输出转矩时，VSC ECU 向步进电动机发出控制指令，步进电动机转动，电动机轴一端的驱动齿轮就驱动副节气门轴上的扇形齿轮转动，使副节气门开度减小（ASR 和 VSC 不起作用时，副节气门处于全开状态），减少发动机的进气量，使发动机输出转矩减小。

4. 信息显示部分

VSC 系统以驾驶人为主要操作者，通过警示装置（指示灯和蜂鸣器）向驾驶人提供车辆 VSC 系统工作状态信息，预警车辆在高速转弯时可能出现的失控，确保安全行驶。信息显示部分主要由 VSC 工作指示灯、VSC 蜂鸣器、侧滑指示灯、多路信息显示器（含 VSC 故障警告指示）组成。

6.3.3 车身稳定性的控制

研究表明车辆打滑最主要的原因是由于路面状况的突然改变，使部分车轮失去附着力，造成车辆失去操控性；或是由于驾驶人为躲闪路面突然出现的情况而出现的过当操作，使车

辆所需的动力超过车轮附着力的上限，因而造成打滑，产生危险。

VSC 系统在车辆行驶时随时监测由各传感器所提供的车辆动态信息，以了解车辆目前的状况。当车身打滑，各传感器信息与平稳行驶的数据不同时，系统据此判断车辆出现打滑现象，自动介入车辆的操控，以节气门开度及制动压力调节器来修正车辆的状态。由于所有打滑现象均是因为部分车轮超过了地面与该轮的附着力而造成的，因此针对打滑问题而开发的 VSC 系统可提供高标准的主动安全。

1. 车身稳定性的控制原理

VSC 抑制车轮侧滑的原理是：利用左、右两侧车轮制动力之差产生的横摆力矩，使车身产生一个与侧滑方向相反的旋转运动，从而防止前轮侧滑失去路径跟踪能力以及防止后轮侧滑甩尾失去行驶稳定性。

在汽车行驶（特别是在湿滑的路面上转弯）过程中，前轮发生侧滑时就会产生较大的侧向（横向）加速度，后轮发生侧滑时就会产生较大的侧偏角，横向加速度传感器和横摆率传感器分别将这两种侧滑产生的信号输入 ABS/ASR/VSC ECU 后，ABS/ASR/VSC ECU 就会向发动机输出转矩的调节装置（即副节气门位置调节步进电动机）发出控制指令，通过减小发机的输出转矩来降低车速。与此同时，ABS/ASR/VSC ECU 还要根据制动液压力高低向液压调节器的电磁阀发出不同占空比的控制脉冲，控制相应车轮的制动力，使车身产生一个与侧滑方向相反的旋转运动，从而防止前轮侧滑而失去路径跟踪能力，或防止后轮侧滑甩尾而失去行驶稳定性，减少交通事故。

2. VSC 系统工作过程

汽车前轮侧滑就会失去路径跟踪能力，后轮侧滑就会发生甩尾或掉头现象。车身稳定性主要是：抑制前轮侧滑，保持汽车的路径跟踪能力；抑制后轮侧滑，防止车身出现甩尾或掉头现象，确保车辆稳定行驶。

（1）前轮侧滑的控制过程　当前轮向右侧滑时，控制过程如图 6-39a 所示。ABS/ASR/VSC ECU 首先向发动机 ECU 发送一个副节气门位置调节步进电动机即将动作使副节气门开度减小的指令，通知发动机 ECU 进气量需要选择主节气门和副节气门中开度较小者进行计算。然后向副节气门位置调节步进电动机发出控制指令，步进电动机通电转动，电动机轴一端的驱动齿轮便驱动副节气门轴上的扇形齿轮转动，使副节气门开度减小，减少发动机的进气量，使发动机输出转矩减小来降低车速。与此同时，ABS/ASR/VSC ECU 向制动液压调节器中左后轮液压通道的电磁阀发出占空比控制脉冲，向左后轮施加一个制动力，产生一个沿逆时针方向旋转的力矩使车身向内旋转微小角度，再对两前轮施加制动力，使车速降低并沿图 6-39a 中左下方曲线所示路径行驶，从而保持路径跟踪能力。若不进行调节，则车辆将按图 6-39a 中右上方曲线所示路径行驶将路锥撞倒。

同理可知，当前轮向左侧滑时，控制过程如图 6-39b 所示。ABS/ASR/VSC ECU 首先向发动机 ECU 发送一个副节气门位置调节步进电动机即将动作使副节气门开度减小的指令，通知发动机 ECU 进气量需要选择主节气门和副节气门中开度较小者进行计算。然后向副节气门位置调节步进电动机发出控制指令，通过减小发动机输出转矩来降低车速。与此同时，向控制右后轮液压通道的电磁阀发出占空比控制脉冲，向右后轮施加一个制动力，以便产生一个沿顺时针方向旋转的力矩使车身向内旋转微小角度，再对两前轮施加制动力，使车速降

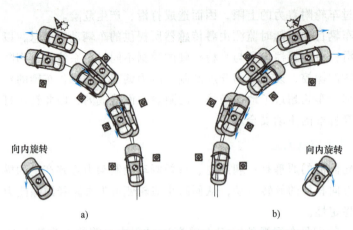

向内旋转 向内旋转

a) b)

图 6-39 前轮侧滑抑制原理（图中箭头表示制动力）

a）右前轮侧滑的抑制 b）左前轮侧滑的抑制

低并沿图 6-39b 中右下方曲线所示路径行驶，从而保持路径跟踪能力。若不进行调节，则车辆将按图 6-39b 中左上方曲线所示路径行驶将路锥撞倒。

（2）**后轮侧滑的控制过程** 当后轮向右侧滑时，控制过程如图 6-40a 所示。ABS/ASR/VSC ECU 首先向发动机 ECU 发送一个副节气门位置调节步进电动机即将动作使副节气门开度减小的指令，通知发动机 ECU 进气量需要选择主节气门和副节气门中开度较小者进行计算。然后向副节气门位置调节步进电动机发出控制指令，通过减小发动机输出转矩来降低车速。与此同时，向制动液压调节器中控制右前轮液压通道的电磁阀发出占空比控制脉冲，向右前轮施加一个制动力，产生一个沿顺时针方向旋转的力矩来使车身向外旋转运动，防止发生甩尾或掉头现象。

同理，当后轮向左侧滑时，控制过程如图 6-40b 所示。ABS/ASR/VSC ECU 首先向发动机 ECU 发送一个副节气门位置调节步进电动机即将动作使副节气门开度减小的指令，通知发动机 ECU 进气量需要选择主节气门和副节气门中开度较小者进行计算。然后向副节气门位置调节步进电动机发出控制指令，通过减小发动机输出转矩来降低车速。与此同时，向控

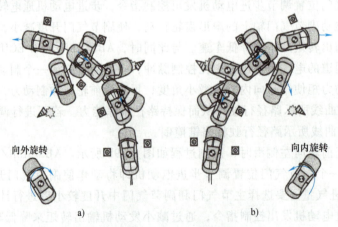

向外旋转 向内旋转

a) b)

图 6-40 后轮侧滑抑制原理（图中箭头表示制动力）

a）右后轮侧滑的抑制 b）左后轮侧滑的抑制

制左前轮液压通道的电磁阀发出占空比控制脉冲，向左前轮施加一个制动力，产生一个沿逆时针方向旋转的力矩使车身向外旋转运动，防止发生甩尾或掉头现象，从而保证汽车稳定行驶。

ESP 系统实际是一种牵引力控制系统，与其他牵引力控制系统比较，ESP 不但控制驱动轮，而且可控制从动轮。如后轮驱动汽车常出现的转向过度情况，此时后轮失控而甩尾，ESP 便会缓慢制动外侧的前轮来稳定车子；在转向不足时，为了校正循迹方向，ESP 则会缓慢制动内后轮，从而校正行驶方向。ABS 等安全技术主要是对驾驶人的动作起干预作用，但不能调控发动机。ESP 则可以通过主动调控发动机的转速，并调整每个车轮的驱动力和制动力，来修正汽车的过度转向和转向不足。根据丰田汽车公司对三种丰田车型连续 5 年发生交通事故数量的统计结果表明：装备 VSC 后，在每 10000 辆汽车中，由于侧滑导致的事故率降低 35%，由于侧滑导致正面冲撞的事故率降低 30%。

综上所述，ABS、ASR、EBD 和 VSC 等都是汽车主动安全控制系统。ESP 系统包含 ABS 及 ASR，是这两种系统功能上的延伸。有 ESP 与只有 ABS 及 ASR 的汽车，它们之间的差别在于 ABS 及 ASR 只能被动地做出反应，而 ESP 则能够探测和分析车况并纠正驾驶的错误，防患于未然。因此，ESP 称得上是当前汽车防滑装置的最高级形式。

6.4 安全气囊系统

安全气囊系统（Supplemental Inflatable Restraint System，SRS）是汽车一种辅助防护系统（简称安全气囊），相对于汽车上的一些主动安全性系统，它则是汽车上的一种被动安全保护系统。随着汽车数量的日益增多和车速的不断提高，交通事故频繁发生，为了减少在撞车时转向盘和风窗玻璃对驾驶人和乘员的身体伤害，安全气囊应运而生。

安全气囊的作用就是当汽车遭受碰撞导致驾驶人和乘员的惯性力急剧增大时，使气囊迅速膨胀，在驾驶人、乘员与车内构件之间铺垫一个气垫，利用气囊排气节流阻尼作用来吸收人体惯性力产生的动能，从而减轻人体遭受伤害的程度。

6.4.1 安全气囊系统分类

安全气囊种类很多，如图 6-41 所示，可以按不同的形式进行分类，在此按保护对象和安装位置进行分类介绍。

1. 驾驶人安全气囊

驾驶人安全气囊是汽车上最早采用和采用的最广泛的一种安全气囊，属于汽车在正面碰撞时对驾驶人的防护气囊。驾驶人安全气囊装在转向盘的中部，按照一定的方式卷折放在气囊盒中，膨胀时沿风窗玻璃方向展开后再迅速胀大。在安全气囊后面的中部装有点火器和气体发生器等部件，一旦发生碰撞事故时，安全气囊就在驾驶人与转向盘之间形成缓冲气垫。

2. 前排乘员用安全气囊

前排座是汽车主要的乘员座席，前排乘员可能是身材高大的人，也可能是身材矮小的人，乘员的乘坐姿势也是各种各样，而且是否佩戴安全带也有着重要影响。在发生碰撞事故时，前排乘员必然会与仪表板、前风窗玻璃、窗框及门框等发生碰撞，因此，要求前排乘员

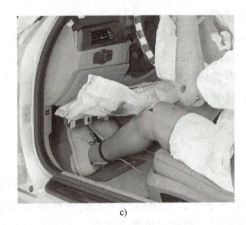

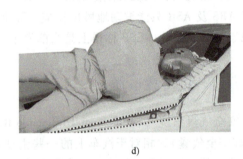

图 6-41　形形色色的安全气囊

a）福特公司行人安全气囊　b）奔驰 M 级轿车安全气囊布置　c）膝部安全气囊　d）行人安全气囊

用安全气囊能够在较大的范围内对前排乘员提供安全保护。

前排乘员用安全气囊系统的气囊、点火器、气体发生器等，全部装在仪表板下的安全气囊盒中，根据汽车仪表板的结构不同，其布置方法也有所不同。气囊衬垫采用嵌入薄铅板聚氨酯塑料制成，当安全气囊膨胀并冲出时，不会对前排乘员造成伤害。

前排乘员用安全气囊的体积很大，安全气囊要按照一定的方式卷折放在气囊盒中的上支架中。在气囊盒的下支架上装有点火器和气体发生器等，在发生碰撞时，最初气囊盒引导安全气囊沿前风窗玻璃方向向上展开，然后沿安全气囊的折印，有序地向前排乘员方向迅速扩大，适时地在前排乘员和仪表板之间形成缓冲气垫。

3. 后排乘员用安全气囊

一般安装在前排座椅的靠背后部或头枕内部，防止乘员与前排座椅发生碰撞。由于后排乘员受到的伤害程度较轻，后座椅安全气囊一般只在高级轿车上使用。

4. 防侧撞安全气囊

各种碰撞事故统计资料表明，汽车发生的正面碰撞事故约占 50%，追尾碰撞事故约占 12%，而各种各样的侧面碰撞事故约占 38%。汽车的前部为发动机舱，后部为行李舱，在发生正面碰撞或追尾碰撞时，发动机舱或行李舱结构的变形或损坏，能够吸收大量的碰撞能

量，并且安全带和安全气囊能够有效地发挥作用，这就使得乘员的伤亡率大大地降低。

但是，汽车车身侧面的结构件，无论是在强度或是刚度上，远远比不上汽车车身纵向结构件，且车门的两侧没有足够的空间布置"缓冲"结构件来吸收碰撞时的能量。安全带对于侧面碰撞的防护能力也低得多。当车门、门柱等受到碰撞时，就有可能对乘员造成直接伤害，使得乘员的伤亡率大大升高。为此，防侧撞安全气囊应运而生。

根据使用要求的不同，防侧撞安全气囊可以装在车门上横梁中、车门内板中或座椅侧面。车门上横梁中的防侧撞安全气囊用来保护乘员的头部。装在车门内板中的防侧撞安全气囊和装在座椅侧面防侧撞的安全气囊用来保护乘员的胸部。

5. 其他位置安全气囊

随着整车被动安全重要性深入人心，一些高档豪华车中安置了高达 30 多个安全气囊，从颈部、膝部，甚至是在车顶的两侧都配有两条管状气囊，在意外情况发生时能够有效地缓冲来自车顶上方的压力，配合侧面气囊能够有效地保护乘员的头部和颈部。

车外气囊系统又叫保险杠内藏式气囊。当汽车在正面撞击行人时，气囊迅速向前张开和向两侧举升，能托起被撞行人并防止行人跌向两侧。

6.4.2　安全气囊系统的组成结构

各型汽车安全气囊采用控制部件的结构、数量和安装位置各有不同，但是其基本组成大致相同，各零部件的安装位置如图 6-42 所示，主要由安全气囊传感器、ECU、气体发生器、气囊组件、安全气囊警告灯等组成。

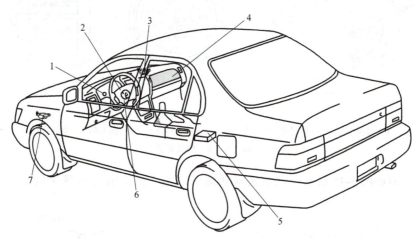

图 6-42　安全气囊零部件的安装位置

1—安全气囊警告灯　2—螺旋电缆（装于转向盘内）　3—前部碰撞传感器（右）　4—前排乘员用安全气囊总成
5—中央气囊传感器总成及 ECU　6—转向盘（内装驾驶人安全气囊）　7—前部碰撞传感器（左）

1. 碰撞传感器

碰撞传感器相当于一个控制开关，其工作状态取决于汽车碰撞时减速度的大小。碰撞传感器按功用可分为碰撞信号传感器和碰撞防护传感器两类。碰撞传感器安装在汽车左前、右前或前部中央位置，分别称为左前、右前、中央或中心碰撞传感器，其功用是将汽车碰撞时的减速度输入到 SRS ECU，用以判定是否发生碰撞。碰撞防护传感器又称为安全传感器或保

险传感器，一般安装在 SRS ECU 内部，其功用是控制气囊点火器电源电路。碰撞传感器按结构不同可分为机电结合式、水银开关式和电子式三种。

（1）机电结合式　机电结合式碰撞传感器是一种利用机械结构运动来控制电器触点动作，再由触点断开与闭合来控制气囊点火器电路接通与切断的传感元件，常用的有滚球式、偏心锤式和滚轴式三种碰撞传感器。

1）滚球式碰撞传感器。滚球式碰撞传感器如图 6-43 所示，主要有小钢球、磁铁和触点组成。

汽车正常状态下，小钢球被磁场力所约束。当碰撞时，在圆柱形钢套内小钢球就向前运动。一旦接触到前面的触点，则将触发电路接通。这种传感器目前应用很广，可以检测各种撞击信号。

2）偏心锤式碰撞传感器。偏心锤式碰撞传感器为具有偏心转动质量的机电式加速度传感器，由外壳、偏心转子、偏心锤、旋转触点、固定触点、螺旋弹簧等构成，如图 6-44 所示。

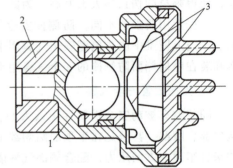

图 6-43　滚球式碰撞传感器
1—小钢球　2—磁铁　3—触点

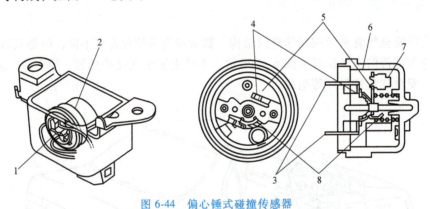

图 6-44　偏心锤式碰撞传感器
1—自检电阻　2—传感器　3—固定触点　4—旋转触点　5—偏心转子　6—外壳
7—偏心锤　8—螺旋弹簧

其工作原理如图 6-45 所示。汽车正常状态下，偏心锤 4 由止动器 3 挡住，旋转触点 1

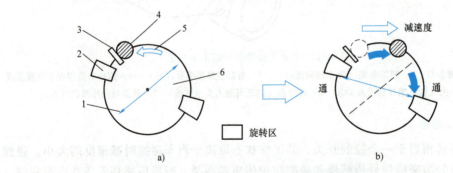

图 6-45　偏心锤式传感器的工作原理示意图
a）正常状态　b）发生碰撞后
1—旋转触点　2—固定触点　3—止动器　4—偏心锤　5—螺旋弹簧力　6—偏心转子

与固定触点 2 分离，如图 6-45a 所示。当汽车发生碰撞后，偏心锤 4 在惯性力的作用下脱离止动器 3 的束缚，推动旋转触点 1 使之与固定触点 2 接触（图 6-45b），电路接通，碰撞信号传入安全气囊 ECU。

（2）水银开关式碰撞传感器　水银开关式碰撞传感器是碰撞防护传感器中常见的一种，是利用水银导电良好的特性来控制气囊点火器电路接通或切断的，一般用作防护传感器。碰撞防护传感器一般比碰撞传感器所需的惯性力或减速度小，以保证碰撞传感器的可靠工作。

水银开关式碰撞传感器组成结构和工作原理如图 6-46 所示。正常状态下，水银在 U 形管底部，两个电极 2 和 3 是断开状态，当汽车减速度达到设定阈值时，在惯性力 F_1 作用下，水银上移连接电极 2 和 3，则电路接通，碰撞信号传递到安全气囊 ECU。

（3）电子式碰撞传感器　电子式碰撞传感器没有电器触点，一般用作中心碰撞传感器，组成结构如图 6-47 所示，根据原理不同，有压电效应式和压阻效应式两种类型。

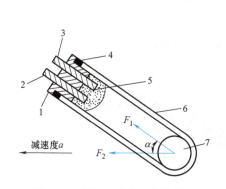

图 6-46　水银开关式碰撞传感器
1—盖　2、3—电极　4—O 形圈　5—水银撞上
后位置　6—壳体　7—水银
F_1—水银运动分力　F_2—撞击力

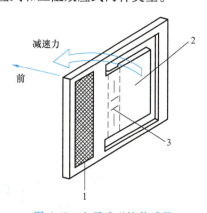

图 6-47　电子式碰撞传感器
1—集成电路　2—惯性质量　3—变形针

电子式碰撞传感器对汽车正向减速度进行连续测量，并将测量结果输送给 ECU，ECU 内有一套复杂的碰撞信号处理程序，能够确定气囊是否需要膨开。若需要气囊膨开，ECU 便会接通点火电路，安全传感器同时也闭合，则引发点火器接通，气囊膨开。

2. 安全气囊组件

安全气囊组件由点火器、气体发生器、气囊、饰盖和底板等组成。驾驶人气囊组件如图 6-48 所示。

（1）点火器　点火器外包铝箔，安装在气体发生器内部中央位置。如图 6-49 所示，点火剂包括引爆炸药和引药，引出导线与安全气囊插接器连接，插接器中设有短路片（铜质弹簧片）。当插接器拔下或插接器未完全接合时，短路片将两根引线短接，防止静电将电热丝电路接通而造成气囊误膨开。

点火器的工作过程是：当 SRS ECU 发出点火指令时，电热丝电路接通，电热丝迅速红热引爆引药，引爆炸药瞬间爆炸产生热量。

（2）气体发生器　气体发生器的作用是在点火器引爆点火剂时，产生气体向气囊充气，使气囊膨开。由上盖、下盖、充气剂（叠氮化钠药片）和金属滤网组成，如图 6-50 所示。

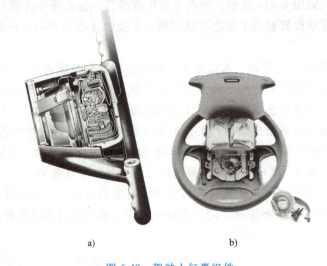

a)　　　　　　　　　　　　　b)

图 6-48　驾驶人气囊组件

a）驾驶人气囊组件总成图　b）驾驶人气囊组件展开图

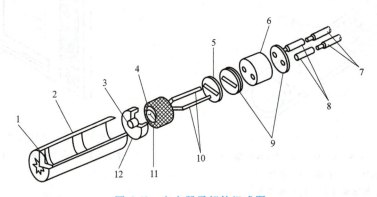

图 6-49　点火器零部件组成图

1—引爆炸药　2—药筒　3—引药　4—电热丝　5—陶瓷片　6—永久磁铁　7—引出导线

8—绝缘套管　9—绝缘垫片　10—电极　11—电热头　12—药托

金属滤网安装在气体发生器的内表面，用以过滤充气剂和点火剂燃烧产生的渣粒。

气体发生器是利用热效应产生氮气而充入气囊。在点火器引爆点火剂瞬间，点火剂会产生大量热量，叠氮化钠药片受热立即分解，产生氮气并从充气孔充入气囊。虽然氮气是无毒气体，但是叠氮化钠的副产品有少量的氢氧化钠和碳酸氢钠（白色粉末），这些物质是有害的，因此在清理膨胀后的气囊时，应保持良好的通风并采取防护措施。

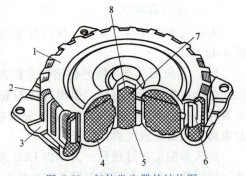

图 6-50　气体发生器的结构图

1—上盖　2—充气孔　3—下盖　4—充气剂　5—点火器药筒　6—金属滤网　7—电热丝　8—引爆炸药

（3）气囊　气囊一般由防裂性能好的聚酰胺织物制成，能承受较大的压力。驾驶人气囊多采用尼龙布涂氯丁橡胶或有机硅制造，橡胶涂层起

密封和阻燃作用，气囊背面有两个泄气孔。乘员气囊没有涂层，靠尼龙布本身的间隙泄气。气囊的大小、形状、漏气性能是确定安全气囊保护效果的重要因素，必须根据不同汽车的实际情况来确定。

（4）**衬垫**　由聚氨酯制成。在制造过程中使用了很薄的水基发泡剂，所以质量特别轻。

（5）**饰盖和底板**　饰盖是气囊组件的盖板，上面模制有裂缝，以便气囊能冲破饰盖膨开。

3. SRS 指示灯

SRS 指示灯位于仪表板上，接通点火开关时，诊断单元对系统进行自检，SRS 指示灯点亮大约 6s 后熄灭表示系统正常。否则，表示安全气囊出现故障，应进行检修。

4. SRS ECU

SRS ECU 是安全气囊系统的核心部件，其安装位置依车型而异。其主要由 SRS 逻辑模块、信号处理电路、备用电源电路、保护电路和稳压电路等组成，如图 6-51 所示。

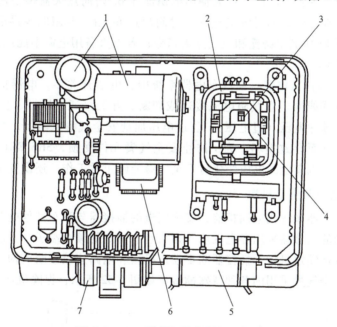

图 6-51　SRS 控制组件的内部结构图

1—能量储存装置（电容器）　2—碰撞保护传感器总成　3—传感器触点　4—传感器平衡块
5—四端子插接器　6—逻辑模块　7—SRS ECU 插接器

（1）**SRS 逻辑模块**　该模块主要用于监测汽车纵向减速度或惯性力是否达到设定值，控制安全气囊组件中的点火器引爆点火剂。在汽车行驶过程中，SRS ECU 不断接收前碰撞传感器和碰撞防护传感器传来的车速变化信号，经过数学计算和逻辑判断后，确定是否发生碰撞。当判断结果为发生碰撞时，立即运行控制点火的软件程序，并向点火电路发出点火指令引爆点火剂，点火剂引爆时产生大量热量，使充气剂受热分解释放气体对 SRS 充气。

此外，SRS ECU 还要对控制组件中关键部件的电路不断进行诊断测试，并通过 SRS 指示灯和存储在存储器中的故障码来显示测试结果。仪表板上的 SRS 指示灯可直接向驾驶人提供常规安全气囊的状态信息。逻辑存储器中的状态信息和故障码可用专用仪器或通过特定

方式从串行通信接口调出，以供装配检查与设计参考。

（2）**信号处理电路**　信号处理电路主要由放大器和滤波器组成，用于对传感器检测的信号进行整形、放大和滤波，以便 SRS ECU 能够接收、识别和处理。

（3）**备用电源电路**　安全气囊一般有两个电源：一个是汽车电源；另一个是备用电源。备用电源电路由电源控制电路和两个电容器组成。在单安全气囊的控制组件中，设有一个逻辑备用电源和一个点火备用电源。在双安全气囊的控制组件中，设有一个逻辑备用电源和两个点火备用电源，即两条点火电路各设一个点火备用电源。点火开关接通 10s 后，如果汽车电源电压高于 SRS ECU 的最低工作电压，则逻辑备用电源和点火备用电源即可完成储能任务。

备用电源主要是当汽车电源与 SRS 逻辑之间的电路切断后，在一定时间内维持常规安全气囊供电，保持常规安全气囊的正常功能。当汽车遭受碰撞而导致蓄电池和交流发电机与 SRS ECU 之间的电路切断时，逻辑备用电源能在 6s 内向 SRS ECU 供给电能，保持 ECU 测出碰撞、发出点火指令等正常功能。点火备用电源能在 6s 内向点火器供给足够的点火能量引爆点火剂，使充气剂受热分解对气囊充气。时间超过 6s 后，备用电源供电能力降低，ECU 备用电源不能保证 ECU 测出碰撞和发出点火指令；若点火备用电源不能提供最小点火能量，则 SRS 不能正常工作。

（4）**保护电路和稳压电路**　在汽车电器系统中，电器开关多，电器负载变化频繁，且许多电器设备有电感线圈。当线圈电流接通或切断、开关接通或断开、负载电流突然变化时，都会产生瞬时脉冲电压（过电压），若过电压加到安全气囊电路上，系统中的电子元器件就可能因电压过高而导致损坏。为了防止安全气囊元件受损，SRS ECU 中设置了保护电路。同时，为了保证汽车电源电压变化时安全气囊能够正常工作，还设置了稳压电路。

5. 安全气囊线束与保险机构

为了便于区别电器系统线束插接器，安全气囊的插接器与汽车其他电器系统的插接器有所不同。安全气囊的插接器采用导电性能和耐久性能良好的镀金端子，并设有防止安全气囊误爆机构、端子双重锁定机构、插接器双重锁定机构和电路连接诊断机构等，用以保证安全气囊可靠工作。安全气囊采用的各种特殊插接器如图 6-52 所示，保险机构见表 6-5。

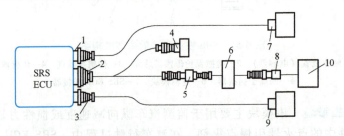

图 6-52　SRS 线束连接示意图

1、2、3—SRS ECU 插接器　4—SRS 电源插接器　5—中间线束插接器　6—螺旋线束　7—左碰撞传感器插接器　8—安全气囊组件插接器　9—右碰撞传感器插接器　10—点火器

（1）**防止 SRS 误爆机构**　如图 6-52 所示，SRS ECU 至 SRS 点火器之间的插接器 2、5、8 均采用了防止安全气囊误爆的短路片机构。

如图 6-53 所示，当拔下插接器时，短路片自动将点火器一侧插座上的两个引线端子短接，防止静电或误通电将点火器电路接通而造成气囊误膨开。当插接器正常连接时，插接器的绝缘壳体将短路片向上顶起，短路片与插接器端子脱开。

表 6-5　安全气囊线束连接保险机构

序号	名称	插接器代号
1	防止气囊误爆机构	2、5、8
2	电路连接诊断机构	1、3、7、9
3	插接器双重锁定机构	5、8
4	端子双重锁定机构	1、2、3、4、5、7、8、9

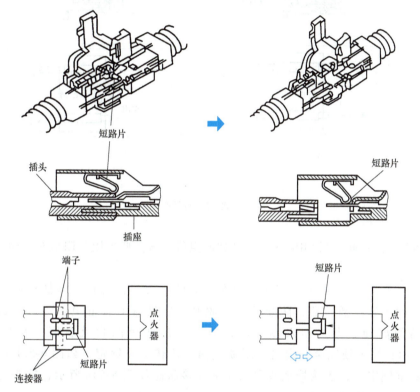

图 6-53　安全气囊误引爆机构

（2）电路连接诊断机构　电路连接诊断机构用于监测插接器（插头和插座）是否可靠连接。

其结构和工作原理如图 6-54 所示。在插头上设一个诊断销，在插座上设两个诊断端子，诊断端子上设有弹簧片，其中一个诊断端子与碰撞传感器的某一个触点连接，另一个诊断端子经过一个电阻后与碰撞传感器的另一个触点相连。

当传感器插接器处于半连接（未可靠连接）状态时，图 6-54a 所示，诊断端子与诊断销尚未接触，此时电阻尚未与传感器触点构成并联电路，插接器引线"+"与"-"之间的电阻值为无穷大。当 ECU 监测到前碰撞传感器的电阻值为无穷大时，自诊断电路便控制 SRS 指示灯闪亮报警，同时将故障编成代码储存在存储器中。

当传感器插接器可靠连接时，图 6-54b 所示，诊断端子与诊断销可靠接触，此时电阻与

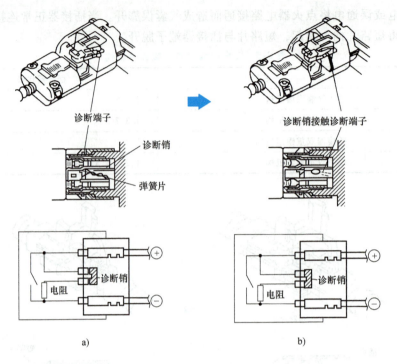

图 6-54 电路连接诊断结构图

a) 半连接 b) 可靠连接

前碰撞传感器触点并联。当 SRS ECU 检测到的阻值为该并联电阻的阻值时，即诊断为插接器连接可靠。

（3）插接器双重锁定机构 安全气囊在线束的重要连接部位，其插接器采用了双重锁定机构，用于锁定插接器，防止插接器脱开。插接器上有主锁和两个凸台，还有锁柄能够转动的副锁。当主锁未锁定时，插头上的两个凸台就会阻止副锁锁定，如图 6-55a 所示；当主锁完全锁定时，副锁锁柄方能转动并锁定，如图 6-55b 所示；当主锁与副锁双重锁定后，插接器插头与插座的连接状态如图 6-55c 所示，插头与插座可靠连接，从而防止插接器脱开。

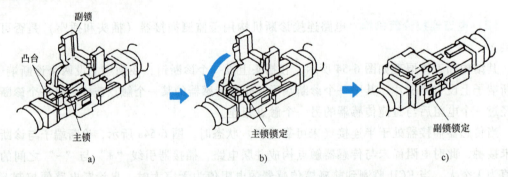

图 6-55 插接器双重锁定机构

a) 主锁打开，副锁被挡住 b) 主锁锁定，副锁可以锁定 c) 双重锁定

6.4.3　安全气囊系统的控制原理

安全气囊是座椅安全带的辅助装置，只有在使用安全带的条件下，该系统才能充分发挥保护驾驶人和乘员的作用。

1. 安全气囊控制原理

以正面碰撞为例，说明 SRS 控制原理。

如图 6-56 所示，当汽车在行驶过程中与前方障碍物发生碰撞，受到碰撞冲击并产生较大的减速度，安全气囊中的前碰撞传感器和碰撞防护传感器在检测到碰撞强度超过设定阈值时，发送信号给 ECU，经 ECU 判别后发出点火信号以触发气体发生器，气体发生器接收到点火信号后，迅速点火并产生大量气体给气囊充气，气囊就会迅速充气膨胀，冲破缓冲垫，在 30ms 内对乘员迅速铺垫一层保护层，当人体面部一接触到气囊，气囊的泄气孔就开始泄气，从而达到对乘员的缓冲保护作用。

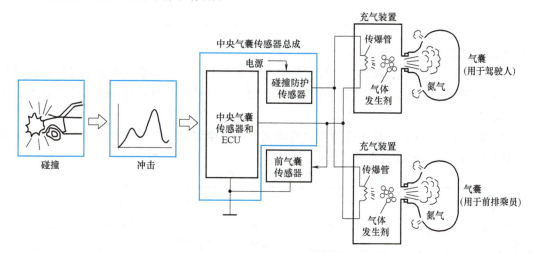

图 6-56　汽车安全气囊工作原理图

2. 安全气囊动作过程

安全气囊从触发到充气膨胀，再到乘员面部碰到气囊，直到气囊被压扁的全过程，时间约为 110ms，图 6-57 为德国博世（BOSCH）公司生产的 SRS 在奥迪轿车上进行的试验。当汽车以 50km/h 的速度撞击前方障碍物时，安全气囊系统的保护动作过程可分为 5 步。

1）碰撞约 10ms 后，SRS 达到引爆极限。如图 6-57a 所示，引爆管引爆产生大量热能，点燃气体发生剂叠氮化钠药片，使其受热分解。此时驾驶人尚未因碰撞惯性向前倾。

2）碰撞约 40ms 后，安全气囊完全充气膨胀，体积变到最大。如图 6-57b 所示，驾驶人由于碰撞惯性力作用向前扑，此时系在驾驶人身上的安全带迅速收紧，吸收了部分冲击能量。

3）碰撞约 60ms 后，如图 6-57c 所示，驾驶人头部及身体上部快速压向已膨胀的安全气囊，人体的冲击能量被弹性气囊吸收并扩散。安全气囊背面的泄气孔在气体张力和人体压力的作用下，向外排气，排气节流阻尼进一步吸收人体与安全气囊之间弹性碰撞产生的动能，

安全气囊动作过程

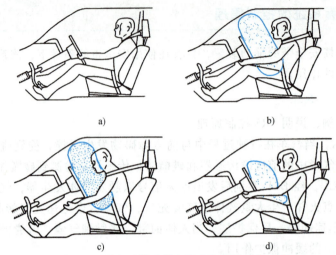

图 6-57　汽车碰撞过程中安全气囊的动作时序
a）10ms 时　b）40ms 时　c）60ms 时　d）110ms 时

有效地保护了驾驶人的生命安全。

4）碰撞约 110ms 后，大部分气体已从安全气囊逸出，气囊变瘪，防止了驾驶人被膨胀的气囊憋气窒息，如图 6-57d 所示。在安全带作用下，驾驶人上身后倾回到座椅靠背上，恢复汽车前方视野。

5）碰撞约 120ms 后，汽车碰撞产生的动能危害完全解除，车速降低直至为零。SRS 动作过程与经历时间之间的关系见表 6-6。

表 6-6　SRS 动作过程与经历时间之间的关系

碰撞之后经历的时间/ms	0	10	40	60	110	120
SRS 气囊动作状态	遭受碰撞	点火引爆开始充气	气囊充满人体前移	排气节流吸收动能	人体复位恢复视野	危害解除车速降零

由此可见，从开始充气到完全充满约为 30ms；从汽车遭受碰撞开始到气囊收缩为止，所有时间仅为 120ms，而人眨一下眼皮所用时间约为 200ms 左右。由于气囊在碰撞过程中动作时间极短，动作状态和经历时间无法用肉眼确认，因此，目前世界各国广泛采用模拟人体进行碰撞试验。

3. 安全气囊有效范围

SRS 并非在所有碰撞情况下都能起作用。如图 6-58 所示，正面 SRS 只有在汽车正前方或斜前方±30°范围内发生碰撞，纵向减速度达到设定阈值，碰撞传感器和碰撞防护传感器都接通时（图 6-59 所示），才能引爆气囊充气。

下列情形，正面 SRS 不会引爆气囊充气。

1）汽车遭受侧面碰撞超过斜前方±30°时。

2）汽车遭受横向碰撞时。

3）汽车遭受后方碰撞时。

4）汽车发生绕纵向轴线侧翻时。

5）纵向减速度未达到设定阈值时。

6）碰撞防护传感器未接通或所有前碰撞传感器都未接通时。

7）汽车正常行驶、正常制动或在路面不平的道路条件下行驶时。

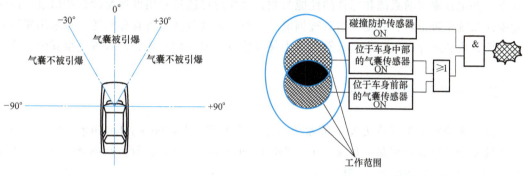

图6-58　正面碰撞时SRS的有效范围
图6-59　安全气囊引爆条件

6.4.4　智能型安全气囊

进入21世纪，汽车技术界根据安全气囊多年使用中出现的诸多问题，开始研制新一代具有多种自适应能力的智能型安全气囊。

1. 常规安全气囊存在的问题

1）前碰撞传感器只能监测碰撞时的减速度，但碰撞损坏不仅与减速度有关，还与碰撞时的初速度密不可分，即人体的动量是撞伤的能量源，不可忽视。

2）在紧急制动或车辆碰触异物时引发误爆。

3）乘员座位如果无人，碰撞时将发生空爆，形成无谓损失。

4）常规安全气囊不能充分保护儿童、妇女及身材矮小人员的安全。

5）常规安全气囊迅速充满高温气体，在保护人员的同时，不可避免地造成一定程度的冲击损伤（如击碎眼镜）和轻度烧伤等二次伤害。

6）叠氮化钠燃烧反应后产生有害物质氮化钠和氢氧化钠，对驾驶人、乘员和事后的维修人员会造成呼吸器官损伤。

7）安全带不能及时有效地防止驾驶人、乘员在高速碰撞时扑向常规安全气囊而造成损伤。

2. 智能型安全气囊的组成原理

鉴于常规安全气囊存在的缺点，智能型安全气囊将设置以下装置并具有相应功能以解决上述问题。

1）增设多普勒车速传感器（Doppler Speed Sensor），以监测汽车与障碍物的相对速度。

2）增设红外乘员传感器（Infrared Sensor），以检测座位上是否有乘员及其身材大小。

3）安全带增设收紧装置，在智能型安全气囊引爆前先收缩安全带以缓解冲撞损失，碰撞后自动解除收紧力。在相对车速低于16km/h时，只收紧安全带而不引爆智能型安全气囊。

4）扩展ECU的控制范围，增加逻辑运算功能，计算不同车速和加速度下的最佳控制模式，根据乘员红外信号决定适当的充气压力和膨胀方向。ECU根据各传感器的信号进行运算以确定是否引爆智能型安全气囊，但碰撞只是一瞬间，在无碰撞信号的绝大部分时间内，ECU则连续通过传感器触点并联的电阻器上的压降监测系统工作，一旦该状态偏离可维持

正常工作的临界值，ECU便使安全气囊指示灯点亮。

5）当车辆发生碰撞后，ECU存储和记忆相关信息，如相对速度、加速度及安全带工作状态，并记录碰撞前系统和部件的性能参数，碰撞后可通过专用设备解读这些信息，以确定碰撞前系统是否正常，并提供事故查询资料。对于充气气体有害有毒问题，可采用储压式惰性气筒，内装压缩氩气，当点火器引爆击穿隔膜时，氩气即刻膨胀冲入智能型安全气囊。

6.5　汽车座椅安全带

汽车座椅安全带又称为安全带紧急自动锁紧装置（Emergency Locking Retractor，ELR）或座椅安全带紧急收缩触发系统（Seat-Belt Emergency Retracting Triggering System，SRTS）。

6.5.1　汽车安全带的功用

安全带在汽车发生碰撞或者急转弯时约束乘员的身体，使其尽可能保持在座椅原来位置上而不移动或转动，避免乘员与车内坚硬部件发生碰撞而造成伤害。

现代汽车的速度很快，一旦发生碰撞，车身停止运动，而乘员身体由于惯性会继续向前运动，在车内与车身发生撞击，严重时可能把玻璃撞碎而飞出窗外，安全带则对人起到缓冲的作用，防止出现二次伤害。

6.5.2　汽车安全带的类型

安全带在汽车上的安装情况如图6-60所示，可以按照安装方式和智能化程度进行分类。

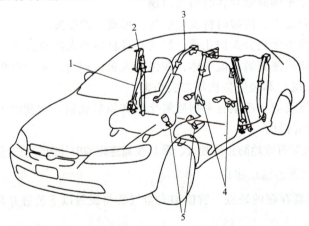

图6-60　安全带在汽车上的安装情况

1—前座椅安全带　2—肩部固定装置调节器　3—后座椅安全带　4—后中间座椅安全带及后座椅安全带锁扣　5—前座椅安全带锁扣

1. 按固定点数分类

按固定点数不同，安全带可分为两点式、三点式、四点式等3种。

（1）两点式安全带　两点式安全带是与车体或座椅仅有两个固定点的安全带。两点式安全带的软带从腰的两侧挂到腹部，形似腰带，在碰撞事故中可以防止乘员身体前移或从车内甩出，其优点是使用方便，容易解脱；缺点是乘员上身容易向前倾斜。这种安全带主要用

在轿车后排中间座位上。

（2）**三点式安全带**　三点式安全带是在两点式安全带的基础上增加了肩带，在靠近肩部的车体上有一个固定点，可同时防止乘员躯体前移和上半身前倾，增强了乘员的安全性，是目前使用最普遍的一种安全带。

（3）**四点式安全带**　它是在二点式安全带上连接两根肩带而构成的形式，一般用在赛车上。

2. 按智能化程度分类

按智能化程度来分，安全带分为被动式安全带与自动式安全带。

1）被动式安全带需要乘员的操作才能起作用，即需要乘员自行佩戴。目前大部分汽车所装配的都是被动式安全带。

2）自动式安全带是一种自动约束驾驶人或乘员的安全带，即在汽车起动时，不需驾驶人或乘员操作就能自动提供保护，而且乘员上下车时也不需要乘员动手解脱。

6.5.3　安全带系统的组成结构

安全带系统组成结构主要包括织带、高度调节器、带扣、安全带控制系统等，如图6-61所示。

织带是构成安全带的主体，多用尼龙、聚酯、维尼纶等合成纤维丝纺织成宽约50mm、厚约1.5mm的带子，具有足够的强度、延伸性能和吸收能量的性能。

高度调整器是为了适应乘员的体型调整软带高度的机构。

带扣用以扣合或脱开安全带，分为有舌和无舌两类。有舌又分为包围型按钮式和开放型按钮式两种。

安全带控制系统包括碰撞传感器、ECU和安全带收紧机构等部件，其中碰撞传感器和ECU与SRS系统共用，安全带收紧机构为执行器，主要包括气体发生器、鼓轮、拉索、缸筒、卷轴、活塞和缆绳等，如图6-62所示。安全带的气体发生器（图6-63）的结构原理和安全气囊的气体发生器基本相同。

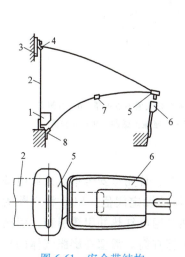

图 6-61　安全带结构

1—收紧器　2—织带　3—高度调节器
4—导向板　5—锁舌　6—带扣
7—限位钮　8—底支架

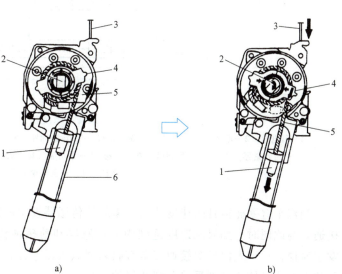

a)　　　　　　　　　　b)

图 6-62　收紧机构的结构

a）未动作　b）已动作

1—活塞　2—轴　3—安全带　4—鼓轮　5—拉索　6—缸筒

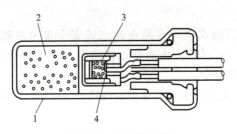

图 6-63　气体发生器

1—外壳　2—气体发生剂　3—点火药粉　4—发热丝

6.5.4　安全带的控制

1. 安全带控制原理

安全带控制系统和安全气囊系统共同组成汽车辅助防护系统，控制电路如图 6-64 所示。前左右碰撞传感器与设置在 ECU 内部的中心传感器并联，驾驶席气囊（点火器）与乘员席气囊（点火器）并联，左、右安全带收紧器（点火器）并联。在 ECU 中设有两个相互并联的碰撞防护传感器，其中一个控制收紧器点火器电源，另一个控制气囊点火器电源。

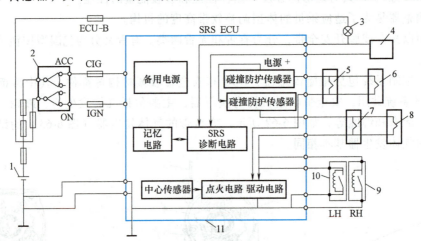

图 6-64　汽车辅助防护系统工作电路示意图

1—蓄电池　2—点火开关　3—安全气囊指示灯　4—诊断插座　5—左侧安全带收紧器点火器　6—右侧安全带收紧器点火器　7—驾驶席气囊点火器　8—乘员席气囊点火器　9—右碰撞传感器　10—左碰撞传感器　11—安全气囊 ECU

当汽车遭受碰撞且减速度达到碰撞防护传感器设定的阈值时，首先将安全带点火器电源接通。与此同时，如果减速度达到中心传感器和前碰撞传感器的设定阈值，ECU 将判断为发生碰撞，立即发出指令接通安全带收紧器点火器电路，电热丝通电红热并引爆引药，引药释放大量热量使充气剂受热分解并释放大量无毒氮气冲入收紧器缸筒。活塞在膨胀气体的作用下带动钢丝绳迅速移动，如图 6-62 所示。与此同时，钢丝绳通过卷轴机构带动安全带卷筒转动将安全带收紧。在 8ms 内将安全带收紧 10～15cm，使驾驶人和乘员身体向前移动距离缩短，防止面部、胸部与转向盘、风窗玻璃或仪表板发生碰撞而受到伤害。

在 ECU 向安全带收紧器点火器发出点火指令的同时，还向安全气囊点火器发出点火指令，引爆气囊点火器。因此，在座椅安全带收紧的同时，驾驶席气囊和乘员席气囊同时膨开，吸收碰撞产生的能量，达到保护驾驶人和乘员的目的。待冲击峰值过去，或者人已经能受到安全气囊的保护时安全带就会放松以免压伤人的肋骨。

2. 安全气囊与安全带协调工作过程

当车速低于 30km/h 时，碰撞产生的负加速度和惯性力较小，一般不能达到安全气囊设定的阈值时，碰撞防护传感器和中心传感器将此信号送到 ECU，ECU 判断结果为不引爆安全气囊，仅引爆安全带收紧器的点火器；与此同时，向左、右安全带收紧器点火器发出点火指令使安全带收紧，防止驾驶人和乘员遭受伤害。

当车速高于 30km/h 时，碰撞产生的减速度和惯性力较大，达到安全气囊设定的阈值时，碰撞防护传感器、中心传感器和碰撞传感器将此信号送到 ECU，ECU 判断结果为需要安全气囊和安全带收紧器共同作用来保护驾驶人和乘员；与此同时，安全气囊 ECU 向左、右安全带收紧器点火器和气囊点火器发出点火指令，引爆所有点火器，在安全带收紧的同时，驾驶席气囊与乘员席气囊同时膨胀展开，吸收碰撞产生的能量，达到保护驾驶人和乘员的目的。

如何提升汽车的行驶安全

大家买车时，对汽车的安全性格外重视，选车时会反复去比较汽车上的安全装备，比较如气囊数量、是否装备 ESP 等。车的安全性固然重要，但开车的人安全驾驶更为重要。

据统计，几乎所有车祸的起因都跟人的错误行为有关。按美国道路交通安全管理局的统计，只有 6% 左右的汽车碰撞事故跟汽车故障、天气情况等有关系，其余的多是酒后驾车、分心驾驶等人为因素造成的。

我国公安部交通管理局在全国交通安全日上曾经列举出如下危险驾驶行为：酒后驾驶、追逐竞驶、吸毒后驾驶、超速行驶、疲劳驾驶、超员超载、闯红灯，以及强行变更车道、强行超车、违法抢行、占道行驶、不按规定让行等，这些行为都危及行驶安全。按上述说法，"路怒症"和"分心驾驶"是危害最大的两种驾驶行为。多年前，经常看到交通安全宣传标语中宣传"不开英雄车，不开斗气车"。开斗气车说的就是"路怒症"，那时候路上没几辆车，一些开车的人都会急躁，现在经常堵车，情绪自然更难以控制，所以，大家开车一定要平和。现在的人经常爱"刷手机"，一会不看就魂不守舍。在开车时"刷手机"，就是"分心驾驶"。不要觉得看一眼手机没事儿，根据试验计算，当驾驶人以时速 40km/h 行驶时，从拿起手机划开密码锁，到浏览一条新信息，眼睛至少要在手机屏幕定格 2s，这段时间车辆盲驶超过 20m，这个距离在驾驶中是很可怕的。一般行驶速度不只是 40km/h，并且看手机不只浏览一条简单的信息，甚至有人开车还拨号打电话、发微信，这将更加危险！

在当今汽车性能和安全性不断提高的前提下，驾驶人仍要做到"马达一响，集中思想"，不粗心，也不有意放纵，在享受汽车带来的便利时，保障人、车、社会的和谐发展。

本章小结

本章围绕汽车行驶安全电控装置，介绍了汽车防滑控制系统组成、控制原理和控制过程，包括制动时的滑移控制和驱动时的滑转控制；介绍了制动力分配系统的作用、组成及控制原理；介绍了车身稳定性控制系统的功用、组成及工作原理；介绍了安全气囊的类型、组成结构和控制原理；介绍了汽车安全带的结构组成及工作原理。

复习思考题

一、选择题

1. 汽车后轮上装在车轴支架上的车轮转速传感器的转子可安装在哪里？（　　　）

A. 车架　　　　B. 轮毂　　　　C. 悬架构件　　　　D. 车轮转向架

2、当汽车滑移率为100%时，横向附着系数降为（　　　）。

A. 100%　　　　B. 50%　　　　C. 接近0　　　　D. 都不正确

3. 以下关于制动滑移率的说法，正确的是（　　　）。

A. 滑移率与附着系数无关

B. 车轮纯滚动时滑移率为100%

C. 车轮纯滑动时滑移率为0

D. 滑移率在20%左右时，车轮与地面之间有最大的附着系数

4. 汽车在地面纯滚动行驶时，车轮转动速度与车身速度直接的关系为（　　　）。

A. 车身速度v=车身速度v_ω　　　　B. 车身速度v>车身速度v_ω

C. 车身速度v<车身速度v_ω　　　　D. 车身速度v≠车身速度v_ω

5. 下列关于ABS和ASR说法正确的是（　　　）。

A. ABS和ASR能同时起作用

B. ABS和ASR都是对所有的车轮进行控制

C. ABS和ASR都能提高汽车行驶稳定性

D. ABS和ASR在任何车速下都能起作用

6. 当两位两通电磁阀式防抱制动系统保压工作时，其进液阀的状态是（　　　）。

A. 打开　　　　B. 关闭　　　　C. 间歇开闭　　　　D. 间歇闭合打开

7. 在附着系数不对称路面上制动时，方向稳定性较差的ABS控制方式是（　　　）。

A. 四轮独立的四通道四传感器控制方式

B. 前轮独立后轮选择四传感器四通道控制方式

C. 前轮独立后轮选择四传感器三通道控制方式

D. 前轮独立后轮选择三传感器三通道控制方式

8. 电子控制制动力分配系统简写为（　　　）。

A. ABS　　　　B. EBA　　　　C. EBD　　　　D. ECT

9. 下列哪个工况下，EBD不会起作用？（　　　）

A. 汽车良好路面加速行驶   B. 汽车在不均有路面制动

C. 汽车载荷不同情况下制动   D. 汽车在转弯情况下制动

10. 行驶在路滑的左侧弯道上的车辆，当过度转向使得车子向右甩尾时，VSC 系统会（   ）。

A. 让右前轮制动   B. 让右后轮制动

C. 让左前轮制动   D. 让左后轮制动

11. 在下列防滑控制方式中，反应最快的是（   ）。

A. 发动机输出功率控制   B. 差速锁与发动机输出功率综合控制

C. 防滑差速锁控制   D. 驱动轮制动控制

12. 以下在车身稳定性控制系统用于检测前轴横向加速度信号的是（   ）。

A. 横摆率传感器   B. 横向加速度传感器

C. 转向角度传感器   D. 汽车加速度传感器

13. 车身稳定性控制系统在抑制前轮向右产生侧滑时，首先会对哪个车轮施加制动力？（   ）

A. 左后轮   B. 左前轮   C. 右后轮   D. 右前轮

14. 安全气囊是否引爆取决于汽车碰撞时的碰撞角度和哪个数值的大小？（   ）

A. 减速度   B. 碰撞能量   C. 车身刚度   D. 碰撞力

15. 安全气囊前碰撞传感器的有效作用范围一般是汽车正前方±（   ）。

A. 25°   B. 35°   C. 30°   D. 40°

16. 安全气囊的备用电源的储能元件是（   ）。

A. 电容   B. 电感   C. 电池   D. 电阻

17. 汽车安全气囊充满氮气的时间约为（   ）。

A. 10ms   B. 20ms   C. 30ms   D. 60ms

18. 试验表明从汽车遭受碰撞开始到气囊收缩为止经历时间约为（   ）。

A. 40ms   B. 60ms   C. 90ms   D. 120ms

19. 安全气囊中与点火器连接的接线端子采用的防护装置是（   ）。

A. 防止气囊误爆机构   B. 线路连接诊断机构

C. 插接器双重锁定机构   D. 端子双重锁定机构

20. 汽车安全气囊系统 SRS 与座椅安全带收紧系统 SRTS 的点火时序为（   ）。

A. SRS 先点火   B. SRTS 先点火

C. SRS 与 SRTS 同时点火   D. 不一定谁先点火

二、判断题

1. ABS 防抱制动系统，因其防止车轮抱死，所以其制动距离会比普通制动距离长。（   ）

2. 车轮抱死时将导致制动时汽车稳定性变差。（   ）

3. 纵向附着系数在滑移率为 50% 左右时最大。（   ）

4. 当滑移率为 100% 时，车轮不转动，但汽车会朝前滑移。（   ）

5. 当汽车在弯道制动时，EBD 调节内侧车轮制动力大于外侧车轮制动力。（   ）

6. 霍尔式车轮转速传感器输出信号电压随车轮转速的变化而变化。（　　）

7. 防滑差速器作用是汽车在好路上行驶时具有正常的差速作用。但在坏路上行驶时，差速作用被锁止，充分利用不滑转车轮与地面间的附着力，产生足够的牵引力。（　　）

8. 碰撞传感器实际是一个减速度传感器。（　　）

9. 驾驶人安全气囊背面有泄气孔，起缓冲作用。（　　）

10. 安全带收紧器和安全气囊类似，内部也装有的点火器和气体发生器。（　　）

三、简答题

1. 驱动轮防滑转调节方法有哪些？

2. ABS 有哪些优点？

3. 简述驱动防滑转 ASR 的工作原理。

4. 简述安全气囊系统的功用。

四、综合分析题

从车和人两个方面来分析如何提高汽车的行车安全。

第7章 汽车电控悬架系统

【本章知识构架】

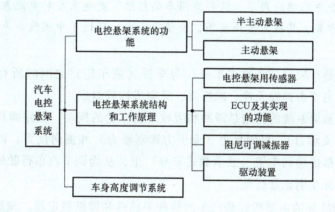

【教学目标】

1. 了解电控悬架系统的作用和分类。
2. 掌握电控悬架系统结构和工作原理。
3. 了解车身高度调节系统。

【教学要求】

知识要点	能力要求	相关知识
电控悬架系统的作用和分类	了解电控悬架系统的作用；掌握半主动悬架和主动悬架的功能	悬架系统、半主动悬架、主动悬架
电控悬架系统结构和工作原理	了解电控悬架用传感器、阻尼可调减振器结构及工作原理；掌握电控系统控制器及其实现的功能	传感器、ECU、阻尼器
车身高度调节系统	了解车身高度调节系统的组成、原理及方法	高度传感器、排气电磁阀

【导入案例】

我国汽车行业院士带领团队自主研制汽车电控悬架系统

电控悬架系统能够很好地提高整车平顺性、驾驶舒适性和操纵性，但过去一直被国际Tier 1巨头垄断，因此国内主机厂需要支付高昂的开发服务费。在汽车电动化、智能化趋势下，各车企对电控悬架系统开发和供货资源的需求日益迫切。

浙江孔辉汽车科技有限公司（以下简称浙江孔辉）成立于2018年10月，由中国工程院首批院士、汽车行业首位院士郭孔辉及其次子郭川（现任公司董事长兼CEO）联合创办。孔辉团队凭借在整车动态力学（Vehicle Dynamics）、相关算法和关键部件工程化开发等方面的技术积累和产业认知，打破了国外供应商垄断的产业格局，实现了国产技术的产业化落地，已和几家一线车企的主力车型实现了定点技术方案开发，与部分车型配合量产。

浙江孔辉提供的智能空气悬架系统属于普适性的、面向所有汽车底盘的高技术含量核心部件，是大部分中高端乘用车、特种商用车的标配，更是需要对电池系统重点保护的新能源汽车的优选方案。其技术复杂度高，价值空间大，促进了中国汽车产业的生产制造。

汽车电控悬架系统

悬架是车架（或承载式车身）与车桥（或车轮）之间的所有传力连接装置的总称。其主要由弹性元件、减振器、导向机构等组成。

汽车悬架系统的作用是缓冲和吸收来自车轮的振动，把路面作用于车轮上的垂直反力（支承力）、纵向反力（牵引力和制动力）和侧向反力，以及这些反力所产生的力矩都传递到车架（或承载式车身）上，从而调节汽车行驶的平顺性和操纵稳定性，保证车辆正常行驶。

衡量悬架性能好坏的主要指标是汽车的行驶平顺性和操纵稳定性。理想的悬架应在不同的使用条件下具有不同的弹簧刚度和减振器阻尼力，既能满足汽车行驶平顺性要求又能满足操纵稳定性要求。传统的悬架系统是根据某种路面附着情况和车速，兼顾各方面的要求，优化选定一种弹簧刚度和减振器阻尼系数。这种刚度和阻尼系数一定的悬架只能被动地承受地面对车身的冲击，不能主动地控制这些作用力，故称为被动悬架。实际的汽车在行驶过程中，路面附着情况和行驶车速是不断变化的，因此，这种刚度和阻尼系数都不可调节的被动悬架不可能在改善汽车的乘坐舒适性、行驶平顺性和操纵稳定性方面同时兼顾，无法达到悬架控制的理想目标。

随着高速公路网的发展，汽车车速很大程度地提高，而传统的被动悬架系统限制了汽车性能的进一步提高。现代汽车对悬架系统的要求除了能保证其基本性能外，还有利于提高汽车的行驶安全性和乘坐舒适性，同时还向高附加值、高性能和高质量的方向发展。随着电子技术、传感器技术等的飞速发展，电控悬架系统逐步在汽车上应用推广。

电控悬架系统能够根据车身高度、车速、转向角度、制动等信号，由ECU控制悬架执行机构，对悬架系统的刚度、减振器的阻尼力及车身高度等参数进行调节，从而使汽车具有良好的乘坐舒适性、操纵稳定性和通过性。电控悬架系统的最大优点就是它能使悬架随不同的路况和行驶状态做出不同的反应。

7.1　电控悬架系统的功能

电控悬架突破了传统被动悬架的局限性，可以通过调节车身高度，控制弹簧的刚度和减振器的阻尼力（有些车型只具有其中的一个或两个功能，而有些车型同时具有以上三个功能），使汽车的悬架特性与道路状况和行驶状态相适应，从而保证汽车行驶的平顺性和操纵稳定性的要求都能得到满足，具体如下：

1）调节车身高度，保持车身稳定性，提高汽车通过性。汽车载荷变化时，电控悬架系统能自动维持车身高度不变，车身保持水平，从而使前照灯光束方向保持不变；当汽车在坏路面上行驶时，可以使车身升高，防止与路面相碰，提高通过性；当汽车高速行驶时，又可以使车身降低，提高操纵稳定性和乘坐舒适性。

2）提高车辆的行驶平顺性和操纵稳定性，抑制车辆姿态的变化。当汽车急速起步或加速行驶时，由于惯性力及驱动力的作用，会使车尾下蹲产生"后仰"现象。电控悬架能够及时地改变悬架的刚度，抑制后仰的发生。当汽车在高速行驶中紧急制动时，由于惯性力和轮胎与地面摩擦力的作用，会使车头下沉产生制动"点头"现象。电控悬架能使汽车在这种工况下车头的下沉量得到抑制。当汽车急转弯时，由于离心力的作用汽车车身向一侧倾斜，转弯结束后离心力消失。汽车在这样的工况下会产生汽车车身的横向晃动，电控悬架此时能够减少车身倾斜的程度、抑制车身横向摇动的产生。因此，电控悬架在一定程度上能使悬架适应负荷状况、路面不平度和操纵情况的变化。

3）提高车轮与地面的附着力，改善汽车制动性能并提高汽车抵抗侧滑能力。普通汽车在制动时车头向下俯冲，由于前、后轴载荷发生变化，使后轮与地面的附着条件恶化，延长了制动过程。电控悬架系统可以在制动时使车尾下沉，充分利用车轮与地面的附着条件，加速制动过程，缩短制动距离。电控悬架可使车轮与地面保持良好接触，即车轮跳离地面的倾向减小，因而可提高车轮与地面的附着力，从而提高汽车抵抗侧滑的能力。

7.2　电控悬架系统的类型

电控悬架系统按照控制方式不同，可以分为如图7-1所示的类型。

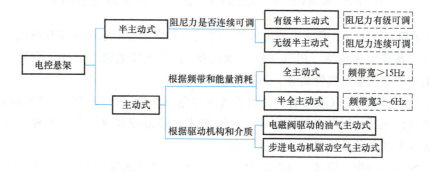

图 7-1　电控悬架系统类型框图

无级半主动悬架可以根据路面的行驶状态和车身的响应对悬架阻尼力进行控制，并在几毫秒内由最小变化到最大，使车身的振动响应始终被控制在某个范围内。但在转向、起步、制动等工况时不能对阻尼力实施有效的控制。它比全主动式悬架优越的地方是不需要外加动力源，消耗的能量很小，成本较低。

主动悬架是一种能供给和控制动力源（油压、气压）的装置。可以根据各种传感器检测到的汽车载荷、路面状况、行驶速度、起动、制动、转向等状况的变化，自动调整悬架的刚度、阻尼力以及车身高度等。它能显著提高汽车的操纵稳定性和乘坐舒适性，但是成本较高，能耗也较大。

7.3 电控悬架系统的组成

目前，电控悬架在高级轿车、客车上应用广泛，以 LS400 乘用车电控空气悬架系统为例，如图 7-2 所示，说明其组成结构及其在车上的布置。

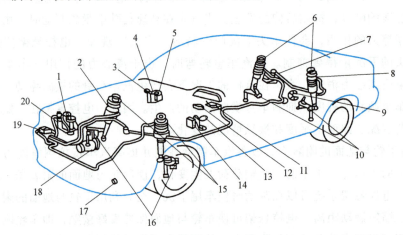

图 7-2　LS400 乘用车电控空气悬架系统

1—空气压缩机　2—前空气弹簧和减振器　3—高度控制插接器　4—发动机和变速器 ECU　5—悬架 ECU
6—后悬架控制执行器　7—后高度控制电磁阀　8—后空气弹簧和减振器　9—后加速度传感器
10—后高度传感器　11—高度控制开关　12—转角传感器　13—制动灯开关　14—车身 ECU
15—前悬架控制执行器　16—带前加速度传感器的前高度传感器　17—空气悬架继电器
18—发动机 IC 调节器　19—前高度控制电磁阀　20—干燥器和排气电磁阀

LS400 乘用车电控空气悬架系统由压缩空气系统和电子控制系统两部分组成。

压缩空气系统组成包括 4 组气压缸（减振器）、空气压缩机、空气干燥器、高度电磁阀、排气电磁阀、压缩空气管路等，如图 7-3 所示。

LS400 乘用车电控空气悬架电子控制系统部件包括车辆高度控制阀、悬架高度传感器、汽车转向角度传感器、压缩空气排气阀、悬架 ECU、悬架控制执行器、各种手动控制开关和汽车仪表板上的各种显示仪表、指示灯等。

悬架系统弹簧的弹性模量、减振器的阻尼力、汽车悬架的高度等都可以根据开关上的条件来确定。悬架系统的实时状态也显示在汽车的仪表板上。

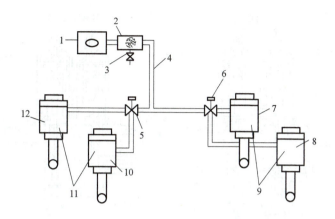

图 7-3　LS400 乘用车电控空气悬架压缩空气系统组成示意图

1—压缩机　2—干燥器　3—排气电磁阀　4—空气管　5—1 号高度电磁阀　6—2 号高度电磁阀

7—左后　8—右后　9—气压缸　10—右前　11—气压缸　12—左前

1. 空气压缩机

空气压缩机为升高汽车悬架高度提供所需的压缩空气。由直流永磁电动机驱动，由 ECU 直接控制，需要提高车身高度时，ECU 驱动压缩机电动机工作，压缩机向外排出空气，使车身升高。当车身升高至目标高度时，ECU 停止压缩机电动机的驱动工作，高度调节自动停止。

2. 空气干燥器

空气干燥器用于去除系统内由于空气压缩而产生的水分，一般安装在高度控制阀和排气电磁阀之间，内部充满了硅胶。在空气悬架高度需要上升时，压缩空气通过空气干燥器，硅胶吸附其中的水分并使之进入高度电磁阀。在汽车悬架高度需要下降时，排气电磁阀打开，压缩空气通过空气干燥器和排气电磁阀排入大气。排气的同时将硅胶所吸收的水分排入大气中，起"再生循环"作用。

3. 排气电磁阀

排气电磁阀安装在空气干燥器的末端，当接收到悬架控制 ECU 发出降低悬架高度的指令时，排气电磁阀打开，将系统中的压缩空气排出。

4. 高度电磁阀

高度电磁阀有 2 个，1 号高度电磁阀和 2 号高度电磁阀，安装于空气干燥器和气动缸之间，分别用于前后悬架的高度调节。其结构如图 7-4 所示。

高度电磁阀可根据悬架 ECU 的指令控制压缩空气充入或排出气压缸。1 号高度电磁阀控制前悬架，由一组电路通过两个电磁阀来分别控制和调节左右侧气压缸。2 号高度电磁阀控制后悬架，由两组电路各控制相应的电磁阀来调节左右侧气压缸。2 号高度电磁阀空气管路中装有一只单向阀来避免由于阀的开闭形成的空气不正常波动。

当空气悬架高度需要上升时，高度电磁阀接通，排气电磁阀关闭，向气压缸充入压缩空气，使汽车悬架升高。当汽车悬架高度需要下降时，高度电磁阀接通，排气电磁阀打开，压

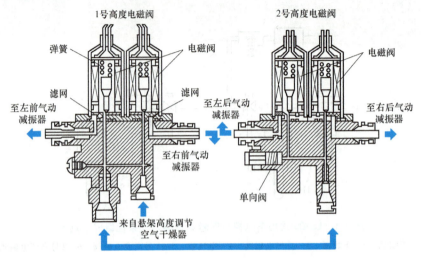

图7-4　高度电磁阀内部结构图

缩空气通过空气干燥器排入大气中。

5. 空气管

空气悬架系统一般采用钢管和尼龙软管作为空气管。钢管用于固定在车身上的前、后高度电磁阀之间的固定管道；尼龙软管用于有相对运动的连接管道，如空气弹簧与高度电磁阀之间的管道。

6. 气动减振器

气动减振器即图7-3中的气压缸，LS400车型中有4个，每个气动减振器都包括一个可变阻尼力的减振器和可变弹性模量的空气弹簧，具体结构如图7-5所示。

（1）可变弹性模量的空气弹簧　空气弹簧安装于气动减振器的上端，与可变阻尼力的减振器一起构成悬架支柱，上端与车架相连，下端安装在悬架摆臂上。该空气弹簧由空气室和连通阀两部分组成，空气室分为主气室和副气室。

空气弹簧弹性模量通过连通阀改变由主气室进入副气室的空气量来调节。

当连通阀转到如图7-6所示的位置时，主、副气室的气体通道被打开，主气室的气体经连通阀的中间孔与副气室的气体相通，相当于空气弹簧的工作容积增大，空气弹簧的刚度为软。

当连通阀转到如图7-7所示的位置时，主、副

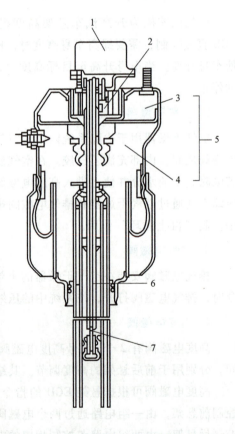

图7-5　气动减振器的总体结构
1—悬架控制执行器　2—连通阀　3—副气室
4—主气室　5—空气室　6—旋转阀控制杆
7—活塞节流孔

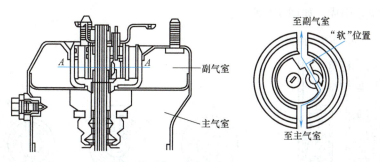

图 7-6　空气弹簧的刚度为"软"

气室的气体通道被关闭，主、副气室之间的气体不能相互流通，此时的空气弹簧只有主气室的气体参加工作，空气弹簧的刚度为硬。

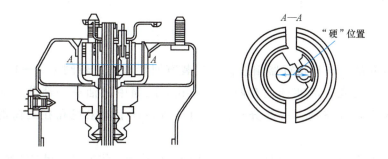

图 7-7　空气弹簧的刚度为"硬"

主气室是可变容积的，在它的下部有一个可伸展的隔膜，当需要升高车身高度时，由空气压缩机来的空气经高度电磁阀向空气弹簧的主气室充气，使空气弹簧伸张，从而使车身高度增加，当需要降低车身高度时，空气弹簧主气室的空气经排气电磁阀排出到大气，使空气弹簧收缩，降低车身高度，如图 7-8 所示。

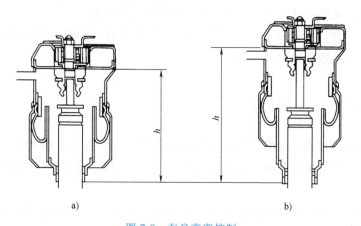

图 7-8　车身高度控制

a）车身低　b）车身高

（2）**变阻尼减振器**　变阻尼减振器安装在空气弹簧的下端，主要由缸筒、活塞及阻尼调节杆、回转阀等构成，如图 7-9 所示。

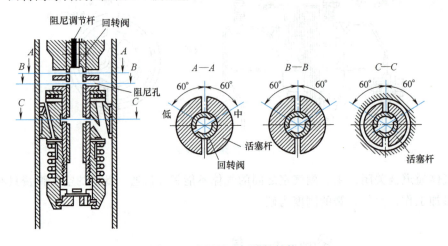

图 7-9　变阻尼减振器的结构

阻尼调节杆的上端与执行器相连，下端装有回转阀，回转阀上 $A—A$、$B—B$、$C—C$ 截面各有一个阻尼孔，活塞杆上有两个阻尼孔。缸筒中的油液一部分经活塞上的阻尼孔在缸筒的上下两腔流动，一部分经回转阀与活塞杆上的阻尼孔在缸筒的上下两腔间流动。

执行器通过阻尼调节杆带动回转阀相对于活塞杆转动，使得回转阀与活塞杆上的阻尼孔连通或切断，于是增加或减少油液的流通面积，使油液的流动阻力改变，从而改变悬架阻尼的大小，达到调节减振器阻尼力的目的。

当回转阀上的 $A—A$、$B—B$、$C—C$ 3 个截面的阻尼孔全部被回转阀封住时，只有减振器下面的主阻尼孔在工作，此时阻尼为最大，减振器被调节到"硬"状态。

当回转阀从"硬"状态位置顺时针转到 60° 时，$B—B$ 截面的阻尼孔打开，另外两截面的阻尼孔仍关闭，减振器处于"运动状态"，也称为中间状态。

当回转阀从"硬"状态位置逆时针转动 60° 时，3 个截面的阻尼孔全部打开，此时减振器的阻尼最小，减振器处于"软"状态。

7.4　电控悬架系统的控制

电控悬架系统把相关传感器检测的车辆状态转换为电信号输入到 ECU，通过 ECU 计算比较分析得出结论发给执行器执行相应的动作，LS400 乘用车电控空气悬架控制系统电路图如图 7-10 所示。

当电控悬架根据检测信号判断需要改变车高时，悬架 ECU 控制空气压缩机工作，形成压缩空气，并将压缩空气送入弹簧和减振器的空气室，以此来改变车辆的高度。

当电控悬架根据传感器检测信号及开关信号判断需要改变减振器阻尼力时，悬架控制执

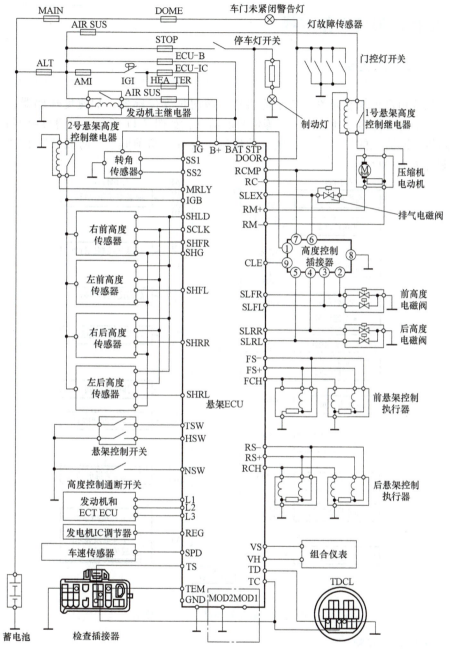

图 7-10　LS400 乘用车电控空气悬架控制系统电路图

电控空气悬架
系统控制过程

行器电动机受 ECU 的信号控制，通过转动回转阀改变阻尼孔的大小，从而改变阻尼力的大小。

　　若需要改变弹簧的刚度，通过连通阀改变由主气室进入副气室的空气量来调节，从而改变弹性模量的大小。

7.5 电控悬架的工作过程

7.5.1 悬架刚度控制

ECU 接收由高度控制开关、车速传感器、转向角度传感器、加速度传感器、节气门位置信号、汽车高度传感器制动灯开关等传来的信息，如图 7-11 所示，计算并控制弹簧刚度。基于不同传感器输入的信号，弹簧刚度的控制主要有"防前倾""防侧倾"和"前后轮相关"控制等方面的操作。

电控悬架系统的工作过程

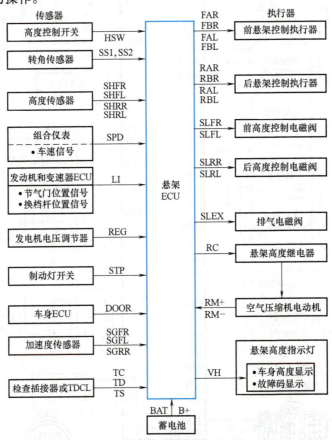

图 7-11 电控悬架电子控制示意图

1. "防前倾"控制

"前倾"一般是汽车高速行驶突然制动时发生的现象，防前倾主要是防止紧急制动时汽车前端下垂。可以分别用制动灯开关和汽车高度传感器检测制动状况和前倾状况。如果判断为汽车处于紧急制动时自动地将弹簧刚度增加，使正常行驶条件下时空气弹簧刚度的"中"设置变为"硬"设置，当不再需要时则恢复到一般状态的设置。

2. "防侧倾"控制

当紧急转向时，电控悬架系统由正常行驶的"中"刚度转换为"硬"刚度，以防止产生侧倾。

3. 前后轮相关控制

当汽车行驶在弯曲道路或凸起路上时，通过前后轮弹簧刚度相关控制并结合协调阻尼力大小控制，使在正常行驶时空气弹簧刚度从"中"的设置转换到"软"的设置以改善平顺性。但在高速运行时"软"的状态工作会导致汽车出现行驶不稳定的状态，因而仅限于车速低于 80km/h。ECU 通过来自前左侧的高度传感器信号来判断凸起路，若前轮检测到凸起路后，控制后轮悬架由"中"变"软"。如图 7-12 所示为这种控制的一个例子，可以看出在后轮通过凸起之前改变后轮的刚度和阻尼

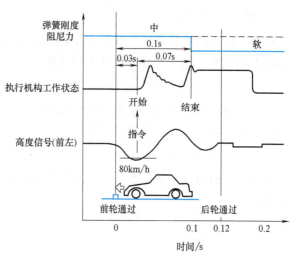

图 7-12　前后轮相关控制

力，在"软"状态运行 2s 之后，再恢复到原来的状态。

7.5.2　减振器阻尼控制

ECU 根据车速传感器、转角传感器、制动灯开关、自动变速器空档开关和节气门位置传感器等不同信号控制减振器的阻力，实现"软""中""硬"三种速度特性的有级转换（速度特性如图 7-13 所示），主要完成防止加速和换档时后倾、高速制动时前倾、急转弯时侧倾和保证高速时具有良好的附着力等控制功能，从而提高汽车行驶的舒适性和安全性。

汽车低速行驶时突然加速会出现后倾现象，防后倾控制的结果依赖于加速踏板被踩下的速度和大小。例如，为了改善舒适性，在车速低于 20km/h 时减振器的阻尼设置成"软"的状态，当突然踩下加速踏板使之超过节气门全开的 80% 时，将阻尼设置为"硬"，而当车速超过 30km/h 时，返回到一般情况下的阻尼力设置。

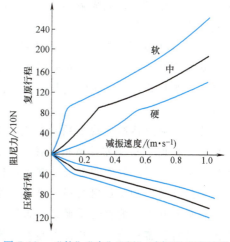

图 7-13　"软""中""硬"减振器速度特性

7.5.3　车高控制

ECU 根据汽车高度传感器信号来判断汽车的高度状况，当判定"车高度低"，则控制空气压缩机电动机和高度电磁阀向空气弹簧主气室内充气，使车高增加；反之，若打开高度电磁阀向外排气时则使汽车高度降低。系统根据车速、车高和车门开关传感器信号来监视汽车的状态，控制执行机构来调整车高，实现如下功能：

1. 自动水平控制

控制车高不随乘员数量和载荷大小的变化而变化，由此抑制空气阻力和升力（迫使汽车漂浮）的增加，减小颠簸并保证平稳行驶。

2. 高速行驶时的车高控制

汽车高速行驶时操纵稳定性一般要受到影响，此时降低车高有助于抑制空气阻力和升力的增加，提高汽车直线行驶的稳定性。

3. 驻车时车高控制

乘员下车后自动降低车高有利于改善汽车的外观，另外通过调整车高也有利于在车库中的存放。

拓展阅读

宝马 X5 电控悬架某故障分析

一辆 2009 年 5 月生产的宝马 X5 SUV，底盘型号为 E53，已行驶 120000km。该车车身倾斜，左后车身高度明显低于右后车身，在起动工作模式下，左右两侧悬架均可工作，但静止后左后侧总是比右后侧车身低大约 15cm。

连接 GT1 诊断仪进行自诊断，选择 X 系 E53 底盘车型，单击"快速测试"键，对全车电控系统进行扫描，完成后单击"控制模块功能"键，选择"EHC 单轴空气弹簧"项目，无故障码显示。

根据 GT1 专用诊断仪无法扫描到电控空气悬架任何的故障，结合宝马 X5 电控空气悬架的控制原理以及维修经验判断分析，产生该故障的主要原因有如下几点：①空气弹簧电磁阀至空气弹簧某处漏气；②空气悬架故障；③空气弹簧电磁阀堵塞、卡滞或损坏；④电控系统故障。

首先，使用诊断仪的专项功能对气路进行检查，查找是否有漏气部位。选取"部件控制功能"中的"升高左后减振支柱"项，单击"激活"键，此时可听到空气压缩机运转声，然后仔细聆听空气软管和空气气囊各部位，并无任何漏气声。最后对减振弹簧及其附属部件进行详细检查，均无任何损坏。说明电控悬架气路和空气悬架无故障。

根据空气悬架的控制原理，如果空气弹簧电磁阀有卡滞、堵塞或损坏，就会造成空气弹簧无法进行正常的充气，从而引起空气弹簧充气不足而过低。从左侧车身高度的测量值看，左侧车身高度过低，所以对左侧空气弹簧电磁阀进行检查分析。首先检查电磁阀电阻，阻值正常；然后进行反复的通电试验，电磁阀开闭正常且无卡滞现象，通电时电磁阀进出口气流通畅，说明并无堵塞故障。

连接 GT1 诊断仪，让空气悬架工作，通过 GT1 诊断仪读取左后和右后空气弹簧电磁阀的开启和关闭工作情况。通过读取的结果发现，空气悬架每次工作时，左侧开启的时间总是比右侧开启的时间短些。电磁阀的开启时间由 EHC 控制，开启时间决定进气量，而进气量决定了车身高度的大小，通过分析说明 EHC 控制单元可能有故障。于是更换新的 EHC 控制模块，故障现象却没有消失。

　　由于电控悬架主要是根据车身高度传感器反馈的信号对空气弹簧电磁阀进行控制，当需要对车身高度进行调整时，电控悬架EHC就会根据车身高度信号控制空气弹簧电磁阀开闭时间，完成对空气弹簧的充气或放气，使车身高度目标值和实际值达到一致。于是，维修员猜测会不会是车身高度传感器信号失准了？为了验证猜测，对左右两侧车身高度传感器的信号进行了检查和分析。

　　首先通过诊断仪读取左右两侧车身高度传感器的信号电压，发现每次电控悬架调整结束后，左右两侧车身高度信号值完全一样。正常情况下，只有车身高度相同，车身高度信号才会相同。但为何车身高度不同，车身高度信号却相同呢？通过查阅相关维修资料得知，每一个车身高度信号值都与一个相应的车身高度对应，车身高度信号值必须与车身高度相匹配（表7-1），否则就是车身高度传感器有故障或信号失准。为了进一步验证推断，查阅维修手册找出该车型车身高度传感器的正常信号范围是0.5~4.5V，然后拆卸左右2个高度传感器铰接杆，上下改变高度传感器的高度大小，同时将诊断仪退回至EHC自诊断菜单，选择"诊断应答"功能的"电压值"测试项目。随着高度的变化，对左右2个传感器的信号做出对比，右后侧高度传感器信号变化范围是0.5~4.5 V，左后侧高度传感器高度信号仅在0.52~2.57V之间变化（表7-2）。

表7-1　高度信号与车身高度对照表

传感器	静态车身高度信号	高度值	标准高度值
左后侧	2.35V	52cm	65~67cm
右后侧	2.35V	67cm	

表7-2　车身高度信号变化表

传感器	变化范围	标准范围
左后侧	0.52~2.57V	0.5~4.5V
右后侧	0.5~4.5V	

　　通过上述检查结果及表1、表2可知，①虽然左后侧车身高度传感器的信号在正常的范围内，但小于标准变化范围的0.5~4.5V；②左后侧静态车身高度信号值与标准车身高度值不匹配。通过这2点就不难得出：左后侧车身高度信号有故障，高度信号与车身高度不匹配，它总是向EHC控制单元提供一个比标准车身高度较小的高度信号，从而导致左侧电磁阀开启时间比标准时间总是短些。

　　分析得出，电控悬架控制异常是由接收信号失准引起的。由于EHC控制单元无法检测电磁阀进、出气口的工作状态，只能从车身高度传感器的反馈信号来判断车身高度的目标值与实际值的偏差，所以电控悬架每次依此信号，对车身高度进行控制并达到目标车身高度时，却已经低于实际要达到的车身高度了，这就是导致左后侧车身高度总是过低的原因。

　　进一步分析原因，可能是车身高度传感器内部元件工作性能变差或失常，如永久磁铁磁性变弱、霍尔元件工作性能变差、电子分析放大电路工作异常等，影响了EHC控制单元接收信号的准确性，从而影响EHC控制单元对左右两侧车身高度的控制。由于该传感器内部不可拆解，内部主要元件工作状况好坏也难以鉴别，所以更换新的高度传感器。更换后故障现象消失。

 本章小结 ••

　　本章概括介绍了汽车电控悬架系统的功能、类型及组成结构，重点讲解了电控悬架系统的控制原理和控制过程。

 复习思考题 ••

一、单项选择题

1. 下列属于主动悬架测量组件的是（　　　）。

A. 液压缸　　　　　B. 伺服电动机　　　　　C. 电磁铁　　　　　D. 加速度传感器

2. 当汽车在坏路面行驶时，能提高汽车通过性的是（　　　）。

A. 增大弹簧刚度　　　　　　　　　　B. 提高车身高度

C. 调节减振器阻尼力　　　　　　　　D. 以均可

3. 用于判断汽车转向时侧向力大小的传感器是（　　　）。

A. 车速传感器和转向角度传感器　　　B. 车身高度传感器和发动机转速传感器

C. 转向角度传感器和发动机转速传感器　D. 车速传感器和曲轴位置传感器

4. 电控悬架调节所需信号不包括（　　　）。

A. 车速信号　　　　　　　　　　　　B. 汽车加速度信号

C. 变速器档位信号　　　　　　　　　D. 车身高度信号

5. 若停车时出现来回摇摆，为防止上、下车时车身摇动，电控悬架阻尼器状态会调为（　　　）

A. 软　　　　　B. 中　　　　　C. 硬　　　　　D. 不确定

二、判断题

1. 被动悬架只能被动地承受地面对车身的冲击，而不能主动地控制这些作用力。（　　　）

2. 装有电控悬架系统的汽车可有效避免制动时的"点头"现象。（　　　）

3. 无级半主动悬架需要外加动力源，消耗的能量多。（　　　）

4. 全主动悬架可以在制动、加速等汽车行驶的全程进行刚度和阻尼力调整。（　　　）

5. 在电子控制悬架系统中，ECU根据车速传感器和转向角度传感器的信号，判断汽车转向时侧向力的大小和方向，以控制车身的侧倾。（　　　）

三、简答题

1. 简述汽车电控制悬架系统的工作原理。

2. 汽车电控悬架系统的功用有哪些？

第8章 汽车电子转向系统

【本章知识构架】

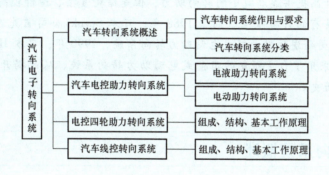

【教学目标】

1. 了解汽车转向系统的发展过程及发展趋势。
2. 掌握汽车电控助力转向系统组成及工作原理。
3. 了解汽车电控四轮助力转向系统的结构及工作原理。
4. 了解汽车线控转向系统的结构及工作原理。

【教学要求】

知识要点	能力要求	相关知识
汽车转向系统作用及分类	了解汽车转向系统的作用；了解汽车转向系统的分类	转向系统的作用及要求、机械转向系统、电控转向系统
汽车电控助力转向系统	掌握电液助力转向系统的组成及工作原理；掌握电动助力转向系统的组成及工作原理	电控助力转向系统的组成、特点及典型助力转向系统的工作原理
汽车电控四轮助力转向系统	了解汽车电控四轮助力转向系统的特点及工作原理	4WS的布置形式、转向角比例控制、转向控制方式、前轮转向机构与后轮转向机构
汽车线控转向系统	了解汽车线控转向系统的特点和组成机构	线控转向系统的特点及组成

【导入案例】

转向系统的发展历史

转向系统是汽车的主要子系统之一，其性能直接关系到汽车的操纵稳定性和舒适性，对于确保行车安全、减少交通事故以及保护驾驶人的人身安全、改善驾驶人的工作条件起着重要的作用。在汽车转向系统的发展历程中，经历了大概四个阶段，分别为机械转向系统（Manual Steering, MS）、液压助力转向系统（Hydraulic Power Steering, HPS）、电液助力转向系统（ElectroHydraulic Power Steering, EHPS）及电动助力转向系统（Electric Power Steering, EPS）。

装配机械转向系统的汽车，在泊车和低速行驶时驾驶人的转向操纵负担过于沉重，为解决这个问题，美国 GM 公司在 20 世纪 50 年代率先在轿车上采用了液压助力转向系统。但是，液压助力转向系统无法兼顾车辆低速时的转向轻便性和高速时的转向稳定性。1983年，日本 Koyo 公司推出了具备车速感应功能的电液助力转向系统。这种新型的转向系统可以随着车速的升高提供逐渐减小的转向助力，但是结构复杂、造价较高，而且无法克服液压系统自身所具有的许多缺点。到了 1988 年，日本 Suzuki 公司首先在小型轿车 Gervo 上配备了 Koyo 公司研发的转向轴式电动助力转向系统，1990 年，日本 Honda 公司也在运动型轿车 NSX 上采用了自主研发的齿条式电动助力转向系统，从此揭开了电动助力转向在汽车上应用的历史。

8.1 汽车转向系统概述

8.1.1 转向系统的作用与相关要求

用来改变或保持汽车行驶或倒退方向的一系列装置称为汽车转向系统（Automobile Steering System）如图 8-1 所示。

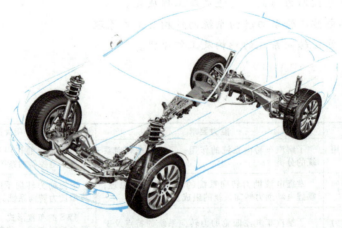

图 8-1　汽车转向系统

汽车转向系统的功能就是按照驾驶人的意图控制汽车的行驶方向。汽车转向系统对汽车

的行驶安全至关重要，因此汽车转向系统的零件都称为保安件。

为确保行车安全，对转向系统有如下要求。

1）转向系统应工作可靠，操纵轻便。

2）对轻微的路面冲击，转向系统应有自动回正能力。

3）转向机构应能减小地面传到转向盘上的冲击，并保持适当的路感。

4）当汽车发生碰撞时，转向装置应能减轻或避免对驾驶人的伤害。

8.1.2 转向系统的分类

汽车转向系统可按转向的能源不同分为机械转向系统、助力转向系统和线控转向系统三类。

机械转向系统是依靠驾驶人操纵转向盘的转向力来实现车轮转向；助力转向系统则是在驾驶人的控制下，借助于汽车发动机产生的液体压力或电动机驱动力来实现车轮转向。

传统的助力转向系统具有转向操纵灵活、轻便等优点，但也有汽车以高速行驶时，转动转向盘的力显得太小，转向盘"发飘"，不利于高速行车的缺点。

随着电子控制技术在汽车助力转向系统中的应用，出现了电控助力转向系统。电控助力转向系统可以在低速时减轻转向操作力，以提高转向系统的操纵轻便性；在高速时则可适当加重转向力，以提高操纵稳定性。

四轮转向系统的应用，在提高汽车转向操纵稳定性的同时，能显著缩短转弯半径，提高车辆的弯道通过性能。

线控转向系统的诞生和发展，是跟随时代科技进步和满足人们需求的产物，摆脱了传统转向控制系统所固有的功能限制，提高了驾驶安全性和操作方便性。

8.2 汽车电控助力转向系统

8.2.1 电控助力转向系统概述

1. 电控助力转向系统的组成

电子控制技术在汽车助力转向系统中的应用，提高了汽车的驾驶性能。为了克服传统液压控制系统的缺点，在其基础上加装电控系统，就形成了电液助力转向系统。

典型的电液助力转向系统如图 8-2 所示。

2. 电控助力转向系统的分类

根据动力源的不同，电控助力转向系统可分为电液助力转向系统（俗称液压式EPS）和电动助力转向系统（俗称电动式

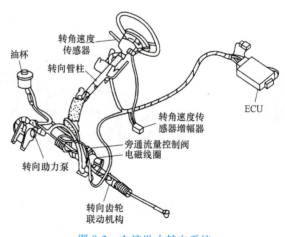

图 8-2　电液助力转向系统

297

EPS）。

电液助力转向系统在传统的液压助力转向系统的基础上增设了控制液体流量的电磁阀、车速传感器和ECU等，ECU根据检测到的车速信号，控制电磁阀，使转向助力放大倍率实现连续可调，从而满足汽车在中、低速时的转向助力要求。

电动助力转向系统是利用直流电动机作为动力源，ECU根据转向参数和车速等信号，控制电动机转矩的大小和方向。电动机的转矩由电磁离合器通过减速机构减速增加转矩后，加在汽车的转向机构上，使之得到一个与工况相适应的转向作用力。

3. 电控助力转向系统的特点

为满足现代汽车对转向系统的要求，电控助力转向系统具有以下特点。

1）良好的随动性。即转向盘与转向轮之间具有准确的一一对应关系，同时能保证转向轮可维持在任意转向角位置。

2）有高度的转向灵敏度。即转向轮对转向盘具有灵敏的响应。

3）良好的稳定性。即具有很好的直线行驶稳定性和转向自动回正能力。

4）助力效果能随车速变化和转向阻力的变化作相应的调整。低速时，有较大的助力效果，以克服路面的转向阻力；中、高速时，要有适当的路感，以避免因转向过轻（转向盘"发飘"）而发生事故。

8.2.2 电液助力转向系统

电液助力转向系统是在传统的液压助力转向系统的基础上增设电子控制装置而构成的。

根据控制方式的不同，电液助力转向系统又可分为流量控制式、反力控制式和阀灵敏度控制式3种形式。

下面以丰田轿车采用的流量控制式助力转向系统为例，来说明助力转向系统的工作过程。

1. 流量控制式助力转向系统的组成

如图8-3所示，该系统主要由车速传感器、电磁阀、转向助力控制阀、转向助力泵和ECU等组成。

流量控制式助力转向系统

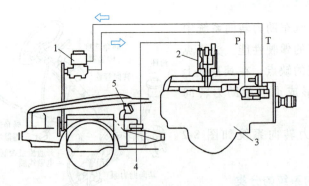

图 8-3　流量控制式助力转向系统

1—转向助力泵　2—电磁阀　3—转向助力控制阀　4—ECU　5—车速传感器

P—压力油管　T—回油管

2. 流量控制式助力转向系统的工作过程

电磁阀安装在通向转向助力缸活塞两侧油室的油道之间，当电磁阀的阀针完全开启时，两油道就被电磁阀接通了一个旁路，使动力缸活塞两侧压力差减小，助力减小；相反则助力增大。

流量控制式助力转向系统电磁阀的结构如图8-4所示。

流量控制式助力转向系统就是根据车速传感器的信号，控制电磁阀阀针的开启程度，从而控制转向助力缸活塞两侧油室的旁路液压油流量。

车速越高，流过电磁阀电磁线圈的平均电流值越大，电磁阀阀针的开启程度越大，旁路液压油流量越大，液压助力作用越小，使转动转向盘的力也随之增大；相反，车速较低时，助力作用加大，使转向轻便。这就是流量控制式助力转向系统的工作原理。

电磁阀的驱动信号如图8-5所示。驱动电磁阀电磁线圈的脉冲电流信号频率基本不变，但随着车速增大，脉冲电流信号的占空比将逐渐增大，使流过电磁线圈的平均电流值随车速的升高而增大。

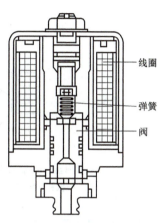

图 8-4　电磁阀结构

3. 流量控制式助力转向系统的工作电路

丰田流量控制式助力转向系统电路如图8-6所示。助力转向 ECU 是 EPS 的核心控制部件。它根据车速传感器提供的车速信号，通过改变旁通电磁阀驱动信号占空比的方式调节转向力。

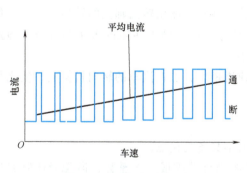

图 8-5　电磁阀驱动信号

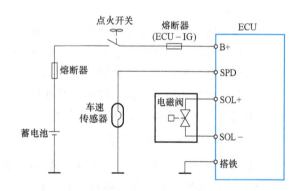

图 8-6　丰田流量控制式助力转向系统电路

8.2.3　电动助力转向系统

电动助力转向系统

电动助力转向系统用电动机代替了液压缸，电动机由汽车系统电源（蓄电池和发电机）供电。

当驾驶人转动转向盘时，电动助力转向系统中的传感器检测其运动情况，使电动机产生足够的动力带动转向轮做适当的偏转。电动助力转向系统中用电子开关代替了电液助力转向系统中的液压分配阀。

1. 电动助力转向系统的组成

电动助力转向系统的基本组成如图8-7所示，主要由车速传感器、转矩传感器、转向角度传感器、ECU、电动机及减速机构等组成。

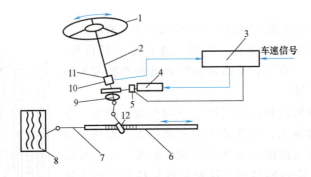

图 8-7　电动助力转向系统的组成

1—转向盘　2—输入轴（转向轴）　3—ECU　4—电动机　5—电磁离合器　6—转向齿条
7—横拉杆　8—转向车轮　9—输出轴　10—扭力杆　11—转矩传感器　12—转向齿轮

2. 电动助力转向系统的工作原理

电动助力转向系统的基本原理是根据汽车行驶速度信号、转矩及转向角信号，由 ECU 控制电动机及减速机构产生助力转矩，使汽车行驶在低、中和高速下都能获得最佳的转向效果。

电动机连同离合器和减速齿轮一起，通过一个橡胶底座安装在左车架上。电动机的输出转矩由减速齿轮增大，并通过万向节、转向器中的助力小齿轮把输出转矩送至齿条，向转向轮提供转矩。

当操纵转向盘时，装在转向盘轴上的转矩传感器不断地测出转向轴上的转矩信号，该信号与车速信号同时输入 ECU。ECU 根据这些输入信号，确定助力转矩的大小和方向，即选定电动机的电流和转向，调整转向辅助动力的大小。

电动机的转矩由电磁离合器通过减速机构减速增矩后，加在汽车的转向机构上，使之得到一个与汽车工况相适应的转向作用力。

3. 电动助力转向系统的优点

电动助力转向系统有许多电液助力转向系统所不具备的优点。

1）将电动机、离合器、减速装置、转向杆等各部件装配成一个整体，既无液压管路也无控制阀，使其结构紧凑、质量减小。

2）没有电液助力转向系统所必需的常态运转的转向助力泵，电动机只是在需要转向时才接通电源，所以动力消耗和燃油消耗均可降到最低。

3）省去了液压系统，所以不需要给转向助力泵补充油，也不必担心漏油。

4）可以比较容易地按照汽车性能的需要设置、修改转向助力特性。

电动助力转向系统还设有安全保护装置，由一个在主电源电路中能切断电动机电源的继电器和一个安装在电动机与减速齿轮之间并能把它们断开的电磁离合器组成。如果系统发生故障，安全保护装置就会开始工作，恢复到无助力的常规转向模式，确保行车安全。

8.2.4　三菱轿车电动助力转向系统

三菱米尼卡（Minica）轿车所用电动助力转向系统主要由 ECU、直流电动机和离合器、车速传感器、转矩传感器和转向器总成等组成，如图 8-8 所示。

该系统工作时，ECU 根据车速等传感器信号，控制转向盘上的操纵力，驱动转向齿轮箱内的电动机，实现助力控制。当车速高于设定速度时，就变成了普通的转向系统。

当系统出现故障时，自我修正功能发挥作用，断开电动机的输出电流，恢复到普通的转向系统，同时组合仪表内的警告灯点亮，以通知驾驶人助力转向系统发生故障。

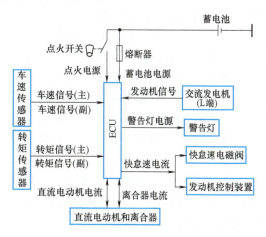

图 8-8　三菱米尼卡轿车电动助力转向系统的组成

1. 三菱电动助力转向系统的组成

三菱米尼卡的电动助力转向系统各组成部件及其功用如下。

（1）直流电动机和离合器　系统的 ECU 根据车速的快慢来控制电动机的电流，车辆在停驶和极低速状态下电动机电流最大，助力作用大。电动机产生的助力经离合器传动齿轮减速后，起到助力作用。

电动机是以行星齿轮机构来传递动力的，电动机的行星齿轮机构如图 8-9 所示。行星齿轮机构可以分为输入轴和小齿轮两部分，它们通过一个太阳齿轮啮合。

行星齿轮减速机构的动力传动路线：转向器转矩杆 3→输入轴 4→行星齿轮转速器内齿圈 B→行星小齿轮 6→行星小齿轮 6 的轴→从动齿轮 10（太阳轮运动受约束）。驾驶人在转向盘上的转矩由行星齿轮减速器内齿圈 B 输入，从行星齿轮轴输出。此种传动的传动比 i 大于 1，即做减速增矩转动，i 为驾驶人作用在转向盘上的转矩经行星齿轮减速机构后增大的倍数。

电动机电动助力的转矩由电动机轴上的驱动齿轮传给主动齿轮 A，再由主动齿轮 A 传给从动齿轮 10，使从动齿轮 10 转矩增大。

驾驶人的转矩经行星齿轮减速器扩大后，作用在从动齿轮 10 上，而电动机助力转矩也作用在从动齿轮 10 上，最后共同作用在齿轮齿条转向器的小齿轮 9 上。小齿轮 9 使齿条往复运动，使左右转向车轮克服地面转向力矩而偏转，实现汽车转向。

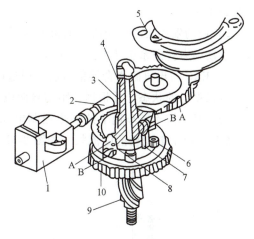

图 8-9　电动机的行星齿轮机构

1—转矩传感器　2—转轴　3—转矩杆　4—输入轴
5—直流电动机和离合器　6、8—行星小齿轮
7—太阳轮　9—齿轮齿条转向器的小齿轮
10—从动齿轮　A—主动齿轮　B—内齿圈

(2) **转矩传感器** 转矩传感器的功能是将转动转向盘时的转矩和转角变为转向信号输送给ECU。一般转矩杆的扭转角度设定为4°左右，这是由于采用行星齿轮机构，使转矩传感器的检测精度提高所致。

(3) **车速传感器** 车速传感器安装在变速器上，是一种电磁感应式传感器，结构组成如图8-10所示。该传感器的作用是根据车速的变化，把主、副系统的脉冲信号输送给ECU，车速传感器每转动一周产生8个脉冲信号，由于是主、副两个系统，故信号的可靠性更高。

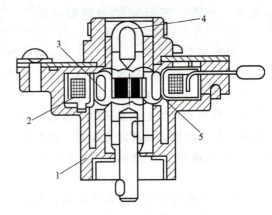

图8-10 车速传感器的结构

1—壳体 2—定子线圈 3—磁极 4—下侧定子 5—定子

(4) **汽车交流发电机的L端子** 利用交流发电机的L端子电压，可以判断出发电机是否运转，所以把交流发电机的L端子看成是向ECU输送信号的一个传感器。

直流电动机的最大电流约为30A，在发动机不工作时，转向系统的工作由蓄电池供电；发动机工作时，由发电机供电。

(5) **电子控制系统** 电子控制系统由一个8位单片机MC6805及外围电路组成。电动助力转向的工作过程如图8-11所示。

图8-11 电动助力转向的工作过程

2. 三菱电动助力转向系统的工作原理

1）点火开关接通时，电源电压加到电动助力转向系统的控制部件上，电动助力转向系统开始工作。

2）起动发动机时，交流发电机L端子的电压加到ECU上，检测到发动机处于工作状态时，电动助力转向系统转为工作状态。

3）ECU输出电磁离合器信号后，通过电动机输出轴和行星齿轮减速机构，使行星齿轮处于可以助力的状态，并根据转矩信号向电动机输出电流。

行车时，按不同车速下的转矩控制电动机电流，并完成电子控制转向与普通转向的转换。6种车速下电动机的电流状态如图8-12所示。

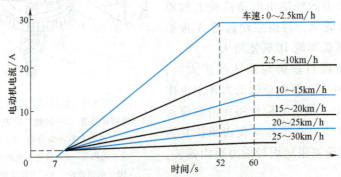

图8-12 6种车速下电动机的电流状态

当车速高于 30km/h 时，ECU 没有离合器电流及电动机电流输出，离合器被分离，电动助力转向变为普通转向；当车速低于 28km/h 时，ECU 又输出离合器电流和电动机电流，由普通转向变为电动助力转向的工作方式。

8.3　电控四轮转向系统

8.3.1　电控四轮转向系统概述

目前，绝大多数汽车都是以两个前轮作为转向车轮，这样的转向系统称为两轮转向（Two-Wheel Steering，2WS）系统。

为了使汽车具有更好的弯道通过性和操纵稳定性，一些汽车在后桥上也安装了转向系统，前后左右 4 个车轮均为转向车轮，这样的转向系统称为四轮转向（Four-Wheel Steering 或 All-Wheel Steering，4WS）系统。

汽车采用 4WS 系统的目的是：在汽车低速行驶时，依靠逆向转向（前、后车轮的转角方向相反）获得较小的转向半径，改善汽车的操纵性；在汽车以中、高速行驶时，依靠同向转向（前、后车轮的转角方向相同）减小汽车的横摆运动，使汽车可以高速变换行进路线，提高转向时的操纵稳定性。

4WS 系统的一般布置形式如图 8-13 所示。

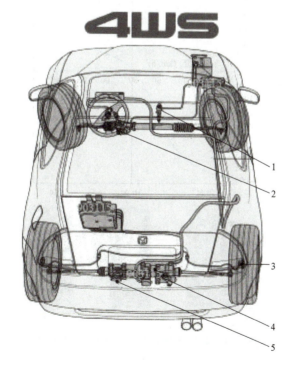

电控四轮
转向系统

图 8-13　4WS 系统的一般布置形式

1—车速传感器　2—转向角度传感器　3—车轮转速传感器
4—后轮转向执行机构　5—后轮转角传感器

2WS 系统和 4WS 系统低速转向时的行驶轨迹如图 8-14 所示，中、高速转向时的操纵性如图 8-15 所示。

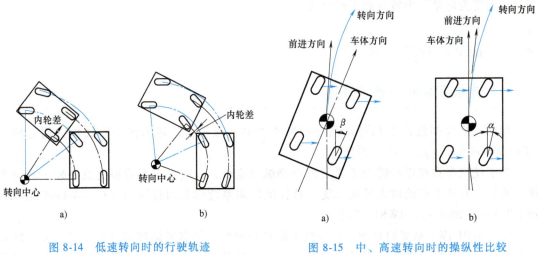

图 8-14　低速转向时的行驶轨迹
a) 2WS b) 4WS

图 8-15　中、高速转向时的操纵性比较
a) 2WS b) 4WS

4WS 系统在不同车速下，前后轮转向比率及车轮偏转状态如图 8-16 所示。

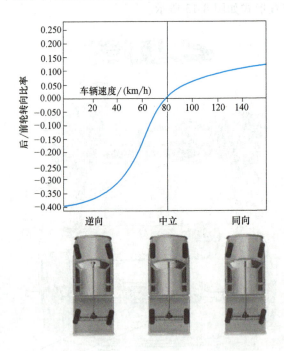

图 8-16　4WS 系统在不同车速下的前后轮
转向比率及车轮偏转状态

根据控制方式的不同，四轮转向系统可分为转向角比例控制式 4WS 系统与横摆角速度比例控制式 4WS 系统两种。

8.3.2　转向角比例控制式 4WS 系统

所谓转向角比例控制，是指使后轮的偏转方向在低速区与前轮的偏转方向相反，在高速区与前轮的偏转方向相同，并同时根据转向盘转向角度和车速情况控制后轮与前轮偏转角度比例。

转向角比例控制式四轮转向系统的构成如图 8-17 所示，前、后转向机构通过连接轴相连。转动转向盘转向时，齿轮齿条转向器齿条在推动前转向横拉杆左右移动使前轮偏转转向的同时，带动输出小齿轮转动，通过连接轴传递到后转向控制机构带动后轮偏转。

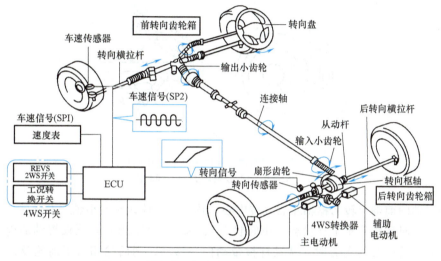

图 8-17　转向角比例控制式四轮转向系统的构成

1. 系统组成部件

（1）转向枢轴　后转向齿轮箱中的转向枢轴实际上是一个大轴承，偏置轴与转向枢轴的构造如图 8-18 所示。

其外套 5 与扇形齿轮 1 做成一体，可绕转向枢轴左右回转中心 4 左右偏转。内套 6 与一个凸出在从动杆上的偏置轴 9 相连。从动杆 3 可在 4WS 转换器电动机的驱动下，以从动杆回转中心 7 为轴正、反向运动，并可使偏置轴在转向枢轴内上、下旋转约 55°。

与连接轴相连的输入小齿轮向左或向右转动时，旋转力就传到扇形齿轮 1 上，扇形齿轮 1 带动转向枢轴 2、偏置轴 9 使从动杆 3 左右摆动。从动杆 3 的左右摆动又使后转向横拉杆移动，从而带动后转向节臂转动，使后轮转向。

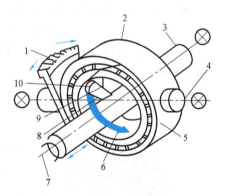

图 8-18　偏置轴与转向枢轴的构造

1—扇形齿轮　2—转向枢轴　3—从动杆
4—转向枢轴左右回转中心　5—外套
6—内套　7—从动杆回转中心　8—偏
置轴运动轨迹　9—偏置轴　10—连接座

从动杆可在电动机及传动装置的操纵下自转，使从动杆上的偏置轴相对于转向枢轴摆转轴线的角度发生变化，后轮的转向角比例和转向方向也随即发生相应变化。偏置轴与转向枢

轴的工作原理如图 8-19 所示。

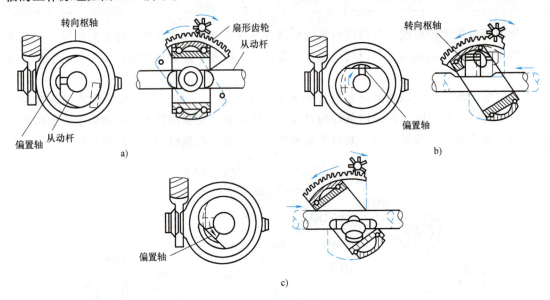

图 8-19　偏置轴与转向枢轴的工作原理

a）中立状态　b）反向转动　c）同向转动

当偏置轴的前端与转向枢轴左右旋转中心一致时，即使让转向枢轴左右倾转，从动杆也完全不动，此时后轮处于中立状态（中间状态），如图 8-19a 所示。当偏置轴的前端处于转向枢轴左右旋转中心的上方时，从动杆被带动向左移动，则后轮相对于前轮反向转动，如图 8-19b 所示；当偏置轴的前端处于转向枢轴左右旋转中心的下方时，从动杆被带动向右移动，则后轮相对于前轮同向转动，如图 8-19c 所示。

（2）4WS 转换器　4WS 转换器的作用是驱动从动杆转动，实现 2WS 向 4WS 方式的转换和后轮转向方向与转向角比例控制。4WS 转换器与后轮转向传感器的工作原理及电压特性如图 8-20 所示。

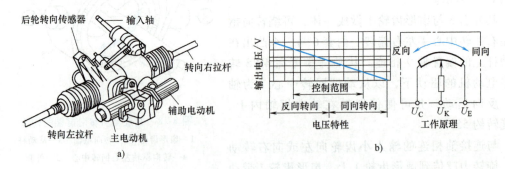

图 8-20　4WS 转换器与后轮转向传感器的工作原理及电压特性

a）后轮执行结构（4WS 转换器）　b）后轮转向传感器的工作原理与电压特性

4WS 转换器由主电动机、辅助电动机、行星齿轮减速机构和蜗轮蜗杆机构组成，主辅电动机的工作受转向 ECU 控制。

正常情况下，作为备用的辅助电动机不工作，由主电动机带动转换器输出轴转动；当主

电动机不能工作时，由辅助电动机带动转换器输出轴转动。

为检测转换器的工作状态，在从动杆蜗轮的侧面设置有滑动电阻式转向角比例检测传感器，随时向 ECU 反馈转向角比例控制状态，以便 ECU 随时进行控制和修正。

（3）转向角比例控制系统　转向角比例控制系统主要由转向 ECU、车速传感器、4WS 转换开关、转向角比例传感器和 4WS 转换器等组成，转向 ECU 是控制中心。其工作原理如图 8-21 所示。

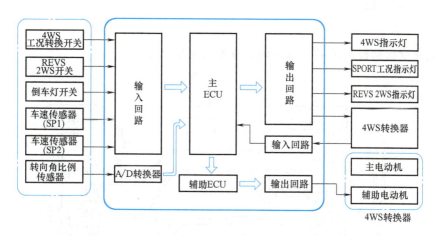

图 8-21　转向角比例控制式四轮转向系统的工作原理

2. 系统的主要控制功能

（1）转向控制方式的选择　当通过 2WS 选择开关选择 2WS 方式时，ECU 控制 4WS 转换器使后轮在任何车速下的转向角为零，这是为习惯于前轮转向的驾驶人设置的；在 4WS 方式下，驾驶人还可根据驾驶习惯和行驶情况通过 4WS 转换开关进行 NORM 工况与 SPORT 工况的变换，对后轮转向角比例控制特性进行选择。

（2）转向角比例控制　当选定 4WS 方式时，ECU 根据车速信号和转向角比例传感器信号，计算车速与转向角的实际数值，控制 4WS 转换器电动机调节后轮转向角控制比例。

（3）安全保障功能　当转向控制系统发生故障时，4WS 故障警告灯将点亮，并在 ECU 中记忆故障部位，同时，后备系统实施以下控制：

1）当 4WS 转换器主电动机发生故障时，ECU 驱动辅助电动机工作，使后轮以 NORM 模式与前轮做同向转向运动，并根据车速进行转向角比例控制。

2）当车速传感器发生故障时，ECU 取 SP1 和 SP2 两个车速传感器中输出车速信号高的为依据，控制 4WS 转换器主电动机仅进行同向转向的转向角比例控制。

3）当转向角比例传感器发生故障时，ECU 驱动 4WS 转换器辅助电动机使后轮处于与前轮同向转向最大值，并终止转向角比例控制。如果辅助电动机发生故障，则通过驱动主电动机完成这一控制。

4）当 ECU 出现异常时，4WS 辅助电动机驱动后轮至与前轮同向转向最大值位置，以避免后轮处于反向运动状态，并终止转向角比例控制。当后轮处于与前轮同向转向状态时，后轮的最大转向角很小，且有利于确保高速转向时的方向稳定性。

8.3.3　横摆角速度比例控制式 4WS 系统

横摆角速度比例控制是一种能根据检测出的车身横摆角速度来控制后轮转向量的控制方法。它与转向角比例控制相比，具有两方面优点：一是它可以使汽车的车身方向从转向初期开始就与其行进方向保持高度一致；二是它可以通过检测车身横摆角速度感知车身的自转运动。因此，即使有外力（如横向风等）引起车身自转，也能马上感知到，并可迅速通过对后轮的转向控制来抑制自转运动。

1. 系统组成

横摆角速度比例控制式 4WS 系统的组成如图 8-22 所示。

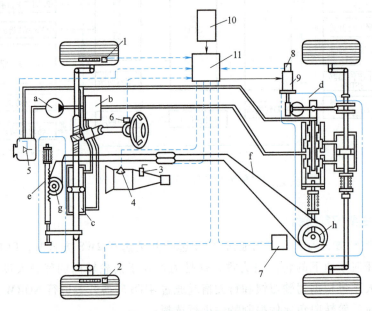

图 8-22　横摆角速度比例控制式 4WS 系统

1、2—车轮转速传感器　3—车速传感器　4—档位开关　5—油面高度传感器　6—转角传感器
7—横摆角速度传感器　8—电动机转角传感器　9—转向电动机　10—ABS ECU　11—4WS ECU
a—液压泵　b—分流器　c—前助力转向器　d—后助力转向器
e—带轮传动组件　f—转角传动拉索　g—前带轮　h—后带轮

后轮转向机构通过转换控制阀油路可以实现后轮转向。后轮转向角由两部分合成：一部分是大转角控制产生的后轮转向角（最大角度为 5°），另一部分是小转角控制产生的后轮转向角（最大角度为 1°）。大转角控制与前轮转向连动，通过传动拉索完成机械转向；小转角控制与前轮转向无关，通过脉动电动机完成电控转向。

(1) 前轮转向机构　前轮转向机构如图 8-23 所示。转向盘 1 的转动可传到齿轮齿条副 2 上，随着齿条端部 4 的移动又使控制齿条 5 左右移动，并带动小齿轮转动。由于前带轮 6 与小齿轮做成一体，故前带轮也随着小齿轮一起进行正反方向的转动。

同时前带轮 6 的转动又通过转角传动拉索 7 传递到后轮转向机构中的后带轮上。控制齿条存在一个不敏感行程，转向盘左右约 250° 以内的转角正好处于此范围内。因此，在此范围内将不会产生与前轮连动的后轮转向，由于高速行驶时转向盘不可能产生这样大的转角，

所以当汽车高速行驶时，后轮仅由脉动电动机控制转向。

（2）后轮转向机构 后轮转向机构如图8-24所示。在机械转向时，转角传动拉索的行程变化被传递到后带轮1。由于控制凸轮16与后带轮制成一体，故此时控制凸轮随后带轮一同转动，拉动凸轮推杆2沿凸轮轮缘运动，使阀套筒15左右移动。

当转向盘向左转动时，后带轮1向右转动，此时控制凸轮轮缘向半径减小的方向转动，将凸轮推杆2拉出，使阀套筒15向左边移动。

当转向盘向右转动时，与上述相反，控制凸轮轮缘向半径增大的方向转动，把凸轮推杆2推向里面，使阀套筒15向右边移动。来自液压泵的压力油油路根据阀套筒15与滑阀4的相对位置进行切换。

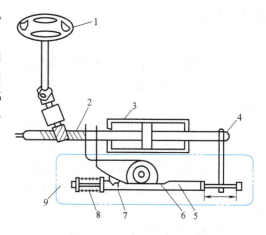

图 8-23　前轮转向机构

1—转向盘　2—齿轮齿条副　3—液压缸
4—齿条端部　5—控制齿条　6—前带轮
7—转角传动拉索　8—弹簧　9—带轮传动组件

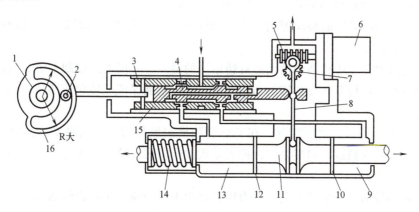

图 8-24　后轮转向机构

1—后带轮　2—凸轮推杆　3—衬套　4—滑阀　5—主动齿轮　6—脉动电动机
7—从动齿轮　8—阀控制杆　9—液压缸右室　10、12—功率活塞　11—液压缸轴
13—液压缸左室　14—弹簧　15—阀套筒　16—控制凸轮

当转向盘向左转动时，阀套筒15向左方移动，把来自液压泵的压力油输进液压缸的右室9，驱动功率活塞10向左移动。此时，与功率活塞做成一体的液压缸轴11就被推向左方，带动后轮向右转向。

相反，当转向盘向左转动时，功率活塞10被推向右方，带动后轮向左转向。由此可见，在机械转向时，后轮都是反向转向。

在电动转向时，阀套筒15固定不动。此时，由脉动电动机6通过驱动阀控制杆8的左右摆动控制滑阀4左右移动，从而引起功率活塞10的左右运动，其动作原理与上述机械转向时相同。

由于脉动电动机是根据ECU的指令进行正、反向转动的，所以它完成的后轮转向与前

轮转向无关。

2. 控制原理

（1）后轮转角控制 转向盘转角与后轮转角之间的关系如图8-25所示。图8-25中的后轮转角特性是由机械转向与电动转向特性合成后得到的。

从图8-25可以看出，转向盘转角在左、右约250°以上的范围内，实际上表现的是汽车在低速时的大转角与停车时的转向切换操作，而在中、高速内的转向就变成了仅在电动转向范围内的后轮转向。

ECU能随时读取来自车速传感器的信号，然后计算出与车辆状态相适应的后轮目标转向角，再驱动脉动电动机，完成后轮转向操作。

（2）使汽车滑移角为零的控制 使汽车滑移角为零的控制是抑制4WS汽车在转向初期过渡阶段出现的车身向转向内侧转动滞后的一种控制方法。这种控制方法可在转向开始的瞬间控制后轮反向转动，使车身产生自转运动，抑制公转运动，防止车身向外侧转动。

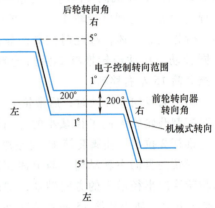

图8-25　转向盘转角与后轮转角之间的关系

此时，横摆角速度传感器会检测出自转运动的增大，并反馈给控制系统，控制后轮产生一个同方向转动，取得自转与公转运动的平衡。这样就能保证从转向初期到转向结束汽车滑移角始终为零。

（3）受到横向风作用时的控制 在突然受到横向风作用，车辆将要偏向时，横摆角速度传感器会立即感知到这一偏转倾向，控制系统就会操纵后轮向消除将要发生的横摆运动的方向转动。

由于后轮的转动，在车身上会产生力矩，减少由横向风产生的自转运动，使车身的偏差减低到最小。

（4）ABS作用的控制 在一般情况下，由于比较重视中、低速域的转向响应性，因此其横摆角速度的增益会比高速域的横摆角速度增益有所降低，但在ABS作用时，更重视的是制动时车辆的稳定性。所以，会把ABS开始起作用时的横摆角速度增益一直保持到制动结束。

8.4　汽车线控转向系统

在科技发达、车辆众多、人民生活水平有很大提高的今天，针对更多不同生活水平的汽车使用人群，汽车的易操纵性的设计和应用就显得尤为重要。线控转向（Steer by Wire，SBW）系统的诞生和发展正是时代科技进步的产物，可不断满足人民对美好生活的需求。

SBW系统是以电动助力转向系统（EHPS）的工作原理和技术为基础，进一步创新发展起来的一种迎合时代的新型汽车转向系统。电动助力转向是依靠转向电动机带动转向执行机

构进行助力转向，而 SBW 彻底取消了转向盘和汽车转向轮之间的所有机械连接构件，直接通过汽车电能驱动来实现汽车的转向。SBW 与 EPS 相比不仅提高了系统的稳定性，还完全摆脱了传统的转向系统所固有的功能限制，提高了汽车的驾驶安全性和驾驶的操作方便性。

1. 线控转向系统的组成

线控转向系统一般主要由转向盘总成、ECU、转向执行总成等构成。转向盘总成包括转向盘、减速器、路感电动机、转角和转矩传感器等。驾驶人可以通过转向盘总成提供的良好路感来感受转向效果并做出合理的判断。转向执行总成包括减速器、转向执行电动机、电子传感器和一些传动构件。转向执行总成可以输出并通过一系列杆件传递转向力使车轮达到理想的转向效果，还可以检测和跟踪转向轮的转角信息并向 ECU 进行反馈。ECU 是线控转向系统的控制核心，可以接受各传感器的反馈信息并发出控制命令信息，实现转向盘总成和转向执行总成的相互协调工作达到良好的转向效果。线控转向系统结构如图 8-26 所示。

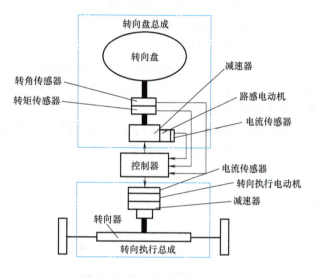

图 8-26　线控转向系统结构图

2. 线控转向系统的工作原理

驾驶人手动操作转向盘，此时转矩传感器就会检测到转矩的大小，转向角度传感器就会检测到转向盘被转动的角度，转矩和转向角度传感器将参数信息以电信号的形式传递给 ECU，车速传感器会检测到车速大小，位移传感器会检测到转向执行结构位移量，车速和位移传感器也会将参数信息以电信号的形式输入给 ECU，ECU 就会对数据进行处理计算并做出判断，发出命令信号控制转向电动机工作，输出适当转矩，再经过一系列机械结构带动转向轮转动，使得汽车转向轮按驾驶人意图转动，从而实现线控转向。线控转向系统原理图如图 8-27 所示。

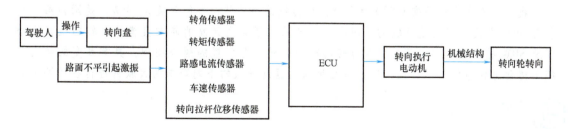

图 8-27　线控转向系统原理图

3. 线控转向系统的特点

1）从根本上取消了转向盘和汽车车轮之间的一切机械转向连接机构，通过现代新型技

术产品 ECU 来进行转向控制，因而从根本上消除了转向盘与转向轮之间的机械约束。

2）以转向电动机直接提供转向力，取消了液压助力转向系统所需的液压装置，从而解决了其常常存在的漏油等问题。

3）采用柔性连接取代了原来的刚性机械连接，使转向系统在汽车上的布置更加灵活，转向盘的位置可以方便地布置在其所需要的合理位置。

4）大大提高了汽车行驶的操纵稳定性。由于转向系统可以方便地实现对传动变速比的任意设置，并针对不同的车速、转向和行驶工况分别进行参数的补偿，从而在一定程度上提高了汽车行驶的操纵稳定性。

5）转向系统采用自动化的线控技术对整合底盘控制有很大的好处，在控制软件设计方面，可以通过综合设计来考虑对车辆弯道行驶和对车身横向行驶稳定性的控制，从而进一步提高了车辆行驶的安全性。

6）更加节能和环保。转向电动机在需要转向的时候才会输出一定的功率，从而减少了系统的燃油和电力消耗，节省了系统的能源。

 拓展阅读 ••

汽车线控转向系统的发展及应用

德国奔驰公司在 1990 年开始了前轮线控转向的研究，并将它开发的 SBW 应用于概念车 F400Carving 上。日本 Koyo 也开发了 SBW，但为了保证系统的安全，仍然保留了转向盘与转向轮之间的机械部分，即通过离合器连接，当线控转向失效时通过离合器结合恢复到机械转向。宝马汽车公司的概念车 BMWZ22 应用了 SBW，转向盘的转动范围减小到 160°，使紧急转向时驾驶人的忙碌程度得到了很大降低。意大利 Bertone 设计开发的概念车 "FILO"、雪铁龙越野车 "C-Crosser"、戴姆勒克莱斯勒概念车 "R129" 都采用了 SBW。2003 年日本本田公司在纽约国际车展上推出了 LexusHPX 概念车，该车也采用了 SBW，在仪表盘上集成了各种控制功能，实现车辆的自动控制。

我国 863 计划电动汽车专项首席科学家万钢领衔研发了 "线控转向四轮驱动微电动轿车技术" 汽车。汽车的 4 个车轮边上各有一个轮毂电动机，通过线传电控技术控制车轮的转向和车速，提高了整车的主动安全性和操纵稳定性。

我国长安汽车以长安 CX30 为平台，将传统的液压转向系统改装为 SBW，是国内第一辆装备 SBW 并进行了场地试验的乘用车。系统采用了自主开发的转向盘模块、转向执行模块以及 SBW 控制器，实现了转向盘与转向车轮间转矩与位置的耦合控制，具有可变的转向系统角传动比和力传动比特性，这些特性可以根据驾驶人的不同需求通过软件进行在线调整。

本章小结 ••

本章概括介绍了汽车转向系统。简要介绍了汽车电控助力转向系统的功能和分类，分析了汽车电液助力转向系统、电动助力转向系统、四轮转向系统及线控转向系统的组成及工作原理。

复习思考题

一、选择题

1. 流量控制式助力转向系统中，当车辆低速和原地转向时，电磁阀断电，关闭旁通流量控制阀，液压助力此时是（　　）。

A. 最大　　　　　B. 最小　　　　　C. 不变　　　　　D. 都不对

2. 流量控制式助力转向系统不包含（　　）。

A. 车速传感器　　　　　　　　B. 发动机转速传感器

C. 助力转向控制阀　　　　　　D. 转向助力泵

3. 根据控制方式的不同，电液助力转向系统类型不包括下面的哪一个（　　）。

A. 流量控制式　　　　　　　　B. 反力控制式

C. 阀灵敏度控制式　　　　　　D. 电机控制式

4. 电动助力转向系统的动力源是（　　）。

A. 发动机　　　　　B. 液压　　　　　C. 真空　　　　　D. 电动机

5. 电控助力转向系统的控制信号不包括（　　）。

A. 车速传感器　　　　　　　　B. 节气门位置传感器

C. 转向角度传感器　　　　　　D. 转矩传感器

二、判断题

1. 电控助力转向系统可以在低速时增强转向力以提高转向系统的操作性；在高速时则可适当减轻转向力，以提高操纵稳定性。（　　）

2. 汽车采用四轮转向（4WS）系统中，其特点是低速行驶时，依靠逆向转向；在汽车以中、高速行驶时，依靠同向转向。（　　）

3. 四轮转向系统通过检测横摆角速度来控制后轮转向操纵量。（　　）

4. 电控助力转向系统能保证转向轮在任意转向角位置。（　　）

5. 电动机的转矩由电磁离合器直接加在汽车的转向机构上进行转向助力。（　　）

三、简答题

1. 为确保行车安全，对转向系统有哪些要求？

2. 简述电动助力转向系统的工作原理。

3. 什么是转角比例控制？

四、综合分析题

分析汽车线控转向系统的应用及发展。

第9章 汽车智能操控系统

【本章知识构架】

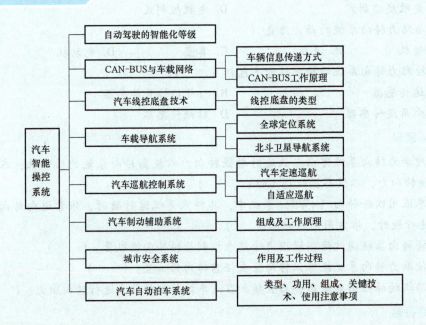

【教学目标】

1. 了解自动驾驶的智能化等级、车载网络技术和线控底盘技术。

2. 了解汽车巡航控制系统的功用、组成和工作原理。

3. 了解GPS的组成及其定位原理，了解车载导航系统的基本组成和原理。

4. 掌握汽车巡航控制系统的结构组成及工作原理，了解自适应巡航技术。

5. 了解汽车制动辅助技术和城市安全系统。

6. 了解自动泊车系统的功用、基本构架、工作原理以及自动泊车系统关键技术。

 【教学要求】

知识要点	能力要求	相关知识
自动驾驶的智能化等级	了解自动驾驶的智能化等级,知道不同等级下典型代表技术	
车载网络技术	理解车辆信息传递方式	车辆信息传递方式、控制单元间信息传输原理
汽车线控底盘技术	了解汽车线控技术	线控驱动,线控转向,线控制动、线控悬架
车载导航系统	能够叙述GPS的基本组成及各部分的基本功能;能够阐述GPS的定位原理;能够说出车载导航系统的基本构成及各部分的基本功能;了解几种主要传感器的原理	卫星导航系统的定位原理、GPS和CNSS的组成和原理、车载导航系统的基本组成
汽车巡航控制系统	能够较全面地叙述巡航控制系统的作用及功能;能够叙述巡航控制系统的基本构架和工作原理;能够读懂典型巡航控制系统电路图并清楚地表述巡航控制系统的主要组成部件及其作用	功能、组成、工作原理、电路实例
制动辅助技术	了解制动辅助技术的原理和效果	制动辅助系统的工作过程
城市安全系统	了解城市安全系统的作用	城市安全系统的工作过程
汽车自动泊车系统	能够较熟练地叙述半自动泊车和全自动泊车过程;能够说出自动泊车系统的基本功能和作用;能说出自动泊车系统的基本组成并能简单叙述其工作原理;了解自动泊车系统的关键技术	自动泊车过程、系统的功用、系统的组成和工作过程、关键技术

【导入案例】

华为智能汽车:驶向万物互联的智能世界

电动化、智能化、网联化正引领着汽车行业的技术变革,汽车慢慢由普通的运载工具变成智能的移动终端,为用户带来娱乐、信息、连接等无限延展的体验。

2021年4月19日上海国际车展开幕。车展开幕前,一则北汽与华为合作的极狐阿尔法S车路测视频引爆网络。从视频中可见,华为ADS(Autonomous Driving Solution)在路上经过红绿灯、左转、超车等场景时应对自如。该车实现了真正的自动驾驶,无人对转向盘进行操作,车辆自动行驶在市区,并且能够应对探头、避让车辆、避让行人等多种情况。

该车HI(Huawei Intelligent Automotive Solution)版配备了一套混合感知解决方案,包括3枚位于车辆前方的华为96线激光雷达,车身四周配备有13个摄像头、6个毫米波雷达、12个超声波雷达,加上400TOPS算力的自动驾驶主控芯片,这套方案可以满足全天候360°的全方位覆盖。除此之外,阿尔法S车还集成了华为的鸿蒙OS系统,使用了麒麟990A座舱芯片,现已支持24个应用系统,包括高精度地图、音乐、视频等。华为轮值董事长徐直军称,极狐阿尔法S车已能做到市区1000公里无干预的自动驾驶。

车展上,华为的智能汽车技术、产品惊艳亮相。华为展示了智能汽车解决方案中的多项技术,如ADS自动驾驶、智能车云服务、车机智能交互等。凭借长期技术积累和与各大车企的密切合作,华为在智能汽车领域构建了软硬件结合的独特优势,并有望打破国外巨头的垄断局面。未来,华为不会止步于智能汽车,将通过鸿蒙系统实现跨终端、全场景的无缝协同,以用户为中心持续打造个性化体验,奔向万物互联的智能世界。

　　智能网联汽车的开发和应用，汽车自动化、智能化和网联化程度的日趋提升，使得人类操控汽车越来越容易，既减轻了驾驶人的负担，又大大提升了驾乘安全性。

　　智能网联汽车是指搭载先进的车载传感器、控制器、执行器等装置，并融合现代通信与网络技术，实现车与人、车、路、后台等智能信息交换共享，具备复杂的环境感知、智能决策、协同控制和执行等功能，可实现安全、舒适、节能、高效行驶，并最终可替代人来操作的新一代汽车。

　　智能网联汽车的核心技术包括三大方面：①自动驾驶技术，实现自动驾驶系统代替人进行驾驶操作；②车联网技术，实现车辆与外界的智能信息交换，包括信息娱乐系统、远程信息服务（Telematics）、车车通信（V2V）、车路通信（V2I）等；③车载人工智能技术，帮助驾乘人员进行乘车辅助性操作，如语音交互系统、手势交互系统、智能行车助手等。

9.1　自动驾驶的智能化等级

　　自动驾驶是智能网联汽车的核心技术之一。目前对于自动驾驶智能化等级的划分，国际上广泛采用的是国际自动机工程师学会（SAE）的分级标准，该标准将车辆的自动驾驶等级分为L0～L5的6个等级，L5是自动驾驶的终极目标，是可以在任何条件下自动驾驶车辆。

　　1）Level0：人工驾驶。由人类驾驶者全权驾驶汽车，汽车只负责执行命令并不进行驾驶干预。

　　2）Level1：辅助驾驶。通过驾驶环境对转向盘和加减速中的一系列操作提供驾驶支持，其他的驾驶动作都由驾驶人进行操作。

　　3）Level2：部分自动驾驶。通过驾驶环境对转向盘和加减速中的多项操作提供驾驶支持，其他的驾驶动作都由驾驶人进行操作。

　　4）Level3：有条件自动驾驶。由自动驾驶系统完成所有的驾驶操作。根据系统要求，驾驶人提供适当的应答。

　　5）Level4：高度自动驾驶。由自动驾驶系统完成所有的驾驶操作。根据系统要求，驾驶人不一定需要对所有的系统请求做出应答，但需要限定道路和环境条件等。

　　6）Level5：完全自动驾驶。在所有人类驾驶者可以应付的道路和条件下，均可以由自动驾驶系统自主完成所有的驾驶操作。

　　我国于2016年10月发布《节能与新能源汽车技术路线图》，以SAE分级定义为基础，考虑中国道路交通情况的复杂性，加入了对应级别下智能系统能够适应的典型工况特征。自动驾驶智能化等级见表9-1。

表 9-1　自动驾驶智能化等级

智能化等级		等级名称	等级定义	控制	监视	失效应对	典型工况
人监控驾驶环境	1	驾驶辅助（Da）	系统根据环境信息执行转向和加减速中的一项操作，其他驾驶操作都由人完成	人与系统	人	人	车道内正常行驶,高速公路无车道干涉路段,停车工况
	2	部分自动驾驶（Pa）	系统根据环境信息执行转向和加减速操作,其他驾驶操作都由人完成	人与系统	人	人	高速公路及市区无车道干涉路段、换道、环岛绕行、拥堵跟车等工况

（续）

智能化等级		等级名称	等级定义	控制	监视	失效应对	典型工况
自动驾驶系统（简称"系统"）监控驾驶环境	3	有条件自动驾驶（CA）	系统完成所有驾驶操作，根据系统要求，驾驶人需要提供适当的干预	系统	系统	系统	高速公路正常行驶工况，市区无车道干涉路段
	4	高度自动驾驶（HA）	系统完成所有驾驶操作，特定环境下系统会向驾驶人提供响应请求，驾驶人可以对系统请求不进行响应	系统	系统	系统	高速公路全部工况及市区有车道干涉路段
	5	完全自动驾驶（FA）	系统可以完成驾驶人能够完成的所有道路环境下的操作，不需要驾驶人介入	系统	系统	系统	所有行驶工况

9.2 CAN-BUS 与车载网络概述

　　CAN-BUS 即 CAN 总线，CAN 是控制单元区域网络（Controller Area Network）的缩写，意思是控制单元通过网络交换数据，即控制器区域网，所以，CAN 总线是指控制器区域网现场总线，即为人们所称的汽车网络。CAN 数据总线可以比作公共汽车，公共汽车可以运输大量乘客，CAN 数据总线包含大量的数据信息，故有 CAN-BUS 之称，如图 9-1 所示。

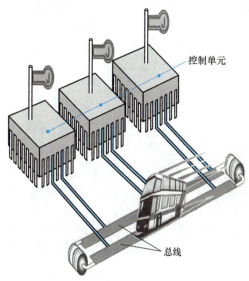

控制单元

总线

图 9-1　CAN-BUS 信息传输示意图

9.2.1　CAN-BUS 总线技术在汽车上的应用

　　CAN-BUS 总线技术不像诸如自动空调、感应式刮水器、倒车雷达等一些舒适性配置让人看得见、摸得着，可以让人切实感受到它们带来的便利，但正是基于总线技术的不断发展和应用，才使得更多的舒适性配置得以装配到当今的车辆中。

当今车辆的电控系统越来越多，如电子燃油喷射装置、ABS装置、安全气囊装置、电动门窗、电控悬架等，同时遍布于汽车上的各种传感器实时监测车辆的状态信息，并将此信息发送给相应的单元控制。

车越高级，车身上的控制单元也就越多，每个控制单元都可看作一台独立的微机，图9-2所示的车身上的各种控制单元，它们可以接收信息，同时能对各种信息进行处理、分析，然后发出一个指令。比如发动机控制单元会接收来自进气压力传感器、发动机温度传感器、加速踏板位置传感器、发动机转速传感器等的信息，在经过分析和处理后会发送相应的指令来控制喷油量、点火提前角等，其他控制单元的工作原理也都类似。

图9-2　车身上各种控制单元的分布图

汽车车身上的控制单元如图9-3所示，车身上的控制单元并不是独立工作的，它们作为一个整体，需要信息的共享，这样就存在信息传递的问题。比如发动机控制单元内的发动机转速与加速踏板位置这两个信号也需要传递给自动变速器的控制单元，然后自动变速器控制单元会据此来发出升档和降档的操作指令，那么两个控制单元之间又是如何进行通信的呢？

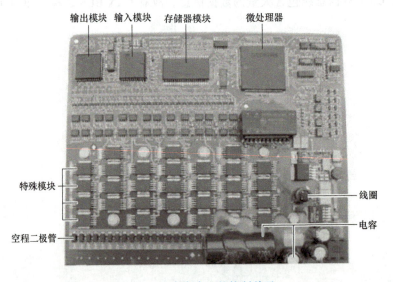

图9-3　汽车车身上的控制单元

9.2.2　车辆信息传递方式

目前在车辆上应用的信息传递形式有三种。

（1）**每项信息都通过各自独立的数据线进行交换**　如图9-4所示，发动机控制单元和自动变速器控制单元间有5种信息需要传递，需要5根独立的数据线传递。也就是说信息的种类越多，数据线的数量和控制单元的引脚数也会相应增加。这种信息传递方式会有复杂、繁

多的线束，会增加车身重量，也为整车的布线带来一定困难。

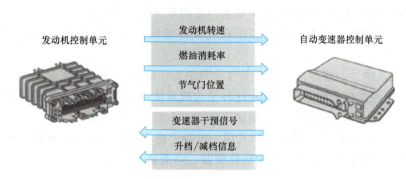

发动机控制单元　　发动机转速　　燃油消耗率　　节气门位置　　变速器干预信号　　升档/减档信息　　自动变速器控制单元

图9-4　控制单元间信息传递

（2）**CAN 数据总线传输**　如图9-5所示，控制单元之间的所有信息都通过两根数据线进行交换，通过这种方式，所有的信息，不管信息容量的大小，都可以通过这两条数据线进行传递，这种方式充分提高了整个系统的运行效率。例如，计算机键盘有 104 个按键，却可以发出数百种不同的指令，但键盘与计算机主机之间的数据连接线只有 7 根，键盘正是依靠这 7 根数据连接线上不同的编码信号来传递信息的。CAN 数据总线的原理也正是如此。这种一线一用的专线制改为一线多用制，可以大大减少汽车上电线的数量，同时也简化了整车的布线。

发动机控制单元　　发动机转速　　燃油消耗率　　节气门位置　　变速器干预信号　　升档/减档信息　　自动变速器控制单元

图9-5　所有信息都通过两根数据线进行交换

在两个控制单元在通过两根数据线进行信息交换的基础上，推而广之，将每个控制单元都连接到这两条 CAN 总线上，从而实现多个控制单元间的信息共享，如图9-6所示。

目前汽车上的 CAN 总线信息传输主要有4种。

1）用于驱动系统的高速 CAN 总线，速率可达到 500kbit/s，主要连接发动机

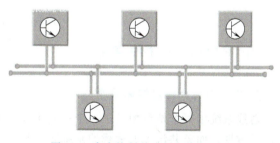

图9-6　多个控制单元间的信息共享

控制单元、ABS 控制单元、安全气囊控制单元、组合仪表等这些与汽车行驶直接相关的系统。高速 CAN 总线这些系统由于信息传递量较大而且对于信息传递的速度有很高的要求，所以需要高速 CAN 总线来满足其信息传递的需要。

2）用于车身系统的低速 CAN 总线，速率为 100kbit/s。主要连接像中控锁、电动门窗、后视镜、车内照明灯等对数据传输速率要求不高的车身舒适系统。

3）对于中高级轿车还有一些如娱乐系统或智能通信系统的总线，它们的传输速率更高，可以超过 1Mbit/s。

4）子总线系统，主要连接电器开关与控制单元，或者传感器与控制单元。比如电动车窗的按键与相应控制单元间采用的就是这种子总线系统。子总线系统主要是传递系统内相对数据量较少的数据，当然它的数据传输速率更低，而且采用的是单线制。

图 9-7 中，颜色相同的控制单元间采用一种特定速率的总线系统，这种根据各自需求来使用不同 CAN 总线的方式可以较好地优化资源，降低整车的成本。

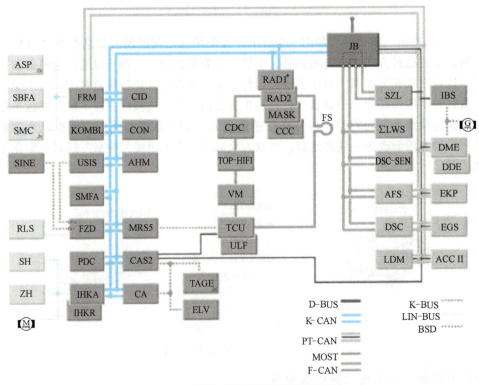

图 9-7 不同的系统采用不同速率的总线

9.2.3 CAN-BUS 工作原理

1. 控制单元间信息传输原理

总线系统中每个站点相当于一个控制单元，而行驶路线则是 CAN 总线，CAN 总线上传递的是数据，而公共汽车上承载的是乘客。某个控制单元接收到负责向它发送数据的传感器的信息后，经过分析处理会采取相应措施，并将此信息发送到总线系统上。这样此信息会在总线系统上进行传递，每个与总线系统连接的控制单元都会接收到此信息，如果此信息对自己有用，则会存储下来，如果对其无用，则会进行忽略。

整个原理很类似于一个电话会议进行的方式，一个电话用户（控制单元）将数据"讲"入网络中，其他用户通过网络"接听"这个数据，如图 9-8 所示，对这个数据感兴趣的用户

则会利用，其他用户则会选择忽略。

2. 不同总线信息的交换与传递

不同的总线系统会有不同的传输速率，这就给不同总线系统间的通信造成了一定的麻烦。它就相当于联合国开大会，每个成员国都讲自己的本国语言，如果要想互相听懂，就必须有位能精通所有语言的翻译来进行信息的传递。车载网络系统中很重要的一个控制单元就是"网关"，如图 9-9 所示，它同时连接多种不同的 CAN 数据总线，并在传递数据时起翻译作用。

如图 9-10 所示，从属于驱动总线系统的室外温度传感器将检测到的温度信号发送给仪表盘控制单元，然后仪表盘控制单元会将

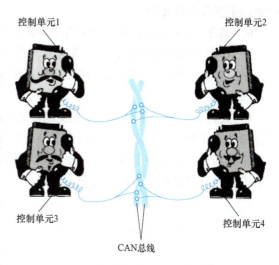

图 9-8　CAN-BUS 传输原理图

此信号发送到驱动总线系统上，该信号会被发动机控制单元采集到，同时会经过网关的"翻译"继续传递到车身总线系统上。而从属于车身总线系统上的自动空调控制单元会收到此信号，并据此做出加大制冷量或者减小吹风量等动作，这样的一个过程体现了整个车载网络的信息共享。

图 9-9　不同的总线系统通过网关　　　　图 9-10　网关在车载网络中起到的"翻译"作用
来进行信息的交换与传递

9.2.4　CAN 总线系统的优点

1）比传统布线方式的数据传输速度更高。

2）比传统布线方式节省线束，降低了车身重量，同时优化了车身的布线方式。

3）以 CAN 总线方式连接的控制单元中有一个发生故障，其他控制单元仍可发送各自的数据，互不影响。

4）CAN 数据总线为双线制，如果有一条发生故障，CAN 系统会转为单线运行模式，提高了整车的稳定性。

5）CAN 系统的双线在实际中是像"麻花"一样缠绕在一起的，这样可以有效地防止电

磁波的干扰和向外辐射。

6）基于 CAN 总线系统可以实现更丰富的车身功能。

7）CAN 总线系统的应用大大简化了车身线路的布局，使发动机舱有更简洁、整齐的布局。车身功能增加了，但是线束却相应地简化了，同时线束的简化也给维修带来了更多的便利性。

8）使用过程中，某个部件在发生故障的情况下，会自动关闭输出功能，以使总线上的其他部件不受影响，一定程度上提高了车身电控系统的稳定性。

车载网络技术将各个功能件连在一起构成的完整的网络系统可以实现信息与数据的全车共享，使汽车在控制方面更加智能、精确。

9.3　汽车线控底盘技术概述

9.3.1　线控底盘类型及特征

线控技术（X-By-Wire）源于飞机的控制系统，原意是将飞行员的操纵命令转化成电信号通过控制器控制飞机飞行。

线控汽车采用同样的控制方式，可利用传感器感知驾驶人的驾驶意图，并将其通过导线输送给控制器，控制器控制执行机构工作，实现汽车的转向、制动、驱动等功能，从而取代传统汽车靠机械或液压来传递操纵信号的控制方式。

线控底盘主要有五大系统，分别为线控转向、线控制动、线控换档、线控节气门、线控悬架。从执行端来看，线控节气门、线控换档、线控悬架虽然技术都比较成熟了，但最为关键的线控转向和线控制动系统目前还没有一套可以适用于 L4 驾驶的稳定的量产产品。

汽车底盘线控技术有 3 个特征。

1）操纵机构和执行机构没有机械连接和机械能量的传递。

2）操纵指令由传感元件感知，以电信号的形式由网络传递给电子控制单元及执行机构。

3）执行机构使用外来能源完成操纵指令及相应的任务，其执行过程和结果受电子控制单元的监测和控制。

9.3.2　线控底盘与自动驾驶关系

1. 线控底盘是实现自动驾驶的必要条件

自动驾驶的实现，首先依赖感知传感器对道路周边环境信息的采集，包括摄像头、激光雷达、毫米波雷达和超声波等，采集的数据传输到中央处理单元进行计算处理，用来识别车辆周边障碍物和可行驶区域，进行路线规划和控制，最后确定转向盘转角和速度等信息，并传输到底盘执行机构，使其按照指令进行精确执行，如图 9-11 所示。

在整个控制过程中，底盘执行机构的功能要完善，系统响应要快、精度要高。如果把自动驾驶车辆比作人，那么底盘执行机构就是通常意义上的手和脚，用来执行相应指令，是自动驾驶控制技术的核心部件，因而对整个底盘系统的要求非常高。

在线控转向控制车辆方向时，自动换道在避险回退过程中，常常出现回退过度甚至偏出本车道导致不安全的情况，继而系统又通过较大的回调力矩将车辆拉回车道中央。在自动驾驶中或驾驶人控制换道过程中，驾驶人缓慢施加力矩进行转向盘控制时，容易出现系统抢夺转向盘的情况。

这些切实存在的问题，严重影响自动驾驶控制的精度。对于自动驾驶而言，需要结合实际存在的问题给出相应的解决方案，不断协调线控底盘和控制单元之间的交互问题，改进线控底盘技术，这无疑会大大促进线控底盘的技术进步。

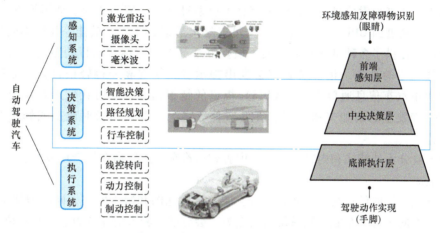

图 9-11　智能汽车的简单系统架构

2. 自动驾驶是发展线控底盘的充分条件

智能化、大数据网联化给线控底盘发展带来新的契机。

1）智能汽车需要大量的、精确的底盘系统信号。种类繁多的底盘传感器，信号模式和处理方法各异，且大量传感器信号汇入控制单元对信号实时处理提出了更高要求，因此亟须研究新型底盘控制单元，以便对多源传感器信号实时处理、校验与解算。

2）智能汽车控制需要精确的车辆模型，逼近真实车辆动力学状态。车辆底盘及轮胎动力学呈现复杂非线性特性，因此亟须深入研究车辆复杂动力学模型精确解算机制，促进智能汽车动力学的应用发展。

3）智能汽车在复杂场景下需要精确的感知状态，保证驾驶人视角，因此亟须研究复杂交通场景下底盘动力学域控制对车辆动力学状态的精确感知与预瞄技术，探索车辆运行动力学稳定边界精确量化机制，消除高复杂、动态交通环境的不确定性。

9.4　车载导航系统

9.4.1　概述

车载导航系统是基于全球卫星导航定位系统开发的安装在汽车上为使用者提供导航和引导服务的汽车电子设备。现在的新车基本都配置了车载导航系统。

车载导航系统简单地说就是车载导航的受信系统，该系统通过安装在汽车上的接收天

线，接收从导航卫星传来的电波，经车上的导航卫星接收器进行解码，解析出汽车目前所处位置的数据，由收录了地图的存储设备进行检索回原，最终在显示屏中显示车辆所处的位置、周围的道路交通状况、到达目的地的最佳路线以及通常情况下所需的时间等信息。

有些系统还应用了语音及语音识别技术，实现了人和系统之间的语音交互，使用者通过语音代替按键操作发出指令，使导航系统完成相应的工作。导航系统通过语音代替图像文字，向使用者发出信号或指令，如及时地给驾驶人提供左右转弯及路名等语音提示。

车载导航系统具有完善、丰富的存储信息，可通过输入目的地的地址、电话号码或者公司的名称等方式来检索信息，被检索的信息可以通过文字、简易图形、地图等方法来显示。由于装载了高精度的 CPU，所以在地图上可以绘出最近、迂回、最佳等几种不同的行车路线，给驾驶人提供了多种可选择的方案。根据显示屏上地图标注的行驶路线，在途中每一个路口需要转弯的地方，语音装置都会发出提示音，使驾驶变得轻松自如。通过切换画面还能取得由汽车信息通信系统（VICS）提供的情报信息，它可让使用者在最短的时间内了解到周围发生的诸如交通堵塞、突发事件等情况，并发出及时改变或修正行车路线的提示信息。

车载导航分为外挂式和内置式两种。内置式由汽车生产厂商在生产环节安装，外挂式多为后期安装。

车载导航系统的优点为：方便、省时、能够取代地图和减少问路，同时增加了安全性、减轻了驾驶人的压力。车载导航系统的缺点为：会分散驾驶人的注意力、具有系统操作问题及数据库的限制（尤其是数据库的精确性、及时性，如导航地图生产企业的生产、更新速度滞后，实时动态信息交换能力不足）。

1. 对车载导航系统的要求

车载导航系统必须满足以下要求：

1）系统能够在 90% 的行车时间内确定车辆当时位置，与实际位置偏差小于 20m。
2）系统能够将车辆当前位置转换为地图坐标，且转换到最吻合的位置。
3）系统能够将车辆当前的位置显示在地图上，并能让驾驶人看到。
4）系统能够接受旅行目的地的请求，并给出到达目的地的最佳路线。
5）系统能够根据整个规划路线的相关方向的行驶指令输出语音和视觉提示。
6）系统能确定车辆是否"偏离路线"，即偏离规划路段。
7）系统能从当前错误位置开始重新规划路线来纠正"偏离路线"状态。

2. 车载导航系统基本功能

（1）**浏览地图功能**　其中包括计算机地图在平面上缩小、放大和位置变化的移动；折线、直线的距离测量等。

（2）**坐标定位功能**　车载导航系统接收到车辆位置信息，把车辆位置显示在地图中，并伴随着位置的不断变换更新车辆的位置信息。

（3）**信息查询功能**　通过查询功能迅速找到导航的目的地，将目的地信息以高亮度显示在显示屏幕上，并实现地名、位置的查询功能。

（4）**自动匹配功能**　这个功能是为了在导航系统出现误差时进行修正，或者在车辆没有按照设计导航路线行驶，可能脱离导航路线时，将偏离道路的车辆进行自动匹配重新显示

并回到地图上来，为车辆导航实现定位。

（5）**道路自动规划功能**　自动设置出发点和目的点之间的最优化路线，提供给驾驶人最短的行驶路线。

9.4.2　卫星导航系统的定位原理

车载导航技术是建立在卫星定位系统基础上的。迄今，联合国卫星导航委员会认定的全球卫星导航系统有4种，即中国的"北斗"卫星导航系统（BeiDou（Compass）Navigation Satellite System，BDS 或 CNSS）、美国的全球定位系统（Global Positioning System，GPS）、俄罗斯的全球导航卫星系统（Global Navigation Satellite System，GLONASS）以及欧洲的伽利略卫星导航系统（Galileo Satellite Navigation System，GSNS）。

卫星导航系统都由空间端（即空间部分）、地面端（即控制部分）和用户端（即用户接收处理部分）三大部分组成。这些系统的定位原理可分为两种：一种是以北斗1号为代表的有源定位系统（又称主动式卫星定位系统），一种是以 GPS 为代表的无源定位系统（又称被动式卫星定位系统）。有源定位系统工作时需要定位终端发射信号；无源定位系统工作时定位终端不需要发射信号，仅靠接收信号就能实现定位。

1. 主动式卫星定位系统原理

主动式卫星定位系统的空间端只需要2颗同步轨道卫星。其工作过程包括5个步骤：

1）第一步，由地面中心控制系统向2颗卫星同时发送询问信号，经卫星转发器向服务区内的用户接收机全域广播，如图 9-12a、b 所示。

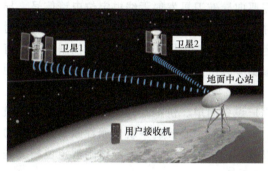

a)

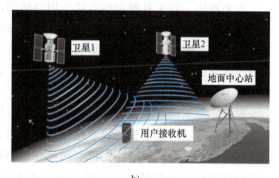

b)

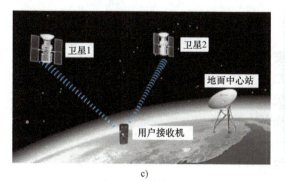

c)

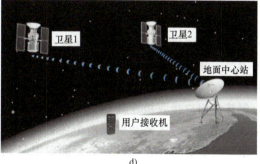

d)

图 9-12　主动式卫星定位系统原理

2）第二步，位于服务区内的用户接收机如果需要定位，就会响应其中一颗卫星的询问信号，并同时向 2 颗卫星发送响应信号，用户接收机的定位申请经卫星转发回地面中心控制系统，如图 9-12c、d 所示。

3）第三步，地面中心控制系统接收并解调用户发来的信号，并根据其发出的信号和用户接收机返回的信号解算出用户接收机到卫星再到地面中心站的距离，减去卫星到地面中心站的距离就得到用户接收机到卫星的距离。数据的处理过程如下：

对定位申请，中心控制系统测出两个时间延迟。一个是从中心控制系统发出询问信号，经某一颗卫星转发到达用户接收机，用户接收机发出定位响应信号，经同一颗卫星转发回中心控制系统的延迟；另一个是从中心控制系统发出询问信号，经上述同一卫星到达用户接收机，用户接收机发出响应信号，经另一颗卫星转发回中心控制系统的延迟。由于中心控制系统和 2 颗卫星的位置均是已知的，因此由上面两个延迟量可以算出用户接收机到两颗卫星的距离。用户接收机必定处于分别以两颗卫星为球心、以卫星到用户接收机的距离为半径的两个球面的交线上。

4）第四步，根据用户接收机与两颗卫星的距离，在中心站储存的数字地图上进行搜索，寻找符合距离条件的点，该点坐标即是所求的用户接收机的坐标。

地面中心站配有电子高程地图，提供一个以地心为球心、以地心至地球表面高度为半径的非均匀球体。用数学方法求解圆弧与地球表面的交点即可获得用户位置的三维坐标。

5）第五步，中心站将计算出来的坐标数据经过卫星发送至用户接收机，用户接收机再经过卫星向中心站发送一个回执，结束一次定位作业。

综上所述，对于有源定位方式，用户终端需要向导航卫星发射无线电定位申请信号，导航卫星再将此信号转发给地面控制中心，地面控制中心发出测距信号，根据信号传输的时间，在地面控制中心进行定位解算，而后再将定位信息发送给用户终端。地面控制中心还有一个地球表面各点到地球球心距离的数据库，根据 2 颗卫星到用户的距离和用户到球心的距离作三个圆，交汇点就是用户位置。

有源定位系统具有卫星数量少、投资小、用户设备简单、价廉，能实现一定区域的导航定位、通信等多用途且速度快、精度高等优点，也具有对中心控制系统依赖性强、无线电隐蔽性差且只能进行二维静态定位、用户容量小以及不能覆盖两极地区、赤道附近定位精度差且需提供用户高程数据、不能满足高动态定位要求等缺点。

2. 被动式卫星定位系统原理

被动式卫星定位系统的空间部分至少需要 3 颗工作卫星，其定位原理如图 9-13 所示，只要测出用户接收机到 3 颗已知位置卫星的距离，根据几何关系就可以解算出用户接收机在地球坐标系中的位置坐标。被动式卫星定位方式需要解决两个关键问题：一是要确定卫星的准确位置，二是要准确测定卫星到地面目标点的距离。

第一个问题由地面监控系统将根据卫星的正确运

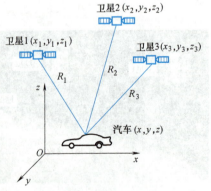

图 9-13　被动式卫星定位
系统原理示意图

行轨迹编成的星历注入卫星，且经卫星发送给用户接收机，此信息包含三个内容，即"我是几号卫星""我在什么位置（坐标）""我发射此信号的时刻"，所以只要接收到卫星的信号就能确定卫星的准确位置。

第二个问题通过测量卫星发送的电波信号到达接收机所用的时间求得，具体方法如下：

导航卫星上装有高精度的时钟，除了发送位置信息之外还能发送高精度的时刻信息，GPS 接收机接收到时刻信号并使之与自身的时钟同步，就可获得准确的时刻。导航卫星源源不断地发射一种伪码信息，在同一时间，用户接收机也会产生同样的伪码信息。当用户接收机接收到卫星发射的伪码信息后，通过移位比较得到接收到的伪码信息和用户接收机自己产生的伪码信息的时间偏移，这段时间就是卫星发射的伪码信息传播到用户接收机所用的时间。卫星信号电波在空中的传播速度是一定的（等于光速，约 $3×10^8 \mathrm{m/s}$），信号传播时间乘以光速就可以解算出用户接收机到卫星的距离。

按上述方法测定用户接收机与 3 颗卫星之间的距离，根据图 9-13 所示几何关系可以列出如下方程组

$$\begin{cases} R_1 = \sqrt{(x_1-x)^2+(y_1-y)^2+(z_1-z)^2} \\ R_2 = \sqrt{(x_2-x)^2+(y_2-y)^2+(z_2-z)^2} \\ R_3 = \sqrt{(x_3-x)^2+(y_3-y)^2+(z_3-z)^2} \end{cases} \tag{9-1}$$

根据电波的传播距离与速度的关系又可得到

$$\begin{cases} R_1 = c(t_1-t) \\ R_2 = c(t_2-t) \\ R_3 = c(t_3-t) \end{cases} \tag{9-2}$$

式中　R_i（$i=1$、2、3）——分别为卫星1、卫星2、卫星3到用户接收机的距离；

t——用户接收机收到信号的时刻，从用户接收机上的时钟获得；

c——电波传播速度，等于光速；

t_i（$i=1$、2、3）——分别为卫星1、卫星2、卫星3发送信号的时刻，由导航电文获得；

x_i、y_i、z_i（$i=1$、2、3）——分别为卫星1、卫星2、卫星3在发送信号时刻在大地坐标系中的空间直角坐标，由导航电文获得；

x、y、z——用户接收机在大地坐标系中的空间直角坐标。

解方程组（9-1）和方程组（9-2）可求出用户接收机的位置坐标（x，y，z），也就是用户接收机载体的坐标。

从定位原理来看，被动式卫星定位只需要 3 颗卫星就能实现定位。但是，由于卫星上使用的是原子钟，用户机上使用的是晶振芯片，两者之间很难实现准确的时间同步，因此，还需要第 4 颗卫星纠正误差，所以，实际上需要 4 颗以上的卫星才能进行准确定位。

综上所述，采用无源定位方式，用户设备不需要向导航卫星发射无线电信号，而是直接同时接收 4 颗卫星的信号，根据时间信息可获得距离信息，在用户终端直接进行定位解算。

无源定位与有源定位相比，速度慢、冷启动时间长，但定位精度高、隐蔽性好，能够进行三维动态定位、不依赖主控站（即使主控站被毁后卫星也可独立运行）、满足全球定位

需求。

3. 动态定位与静态定位

静态定位中，用户接收机在捕获和跟踪卫星的过程中相对地球的位置是固定不变的，利用导航卫星在轨的已知位置，解算出用户接收机所在位置的三维坐标。静态定位中，用户接收机能高精度地测量 GPS 信号的传播时间，测量精度很高。

动态定位是用用户接收机测定一个运动物体的运动轨迹。信号接收机所在的运动物体叫作载体（如航行中的船舰、空中的飞机、行驶的车辆等）。载体上的接收天线在跟踪导航卫星的过程中相对地球是运动的，用户接收机用导航信号实时地测得运动载体的状态参数（瞬间三维位置和三维速度），不断地更新位置信息，便可以计算出载体移动的方向和速度。

9.4.3 典型的卫星定位系统

1. 全球定位系统（GPS）

GPS 是目前世界上最完善、应用最多的导航系统。1973 年 12 月，美国国防部批准陆、海、空三军联合研制第二代卫星导航系统 Navigation Satellite Timing and Ranging/Global Positioning System，即"卫星授时测距/全球定位系统"，简称全球定位系统（GPS）。GPS 为卫星无线电导航定位系统，它利用卫星发射无线信号进行导航定位，具有全球性、全方位、全天候、高精度、快速实时三维导航定位、测速和授时功能。目前 GPS 技术已经成功应用在土地测量、工程测量、航空摄影测量、车辆导航与控制、地壳运动监测、工程变形监测、资源勘查、地球动力学等多种学科领域，从而带来了导航定位领域深刻的技术变革。

GPS 系统由空间部分（GPS 卫星星座）、地面控制部分（监控系统）、用户设备部分（用户接收处理部分）三大部分组成，如图 9-14 所示。

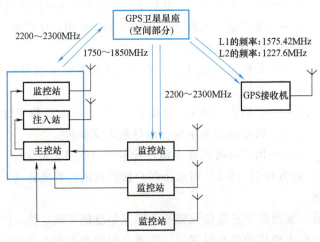

图 9-14　GPS 系统组成

1）空间部分。如图 9-15 所示，GPS 采用无源定位方式，其空间部分由 24 颗卫星组成，包括 21 颗工作卫星和 3 颗在轨备用卫星，它们位于距地表 20183km 的上空，均匀分布在 6 个轨道上，每个轨道有 4 颗卫星，轨道面与地球赤道平面成 55°角，各卫星一天绕地球回转两圈。GPS 卫星的空间配置，在全球任何地方、任何时刻都可同时观测到 4 颗以上的卫星，

并能保持有良好定位解算精度的空间位置。

为了提供高精度的时间标准，GPS 的每颗卫星上都装有高精密的原子钟，并由地面监控系统经常进行校准。卫星发送导航信息，同时也发送精确的时间信息。

GPS 导航系统卫星的作用就是不断地发射导航电文。导航电文是 GPS 卫星正常工作时用 1 和 0 二进制码元组成的代码发送的信息。导航电文包括卫星星历、工作状况、时钟改正、电离层时延修正、大气折射修正等信息。

空间部分的基本功能有：接收并存储地面监控站传入的导航信息，执行监控站的控制指令；

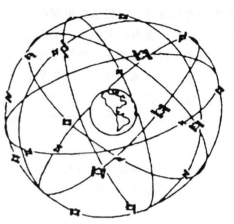

图 9-15　GPS 卫星分布示意图

卫星微处理器实现数据处理功能；发送导航定位信息给用户；借助星载高精度原子钟产生基准信号，提供高精度的时间标准；在监控站的指令下，使用推进器调整卫星姿态，启用备用卫星。

2）地面控制部分。其组成包括 1 个主控站，5 个全球监控站和 3 个地面控制站（注入站）。地面控制部分是地面的监控系统，其功用是接收卫星观测数据、计算卫星的轨道和时钟参数并将导航数据和相关指令注入卫星。

监控站均配装有精密的铯原子钟和能够连续测量到所有可见卫星的 GPS 接收机。监测站的主要任务是对 GPS 卫星进行连续的观测，将取得的卫星观测数据（包括电离层和气象数据）经过初步处理后传送到主控站。主控站的任务是全面控制地面监控部分，协调、管理地面监控系统工作；从各监测站收集跟踪数据，计算出卫星的轨道和时钟参数，然后将结果送到 3 个地面控制站；另外，主控站能够调整偏移轨道的卫星，如果工作卫星失效，会启用备用卫星。地面控制站的任务是在主控站的控制下，在每颗卫星运行至上空时，把主控站传来的导航数据及指令注入卫星。

对于导航定位来说，GPS 卫星是一系列动态已知点。卫星的位置是依据卫星发射的星历（描述卫星运动及其轨道的参数）算得的。每颗 GPS 卫星所播发的星历是由地面监控系统提供的。卫星上的各种设备是否正常工作，以及卫星是否一直沿着预定轨道运行，都要由地面设备进行监测和控制。地面监控系统的另一重要作用是保持各颗卫星处于同一时间标准——GPS 时间系统。这就需要地面站监测各颗卫星的时间，求出时钟差，然后由地面控制站发送给卫星，卫星再用导航电文发送给用户设备。

3）用户设备部分。其核心是 GPS 接收机，一般由天线前置放大器、信号处理、控制与显示、记录和供电单元组成。主要任务是能够捕获到按一定卫星截止角所选择的待测卫星信号，并跟踪这些卫星的运行。当 GPS 接收机捕获到跟踪的卫星信号后，即可测量出接收天线至卫星的伪距离和距离的变化率，解调出卫星轨道参数等数据。根据这些数据，GPS 接收机中的微处理器就可按定位解算方法计算出用户所在地理位置的经纬度、高度、速度、时间等信息。

GPS 接收机硬件和机内软件以及 GPS 数据的后处理软件包构成完整的 GPS 用户设备。GPS 接收机的结构包括接收天线单元和接收主机单元两部分。GPS 接收机一般采用机内和机

外两种直流电源。设置机内电源的目的在于更换外电源时不中断连续观测。在用机外电源时机内电池自动充电。关机后，机内电池为 RAM 存储器供电，以防止数据丢失。

对于车载导航系统，根据 GPS 测位，能知道经纬度和高度。但是，在高楼林立的城市街道、地下停车场、峡谷、隧道等有遮挡的地方，卫星信号强度会大大降低，甚至会出现丢失卫星信号、失去位置信息的情况，所以，作为汽车专用的导航系统不能单靠 GPS。GPS 可以与依靠陀螺或地磁传感器的推测导航法相结合，用于判断现在位置的推测是否有错。

2. 北斗卫星导航系统（CNSS）

北斗卫星导航系统（简称北斗系统）是我国自主建设、独立运行的全球卫星导航系统，是为全球用户提供全天候、全天时、高精度的定位、导航和授时服务的国家重要时空基础设施。

北斗卫星导航系统的建设经历了 3 个阶段。第一代北斗卫星导航试验系统，即北斗 1 号，1994 年启动，2000 年形成区域有源服务能力；第二代北斗卫星导航系统，即北斗 2 号，2004 年启动，2012 年形成区域无源服务能力；第三代北斗卫星导航系统，即北斗 3 号，2009 年启动，2020 年形成全球无源服务能力。

（1）北斗 1 号系统　北斗 1 号卫星导航系统采用双星定位，即有源定位原理，也称卫星无线电测定服务（Radio Determination Satellite Service，RDSS），该系统只需 2 颗卫星和地面高程数据库就实现了我国即周边地区定位，具备在我国及其周边地区范围内的定位、授时、报文和 GPS 广域差分功能。

北斗 1 号系统的空间端由 3 颗地球静止轨道卫星组成，包括 2 颗工作卫星和 1 颗备用卫星。2 颗工作卫星位于东经 80°和 140°赤道上空；备用卫星位于东经 110.5°上空，可在某颗工作卫星失效时予以接替。地面端由中心控制系统和标校系统组成，主要用于卫星轨道的确定、电离层校正、用户位置确定、用户短报文信息交换等，标校系统可提供距离观测量和校正参数。用户端即用户终端。

（2）北斗 2 号系统　北斗 2 号系统采用了与 GPS 相似的体制，即无源定位方式，也称卫星无线电导航服务（Radio Navigation Satellite Service，RNSS）。北斗 2 号系统实现了对亚太地区的覆盖，在 2012 年底正式对外提供服务。该系统提供开放服务和授权服务两种服务方式，开放服务是在服务区免费提供定位、测速和授时服务，授权服务是向授权用户提供更安全的定位、测速、授时和通信服务以及系统完好性信息。鉴于北斗 1 号短报文和位置报告功能的实用性，北斗 2 号保留了这项功能。

北斗 2 号系统的空间端由 5 颗地球同步轨道（Geostationary Orbit，GEO）卫星、5 颗倾斜同步轨道（Inclined Geosynchronous Orbit，IGSO）卫星和 4 颗中地球轨道（Medium Earth Orbit，MEO）卫星共 14 颗卫星组成。GEO 和 IGSO 卫星在亚太地区可视时间长，能有效增加可观测卫星数。地面端包括 32 个地面站，由主控站、上行注入站和监测站组成。监测站用于接收卫星信号并发送给主控站，实现对卫星的监测以确定卫星轨道，并为时间同步提供观测资料；主控站用于系统运行管理与控制，从监测站接收数据并进行处理，生成卫星导航电文和差分完好性信息，并将信息发送给注入站；注入站用于向卫星发送信号，对卫星进行管理，在接受主控站的调度后，向卫星发送导航电文和差分完好性信息。用户端由北斗用户终端以及与其他全球导航卫星系统兼容的终端组成。

（3）**北斗3号系统**　2020年6月北斗3号系统卫星组网成功，已形成服务全球的卫星导航能力，2020年8月，北斗3号全球卫星导航系统正式运行。

北斗3号系统的空间端是由35颗卫星组成的导航星座，包括27颗MEO卫星、5颗GEO卫星和3颗IGSO卫星。地面端包括主控站、时间同步/注入站和监测站等若干地面站，以及星间链路运行管理设施。用户端包括北斗兼容其他卫星导航系统的芯片、模块、天线等基础产品，以及终端产品、应用系统与应用服务等。

北斗3号在北斗2号的基础上性能进一步提升，采用了比北斗2号星载铷原子钟精度更高的氢原子钟，增加了卫星搜救功能和全球位置报告功能，服务区域覆盖全球，而且在载荷、星间链路、激光通信等方面也有进步。

北斗系统具有以下特点：一是北斗系统空间端采用3种轨道卫星组成的混合星座，与其他卫星导航系统相比高轨卫星更多，抗遮挡能力强，尤其低纬度地区性能特点更为明显。二是北斗系统提供多个频点的导航信号，能够通过多频信号组合使用等方式提高服务精度。三是北斗系统创新融合了导航与通信能力，具有实时导航、快速定位、精确授时、位置报告和短报文通信服务等多种功能。北斗系统总体水平世界一流，并且在局部地区以及某些技术方面世界领先，特别是它不仅具有导航功能，还具有其他导航卫星系统所不具备的短报文功能。

9.4.4　汽车导航系统的基本组成

从前面卫星导航系统的定位原理可知，在汽车上装上接收机便可以确定汽车的位置、运动方向和速度，实现汽车的实时定位，但是，这远远不能满足汽车导航的要求。汽车导航系统不仅要求具有实时定位功能，更需要具有目的地检测、线路规划、实时道路交通信息提示、画面和语音引导等高级功能。

在此以GPS车载导航系统为例介绍车载导航系统的组成。图9-16所示是GPS车载导航系统的组成和布置。车辆前座中央有显示器，可显示道路地图和其他有关交通信息，其数据由存储设备提供。车辆前部和后部各装有GPS接收天线，GPS接收机装在行李舱内，地磁传感器装在车顶，在车轮上装有车轮转速传感器，转向装置上装有转向角度传感器。有关信息经导航ECU统一管理，通过显示器输出对汽车导航。

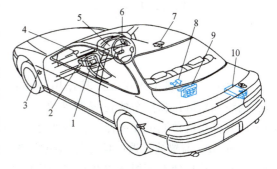

图9-16　车载导航系统的组成和布置

1—LCD显示板　2—导航ECU　3、5—车轮转速传感器　4、8—GPS接收天线　6—转向角度传感器　7—地磁传感器　9—GPS接收机主机　10—存储设备

GPS车载导航系统由硬件平台、系统软件、应用软件、导航电子地图等四部分组成。GPS车载导航系统基本构成如图9-17所示。

1. 硬件平台

硬件平台包括车载GPS接收机、显示器、定位子系统及其他控制模块和传感器。

（1）**GPS接收机**　GPS接收机的作用是捕捉一定范围内待测卫星的信号，并跟踪这些

卫星的运行，对接收到的 GPS 信号进行变换、放大和处理，计算出 GPS 信号从卫星到接收天线的传播时间，解译出 GPS 卫星发送的导航电文，实时计算出接收机的三维位置、三维速度和时间。GPS 接收机主要是由 GPS 接收机天线单元、GPS 接收机主机单元和电源三部分组成，其原理图如图 9-18 所示。

1）GPS 接收机天线单元。天线单元包括天线和前置放大器。天线的作用是捕捉来自 GPS 卫星极微弱的电磁波信号并转化为相应的电流；前置放大器的作用则是将微弱的 GPS 信号电流进行相应放大。

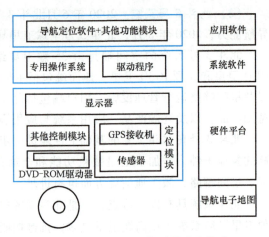

图 9-17　GPS 车载导航系统基本构成

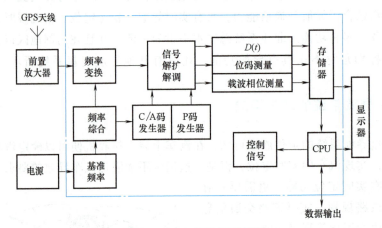

图 9-18　GPS 接收机原理图

2）GPS 接收机主机单元。其作用是接收来自天线单元的信号，根据采集到的卫星星历、伪距观测值计算汽车的位置和速度等，并存储各种实时数据、观测数据及计算结果。GPS 接收机主机单元由变频器、信号通道、微处理器（CPU）及存储器组成。

经过 GPS 前置放大器的信号仍然很微弱。变频器的作用是为了使接收机通道得到稳定的高增益，并且使 L 频段的射频信号变成低频信号。

信号通道是 GPS 接收机主机单元的核心部分，其作用是接收来自天线单元的信号。通常有 1~12 个通道，每一通道在某一时刻只能跟踪一颗卫星，当锁定某颗卫星后，便占据了这一通道。

GPS 信号通道的功能有：搜索卫星，索引并跟踪卫星；解扩广播电文数据信号，解调出广播电文；进行伪距测量、载波相位测量及多普勒频移测量。

由于 GPS 接收机接收到的信号是扩频的调制信号，所以要经过解扩、解调才能得到导航电文，因此在相关通道电路中设有伪码相位跟踪环和载波相位跟踪环。

GPS 接收机内设有存储器或存储卡，以存储卫星星历、卫星历书、GPS 接收机采集到的码相位伪距观测值、载波相位观测值及多普勒频移。目前 GPS 接收机都装有半导体存储器（简称内存），GPS 接收机内存数据可以通过数据口传到微机上，以便进行数据处理和数据

保存。在存储器内还装有多种工作软件，如自测试软件、卫星预报软件、导航电文解码软件、GPS单点定位软件等。

CPU的作用是根据采集到的卫星星历、伪距观测值计算三维坐标和速度。

GPS接收机的基本工作原理是：在运行状态下，按照GPS接收机的接收频次，以当前位置、角度和车速计算下一个点的位置，然后，将该点与GPS接收机的接收位置进行比较，如果误差大于一定的值，则以GPS接收机位置为准进行修正实现定位。

（2）**显示器**　车载导航系统的显示器既是显示窗口又是交互界面，绝大多数采用触摸屏。目前，许多显示器在汽车影音娱乐平台上集成了导航、通信和信息服务等功能，可以显示交通状况信息、行驶状况信息、通信综合服务信息，还具有配合播放媒体影音、接收电视、可视化倒车、车载电话、互联网及车载办公等功能。

（3）**汽车导航传感器**　汽车行驶路径的方向和位置通过装在车上的传感器检测。方向和转向角度传感器信息反映汽车的行驶方向，车速传感器信息决定汽车行驶的距离。车速传感器和转向角度传感器在前面的章节中已有介绍，这里只介绍几种导航传感器。

1）地磁传感器。图9-19a所示为地磁传感器的结构，传感器的磁芯材料是环状的高导磁性铍钼合金。在磁芯的圆周方向上，沿同一方向缠绕有励磁线圈；在磁芯的直径方向上绕有检测线圈X和Y，而且线圈X和Y在磁芯的直径方向上互相正交。

如图9-19b所示，在励磁线圈上通交流电进行励磁时，磁芯内部产生如虚线所示的磁力线，因为磁芯是环状的不能形成磁极。另外，X线圈的①和②处、Y线圈的③和④处，按照磁通量的变化分别产生电动势，但①与②处、③与④处磁感应强度的大小相等而方向相反，所以线圈X和Y均没有没有电压输出。若从外部附加与X线圈平面成一定角度的磁场，则X线圈内的①和②、Y线圈内的③和④两处磁感应强度的大小不再相等，X线圈和Y线圈上就会有电压输出。如图9-19c所示，若附加磁场与X线圈平面垂直，则X线圈产生最大电压而Y线圈没有电压输出；而如图9-19d所示，若45°的方向上有外部磁场，则X、Y线圈上分别产生1/2峰值的电压。

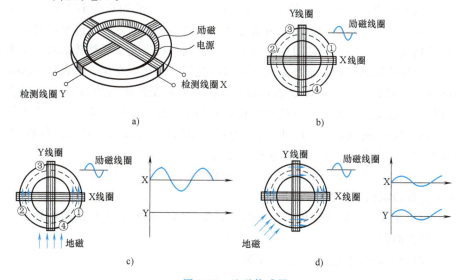

图9-19　地磁传感器

a）结构　b）励磁状态　c）附加与线圈相平行的外磁场时　d）附加与线圈成45°的外磁场时

设计安装时，使 X 线圈与车体的前后方向相一致，测量 X、Y 线圈输出电压的大小，就能检测出相对于车体的地磁的方向，如图 9-20 所示。

由此可见，通过检测地磁的方向，能够知道车辆的前进方向。传感器要设置在不容易受车体铁板自身具有的残余磁性或车辆电气零件的磁性影响的车顶中央处。但是，地磁的磁场很弱，而且不一定均匀，所以容易产生误差并需要各种修正对策。

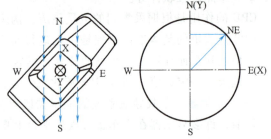

图 9-20　地磁传感器的方位输出

2）陀螺罗盘。高速旋转体的旋转轴在不加外力的情况下总是保持一定的方向。但若施以外力，则会引起与其正交轴的旋转运动。利用这个性质，可以对空间物体的姿态（侧倾、纵向倾斜、偏转等）或速度进行检测。它常用于船舶和飞机等的自动操纵和摇动稳定性控制装置上。

为了知道汽车的前进方向，通过陀螺罗盘检测车体的横摆角速度（旋转角速度），并对它进行积分后求得方位。它不像地磁传感器那样受外界的干扰，所以可以得到高精度的方位。但是，得到的只是相对方位，因此有必要用其他方法给予它初始的绝对方位。常见的汽车用陀螺罗盘有振动陀螺和光纤陀螺两种。

振动陀螺，它是对振动板附加角速度时，测定作用在与振动板垂直方向上的科氏力来求角速度的方式。振动陀螺的结构及原理如图 9-21 所示，检测部分的形状如同音叉，而由压电陶瓷制成的振子与测头是互成 90°方向的一个整体。先将振子通以交流电，振子产生变形从而引起振动，并使测头以一定的频率左右摆动。在这种状态下，若传感器以某种角速度旋转（车辆回转），则由于科氏力的作用，测头就与激振方向垂直地摆动，并输出交流电压。通过对测头输出的交流信号的同步检波，能检测出回转方向和大小，并以线性信号输出。

光纤陀螺的基本原理是 Sagnac 效应。当光束在一个环形的通道中前进时，如果环形通道本身具有一个绕其轴线转动的速度，那么光线顺着通道转动的方向前进所需要的时间要比逆着这个通道转动的方向前进所需要的时间要多。也就是说当光学环路转动时，在不同的前进方向上，光学环路的光程相对于环路在静止时的光程都会产生变化，这就是 Sagnac 效应。

Sagnac 效应原理如图 9-22 所示，将两束相同的光束从光纤线圈的两端 M 处耦合进光纤线圈，并以相反的旋向沿着圆形光纤线圈传播后分别从光纤线圈的两端射出。若光纤线圈静止不动，则两束光将同时到达 M 点，时间差为零，如图 9-22a 所示。若光纤线圈以 Ω 的角速度顺时针旋转，如图 9-22b 所示，则逆时针方向的光经过的光程 L_S 为

$$L_S = L - \Delta l$$

式中　L——光纤线圈圆周长，$L = 2\pi R$；

　　　Δl——每束光线光程的变化量，$\Delta l = R\varphi$，φ 为光通过时间内光纤线圈的转角，R 为光纤线圈的半径。

同理，顺时针方向的光经过的光程 L_B 为

$$L_B = L + \Delta l$$

从光纤线圈两端出来的光的光程差 ΔL 为

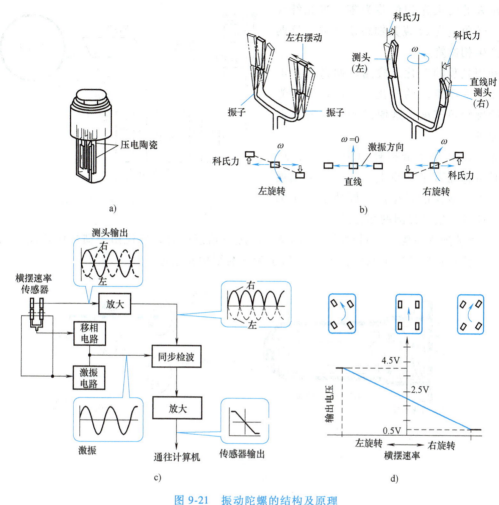

图 9-21 振动陀螺的结构及原理

a）外形　b）原理　c）信号处理　d）输出特性

$$\Delta L = L_B - L_S = 2\Delta l = 2R\varphi$$

两束光的相位差 $\Delta\varphi$ 为

$$\Delta\varphi = 2\pi\Delta L/\lambda = 2\pi\times 2R\varphi/\lambda = 4\pi RL\Omega/\lambda c$$

$$= 8(\pi R)^2\Omega/\lambda c$$

式中　λ——光波长；

　　　c——光速。

可见，当 R、λ 和 c 确定后，$\Delta\varphi$ 与 Ω 成正比。

光纤陀螺的基本组成如图 9-23 所示。光源发出的光经过耦合器后分为两束，其中一束进入光电调制器（Y 波导），经过 Y 波导的内部调节后输出两束光，这两束光分别从光纤线圈（光纤环）两端进入并在线圈中相向传播。从光纤线圈两端出来的光，再次经过耦合器而复合产生干涉。当光纤线圈处于静止状态时，从光纤线圈

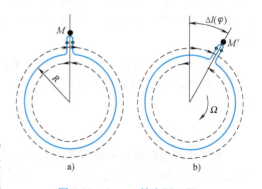

图 9-22 Sagnac 效应原理图

a）光纤线圈静止不动　b）光纤线圈以 Ω 的角速度顺时针旋转

两端出来的两束光相位差为零。当光纤线圈以旋转角速度 Ω 绕其轴线旋转时，这两束光产生相位差。

利用光程的变化，检测出两条光路的相位差或干涉条纹的变化，就可以测出光纤线圈旋转角速度，这便是光纤陀螺仪的工作原理。

光纤线圈使用低损耗单模光纤绕制，其总长可达几百米甚至上千米，可大幅度提高环形干涉仪的灵敏度，即使是微小的转动也能够产生可探测的相位差。

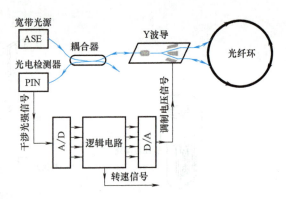

图 9-23　光纤陀螺组成原理

3）气体速率陀螺仪。对喷嘴喷射的氦气流施以角速度时，气流由于惯性而弯曲。气体速率陀螺仪就利用了这个原理，图 9-24 所示为它的结构和原理。

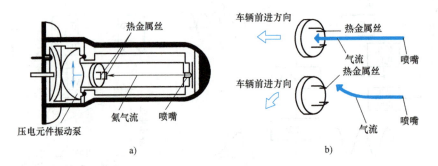

图 9-24　气体速率陀螺仪

a）结构　b）原理

从压电元件的振动泵喷出的氦气由喷嘴喷射成一股气流，并均匀地碰到两根热金属丝（钨丝）。热金属丝在气流的作用下失去热并降温后输出变化的电阻值。改变车辆的行驶方向时，气流因惯性而弯曲，因而形成左右热金属丝的温度差，检测此温度差后可换算出角度。

若气体流速不恒定，则会产生温度平衡点的偏移。因此，泵的喷出量的稳定性很重要。另外，内部需要（70±0.1）℃的恒温，有时从起动到温度的稳定需要 5min，此期间输出并不稳定。

2. 系统软件

系统软件包括操作系统和驱动程序两个部分。由于操作环境的特殊要求，操作系统一般采用嵌入式实时操作系统（RTOS），这种操作系统与硬件接合紧密，具有结构紧凑、体积微小、实时性强和高度伸缩性等优点。驱动程序用于驱动车载导航系统的其他硬件设备和车内的其他电子设备。

3. 应用软件

导航应用软件是专门针对车载导航应用需求而开发的软件系统，运行在车载主机中。导

航应用软件的基本功能包括：定位与显示、地图浏览与信息查询、智能路线规划、语音引导等。有些高端导航产品将音响、空调、多媒体、可视化倒车监控、车载电话、互联网等其他控制功能集成到导航软件中，使导航系统成为汽车信息控制中心。

4. 导航电子地图及道路地图数据

电子地图数据库包是以地图数字化数据为基础的各种地图内容要素的信息文件库，存储在计算机中，其中包含商业民居、交通规划和公路等级区等信息，通常采用矢量数据的格式存储。规划最佳的路线协助在汽车行驶过程中行驶最短的距离，这个过程也是根据计算机中存储的矢量地图模块所提供的电子地图，利用最短路径法分析出最短可行路径的距离实现的。

(1) 导航电子地图　导航电子地图是整个导航控制系统的基础和灵魂。它按照特定的数据模型将基础的地理信息、道路交通信息、POI 信息、自动引导信息等多源信息有机地集成在一起，通过导航软件展现给使用者。导航系统的优劣程度主要取决于导航电子地图的信息丰富程度和准确率。一款优良的电子地图产品应包含大量的 POI 信息和引导信息，以帮助使用者轻松找到目的地并在过程中给予直观、精确的提示。

(2) 道路地图数据　以航空测量出的地形道路图为基础，将地图涵盖范围按一定比例划分成若干区域，每个区域标明道路走向和道路管理的相关信息。例如，日本全国按每区域纵横约 80km（经度为 1°，纬度为 40′）划分一次网络，再分成 8 份作为二次网络（纵横约 10km），对此进一步分为 10 份作为三次网络（纵横约 1km）。这样全日本约有 39 万个属于三次网络的区域。

图 9-25 所示为数值信息记录的某一区域信息数据，所有数据都用代码化的数字表示。

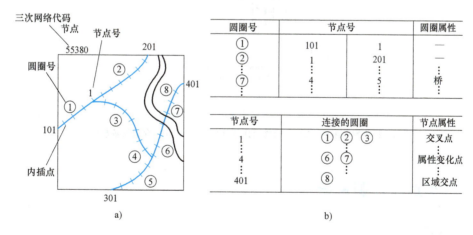

图 9-25　道路地图数据示意图
a）根据地形数据的作图　b）属性数据

存储设备数据库存储着具有各种道路属性（路面、路标、桥隧等）的基本道路地图数据。图 9-26 所示为存储设备数据库的数据组成。根据汽车行驶所处的位置（经、纬度）坐标，用手动操作或接收车外信息的方法，显示需要的地图数据。

当汽车按照计算机引导路径接近某一交通信标（或装有信号反射的交通灯）时，计算机将当地的详细地图在显示器上显示出来，并指示出要到达目的地的最佳路径。

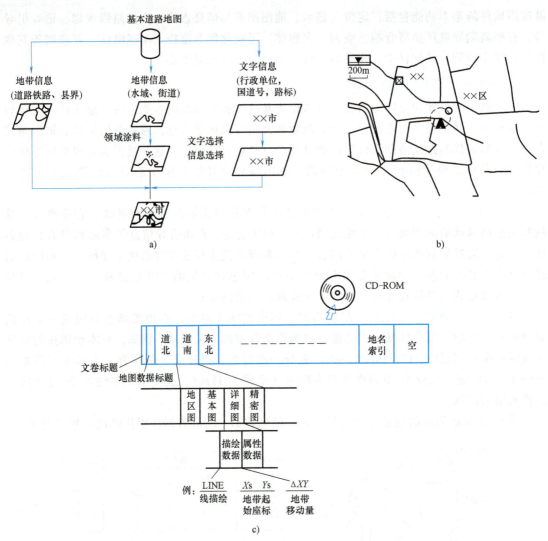

图 9-26 存储设备数据库的组成

a）描绘数据组成 b）地图描绘比例（1/20000） c）存储设备数据库

9.5 汽车巡航控制系统

9.5.1 概述

汽车巡航
控制技术

巡航控制系统首先在飞机上应用，显示出了它无可比拟的优点。20 世纪 50 年代末开始在汽车上应用后很快就受到美、日、德、法、意等汽车大国的青睐，尤其是近几年来世界各国高速公路的通车里程增多，扩大了汽车巡航控制技术大显身手的空间，因此，巡航控制系统在汽车上的应用也逐渐增多。

汽车巡航控制系统经历了机械控制、晶体管控制、模拟集成电路控制和微处理器控制等几个发展过程。微处理器控制的汽车巡航控制系统工作稳定、可靠性高，自 1981

年开始应用于汽车后，发展迅速，当今汽车上的巡航控制系统基本上都采用微处理器控制。现在，中高级轿车装备巡航控制系统已十分普遍。以前的巡航控制系统只能实现汽车的定速巡航控制功能，目前，在定速巡航控制功能基础上增加了主动制动、主动跟车等功能的主动巡航控制系统已在一部分高端豪华轿车上开始应用。

1. 汽车巡航控制系统的功能及优点

汽车巡航控制系统（Cruise Control System，CCS）是现代汽车上用于自动控制汽车在驾驶人设定的车速下稳定行驶的一种自动驾驶控制系统，它的作用是根据汽车行驶阻力的变化，自动调节发动机节气门开度的大小，控制发动机的动力输出，使发动机在理想的转速范围内运转，保持汽车以恒定速度行驶。

巡航控制系统具有以下功能：

（1）巡航控制系统的基本功能　巡航控制系统的基本功能大都可通过巡航控制开关来实现。巡航控制开关有 5 种控制功能：SET 为巡航速度设定开关，COAST 为减速开关，RES 为巡航恢复开关，ACC 为加速开关，CANCEL 为巡航状态取消开关。

1）车速设定功能。通过操作 SET 开关设定一个巡航目标车速，巡航控制系统自动控制汽车在设定车速下稳定行驶。

2）巡航取消功能。在巡航工作状态下，如果出现规定的取消巡航控制的驾驶操作或者出现取消巡航控制的设定工作条件，巡航控制系统将取消巡航控制。

3）巡航恢复功能。巡航控制状态被取消后，可操作 RES 开关恢复原设定车速的巡航控制。

4）巡航滑行功能。在巡航行驶中，可通过操作 COAST 开关调低巡航行驶车速的目标值。

5）巡航加速功能。在巡航行驶中，可通过操作 ACC 开关调高巡航行驶车速的目标值。

6）巡航车速"微调"功能。在巡航行驶中，"点动"（接通后立即断开）操作 ACC 开关或 COAST 开关，可"微调"设定巡航目标车速，每点动一次，设定车速升高或降低 1～2km/h。

（2）巡航控制系统的保险功能　巡航控制系统的保险功能主要有车速上限控制功能、加速后自动恢复和退出巡航控制状态的功能。

1）车速上限控制功能。车速上限是巡航控制所能设定的最高车速，约为 200km/h，操作 ACC 开关不能使车速超过此上限值。在具有限速巡航功能的巡航控制系统中，可以在巡航控制系统所能设定的车速范围内设定巡航目标车速的最高值，当车速达到此限定值时，继续缓踩加速踏板不能使车速再提高。但是，当遇到紧急情况需要急加速时，猛踩加速踏板，可突破设定的限速，当车速超过设定限值时系统发出超速报警。

2）加速后自动恢复和退出巡航控制状态的功能。在巡航行驶中，通过踩加速踏板可以提高车速，松开加速踏板后，车速会自动恢复到设定的目标车速；如果车速超出设定的车速达到规定的条件，巡航控制系统将自动退出巡航控制状态且清除系统中存储的设定车速数据。

（3）巡航控制系统的其他控制功能　主要包括自动变速器控制功能和自诊断控制功能。

1）自动变速器控制功能。当车辆以超速档上坡行驶时，如果车速降至超速档切断速度

（在巡航设定车速基础上减去规定的速度值所得到的车速）以下，巡航控制 ECU 会自动取消超速档以增加驱动力，阻止车速进一步下降。当车速上升至超速档恢复速度（在巡航设定车速基础上加上或减去规定的速度值所得到的车速）以上约 6s 后，巡航控制 ECU 恢复超速档。

2）自诊断控制功能。当巡航控制 ECU 在工作中监测到传感器和开关信号异常、执行器工作不正常时，在自动取消巡航控制的同时，使仪表板上的巡航（CRUISE）警告灯闪烁，以示报警，并将相应的故障码存储于 RAM 存储器，以备读取。

巡航控制系统为汽车带来了以下优点：

1）提高了舒适性。巡航控制系统可保证汽车在有利车速下等速行驶，特别是在郊外或高速公路上行驶，这种优越性更为显著。巡航控制系统自动控制汽车在驾驶人设定的速度下稳定行驶，减轻了驾驶人的负担，使其可以轻松地驾驶，大大提高了舒适性。

2）提高了安全性。巡航控制系统实现了部分自动驾驶，驾驶人只需要掌握好转向盘，不用踩加速踏板和换档，减轻了驾驶人的劳动强度，使驾驶人精力集中，从而提高了行车安全性。

3）提高了经济性和环保性。巡航控制系统选择在最有利的车速和发动机转速下运行，有利于发动机燃料燃烧完全，提高热效率，降低油耗，排气中 CO、NO_x、HC 大量减少，有利于节能和环保。

4）减少故障，延长汽车使用寿命。稳定的等速行驶可使额外惯性力减小，可减小机械损伤，使汽车故障减少、使用寿命延长。

2. 汽车巡航控制系统的分类

（1）按巡航控制装置的组成与控制方式分 汽车巡航控制系统可分为机电式巡航控制系统和电子式巡航控制系统。

1）机电式巡航控制系统实现车速设定、车速稳定和消除等巡航控制功能的是一个机械与电气混合装置，通常由控制开关、电释放开关、真空调节器、真空度控制的弹簧式伺服机构、真空释放阀、线束及真空管路等组成。汽车上早期使用的就是这种机电式巡航控制系统。

2）电子式巡航控制系统由电子控制器根据巡航控制开关、各传感器和开关的信号进行车速设定、稳定和消除等自动控制。随着电子技术的迅速发展和对巡航控制功能要求的进一步提高，电子式巡航控制系统已逐渐取代了机电式巡航控制系统。

（2）按巡航控制系统电子控制器结构原理分 汽车巡航控制系统可分为模拟式电子巡航控制系统和数字式电子巡航控制系统。

1）模拟式电子巡航控制系统由模拟电子电路构成电子控制器，控制器内部对输入信号的处理过程均为模拟电参量。模拟式巡航电子控制器经历了从晶体管分立元件到集成电路的发展过程。

2）数字式电子巡航控制系统其电子控制器的核心是微处理器，现代汽车巡航控制系统基本上都采用微处理器控制系统。

（3）按巡航控制装置执行机构的结构原理分 汽车巡航控制系统可分为真空驱动型巡航控制系统和电动驱动型巡航控制系统。

1）真空驱动型巡航控制系统用于车速稳定、升速和减速控制的执行机构为真空式节气门驱动装置，其驱动力来自进气歧管的真空度或真空泵产生的真空度，控制器通过调节节气门驱动装置的真空度来实现节气门开度的控制。

2）电动驱动型巡航控制系统。节气门驱动装置的动力来源于电动机，控制器通过控制电动机的转动来调节节气门的开度。

（4）按巡航控制系统的控制功能分　汽车巡航控制系统可分定速巡航控制系统和主动巡航系统。

1）定速巡航控制系统就是通常所说的巡航控制系统（Cruise Control System，CCS），也称为定速巡航行驶装置、速度控制系统、自动驾驶系统等，是目前最常见的巡航控制系统。这种巡航控制系统在开启巡航模式，预设巡航目标车速后，松开加速踏板，即可控制汽车自动保持这个车速行驶。行驶中能通过巡航控制开关调整巡航速度目标值。踩下制动踏板或关闭巡航开关可取消巡航设定。

2）主动巡航系统，又称为自适应巡航控制（Adaptive Cruise Control，ACC）系统，它是在定速巡航控制系统的基础上增加了雷达或红外线探测器，除了具有定速巡航控制系统的功能外还实现了主动制动、主动跟车等功能。目前自适应巡航系统只应用在高端豪华轿车上。

9.5.2　数字式电子定速巡航控制系统

1. 电子定速巡航控制系统的基本控制原理

以微处理器为控制器核心的数字式电子定速巡航控制系统在汽车上使用最为普遍。电子定速巡航控制系统的基本组成和控制原理如图9-27所示。

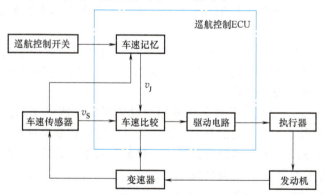

图 9-27　电子定速巡航控制系统的基本组成和控制原理图

v_S—实际车速　v_J—设定（记忆）车速

汽车定速巡航控制系统的基本控制原理为：驾驶人通过巡航控制开关设定的目标车速记录在巡航控制 ECU 的 RAM 存储器中，在汽车巡航控制系统工作时，巡航控制 ECU 将车速传感器输入的实际车速 v_S 与存储器中的设定车速 v_J 进行比较，计算出两者之间的差值，确定节气门开度的大小。当两车速有误差时，ECU 就输出控制信号，通过驱动电路使执行器动作，改变发动机节气门开度的大小，调节发动机的负荷，力图减小实际车速与设定车速的差距，使汽车在设定的车速下稳定行驶，实现汽车的恒速行驶。

2. 电子定速巡航控制系统的组成

汽车巡航控制系统是闭环控制系统。电子巡航控制系统主要由传感器（车速传感器、发动机转速传感器）、操控开关（主开关、巡航控制开关）、巡航控制单元（巡航控制 ECU）和执行器等部件组成。典型的电子定速巡航控制系统组成如图 9-28 所示。

巡航控制系统传感器的作用是检测汽车以及发动机与巡航控制相关的工作参数，并将检测到的数据传给巡航控制 ECU；各种开关的作用是监测驾驶人的驾驶操作，将与巡航控制相关的驾驶操作以开关信号的形式传给巡航控制 ECU；巡航控制 ECU 根据传感器和开关送来的信号计算节气门应有的开度，并给执行器发出指令；执行器根据来自巡航控制 ECU 的指令，产生相应的动作，调节节气门开度。

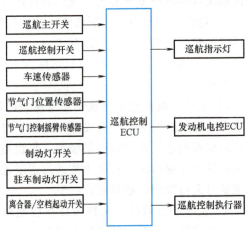

图 9-28　典型电子定速巡航控制系统的组成

（1）巡航控制传感器　汽车巡航控制系统需要的传感器有车速传感器和节气门位置传感器，有些系统还有节气门控制臂传感器。

1）车速传感器。其作用是向巡航控制 ECU 提供实际车速信号，用于巡航控制 ECU 计算实际车速与设定的巡航目标车速的差值。通常与自动变速器电子控制系统、发动机电子控制系统共用车速传感器。车速传感器有光电式、霍尔效应式、磁感应式等几种类型。

2）节气门位置传感器。其作用是向巡航控制 ECU 提供节气门开度信号，通常与自动变速器电子控制系统、发动机电子控制系统共用，有的车型其巡航控制系统由发动机 ECU 提供节气门位置信号。

3）节气门控制臂传感器。一些巡航控制系统的执行器中装有一个滑片随节气门摇臂一起转动的电位器，用于检测节气门控制摇臂的位置，可向巡航控制 ECU 输出一个与节气门摇臂位置成比例且连续变化的电信号。

（2）巡航操控开关　巡航操控开关主要用于设置巡航车速以及取消巡航控制等，其组成包括主开关、控制开关和退出巡航开关。通常将开闭巡航控制系统电源的主开关和调控巡航速度的控制开关集成在一起构成组合开关，一种典型的组合式巡航操控开关电路原理图如图 9-29 所示，其布置在转向盘上或转向盘附近便于驾驶人操作的地方，而取消巡航开关则分布在其他不同的地方。

1）主开关（MAIN）的作用是控制巡航控制系统电源的通断，连接在巡航 ECU 的 CMS 端与搭铁间，用于对车速控制系统进行启闭。接通主开关后，电流流向为：巡航 ECU 的 CMS 端子→巡航操控开关端子③→MAIN 开关→巡航操控开关端子④→搭铁。

主开关一般有按键"点动"操作和拨

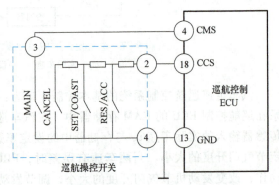

图 9-29　组合式巡航操控开关电路原理图

键拨动操作两种操作方式。按键操作方式，每按下一次，开关在接通和断开之间切换一次。在主开关接通状态下关断点火开关，主开关也关断，再接通点火开关时，主开关转换为关闭状态，需再按一下主开关才能接通巡航控制系统的电源。拨动操作方式，当主开关位于 OFF 位时，断开巡航控制系统电源，即使接通点火开关，也不向巡航控制系统供电，当把主开关拨到 ON 位时，只要点火开关接通，就会向巡航控制系统供电，即使是关断点火开关后再接通，主开关仍然保持接通。

2）巡航控制开关的作用是用于驾驶人设定和调节巡航车速或者主动取消巡航控制。巡航控制开关连接在巡航控制 ECU 的 GND 端与 CCS 端之间，如图 9-29 所示。

在巡航控制开关的 5 种控制功能中 SET 和 COAST 模式共用一个开关，RES 和 ACC 模式共用一个开关。巡航控制开关是一组自动复位型开关，按下时开关接通，松开时则关断。

当接通不同功能的开关（包括巡航取消开关）时，在巡航控制 ECU 的 CCS 端便得到不同的电压，各开关电路分压后的电压值所代表的功能与巡航 ECU 预先设置的功能相对应，一旦两者经判断一致后，巡航控制 ECU 就发出相应的指令去执行该功能。

3）退出巡航控制开关包括取消开关、驻车制动开关、空位起动开关（A/T）、离合器开关（M/T）和制动灯开关，其中取消开关位于巡航控制开关内，如图 9-29 中的开关 CANCEL，其他开关布置在不同的地方，其电路如图 9-30 所示。在这些开关中，只有取消开关"CANCEL"是由驾驶人主动取消巡航控制，其他开关都是被动取消巡航控制，当其中任一开关接通时，巡航控制将被取消。但若巡航控制取消瞬间的车速不低于巡航低限车速（巡航控制系统工作的最低限制车速，一般为 40km/h，有的车型有更高或更低的要求），此车速会存储于巡航控制 ECU 中，当接通"RES"开关时，最后存储的车速就会自动恢复。

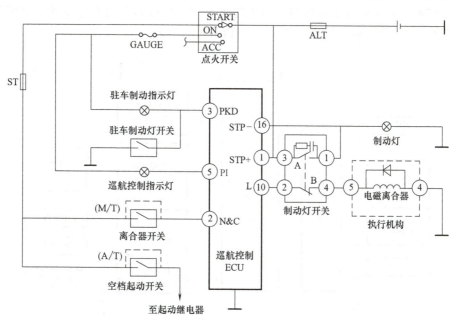

图 9-30 退出巡航控制开关电路

驻车制动开关，当拉起驻车制动操纵杆时，驻车制动器开关就接通，驻车制动指示灯亮，同时，将取消信号传送至巡航控制 ECU 的 PKD 端子，ECU 根据此信号取消巡航控制。

空位起动开关（A/T），当变速杆设置在自动变速器的 P 或 N 位时，空位起动开关即接通，将取消信号传送至巡航控制 ECU，ECU 得到此信号便取消巡航控制。

离合器开关（M/T），当踩下手动变速器汽车的离合器踏板时，离合器开关即接通，将取消信号传送至巡航控制 ECU，ECU 得到此信号便取消巡航控制。

制动灯开关，驾驶人踩制动踏板时此开关接通，将汽车制动信号送入巡航控制 ECU，ECU 根据此信号终止巡航控制程序。制动灯开关由联动的两个开关 A 和 B 组成，如图 9-30 所示。不踩制动踏板时 A 断开、B 闭合。踩制动踏板时，开关 A 闭合、B 断开。A 闭合使电流经其流过制动灯，使制动灯亮，同时，蓄电池电压经过开关 A 施加在巡航控制 ECU 的 STP-端子上，使其感知制动器处于工作状态，于是，巡航控制 ECU 取消 CCS 的工作；B 断开使巡航控制 ECU 的输出信号不能到达执行器，从而使巡航控制系统停止工作。

巡航控制指示灯受巡航控制 ECU 的 PI 端输出信号的控制，当使用巡航控制系统时，该端输出低电平，使 CCS 指示灯点亮，以示汽车处于巡航控制工作状态。

（3）巡航控制 ECU　巡航控制装置有模拟式电子控制器和数字式电子控制器两种形式。在早期的巡航控制系统中，控制器大多采用模拟电子技术。随着数字电子技术的不断发展，特别是大规模集成电路和微机技术在汽车上的普及应用，新车装用的巡航控制系统已全部采用数字式电子巡航控制系统。

巡航控制 ECU 是现代汽车巡航控制系统的核心，其作用是接受来自车速传感器和各种开关的信号，按照设定的程序进行处理。当车速偏离设定的巡航车速时，巡航控制 ECU 控制执行器动作，通过改变发动机节气门开度大小来调节发动机的输出功率，使实际车速与设定车速相一致。

巡航控制 ECU 主要由微处理器、输入输出电路、执行器驱动电路及保护电路等组成。采用步进电动机执行器的巡航控制 ECU 原理如图 9-31 所示。

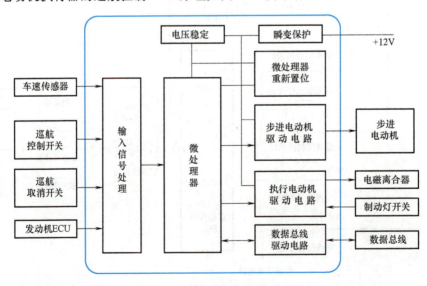

图 9-31　巡航控制 ECU 原理图

巡航控制 ECU 各功能模块的作用如下：

1）输入信号处理模块，其作用是将输入的传感器及开关信号进行预处理，把它们都转

换为计算机可以接受的数字信号。

2）微处理器是一个单片微型计算机，该芯片集成了 CPU、可擦只读存储器（EPROM）、随机存储器（RAM）、输入输出接口（I/O）等计算机的基本部件，可按存储在只读存储器中的控制程序对输入的信号进行处理，并产生相应的输出信号，控制步进电动机转动，以改变节气门的开度，实现车速的稳定控制。

3）电动机驱动模块根据计算机输出的控制信号产生能驱动电动机的控制脉冲，使步进电动机按计算机的指令转动相应的角度。

4）执行器驱动模块根据计算机的指令使节气门联动器通电接合，步进电动机与节气门连接，汽车进入巡航控制状态。与执行器驱动模块连接的制动开关为常闭触点，当汽车制动时，巡航控制 ECU 停止巡航控制程序，同时此开关断开，将执行器驱动电源切断，以确保节气门完全关闭。

（4）巡航控制执行器　巡航控制执行器的作用是按照来自巡航控制 ECU 的指令调节节气门开度。目前使用的执行器有两种类型：一种是真空驱动型，其根据巡航控制 ECU 的指令，利用负压操纵节气门；另一种是电动机驱动型，其采用步进电动机操纵节气门。

1）真空驱动型巡航控制执行器利用进气歧管真空度或真空泵产生的真空度作为操纵节气门的动力，一般由压力控制阀、气缸、传动机构及空气管路等组成，其工作原理如图 9-32 所示。

执行器气缸活塞连杆 7 与节气门拉杆 8 相连，在巡航控制系统不起作用时，节气门拉杆在节气门回位弹簧 9 作用下使节气门关闭。当巡航控制系统起作用时，控制信号 V_c 输入到执行器使电磁线圈 2 通电而产生电磁吸力，在此电磁力的作用下，压力控制阀 4 的阀芯克服阀弹簧 3 的弹力下移，将进气歧管和气缸连通，在进气歧管真空度的作

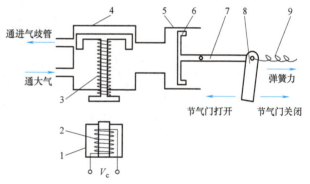

图 9-32　真空驱动型巡航控制执行器原理图
1—电磁铁　2—电磁线圈　3—阀弹簧　4—压力控制阀　5—气缸
6—活塞　7—连杆　8—节气门拉杆　9—节气门回位弹簧

用下活塞 6 向左移动，并通过连杆 7 带动节气门拉杆 8 使节气门开度增大。巡航控制 ECU 通过改变控制信号 V_c 的大小来调节压力控制阀阀芯的下移量，使作用在活塞上的真空吸力发生变化，从而改变节气门的开度，调节发动机的输出动力，实现车速稳定控制。

2）电驱动型巡航控制执行器用电动机来驱动节气门动作，电动机有直流电动机（励磁式、永磁式）和步进电动机两种。

电驱动型执行器安装在节气门体附近，与节气门之间有钢丝绳联系。如图 9-33 所示的电驱动型巡航控制执行器由直流电动机、传动机构、电位计等组成。

巡航控制 ECU 输出增加或减小节气门开度的控制信号，通过驱动电路使驱动电动机转动，经蜗杆（电动机输出轴）蜗轮（电磁离合器壳）、电磁离合器、主减速器传动使控制臂转动，再通过拉索、节气门摇臂带动节气门转动。电驱动型巡航控制执行器与节气门的关系如图 9-34 所示。

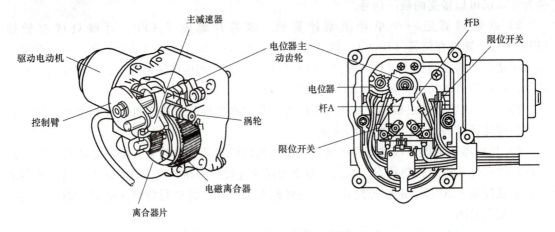

图 9-33　电驱动型巡航控制执行器

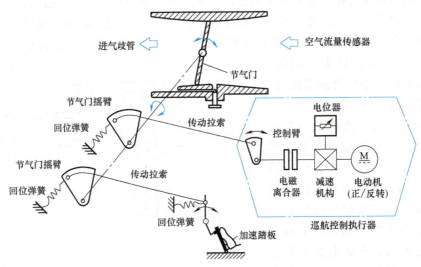

图 9-34　电驱动型巡航控制执行器与节气门的关系

　　电磁离合器用于电动机与节气门拉索之间的接合与分离。在巡航控制起作用时，电磁离合器通电接合，使电动机通过传动机构和拉索驱动节气门；在未设定巡航控制或巡航控制被取消时，电磁离合器断电分离，以避免执行器干涉驾驶人的操作。

　　电驱动型巡航执行器的电路如图 9-35 所示。巡航执行器电路由巡航 ECU 的 L、MO、MC、VR_1、VR_2、VR_3 端内电路及其外接的执行器为主构成。执行器安装在发动机节气门体附近，安装高度与节气门体接近，执行器与节气门之间由钢索相连。执行器电路主要由驱动电动机、安全电磁离合器、电位计组成，其作用是通过改变电动机的电流方向来改变节气门的开度。

　　驱动电动机为永磁可逆式，用于对节气门开度进行适当的微调，从而更好地调整因道路不平坦、上坡、下坡、转弯及各种阻力等引起的车速波动，使汽车的巡航速度稳定。而电动机的运转方向受巡航控制 ECU 的 MO、MC 端输出信号的控制。由于加到电动机上的信号是零点几秒的短时脉冲，故可使节气门每次只转动一个小角度，从而保证其开闭动作平稳、

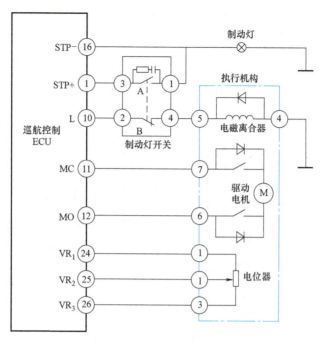

图 9-35　电驱动型巡航执行器电路

准确。

安全电磁离合器用于锁住或释放节气门拉索。当汽车以某一设定的巡航速度行驶时，安全电磁离合器锁住节气门拉索，使节气门保持一定开度。当踩制动踏板、离合器踏板（M/T）、从 D 位挂至 N 位（A/T）、拉驻车制动杆、巡航控制开关置于取消位置等操作时，安全电磁离合器释放节气门拉索，巡航控制系统停止工作。

电位器用于检测控制臂的旋转角度。当设定巡航控制系统车速时，电位器将节气门开度转换为 VR_1 和 VR_2 端的电压信号提供给巡航控制 ECU，ECU 将此数据存储于存储器中，行车中 ECU 根据此数据控制节气门的开度，使实际车速与设定的车速相符。

在执行机构中，与驱动电动机串联有两个限位开关，设置限位开关的作用是在节气门全开或全关位置时断开驱动电动机的电路，避免电动机在节气门已处于全开或全关位置时继续转动而损坏。

电位器产生一个与控制臂转角成比例的电压参数，用于向巡航控制 ECU 提供节气门控制臂位置信号。

3. 定速巡航电子控制系统电路实例

一汽丰田皇冠汽车巡航控制系统的电路图如图 9-36 所示，该巡航控制系统主要由执行器、巡航控制 ECU、故障自诊断装置、各种传感器和操作开关等组成。

巡航 ECU 有两个输入信号：驾驶人根据需要设定的目标速度信号和实际车速的反馈信号。实际车速的反馈信号是由车速传感器测得并转换成与车速成正比的电信号，然后再将信号从 SPD 端反馈至 ECU 内。ECU 比较这两个输入信号之间的电压后，产生一个送至节气门执行器的控制信号。节气门执行器依据这一信号，驱动电动机 M 正转或反转，通过蜗杆、蜗轮、安全电磁离合器、齿轮及驱动轴带动控制臂正转或反转，控制臂牵动拉索带动节气门

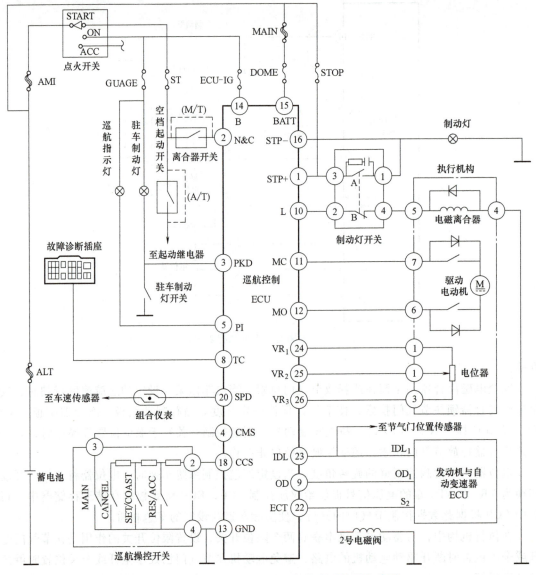

图 9-36　一汽丰田皇冠汽车巡航控制系统的电路图

摇臂摆动，调节发动机节气门开度，以修正巡航控制 ECU 所检测到的误差。

当控制臂受控达到所要求的位置后，电位器通过 VR_2 端向巡航 ECU 发送信号，ECU 便断开提供给驱动电动机的供电，并由齿轮把控制臂固定在此位置上，以此来使车速保持恒定。也就是当驾驶人根据需要接通速度开关后，不用踏节气门踏板就可以自动地保持车速，使汽车以固定的车速行驶。

车速控制过程如下：

控制开关设定车速后，安全电磁离合器电路接通，电流流向为：ECU 端子 L→制动灯开关端子②→制动灯开关→制动灯开关端子④→执行器端子⑤→电磁离合器线圈→执行器端子④→搭铁。

同时，执行器的位置传感器电路接通，电流流向为：ECU 端子 VR_1→执行器端子①→

位置传感器（电位器）→执行器端子③→ECU 端子 VR_3，为电位器施加一个恒定的电压，此时位置传感器会将执行器控制臂位置以一个电压信号从执行器端子送到 ECU 端子 VR_2。

当实际车速下降到低于设定的车速时，执行器电动机电路接通，电流流向为：ECU 端子 MO→执行器端子⑥→二极管（下）→电动机→限位开关（上）→执行器端子⑦→ECU 端子 MC。此时电动机转动，使执行器控制臂沿节气门打开方向转动，以提高车速。当控制臂转过一角度后，ECU 即从端子 VR_2 接收到信号，并切断从端子 MO 输出的信号。如果在调节过程中节气门转到全开位置，则限位开关（上）断开，避免电动机在节气门已处于全开位置时继续转动而损坏。

当实际车速高于设定的车速时，电流由 ECU 端子 MC 流出，电流流向为：ECU 端子 MC→执行器端子⑦→二极管（上）→电动机→限位开关（下）→执行器端子⑥→ECU 端子 MO。此时电动机反向转动，使执行器控制臂沿节气门关闭的方向转动，以降低车速。当控制臂转过一角度后，ECU 即从端子 VR_2 接收信号，并切断从端子 MC 输出的信号。如果在调节过程中节气门转到全关位置，则限位开关（下）断开，避免电动机在节气门已处于全关位置时继续转动而损坏。

4. 汽车定速巡航控制系统的使用和注意事项

（1）电子定速巡航控制系统使用方法　汽车巡航控制系统工作要满足两个条件：一是汽车实际行驶速度在巡航控制系统起作用的速度范围内（不同汽车的速度范围要求有所不同），二是汽车要有一定的负载。否则，巡航控制系统不起作用。巡航控制系统的使用方法如下。

1）开启巡航行驶模式。将巡航控制主开关（MAIN）接通，开启巡航控制模式，但此时巡航控制系统并不进入工作状态，只有在设定巡航目标车速后，系统才进入巡航控制状态。

2）设定巡航目标车速。当路面质量和交通状况好，适宜较长时间稳定行驶时，操作控制开关，设定巡航车速，即进入巡航控制工作状态，驾驶人即可将加速踏板松开，车辆进入自动行驶状态。在设定巡航车速时，要先观察汽车的实际行驶速度是否在巡航低限车速以上，若实际车速低于巡航低限车速，则需要踩加速踏板先将汽车加速到低限车速以上，当车速达到希望的值时，将 SET 开关接通后断开，巡航控制 ECU 记录开关断开时的车速并控制汽车在此车速下稳定行驶。

3）调节巡航车速。在巡航行驶过程中，可根据需要调节巡航行驶车速，巡航车速的调节包括加速调节和减速调节两种情况。

加速调节。当希望提高巡航车速时，通过"点动"操作 ACC 开关，可以微调提高巡航目标车速，每"点动"一次，目标车速一般增加 1~2km/h，新设定的速度值保存在巡航控制 ECU 的 RAM 存储器中，每"点动"一次，RAM 存储器中的设定速度会被刷新一次，巡航控制系统将自动使车速提高到设定车速稳定行驶。若使 ACC 开关保持在接通状态，巡航控制 ECU 通过执行器加大节气门的开度，使汽车持续加速，汽车实时车速数据送入 RAM 存储器，不断地刷新此前的车速数据，直到断开 ACC 开关，巡航控制 ECU 便会控制汽车在开关断开瞬时 RAM 所记录的车速下稳定行驶。

减速调节。当希望降低车速时，通过"点动"操作 COAST 开关，可以对目标车速进行

微调降低，每"点动"一次，目标车速一般减小 1~2km/h，新的设定速度值保存在巡航控制 ECU 的 RAM 存储器中，每"点动"一次，RAM 存储器中的设定速度会被刷新一次，巡航控制系统将自动使车速下降到设定车速稳定行驶。若使 COAST 开关保持在接通状态，巡航控制 ECU 通过执行器减小节气门的开度，使汽车持续减速，汽车实时车速数据送入 RAM 存储器，不断地刷新此前的车速数据，直到断开 COAST 开关，巡航控制 ECU 便会控制汽车在开关断开瞬时 RAM 所记录的车速下稳定行驶。

人工操作短暂加速。在巡航行驶过程中，踩下加速踏板可以提高车速，以适应短暂加速（如超车）的要求，松开加速踏板后，车速会自动下降到此前设定的目标车速。但是，如果车速达到设定条件，如超过设定车速一定值（一般为 10km/h）持续一定时间（最长 5min）后，巡航控制功能将被控制系统自动取消，此前设定的巡航速度不再被保存，松开加速踏板后车速不会恢复到以前存储的值，若要恢复以前的车速，则必须重新设定。

4）取消和恢复巡航控制状态。在巡航工作状态下，如果出现规定的取消巡航控制的驾驶操作或者出现取消巡航控制的设定条件，巡航控制系统将取消巡航控制。巡航状态的取消有驾驶操作取消和自动取消两种情况。

驾驶操作取消巡航控制。汽车处于巡航控制状态时，发生下列任何一种驾驶操作都会退出巡航行驶状态：踩制动踏板、拉驻车制动操纵杆、踩离合器踏板（M/T）、变速器挂入 N 位（A/T）、操作巡航控制 CANCEL 开关、关断主开关，这些操作会接通或断开相应的开关，将信号送入巡航控制 ECU，巡航控制 ECU 立即将系统的巡航控制功能取消而由驾驶人来操控汽车行驶速度，以确保驾驶人的操作不受干扰。

自动取消巡航控制。汽车在巡航控制状态下行驶时，以下情况会使巡航控制系统自动退出巡航状态：一是出现巡航控制系统异常，如巡航控制系统的传感器和开关信号异常、执行器工作不正常等情况；二是出现规定的自动取消巡航控制状态的条件，如车速下降到巡航控制车速的下限、车速降到比设定巡航目标车速低 16km/h、巡航控制系统电源暂时中断超过 5s。自动退出巡航状态时，RAM 存储器中的车速数据会被清除。

恢复巡航控制。在驾驶操作取消巡航控制的各种情况中，除了关断主开关外，其他几种情况取消巡航功能都是暂时的，此前设定的车速数据仍然保留在 RAM 存储器中，只要汽车的行驶速度在巡航控制系统起作用的车速范围内，可随时通过 RES 开关重新调用，恢复原设定车速的巡航控制。如果断开过主开关或者出现过自动取消巡航控制的情况，则巡航控制系统 RAM 中原先设定的车速数据被清除，因而不能通过 RES 开关恢复巡航控制功能，如果要进入巡航控制状态，则需要重新设定巡航车速。

5）关闭巡航控制模式。如果驾驶人不想使用巡航驾驶模式，断开巡航控制主开关即可完全关闭巡航控制系统。

（2）汽车定速巡航控制系统使用注意事项

1）为了使汽车行驶中的车速获得最佳控制，凡遇交通拥堵的场合，或在雨、冰、雪等湿滑路面上行驶及遇上大风天气时，不要使用巡航控制系统。

2）在不使用巡航控制系统时，务必使巡航控制主开关处于关闭状态，以免巡航控制系统误动作而被损坏。

3）汽车在陡坡路面上行驶时，最好不要使用巡航控制系统，以免引起发动机转速波动太大。如果下长坡行驶，汽车的实际行驶速度比设定的行驶速度高出太多，这种情况可停止

使用巡航控制系统，然后将变速器换入低档位，以便利用发动机制动控制车速。

4）对装用手动变速器（M/T）的汽车，在使用巡航控制系统时，切记不能在未踩下离合器踏板的前提下就将变速杆移置空位，否则会导致发动机转速骤然升高。

5）在汽车以某一巡航速度行驶时，巡航控制系统自动跳出巡航状态，仪表板上巡航控制系统的警告灯闪烁，则表明巡航控制系统已出现故障，应立即停止使用，进行检修。

9.5.3　汽车自适应巡航控制（ACC）系统

自适应巡航控制系统除了具有定速巡航控制系统的功能外，还具有自动跟车功能，驾驶人可以更改本车与前车希望保持的车距。汽车 ACC 系统在汽车行驶过程中，通过安装在汽车前部的车距传感器持续扫描汽车前方道路，同时车轮转速传感器采集车速信号。当本车与前方车辆之间的距离小于或大于安全距离时，ACC 控制单元通过与制动系统、发动机控制系统协调动作，改变制动力矩和发动机输出功率，对汽车行驶速度进行控制，以使本车与前方车辆始终保持安全车距行驶，避免发生追尾事故，同时提高通行效率；有些系统可以根据需要在规定范围内使汽车制动直至停止，如果前车仅经过几秒钟的停车后又重新移动，则系统会自动加速；如果本车前方没有车辆，则本车加速到设定的车速巡航行驶；有些系统还能控制汽车自动转向，使驾驶过程更加安全舒适。

对于电动汽车，动力装置由驱动电动机取代了发动机，通过改变制动力矩和驱动电动机的输出功率来控制电动汽车的行驶速度。

ACC 系统在控制汽车制动时，通常会将制动减速度限制在不影响舒适性的程度，当需要更大的减速度时，ACC 系统会发出预警信号通知驾驶人主动采取制动操作。当与前方车辆之间的距离增加到安全车距时，ACC 系统控制汽车按照设定的车速行驶。

1. 汽车 ACC 系统的作用

汽车 ACC 系统通过对汽车纵向运动进行自动控制，以减轻驾驶人的劳动强度，保障行车安全，并通过方便的方式为驾驶人提供辅助支持。汽车 ACC 系统具有以下作用：

1）汽车 ACC 系统可以自动控制车速，但在任何时候驾驶人都可以主动进行加速或制动。当驾驶人对巡航控制状态下的汽车进行制动后，ACC 系统就会终止巡航控制；当驾驶人对巡航控制状态下的汽车进行加速，停止加速后，ACC 系统会按照原来设定的车速进行巡航控制。

2）通过测距传感器的反馈信号，ACC 系统可以根据前方目标车辆的移动速度判断道路情况，并控制本车的行驶状态；通过反馈式加速踏板感知的驾驶人施加在踏板上的力，ACC 系统可以决定是否执行巡航控制，以减轻驾驶人的疲劳。

3）汽车 ACC 系统分为基本型和全速型，基本型 ACC 一般在车速大于 30km/h 时才会起作用，而当车速低到 30km/h 以下时，就需要驾驶人进行人工控制。全速型 ACC 在车速低于 30km/h 直至汽车静止时一样可以适用，在低速行驶时仍能保持与前车的距离，并能对汽车进行制动直至其处于静止状态。如果前车在几秒钟内再次起动，装备有行走型 ACC 的汽车将自动跟随起动。如果停留时间较长，驾驶人只需通过简单操作，如轻踩加速踏板就能再次进入 ACC 模式。通过这种方式，即使在高峰或者拥堵路段，ACC 系统也能进行辅助驾驶。

4）汽车 ACC 系统使汽车的编队行驶更加轻松。ACC 系统可以设定自动跟踪的汽车，

当本车跟随前方目标车辆行驶时，ACC系统可以将本车车速调整为与前方目标车辆的车速相同，同时保持稳定的安全车距，而且这个安全车距可以通过转向盘上的设置按钮进行调节。

5）带辅助转向功能的ACC系统不仅可以使汽车自动与前方目标车辆保持一定车距，而且汽车还能自动转向。

2. 汽车ACC系统的工作模式

汽车ACC系统工作模式主要有定速巡航、减速控制、跟随控制、加速控制、停车控制和起动控制等。

（1）**定速巡航** 定速巡航是汽车ACC最基本的功能。当本车前方无目标车辆行驶时，本车将处于普通的巡航行驶状态，ACC系统按照设定的行驶车速对汽车进行定速巡航控制。

（2）**减速控制** 当本车前方有目标车辆，且目标车辆的行驶速度低于本车的行驶速度时，ACC系统将控制本车进行减速，确保本车与前方目标车辆之间的距离为所设定的安全车距。

（3）**跟随控制** 当ACC系统将本车速度减至设定的车速值后采用跟随控制，与前方目标车辆以相同的速度行驶。

（4）**加速控制** 当前方的目标车辆加速行驶或发生移线，或当本车移线行驶使得前方又无行驶车辆时，ACC系统将对本车进行加速控制，使本车恢复到设定的车速。在恢复到设定的车速后，ACC系统又转入对本车的巡航控制。

（5）**停车控制** 若目标车辆减速停车，本车也减速停车。

（6）**起动控制** 若本车处于停车等待状态，当目标车辆突然起动时，本车也将起动，与目标车辆行驶状态保持一致。

当驾驶人参与汽车驾驶后，ACC系统自动退出对汽车的控制。

3. 燃油汽车ACC系统

（1）**燃油汽车ACC系统的组成** 如图9-37所示，燃油汽车ACC系统主要由信息感知单元、ECU、执行单元和人机交互界面等组成。

信息感知单元主要用于向ECU提供ACC所需要的各种信息，主要由测距传感器、转速传感器、转向角度传感器、节气门位置传感器、制动踏板传感器等组成。测距传感器用来获取与前方目标车辆之间的距离信号，一般使用激光雷达或毫米波雷达，也有用视频传感器的；转速传感器用于获取实时车速信号，一般用霍尔式转速传感器；转向角度传感器用于获取汽车转向角信号；节气门位置传感器用于获取节气门开度信号；制动踏板传感器用于获取制动踏板动作信号。

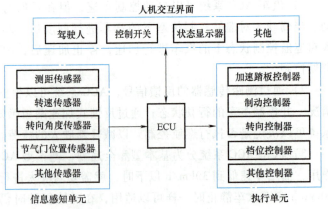

图9-37 燃油汽车ACC系统组成

ECU 的作用是根据驾驶人所设定的安全车距及车速，结合信息感知单元传送来的信息确定的行驶状态，决策出汽车的控制策略，并输出节气门开度和制动压力信号给执行单元。例如当与前方的目标车辆之间的距离小于设定的安全距离时，ECU 计算实际车距和安全距离之差以及相对速度的大小，选择减速方式，或者通过报警器向驾驶人发出报警，提醒驾驶人采取相应的措施。

执行单元主要执行 ECU 发出的指令，实现速度和加速度的调整。它包括加速踏板控制器、制动控制器、转向控制器和档位控制器等。加速踏板控制器用于调整节气门的开度，使汽车做加速、减速及定速行驶；制动控制器用于控制制动力矩或紧急情况下的制动；转向控制器用于控制汽车的行驶方向；档位控制器用于控制汽车变速器的档位。

人机交互界面用于驾驶人设定系统参数及系统状态信息的显示等。驾驶人可以通过设置在仪表盘或转向盘上的人机界面启动或清除 ACC 系统控制指令。启动 ACC 系统时，要设定与前方目标车辆之间的安全距离以及在巡航状态下的车速，否则 ACC 系统将自动设置为默认值，但所设定的安全距离不可小于设定车速下交通法规所规定的安全距离。

（2）燃油汽车 ACC 系统的工作原理 燃油汽车 ACC 系统的工作原理如图 9-38 所示。驾驶人启动 ACC 系统后，汽车在行驶过程中，安装在汽车前部的车距传感器持续扫描汽车前方道路，同时车轮转速传感器采集车速信号。如果本车前方没有车辆或与前方目标车辆距离很远且速度很快，控制模式选择模块就会激活巡航控制模式，ACC 系统将根据驾驶人设定的车速和车轮转速传感器采集的本车速度自动调节加速踏板等，使本车达到设定的车速并巡航行驶；如果目标车辆存在且离本车较近或速度很慢，控制模式选择模块就会激活跟随控制模式，ACC 系统将根据驾驶人设定的安全车距和车轮转速传感器采集的本车车速计算出期望车距，并与车距传感器采集的实际车距比较，自动调节制动压力和节气门开度等使汽车以一个安全距离稳定地跟随前方目标车辆行驶。同时，ACC 系统会把汽车目前的一些状态参数显示在人机界面上，方便驾驶人判断，也装有紧急报警系统，在 ACC 系统无法避免碰撞时及时警告驾驶人并由驾驶人处理紧急情况。

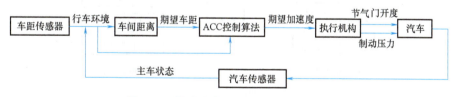

图 9-38　燃油汽车 ACC 系统的工作原理

4. 电动汽车 ACC 系统

（1）电动汽车 ACC 系统的组成 电动汽车主要由电动机、电动机控制器、蓄电池、电池管理系统、整车控制系统、再生制动控制器、辅助系统等组成，电动汽车的组成如图 9-39 所示。

电动汽车 ACC 系统也由信息感知元件、ECU、执行单元和人机交互界面等组成，如图 9-40 所示。电动汽车相对于燃油汽车，其 ACC 系统的信息感知单元没有节气门位置传感器，执行单元没有加速踏板控制器和档位控制器，相应增加电动机控制器和再生制动控制器。信息感知单元将传感器测量的车距、速度和加速度等信号输入到 ECU；ECU 对本车行

驶环境及运动状态进行分析、计算、决策，输出转矩和制动压力信号；执行单元用于完成 ECU 的指令，通过控制电动机和制动执行器来调节本车的行驶速度；人机交互界面为驾驶人对系统的运行进行观察和干预控制提供操作界面。

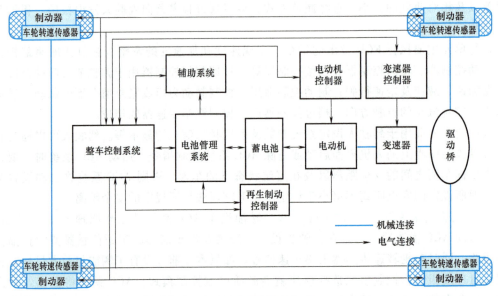

图 9-39　电动汽车的组成

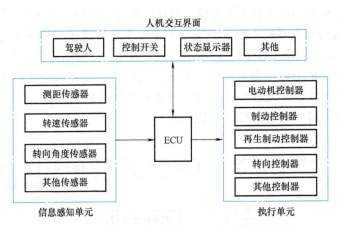

图 9-40　电动汽车 ACC 系统的组成

（2）**电动汽车 ACC 系统工作原理**　电动汽车 ACC 系统的工作原理如图 9-41 所示，它与燃油汽车 ACC 系统的工作原理基本一样，唯一的区别是燃油汽车是通过控制节气门开度调节发动机输出转矩，而电动汽车是控制电动机转矩来调节电动机的输出转矩，而且增加再

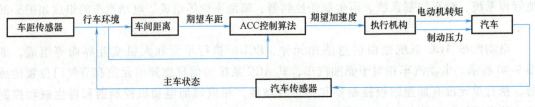

图 9-41　电动汽车 ACC 系统的工作原理

生制动控制。

5. 汽车 ACC 系统控制方法

燃油汽车 ACC 系统控制方法如图 9-42 所示，它的控制分为两层。第一层根据雷达、车速和加速度传感器信号控制车速及加速度，获得期望车速和期望加速度信号；第二层接收第一层信号的输入，并对驱动系统和制动系统进行调节，输出节气门开度和制动压力指令，从而控制发动机和液压制动装置。

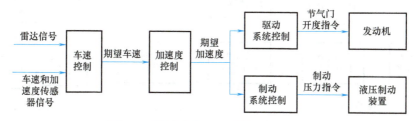

图 9-42　燃油汽车 ACC 系统的控制方法

电动汽车 ACC 系统控制方法如图 9-43 所示，它分为三层控制。第一层根据雷达和传感器信号控制加速度及转矩，获得期望加速度与期望转矩信号；第二层对第一层输出的期望转矩进行分配，获得期望电动机驱动转矩、期望电动机制动力矩和期望液压制动力矩；第三层接收第二层信号，协调驱动系统和制动系统控制，输出电动机驱动转矩指令、电动机制动力矩指令和液压制动力矩指令，分别控制驱动电动机和液压制动装置。

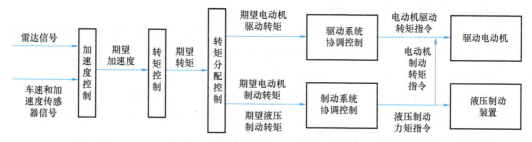

图 9-43　电动汽车 ACC 系统的控制方法

6. 汽车 ACC 系统控制策略

汽车 ACC 系统是基于人-车-环境的闭环系统，需要合理的控制策略来保证基本功能的实现，驾驶人通过控制开关控制 ACC 系统的工作状态（开和关），设置车速（Speed）和车距（Distance）参数，并通过加速和制动踏板对汽车纵向运动进行干预。汽车自适应巡航控制策略主要包括三个：定速巡航与跟车切换策略，以获得期望车速和期望加速度；包含制动力矩分配策略的驱动与制动切换策略，以获得期望驱动转矩和期望制动力矩；驾驶人主动干预控制策略。

电动汽车 ACC 系统控制策略结构原理如图 9-44 所示，v_h 为本车实际车速，v_r 为相对车速，d_r 为相对车距，v_e 为期望车速，a_e 为期望加速度，T_e 为期望驱动转矩，T_z 为期望制动力矩。

（1）定速巡航与跟车切换策略　定速巡航模式是本车以 ACC 系统设定的车速为目标车速，达到设定车速后匀速行驶。跟车模式是本车随着目标车辆的运动状态而改变车速，从而

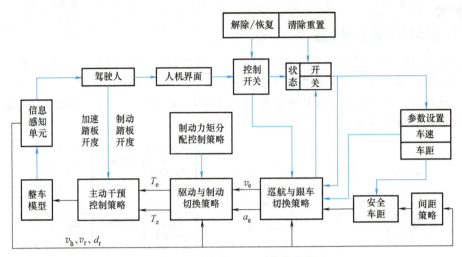

图 9-44　电动汽车 ACC 系统控制策略

保证与目标车辆保持最佳的行车间距。自适应巡航就是汽车能够根据行驶路况选择合适功能模式以保证行车安全，实现对汽车纵向运动的控制，最大限度地提高道路的利用率。定速巡航和跟车模式切换应遵守以下规则：

1）汽车行驶，雷达进行探测，判断是否发现目标车辆。若在雷达的检测范围内没有目标车辆出现，则 ACC 系统进入定速巡航模式，以设定车速匀速行驶；若在雷达的检测范围内发现目标车辆，则进一步进行判断。

2）雷达发现目标车辆，将目标车辆的车距和相对车速信号反馈给本车，若目标车辆车速大于或等于本车设定车速，则进入或保持定速巡航模式；若目标车辆车速小于本车设定车速，则结合安全车距控制本车车速，进入到跟车模式。

3）雷达始终处于工作状态，实时探测汽车行驶路况，若发现目标车辆驶离并且出现新的目标车辆，则将新的目标车辆的车速和相对距离信号反馈给本车，继续进行跟车；若发现目标车辆突然驶离且无新的目标车辆出现，则本车由跟车模式切换到定速巡航模式。

4）ACC 系统作为辅助系统必须始终遵循以驾驶人指令优先的原则，汽车行驶路况复杂，要时刻做好对突发事件做出快速响应的准备，若出现紧急制动、主动干预等强制性动作，则立即退出 ACC 系统，等待激活指令。

（2）驱动与制动切换策略　电动汽车通常是采用电动机再生制动为主、机械制动为辅的制动形式，在 ACC 系统激活状态下只需考虑中轻度和下长缓坡时的制动情况，由紧急制动系统完成紧急制动。

再生制动时电动机输出负转矩，通过机械传动将制动力矩作用于车轮，实现电能转化成机械能，这部分机械能一部分转变为热量散失，一部分通过传动装置反传给电动机，电动机充当发电机对蓄电池充电，实现机械能向电能的转换，因此，电动机在产生制动力矩的同时会向蓄电池回馈能量。为了实现安全制动和高效回收制动能量的双重目标，需要制订合理的制动力矩分配策略。

驱动与制动之间的切换可以根据制动踏板开度和期望输出转矩来确定，只要制动踏板开度大于零，或期望输出转矩小于零，则禁止一切驱动指令；当期望输出转矩增大到正值且制

动踏板没有动作时，切换到驱动模式，避免切换时发生冲突，确保行车安全。

（3）**驾驶人主动干预策略**　任何安全辅助系统都必须遵循优先执行驾驶人操作的原则，当 ACC 系统处于工作状态时，可以通过踏板开度信号来判断驾驶人是否进行干预，同时根据路况通过控制电动机转速和踏板开度实现车速调节。

将踏板开度转换成 $0\sim 1$ 的数字信号，设踏板总行程为 1 对应踏板全开度，并设置门限值为 $|e|$。若期望制动踏板开度数字信号 A_1 与实际制动踏板开度数字信号 A_2 之差超出设定的范围，即 $|A_1-A_2|>|e|$，则 ACC 系统退出工作进入待命状态，由驾驶人决定接下来的指令，驾驶人可以随时改变 ACC 系统的状态，重新激活 ACC 系统，并可以保留或重新设置参数，若 A_1 与 A_2 之差处于设定范围内，则进入到第二个门限判断；若期望加速踏板开度和实际制动踏板开度数字信号 A_3、A_4 满足 $|A_3-A_4|>|e|$，则 ACC 系统进入待命状态，否则 ACC 系统处于激活状态，ACC 系统正常工作。

7. ACC 系统应用实例

ACC 系统使汽车辅助驾驶的品质达到新的高度，驾驶人的大量任务可由 ACC 系统自动完成，在很大程度上减轻了驾驶人的负担。目前，汽车 ACC 系统主要用在中高级轿车上，但随着 ACC 系统的不断完善和发展，一些中低档汽车也开始装配 ACC 系统。

沃尔沃汽车的 ACC 系统通过前风窗玻璃的摄像头以及隐藏在前栅格内的雷达来监测前方路况，在速度超过 30km/h 时，按下转向盘上的启动键，就可以激活 ACC 系统。当前面有车辆时，自动跟着前方车辆行驶，但不会超过设定的速度；如果前方没有车辆，就按设定的速度行驶。

沃尔沃汽车的 ACC 系统具有以下功能：

1）它在 $0\sim 200km/h$ 的范围内可以实现自动跟车。

2）对前车的识别能力强。当前车转弯或超过前车时，能快速捕捉到新的前方目标车辆，继续自动跟车。

3）如果有车辆插队驶入两车之间，ACC 系统会调节车速以保持之前设定的两车之间的安全车距。

4）具有辅助超车功能。如果感觉前车较慢，当驾驶人打转向进入另外一条车道准备超车时，汽车会做瞬时加速以尽快超过前车。

长安新 CS75 也安装了 ACC 系统，只需要开启功能之后进行简单的设定，就可以在高速公路上行驶，甚至下班回家路上堵车时"解放双脚"。长安新 CS75 的全速自适应巡航系统更可以通过语音进行速度限定，使汽车根据前面车辆的速度进行自我速度的调节，始终控制与前车的安全车距，便捷而高效。

未来汽车的 ACC 系统将同其他的汽车电子控制系统相互融合，形成智能汽车电子控制系统，在卫星导航系统的指引下，利用环境感知技术和网络通信技术，实现自动驾驶功能。

9.6　汽车制动辅助系统

据统计，在紧急情况下有 90% 的汽车驾驶人踩制动踏板时不够果断，制动辅助系统正是针对这一情况而设计的。它可以从驾驶人踩制动踏板的速度中探测到车辆行驶中遇到的情

况，当驾驶人在紧急情况下迅速踩制动踏板，但踩踏力又不足时，此系统便会在不到1s的时间内把制动力增至最大，缩短紧急制动情况下的制动距离。制动辅助系统（Electronic Control Assist System，EBA 或 BAS 或 BA)，又称电子控制制动辅助系统。

9.6.1　制动辅助系统的功用

制动辅助系统的功用是：根据制动踏板传感器和制动压力传感器信号，判定作用于制动踏板的速度和力量，并自动增大紧急制动时的制动力，从而缩短制动距离，如图 9-45 所示。

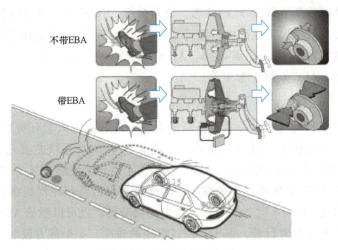

图 9-45　EBA 功用示意图

9.6.2　制动辅助系统的组成及工作原理

1. 组成

EBA 是在 ABS 的基础上，增设一只制动踏板行程传感器和制动压力传感器，并在 ABS ECU 中增设相应的制动力调节软件程序构成的。

2. 工作原理

EBA 的工作原理是传感器通过分辨驾驶人踩制动踏板的情况，识别并判断是否引入紧急制动程序。由此，该系统能在紧急制动时立刻激发最大的制动压力，以达到可能的最高的制动效能，得到理想的制动效果以防止交通事故的发生。

制动踏板行程传感器用于检测驾驶人操作制动踏板的速度，制动压力传感器用于检测制动主缸的制动液压力，ABS/EBA ECU 根据制动踏板速度和制动液压力信号，计算判断本次制动属于常规制动还是紧急制动，并向 ABS 液压调节器发出控制制动力大小的控制指令。

9.6.3　制动辅助系统的工作过程及控制效果

1. 工作过程

装备 EBA 后，ABS/EBA ECU 根据制动踏板行程传感器信号的变化率和制动压力传感器信号，计算驾驶人踩下制动踏板的速度和力量，并判定本次制动是常规制动还是紧急制动。

当判定为紧急制动时，即使驾驶人踩下制动踏板的力量不大，ABS/EBA ECU 也会自动控制制动压力调节器使车轮制动器产生较大的制动力，与无 EBA 系统汽车相比，制动力变化如图 9-46 所示，从而缩短制动距离。

当 EBA 调节的制动力大于轮胎附着力时，车轮会抱死滑移，此时 ABS 投入工作，通过减小制动力将滑移率控制在 10%～30% 之间。

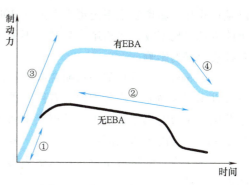

图 9-46　有 EBA 与无 EBA 系统
汽车制动力随时间变化

2. 制动辅助控制效果

据相关资料介绍，汽车在时速超过 120km/h 时采取制动，该系统可缩短多至 10m 制动距离，而当车速在 200km/h，将汽车完全停下的距离可比未装该系统的汽车缩短 21m 之多。

若汽车以 50km/h 的制动初速度在干燥路面上紧急制动，试验结果如图 9-47 所示。试验表明：对驾驶技术熟练的驾驶人而言，有、无 EBA 时的制动距离均为 12.5m 左右，EBA 的作用并不明显。但是，对驾驶技术不熟练的驾驶人而言，无 EBA 时的制动距离约为 18m，有 EBA 时的制动距离仅为 14m，EBA 可使行驶安全性大大提高。

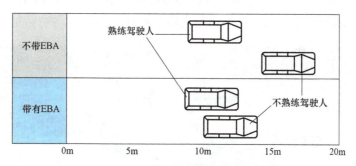

图 9-47　汽车紧急制动时制动距离对比

9.7　城市安全系统

城市安全系统（City Safety）是由沃尔沃汽车公司在 2010 年推出的一项汽车防撞技术，是能够实现自动制动的主动安全科技。

9.7.1　城市安全系统的作用

城市安全系统作为一项最新的主动安全技术，能够及时地对车型进行控制，从而帮助驾驶人避免城市交通常见的低速行驶时的追尾事故，大大减少维修车辆的时间与成本，降低人员伤亡率。

根据德国提供的数据，约 70% 的追尾碰撞发生在汽车速度低于 30km/h 时；其他的研究也表明，大约在一半的追尾事故中，驾驶人由于注意力不集中而没有在追尾事故发生前采取任何制动措施；驱动程序不制动，主要是因为驾驶人分心。在这种情况下，城市安全系统可

以发挥作用。城市安全系统可在车速在 30km/h 以内时，自动采取制动措施，帮助驾驶人避免前方的追尾事故，当追尾事故避免不了时，也可以减轻人员与车辆的损害，减少交通事故对社会经济的影响。

Thatcham（大昌）的一份研究报告指出，城市安全系统在降低常见的低速追尾碰撞，防止颈椎由于碰撞而受伤等方面有着巨大的潜力，同时可以减小保险公司的负担。数据显示，在英国如果所有汽车都采用了城市安全系统，每年可防止或减少 210600 起追尾事故的发生，防止 91000 人由于追尾而使颈椎受伤，减少损失近 11 亿欧元。

沃尔沃汽车配备的城市安全系统为驾乘者提供了一系列的好处，以降低行车过程中发生的追尾事故。

9.7.2 城市安全系统的工作原理

城市安全系统在车速 4~30km/h 起作用。如果前车突然制动，城市安全系统判断有发生碰撞的危险时便会对制动器进行预充压。如果驾驶人仍未采取任何行动，制动器会自动制动。如果两车的相对速度差低于 15km/h，该系统可帮助驾驶人避免碰撞。当两车的相对速度差在 15~30km/h 之间时，该系统可在碰撞发生前将速度降至最低。

1）城市安全系统利用内置在风窗玻璃顶部，装于后视镜高度的一个激光传感器监测前方的交通状况，如图 9-48 所示。它可以探测保险杠前方 10m 以内的汽车及其他物体。城市安全系统已发展到能够对前方静止或同向行进的车辆做出反应。

图 9-48　激光传感器监测前方的交通状况

2）以与前方车辆的距离和汽车本身的车速为基础，城市安全系统每秒进行 50 次计算，从而确定避免碰撞所需要的制动力。如果计算的制动力超过了一定值而驾驶人仍然没有做出反应，该系统便认定碰撞即将发生。

3）城市安全系统通过自动制动和减小加速踏板行程来避免或者减小碰撞的严重程度，同时制动灯闪烁以警示其他车辆。

据沃尔沃表示，该系统的分析计算速度达到每秒 50 次，可以根据距离和车速等方面准确地分析出需要在什么时候制动才能够避免事故的发生。而且这套系统在白天和夜间都可以正常使用，不过和其他一些雷达装置一样，在有雾、下雨和下雪的时候会受到一定的限制。

9.7.3　城市安全系统的发展

如今的城市安全系统已经不仅仅只具有主动制动的单一功能，它通过遍布车身的摄像头和传感雷达来识别道路状况，可以实现自适应巡航、车道保持、拥堵辅助、盲区预警、紧急制动等一系列的安全辅助功能。第三代城市安全系统的主动制动功能可以在探测到前方有障碍物，而驾驶人又没有做出反应的情况下，会自己进行制动。如果汽车时速不超过 50km/h，可以使得车辆完全制动停止，避免事故的发生；如果速度超过 50km/h，能够缓和碰撞。

虽然第三代城市安全系统已经在适用速度上增长了不少，但仍然不是万能的，超过 50km/h 的速度下，仍然有碰撞的可能性，它更适合在城市驾驶时保驾护航，而自适应巡航已经可以在最高 200km/h 的情况下开启，它将是高速巡航时的利器。

9.8　汽车自动泊车系统

自动泊车技术是最近几年研发出来的一种智能驾驶技术。自动泊车就是不需要人工干预，汽车自动正确地完成停车入位的过程。自动泊车由车上的自动泊车系统来完成。自动泊车系统（Automated Parking System，APS）是一种通过车载传感器和车载处理器自动识别可用车位并自动完成停车入位的智能泊车辅助系统，它不仅能够降低驾驶人在泊车时的心理压力，而且能够自动使车辆快速、安全地驶入泊车位。

汽车自动
泊车技术

9.8.1　自动泊车的过程

泊车位一般有三种形式：一种是泊车位与汽车行进方向相同的平行式，一种是泊车位与汽车行进方向垂直的垂直式，一种是泊车位与汽车行进方向既不平行也不垂直的倾斜式。因此，自动泊车系统应能提供平行式、垂直式、倾斜式等不同的泊车方式选择。下面以平行泊车方式为例说明自动泊车的过程。

1. 半自动泊车过程

当驾驶车辆沿道路行驶时，只要车速低于 36km/h（不同车型车速的设定值会有所不同），系统就会认为驾驶人有停车意图，车辆便开始利用雷达探头自动检测周围是否有合适的停车位置。一般车型自动泊车系统所设定的可用停车区域长度要大于车身 1.2m 以上，才可确认该区域属于可停范围。

当自动泊车系统找到合适的停车位置后，系统会提示驾驶人挂入倒档，并提示驾驶人是否启动自动泊车功能，确认启动后，驾驶人双手离开转向盘，转向盘由泊车控制系统自动控制以调整汽车方向，驾驶人只需要控制加速踏板及制动踏板掌握车速。当驾驶人手握住转向盘时，系统就会停止工作。

在倒车过程中，驾驶人需要适当控制车速和注意倒车雷达的提示音，当听到报警后，说明已与后车非常接近了，此时需要挂入前进档，车子在前进的同时，系统自动将转向轮回正，摆正车身，屏幕提示停车已完成，挂入空档，退出系统。有部分装备自动泊车系统的车型倒入车位后，没有自动回轮过程，需要驾驶人手动完成。

2. 全自动泊车过程

当驾驶人准备进行泊车操作时，开启自动泊车系统，此时，系统会提示驾驶人选择泊车方式。当驾驶人选择泊车方式（如平行泊车）后，超声波传感器车位检测系统和图像传感器测距系统开始工作，超声波传感器发送和接收超声波回波数据，并将数据传送给超声波控制系统进行相应的车位检测处理。当检测到合适的车位信息后，系统提示驾驶人停车和进行泊车车位调节。驾驶人可以通过上、下、左、右、左旋、右旋按键对人机交互界面中的虚拟车位进行调节来选择中意的泊车区域。当驾驶人确定泊车区域后，图像处理系统根据虚拟车位的位置确定车辆与实际车位之间的距离信息。整车控制系统根据距离信息规划泊车路径，生成合适的泊车轨迹，此时，提示驾驶人挂入倒档开始泊车。在泊车过程中，整车控制系统一方面根据轨迹信息产生角度控制信号和车速控制信号，并将信号传送给电动助力转向系统和车速控制系统。电动助力转向控制系统和车速控制系统根据控制信号控制转向盘和车速，当转向盘角度和车辆行驶距离达到目标轨迹要求时，整车控制系统发送指令停止车辆，从而实现泊车操作。另一方面，检测制动踏板信号、加速踏板信号、接触转向盘信号进行紧急的安全处理，即一旦检测到这些操作，系统便立即停止车辆，退出自动泊车控制。

自动泊车的一般过程概括为：当驾驶人准备泊车操作时，开启自动泊车系统，由配置在车上的各种传感器搜集环境信息；系统根据传感器搜集的环境信息对车辆道路附近区域进行分析和建模，对泊车位进行识别；当识别到泊车位后，系统自动提示驾驶人驻车并匹配泊车位，获取车位精确尺寸信息和车辆初始姿态角，然后由轨迹生成算法计算泊车轨迹；最后通过轨迹跟踪控制车辆驶入泊车位。

在泊车过程中，自动泊车系统运行的基本过程为信息采集、车位识别、车位调节、轨迹生成和轨迹跟踪。自动泊车系统工作流程图如图9-49所示。

9.8.2　自动泊车系统的类型

根据控制功能的不同可将自动泊车系统分为半自动泊车系统、全自动泊车系统和代客泊车系统。

1. 半自动泊车系统

这类系统具有车位识别、轨迹生成和转向控制功能，而泊车过程中车速控制需要驾驶人操纵加速踏板和制动踏板来实现。其系统构成主要包括：

1）环境感知传感器，如超声波雷达、图像传感器、激光雷达等。

2）泊车控制器（ECU）。

3）汽车状态传感器，如车轮转速传感器、加速传感器、转向角度传感器、转矩传感器、车速传感器等。

4）人机界面（Human Machine Interface，HMI）按钮和前后报警蜂鸣器。

5）电动助力转向控制系统（EPS）。

不同车型在HMI、控制车位大小上有所差异，但泊车操作基本相同。

2. 全自动泊车系统

全自动泊车系统，在开启泊车控制功能后，轨迹生成、方向控制、速度控制都由系统自

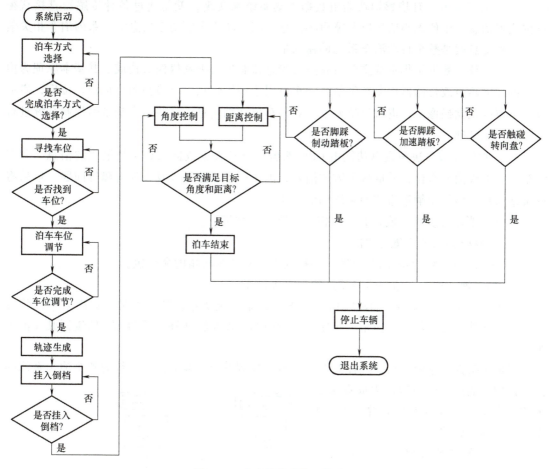

图 9-49　自动泊车系统工作流程

动完成，完全不需要人工干预。高级的全自动泊车系统甚至可以在车外用手机操控。

3. 代客泊车系统

半自动泊车系统和全自动泊车系统，都需要在泊车系统激活前人工寻找车位。目前正在研究的代客泊车系统（Valet Parking System，VPS），完全不需要人工寻找车位，系统能够自动地寻找且发现空车位，并自动停车入位。在某些充电运营的模式中，VPS还被赋予了更多的功能。

1）自动充电。自动寻找充电槽对电动车的电池进行无线充电。

2）充电完成之后的自动分离。充电完成后，系统自动将充电槽释放给其他电动车辆，转而寻找普通停车位停车。

3）乘客召唤使用车辆。在限定运行的场所的出口处，将车辆交还给使用者。

本节以一种全自动泊车系统为例，讲解自动泊车系统的组成和原理。

9.8.3　自动泊车系统的功用

1. 自动泊车系统的基本功能

自动泊车系统发挥作用，必须具有环境感知、决策运算、策略控制等基本功能。

（1）**环境感知** 环境感知功能由数据采集系统来实现，就是通过各种传感器直接获得车位位置信息、车位大小信息以及障碍物信息，间接获得车辆姿态信息等一系列泊车相关信息，这些信息就是整个自动泊车系统的输入量。

其中，环境数据采集系统主要由超声波传感器和单目视觉摄像头构成。其基本原理为由车身侧面的超声波传感器检测车位信息和车位周边环境信息。当检测到目标泊车位后，启动位于车尾的视觉摄像头，进行车位调节，获得车位详细信息。这些信息是策略控制系统进行决策控制的基础。

（2）**决策运算** 决策运算功能由CPU承担。CPU根据数据采集系统输入的信息，判定汽车是否能够泊入车位，采取哪种方式泊入，泊车的参考路径以及如何避障等问题，最后将决策结果形成传给车辆策略控制系统的信号文件。

CPU主要由计算机构成，其所承担的主要任务如下：

1）接收感知系统采集到的信息。

2）通过运算得出参考泊车轨迹，并得到车速和前轮转角的命令包。

3）将车速和前轮转角的信号传递给策略控制系统。

（3）**策略控制** 策略控制功能由车辆策略控制系统实现，其作用是根据决策单元传过来的信号文件，对车辆的转向角、车速等进行控制，使车辆能够按照预想的轨迹行驶并泊入车位。

车辆策略控制系统包括速度控制系统和转向控制系统。策略控制系统为整个泊车系统的执行机构，通过接收由轨迹生成算法输出的命令信息（车速和转角命令），进而控制车辆完成泊车过程。

自动泊车系统各模块及其功能如图9-50所示。

2. 自动泊车系统的作用

基于上述功能，自动泊车系统的作用如下：

（1）**自动识别停车位** 主要是采用各种传感器（如超声波传感器、图像传感器、激光雷达等）对车身的周围环境进行感知，实时获取精确的泊车位环境信息。

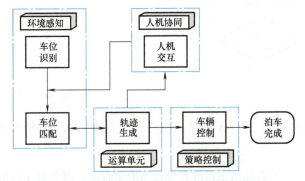

图 9-50　自动泊车系统各模块及其功能

（2）**实现虚拟车位与目标车位之间的调节** 将视觉信息技术应用于自动泊车系统中，在车辆尾部安装摄像头，通过摄像头采集的环境信息构建泊车位操作人机交互界面，驾驶人可以通过调节人机交互界面中的虚拟车位选择中意的泊车区域。

（3）**规划泊车过程中车辆的运动路径** 通过建立车辆运动学模型，分析转弯过程中车辆运动半径与转向盘转角之间的关系以及车辆在泊车过程中会遇到的碰撞区域，在对泊车过程建模分析的基础上，构造泊车模型，由几何分析得出车辆在泊车过程中的运动轨迹。当图像匹配好车位后，能够在人机交互界面上随着泊车位的调整而实时生成适合车辆泊车的轨迹，并将相应命令包传递给执行机构。

（4）**控制泊车过程中的运动轨迹** EPS控制器控制转向执行电动机旋转，从而调节转

向盘转向角，控制泊车过程中的车辆运动轨迹。

9.8.4　自动泊车系统的基本组成和工作原理

1. 自动泊车系统的基本组成

一种全自动泊车控制系统构架如图 9-51 所示，该系统主要由三大模块构成。一个是以工控板（Industrial Control Board，ICB）为核心的整车控制单元和图像处理单元，它是整个自动泊车系统是最核心的模块；一个是以电动助力转向控制器为核心的转向控制模块；一个是以超声波车速控制器为核心的车位识别、车速控制模块。

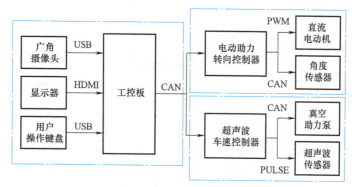

图 9-51　全自动泊车控制系统构架

上述三大模块又分为五个系统，即超声波控制系统、图像处理系统、电动助力转向控制系统、车速控制系统和整车控制系统。各个系统之间具有统一的 CAN 通信协议。

（1）**整车控制系统**　整车控制系统可以采集各个模块的通信信息并协调模块之间互相协同工作，实现泊车过程中对整车执行机构的控制。

（2）**超声波控制系统**　该系统的作用是实现车位检测和障碍物检测。其中，两个超声波探测器分别安装在车辆右侧的前后端，在泊车过程中，超声波探头发送和接收回波，通过计算超声波发送和接收回波的时间差值来确定车辆与障碍物之间的距离，从而实现车位识别功能。

（3）**图像处理系统**　其作用是实现车位调节。一个水平视角大于 100° 的广角摄像头安装在车辆的尾部。广角摄像头采集环境信息并传送给图像处理系统，图像处理系统能够实现图像测距，并能在图像中建立一个与实需位大小相同的虚拟车位。通过在图像中调节虚拟车位便可实现虚拟车位与实际车位之间的匹配。

（4）**电动助力转向控制系统**　EPS 的作用是实现转向盘转向角度控制。在传统转向系统的基础上安装直流电动机和角度传感器，形成电动机闭环控制系统。通过对角度传感器的 CAN 解析，便可根据转向盘的实际角度对电动机角度进行控制，进而实现转向盘转向目标角度控制。

（5）**车速控制系统**　车速控制系统能够实现车辆速度控制功能。在制动踏板上安装真空制动助力系统，通过对真空助力泵系统的压力调节，可以改变其作用在制动踏板上的作用力。采集当前的车速信息便可以实时地根据车速需求改变真空助力系统的压力值，从而实现对目标速度的控制。

2. 自动泊车系统工作原理

自动泊车系统是一种能够快速、安全地使车辆自动驶入泊车位的智能泊车辅助系统，它通过超声波传感器和图像传感器感知车辆周围的环境信息来识别泊车车位，并根据车辆与停车位的相对位置信息，产生相应的泊车轨迹并控制车辆的速度和转向盘转向完成自动泊车。自动泊车系统平行泊车过程如图 9-52 所示。

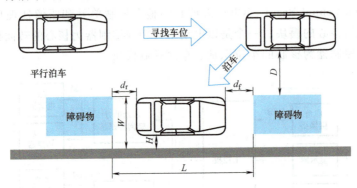

图 9-52　自动泊车系统平行泊车过程示意图

d_r—完成泊车时车尾与障碍物的距离　d_f—完成泊车时车头与障碍物的距离

D—在泊车起始位置，车身与障碍物的距离　L—泊车位长度

H—完成泊车时车身与障碍物的距离　W—泊车位宽度

在泊车过程中，主要由工控板负责整个系统的运转，各硬件模块之间通过 CAN 通信连接，通过对应的 CAN 通道将相应的指令发送到 CAN 总线上，各控制器根据相应的 CAN 报文 ID 将相应的指令进行解析。结合图 9-51 和图 9-52，整个系统（包括硬件设备和软件模块）工作过程如下：

1）检查 CAN 通信线路和 EPS 线路连接状态。

2）启动车位搜索。工控板发出指令启动超声波探测，并人工控制汽车以设定车速以下的速度向前行驶；当搜索到合适车位时，控制汽车向前行驶至指定停车位置；然后控制速度控制系统使汽车停在预定起始泊车位置附近以便摄像头调整车位。

3）图像车位调节。当目标车辆停在预泊车区域时，工控板开始启动广角摄像头采集环境信息并构建"泊车位调节人机交互界面"，以便驾驶人进行车位匹配。当车位调节完毕后，控制中心根据相应的轨迹生成算法在泊车区域生成合理的泊车轨迹。

（1）EPS 转向控制　当轨迹生成后，工控板向 EPS 控制器单元发送指令控制汽车根据生成的轨迹进行倒车转向。在此过程中，EPS 控制器会根据角度传感器采集的实时转向角度信息进行相应的调整，如果相应轨迹控制已完成，则控制汽车停在相应的位置。

（2）速度控制　在倒车过程中，对速度的控制至关重要，关系着泊车的安全性。在图 9-51 所示的系统方案中，在 EPS 控制转向的同时，超声波控制器会根据车载 CAN 接口反馈的速度信息和相应的低速控制策略控制电子真空助力器（Electronic Vacuum Booster，EVB）的状态，调节制动力的大小以达到速度控制的目的。

（3）控制汽车停止　当轨迹走完后，上位机向超声波控制器发送停止泊车指令，同时向 EPS 控制器发送转向盘摆正指令，结束整个泊车过程。

9.8.5 自动泊车的关键技术

自动泊车系统相关技术主要包括六大关键技术，分别为超声波精确测距技术、车位识别技术、车位调节技术、轨迹生成技术、EPS 转向控制技术和车辆低速控制技术。

1. 超声波精确测距技术

利用超声波传感器对泊车环境中的障碍物进行精确测距。利用发射接收一体式传感器进行超声波的发射与接收，在系统运行时，传感器开始工作，按周期发射一定频率的超声波，若在其探测范围内有障碍物，则超声波会反射回来，传感器感应到反射回来的回波后，利用计数器统计超声波发射与接收之间的时间差来计算与障碍物之间的距离。

2. 车位识别技术

（1）车位识别的基本原理 车位识别的基本原理是利用超声波传感器和摄像头传感器提供的距离信息，通过车位识别算法，正确识别目标车位的边缘，并统计车辆行驶经过目标车位的距离得到目标车位的长度，根据记录的与横向障碍物的距离计算目标车位宽度，从而得到基本的目标车位信息。

国内外现有的车位识别方案主要采用各种传感器对车身周围的环境进行感知，实时获取精确的泊车位环境信息。所采用的传感器主要有超声波传感器、图像传感器、激光雷达等，其中基于超声波传感器进行车位识别的方案居多。对于复杂、多样化的泊车环境，由于车位识别的结果决定了后续轨迹参数的生成进而影响泊车功能的实现效果。在保证车位识别成功的同时，还应保证车位识别的精度，所以在车位识别中对识别精度、识别成功率都有很高的要求。

一种高效可靠的车位识别方法应该能够识别各种复杂泊车环境下的泊车位，并在识别成功率、识别精度方面都能够满足泊车要求。目前，国内外在车位识别理论研究方面还存在一定空白，尤其是对于如何提高车位识别精度、减少车位识别误差等问题的分析研究和解决都尚未形成一定的理论体系。

目前，车位识别技术主要是采用基于单超声波传感器对同一车位进行识别的方案，传统国外汽车厂商，如大众、丰田、奔驰、宝马、福特等公司，便是采用的这种方案。这种方案利用安装于车身前保险杠两侧的超声波传感器进行车位检测。此类方案在识别过程中，一旦出现传感器失效或误判的情况就无回旋余地了，轻则泊车位无法识别，重则因误判而继续泊车会引发碰撞等事故，即此类车位识别方案安全鲁棒性很差，无法达到满意的车位识别效果。

为了达到满意的车位识别效果，有设计者提出了一种基于多超声波传感器信息融合的车位识别方法，该方法通过安装于车身同侧的两个超声波传感器同时对目标车位进行识别，利用相似度数据融合方法对传感器识别数据进行融合，最后得到一个加权的目标车位估计值作为最后评估的对象。该方案将平行泊车和垂直泊车两种泊车模式又分成了不同的泊车场景，即目标车位前后（或者两侧）都有已停车辆且已停车辆车身无倾斜的理想泊车场景和目标车位前后（或者两侧）无已停车辆或已停车辆有倾斜的特殊泊车场景，针对不同的场景设计了相应的车位识别算法。

（2）车位识别系统的基本组成 车位识别系统包括硬件和软件两大部分，其中硬件部

分主要包括主控微控制单元（Micro Controller Unit，MCU）、传感器模块、车位识别模块、CAN 通信模块、车速控制模块和数据处理上位机。一种车位识别系统的整体构架如图 9-53 所示。

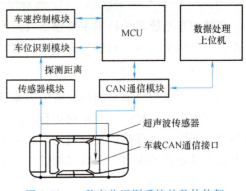

图 9-53　一种车位识别系统的整体构架

1）主控微控制单元主要任务有：完成整个车位识别系统的初始化，包括传感器参数、车位识别参数、车速控制参数、CAN 通信参数和相关中断定时参数等；完成超声波的激励发射和信号接收处理；完成与目标车辆和上位机的CAN 通信接收与发送，并根据通信协议进行报文解析。

2）传感器模块主要作用是通过安装在车身周围的传感器探测车辆与障碍物之间的距离，进行车位识别和障碍物检测。车位识别所用的传感器有激光雷达、摄像头及其他传感器。图 9-53 所示方案采用的是超声波传感器，传感器在泊车过程中发送和接收回波，通过计算超声波发送和接收回波的时间差来确定车辆与障碍物之间的距离，从而实现车位识别。

3）车位识别模块的主要作用是将车位识别算法在电子控制单元上进行实现。图 9-53 所示方案中，车位识别模块通过传感器的信息实时判断障碍物距离是否满足边缘阈值条件，如果满足，则通过周期累加车辆行驶的速度来计算车位的长度。车辆行驶速度通过 CAN 通信实时从相应的车速采集 MCU 单元获得。

4）车速控制模块的主要作用是利用 EVB 控制车辆行驶速度保持在一个相对稳定的水平。车速控制的好坏直接影响车辆能否按生成的轨迹进行转向。一般而言，泊车控制车辆速度低于 5km/h 为佳。

5）CAN 通信模块负责汽车各部分之间的通信，其通过不同的报文 ID 完成数据的发送与接收，即向上层软件或车载 CAN 端传送相应的操作指令或数据，接收时定义相应的 CAN 中断进行相应报文 ID 的解析。

6）数据处理上位机的作用是通过 CAN 通信采集底层电子控制单元数据进行解析，以图形的方式实时显示车位识别过程中所探测的数据，包括车速、探测距离、车位识别标志、车位识别结果。

3. 车位调节技术

车位调节技术主要指利用单目摄像头传感器拍摄泊车位环境图像，根据图像测距原理，通过实际坐标与图像坐标之间的相互转换，对车辆与车位之间的横向距离和纵向距离等信息进行测量。

现有的泊车系统主要是基于超声波传感器实现的。虽然基于超声波的自动泊车系统技术较为成熟，但仍然存在一些问题。首先，超声波传感器受其工作条件、障碍物类别、盲区和干扰问题的限制导致无法正常工作；其次，在泊车过程中，超声波传感器不能实时、动态地反馈真实的环境信息，整个自动泊车过程中驾驶人不能对车后的情况进行实时视觉观察，也不了解泊车完成时车辆的具体位置，整个泊车过程处于亚安全状态，所以驾驶人使用泊车系

统时会存在极大的顾虑。

　　鉴于超声波传感器的以上缺陷，一些研究者将视觉信息引入自动泊车系统中，利用安装在车辆尾部的摄像头采集的环境信息构建"泊车车位操作人机交互界面"，通过人机交互界面，驾驶人一方面可以清楚地观察车后环境，另一方面可以通过调节人机交互界面中的虚拟车位进行待泊车区域选择。驾驶人在泊车过程中能够了解泊车时的车后环境情况和泊车完成时车辆的泊车位置。

　　一种高效的车位调节技术，不但可以实现虚拟车位与目标车位之间的调节，让驾驶人能够清楚地了解泊车后车辆的泊车区域，而且可以为自动泊车系统的关键技术，包括轨迹生成和轨迹控制提供准确的输入参数（轨迹生成主要根据系统提供的车辆与车位之间的横向距离与纵向距离进行规划），从而实现泊车的轨迹控制。

　　车位调节功能是由图像处理系统实现的。图像处理系统的传感器采用水平视角大于100°的广角摄像头，摄像头安装在汽车尾部，用于采集环境信息并传送给图像处理系统，图像处理系统能够实现图像测距，并能够在图像中建立一个与实需车位大小相同的虚拟车位，通过在图像中调节虚拟车位便可以实现虚拟车位与实际车位之间的匹配。

4. 轨迹生成技术

　　轨迹生成技术是通过建立车辆运动学模型，分析转弯过程中车辆运动半径与转向盘转角之间的关系以及车辆在泊车过程中会遇到的碰撞区域，在对泊车过程建模分析的基础上，构造泊车模型，由几何分析得出车辆在泊车过程中的运动轨迹。当图像匹配好车位后，能够在人机交互界面上随着泊车位的调整而实时生成适合车辆泊车的轨迹，并将相应命令包传递给执行机构。

　　车辆的初始姿态对泊车轨迹有直接影响，轨迹生成首先要确定车辆的初始姿态。检测车辆初始姿态的方法有惯性导航法、超声波传感器或视觉摄像头传感器检测法等。

　　1）惯性导航法是以牛顿力学为基础，通过将测量载体在惯性参考系中的加速度对时间进行积分，把它变换到导航坐标系中，得到在导航坐标系中的速度、偏航角和位置等信息。此方法成本高。

　　2）超声波传感器姿态检测法，利用位于车身两侧的超声波传感器检测车身侧面前后部位传感器与障碍车辆之间的侧向距离，从而求得车辆初始姿态偏斜角（即车身相对车位的偏斜角）。在理想状态下，此方法能够简单有效地对车辆初始姿态进行识别。但是，由于实际环境中，障碍车辆的停放往往具有一定的随机性，泊车位前方的障碍车辆与车位并非绝对平行，而且实际车辆侧面多为流线型，并不是绝对平面，所以，此方法在检测车辆初始姿态角时存在一定误差。

　　3）摄像头传感器检测法，摄像头传感器固定在车辆后方，位置已知。通过驾驶人控制人机交互界面中的图像模拟车位匹配实际车位获得车辆的姿态信息。标定摄像头传感器后，根据摄像头成像原理和测距函数，通过图像坐标系与实际坐标系的相互转换来获取车辆姿态角和车辆与车位的距离信息。

5. EPS 转向控制技术

　　转向控制技术就是建立转向盘与车轮转角的关系特征库，利用 EPS 控制器对转向执行电动机进行控制，从而调节转向盘转向角，实现任意角度转向。

转向控制是转向轨迹的实现过程，由转向控制系统完成。转向控制系统包括转向角度传感器、电动助力转向控制器和转向助力电动机组成。电动助力转向控制系统原理如图 9-54 所示，轨迹控制模型如图 9-55 所示。

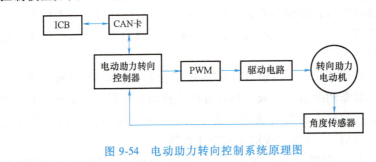

图 9-54　电动助力转向控制系统原理图

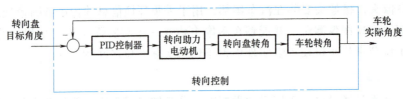

图 9-55　轨迹控制模型

尽管自动泊车系统具有各种优点，但是如果其轨迹生成方法和转向控制不能很好地满足实际条件，泊车系统在某种意义上也就成了一个摆设。

6. 车辆低速控制技术

（1）低速控制的意义　车辆低速控制是通过 EVB 对车辆泊车过程中的速度进行控制，重点解决车辆在低速条件下的运动控制问题。

汽车在泊车过程中是以低速运动的。如何实现快速、准确和稳定的车辆低速控制是全自动泊车系统的关键技术之一。车辆低速控制的特点和难点是控制对象范围小且精度高，而且，还需要保证车辆的舒适性。因此低速控制系统不仅要求执行机构快速准确响应，还要求相关传感器提供高精度且可靠的环境参数，但这并不易于实现。首先，大部分车身零部件属于非线性时变系统，其延时和超调的特性会导致执行机构的响应不精确；其次，理论上满足精度要求的传感器在实际应用中因受自身因素和外界的干扰导致其测速范围存在一定的盲区，且其盲区的影响在车辆低速范围下表现得尤为突出（盲区范围因实际情况而异）。

应用于自动泊车系统的低速控制目标就是需要在车辆低速范围内任意转向盘转角的情况下实现快速、准确和稳定地追踪目标期望车速。同时，控制过程中还需要保证车辆的安全性和舒适性。

（2）低速控制方法　根据速度控制目标来划分，速度控制可分为高速控制和低速控制两部分。泊车过程中的速度控制属于低速控制，包括横向控制和纵向控制两个方面：横向控制是指垂直于车辆运动方向的控制，即转向控制；纵向控制是指平行于车辆运动方向的控制，即速度控制，也就是控制车辆准确地跟踪期望速度行驶。由于自动泊车系统在泊车过程中会不断地变动车身角度以修正车身位置，所以需要车辆在任意转向盘转角下均能稳定跟踪期望车速行驶。由此可以看出，速度控制品质的好坏就是是否能够保证车辆在任意转向盘转

角下保持期望速度行驶。速度控制的品质也是衡量自动泊车系统品质的重要考核标准之一。

目前改善车速控制性能的途径主要有两个。一个是通过改善路面环境、发动机、传动系统和制动系统等硬件性能来提高硬件设备的控制精度和响应速度；另一个是利用先进的软件控制算法改善车辆速度控制的实现效果。

在技术上，由于受硬件自身条件的约束和影响，通过改善硬件性能达到预期效果往往不易实现；从实现成本看，高性能的硬件设备成本非常昂贵。因此国内外大多采用优秀的控制算法来弥补硬件方面的不足。

不同的车速控制算法均能够达到速度控制的目的，也能改善速度控制的性能。速度控制算法分为：基于传统控制理论的车速控制算法，如二次优化（Linear Quadratic，LQ）、线性二次型高斯优化（Linear Quadratic Gaussian，LQG）和比例（Proportion）、积分（Integration）、微分（Differentiation）等算法；基于现代控制理论的车速控制算法，如自适应控制、李雅普诺夫方法、变结构控制和预测控制算法等；基于智能控制理论的车速控制算法，如模糊控制和神经网络等。衡量速度控制算法好坏的性能标准主要包括调节时间、速度轨迹跟踪误差和跟踪过程中的加速度。对于调节时间和速度轨迹跟踪误差，目前暂无量化标准，而现有的速度控制算法又更多侧重于高速部分的应用和研究，单独分析低速部分的研究较少。

学术界对于高速和低速目标的界限暂无统一认识，一般倾向于将低于 10km/h 的速度目标定义为低速。

对于全自动泊车系统的低速控制，其期望速度可控范围更加小，即不高于 5km/h，同时在控制过程中的舒适性，即加速度的大小也表现得更加明显。因此，低速控制算法需要在控制速度的过程中保证具有较短的调节时间和较小的轨迹跟踪误差，还需要注重控制过程中的加速度大小，即车辆的舒适性。

（3）低速控制系统的组成原理 低速控制即车辆的运动控制，低速控制包括横向控制和纵向控制两部分。横向控制和纵向控制的控制原理基本一致：首先，通过传感器获得周围环境变量的反馈值；然后，利用算法决策出最佳值并输出为模拟量；最后，通过模拟量自动控制车辆的相关系统或提示驾驶人按照提示的最佳值进行操作。

低速控制系统构架如图 9-56 所示。低速控制系统由驱动系统、制动系统、转向系统、轮胎及负载和信息决策中心五部分组成，各部分通过通信总线实现信息的交互。

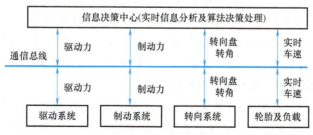

图 9-56 低速控制系统构架

驱动系统主要包括发动机和传动装置，驱动系统通过传感器获取当前节气门开度并发送至通信总线；制动系统由电控单元、制动助力器、制动主缸、制动轮缸和制动盘组成，压力传感器获取当前制动压力并发送至通信总线；转向系统包括机械转向装置即转向盘、直流助力电动机和 ECU 等，转向角度传感器获取当前转向盘转角并发送至通信总线；轮胎及负载

部分则直观反映了驱动系统、制动系统和转向系统共同作用的结果，及车辆的行进过程，其中车轮转速传感器获取当前的转速并发送至通信总线；信息决策中心则通过通信总线获取当前的车辆状态信息，同时根据算法决策出相应系统的最佳控制值，并输出至相应系统，以达到控制的目的，如驱动系统的节气门开度大小，制动系统的制动力大小和转向系统的转向盘转向角度等。

9.8.6　自动泊车系统的使用注意事项

1）自动泊车系统尚不能完全代替驾驶人，泊车过程中仍需要观察确认。

2）不是所有空隙都能自动停车入位，需预留更多空间达到系统要求条件方可操作。

3）自动泊车并不是完全不用驾驶人任何操作，还是需要根据提示来控制制动及挂入相应档位，当驾驶人人为干预（如打方向）时，则自动泊车系统会立即停止工作。

4）自动泊车系统激活后，一般是先寻找合适的停车位，不是所有停车位都可实现自动泊车。

5）不同品牌车型自动泊车系统的操作方式及启用条件都不尽相同。

6）树叶、废弃物或冰雪盖住路沿时，驻车、转向辅助系统可能很难识别到路沿。此外树叶和冰雪还会造成超声波信号反射时严重散射，使系统接收到可能导致出错的弱超声回波。

7）如果空位上有尺寸较小的警示柱等障碍，系统可能会识别不出而把该空位作为有效的停车位。降低车速有助于提高系统识别空位中小尺寸物体的可能性。

8）在自动泊车过程中仍会有声音提示驾驶人可能发生的碰撞。

中国无人驾驶汽车历史进程

1992 年，中国第一辆无人驾驶汽车诞生

20 世纪 80 年代，我国立项了"遥控驾驶的防核化侦察车"项目，国防科技大学、哈尔滨工业大学和沈阳自动化研究所三家单位参与了该项目的研究制造。在"八五"期间我国第一辆能够自主行驶的测试样车 ATB-1 就已正式诞生，其行驶速度可以达到 21km/h。ATB-1 的诞生标志着中国无人驾驶技术研发正式起步并进入探索期。

2011 年，红旗无人驾驶车完成 286km 路测

2011 年 7 月 14 日，红旗 HQ3 首次完成了从长沙到武汉 286km 的高速全程无人驾驶试验，如图 9-57 所示，实测全程自主驾驶平均时速 87km，创造了我国自主研制的无人车在复杂交通状况下自主驾驶的新纪录。这标志着我国无人车在复杂环境识别、智能行为决策和控制等方面实现了新的技术突破。

2012 年，"军交猛狮Ⅲ号"京津高速行驶

2012 年 11 月 24 日，"军交猛狮Ⅲ号"完成了 114km 的京津高速行驶，这是一辆由黑色现代途胜越野车改装的无人驾驶智能车，如图 9-58 所示，由中国军事交通学院研制。车顶

图 9-57　红旗无人驾驶车

安装复杂的视听感知系统，车内装有两台计算机和一台备用计算机组成的执行系统来处理视听感知系统获得的信息，让无人车可以自主进行加速、制动、换档等动作，实现了无人工干预的自动行驶。

2015 年 8 月，国内首辆无人驾驶客车路测完成

2015 年 8 月 29 日，无人驾驶宇通大型客车（图 9-59）从河南省连接郑州市与开封市的城际快速路——郑开大道城铁贾鲁河站出发，在完全开放的道路环境下完成自动驾驶试验，共行驶 32.6km，最高时速 68km，全程无人工干预，不过为了保障安全，客车上还是配备了司机。这也是国内首次客车自动驾驶试验。

图 9-58　军交猛狮Ⅲ号

图 9-59　首辆无人驾驶客车

2015 年 12 月，百度完成开放高速路自动驾驶测试

2015 年 12 月，百度对外宣布其无人驾驶车已在国内首次实现城市、环路及高速道路混合路况下的全自动驾驶。百度公布的路测路线显示，百度无人驾驶车（图 9-60）从位于北京中关村软件园的百度大厦附近出发，驶入 G7 京新高速公路，经五环路，抵达奥林匹克森林公园，并随后按原路线返回。

百度无人驾驶车往返全程均实现自动驾驶，并实现了多次跟车减速、变道、超车、上下匝道、掉头等复杂驾驶动作以及不同道路场景的切换。测试时最高速度达到 100km/h。

图 9-60   百度无人驾驶车

2016 年 4 月，长安汽车完成 2000km 无人驾驶测试

　　2016 年 4 月 17 日，长安汽车宣布完成 2000km 超级无人驾驶测试项目。长安汽车此次长距离无人驾驶测试总里程超过 2000km，在历时近 6 天，途经四川、陕西、河南、河北等全国多个省市及地区后，最终抵达北京，长安无人驾驶车如图 9-61 所示。

图 9-61   长安无人驾驶车

　　根据长安汽车智能汽车技术发展规划，高速路况的长途自动驾驶汽车计划于 2018 年实现量产，复杂城市路况的完全自动驾驶汽车计划于 2025 年实现量产。

2016 年 6 月，首个国家智能网联汽车试点示范区成立

　　2016 年 6 月 7 日，由工信部批准的国内首个"国家智能网联汽车（上海）试点示范区"封闭测试区正式开园运营。这意味着中国的智能联网和无人驾驶汽车从国家战略高度正式进入实际操作阶段。在同年，中国智能汽车大赛举办。

2017 年，百度展示高速公路辅助功能增强版演示车

2017年4月17日，百度展示了与博世合作开发的高速公路辅助功能增强版演示车（图9-62）。该车由百度与博世联合打造，集成了百度高精地图和博世道路特征服务，并通过上百万辆配备博世摄像头、毫米波雷达的量产车辆实现数据众包，使高精地图数据做到实时更新。据悉，百度为展示车辆提供了高精地图、自定位、AR HMI（增强现实车规级交互产品）等核心技术。这辆车已经实现高速公路的部分自动驾驶，包括车道保持和驾驶人监控下的车道自动切换。得益于定位技术，该演示车可以在进出弯道时自动控制车辆速度；同时在增强现实人机界面技术的帮助下，驾驶人能获得更舒适安全的驾驶体验。

图 9-62　百度与博世合作开发的高速公路辅助功能增强版演示车

2018年，全球首款L4级量产自动驾驶巴士量产下线

2018年7月4日，百度与厦门金龙合作生产的全球首款L4级量产自动驾驶巴士量产下线（图9-63）。"阿波龙"搭载了百度最新Apollo系统，拥有高精定位、智能感知、智能控制等功能。达到自动驾驶L4级的阿波龙巴士，既没有转向盘和驾驶位，更没有加速踏板和制动踏板，是一辆完完全全意义上的无人自动驾驶汽车。

自动驾驶已成为汽车行业发展的确定性趋势。自动驾驶最大的意义在于解放驾驶人的双

图 9-63　全球首款L4级量产自动驾驶巴士

手，带来人类空间意义首次的无缝连接，智能汽车使汽车的角色不再局限于交通工具，而可以是移动的生活空间、通信工具、娱乐平台等更富有想象力的定位。过去，移动意味着自由。今天，连接也成了幸福的表达。智能化和万物互联的浪潮正让百年汽车工业焕发出新的活力，移动属性加上各种连接可能，相信未来的汽车将会让时间变得更有效，让生命变得更美好。在政策、技术发展、社会需求等多维度因素的推动下，中国未来有望成为全球最大的智能汽车市场。

本章小结

　　本章围绕汽车智能操控系统的发展，首先概述了汽车 CAN-BUS 系统和汽车线控底盘，然后详细介绍了车载导航系统，主要讲述了 GPS 的定位原理，简单介绍了车载导航系统的基本组成，较为详细地介绍了几种检测汽车运动方向的传感器；介绍了汽车巡航控制技术的功能、组成和工作原理，重点讲述了巡航控制开关和执行机构的功能和原理；简单介绍了汽车制动辅助技术、城市安全系统；介绍了自动泊车技术、半自动和全自动泊车的泊车过程，主要以全自动泊车系统为例讲述了自动泊车系统的基本组成和工作原理，并简要介绍了自动泊车技术所涉及的几个关键技术及泊车系统的使用注意事项。

复习思考题

一、单项选择题

1. 通过驾驶环境对转向盘和加减速中的多项操作提供驾驶支持的自动驾驶级别是（　　）。

A. L1　　　　　　　　B. L2　　　　　　　　C. L3　　　　　　　　D. L4

2. 高速 CAN 总线可以传输哪些信息？（　　）

A. 发动机控制单元信息　　　　　　　　B. 中控门锁

C. 娱乐系统　　　　　　　　　　　　　D. 照明灯

3. 以下不能取消定速巡航的是（　　）。

A. 制动灯开关　　　B. 离合器踏板　　　C. 转向灯开关　　　D. 巡航取消开关

4. ACC 指的是（　　）。

A. 安全气囊系统　　　B. 自适应巡航　　　C. 辅助制动技术　　　D. 牵引力控制系统

5. 汽车在自动泊车过程中是以（　　）运动的。

A. 低速　　　　　　　B. 中速　　　　　　　C. 高速　　　　　　　D. 都可以

二、判断题

1. 智能通信系统的传输总线可以采用低速 CAN 总线。（　　）

2. 不同的总线系统通过网关来进行信息的交换与传递。（　　）

3. 线控底盘仍需要机械或液压来传递操纵信号。（　　）

4. 汽车制动辅助系统可以保证制动距离最短。（　　）

5. 城市安全系统一定能避免追尾事故的发生。（　　）

三、简答题

1. 汽车巡航控制系统的基本功能有哪些？

2. 汽车巡航控制系统的作用是什么？

3. 简述电子巡航控制系统的主要组成和基本工作原理。

4. 巡航控制开关有哪些控制功能？

5. 简要概括自动泊车过程。

6. 简述自动泊车系统的工作原理。

7. 自动泊车系统的基本功用有哪些？

8. 自动泊车系统的关键技术有哪些？

9. GPS 是如何实现定位的？

参 考 文 献

[1]　舒华. 汽车电器与电控技术［M］. 北京：机械工业出版社，2018.

[2]　凌永成，于京诺. 汽车电子控制技术［M］. 2版. 北京：北京大学出版社，2011.

[3]　尹力. 汽车电子控制技术［M］. 天津：天津科学技术出版社，2014.

[4]　孙仁云，付百学. 汽车电器与电子技术［M］. 3版. 北京：机械工业出版社，2019.

[5]　曹家喆. 汽车电子控制基础［M］. 北京：机械工业出版社，2009.

[6]　吴焕芹，卢彦群. 汽车电气设备［M］. 北京：北京大学出版社，2014.

[7]　李罡. 机电耦合变速器产品开发关键技术研究［D］. 广州：华南理工大学，2019.

[8]　范曾雁. 基于回流无级变速传动的插电混合动力汽车模式切换控制［D］. 重庆：重庆大学，2019.

[9]　刘俊龙. 电控电动无级变速执行机构设计与控制方法研究［D］. 重庆：重庆大学，2019.

[10]　于春涛. 基于柔性测试技术的汽车电控单元智能化通用测试平台研制［D］. 长春：吉林大学，2020.

[11]　夏令伟. 汽车底盘电控技术［M］. 北京：清华大学出版社，2016.

[12]　李仲兴，沈安诚，江洪. 电控空气悬架多智能体博弈控制系统研究［J］. 汽车工程，2020，42（06）：89-96；127.

[13]　赵雷雷，周长城，于曰伟. 半主动悬架系统的最佳阻尼比控制策略研究［J］. 汽车工程，2018，40（1）：41-47.

[14]　曾亮铭. 基于主动悬架的汽车平顺性与操纵稳定性协调控制［D］. 长沙：湖南大学，2018.

[15]　张春召. 宝马X5电控悬架控制异常故障诊断与排除［J］. 汽车电器，2016（12）：27-30.

[16]　朴昌浩，禄盛，张艳，等. 自动泊车系统设计［M］. 北京：科学出版社，2014.